LAWRENCE · ÜBERLEGUNGEN ZUM TOD EINES STACHELSCHWEINS

Reclam Bibliothek

KUNSTWISSENSCHAFTEN

D. H. Lawrence

ÜBERLEGUNGEN ZUM TOD EINES STACHELSCHWEINS

Essays

Reclam-Verlag Leipzig

Aus dem Englischen
Übersetzung von Reinhild und Gunter Böhnke
Herausgegeben von Reinhild Böhnke

ISBN 3-379-01427-3

Reclam-Bibliothek Band 1427
1. Auflage, 1992
Reihengestaltung: Lothar Reher
Printed in Germany
Satz: INTERDRUCK Leipzig GmbH
Druck und Binden: Ebner Ulm
Gesetzt aus Garamond-Antiqua

I

DER GEIST DES ORTES

Nottingham und das Land der Bergleute

Ich wurde vor fast vierundvierzig Jahren in Eastwood geboren, einem Bergarbeiterdorf von etwa dreitausend Seelen, an die acht Meilen von Nottingham entfernt und eine Meile von dem kleinen Fluß Erewash, der Nottinghamshire von Derbyshire trennt. Es ist ein hügliges Gebiet; im Westen liegen Crich und das sechzehn Meilen entfernte Matlock und im Osten und Nordosten Mansfield und das Gebiet des Sherwood Forest. Für mich war und ist es noch immer eine außerordentlich schöne Landschaft, direkt zwischen dem roten Sandstein und den Eichen von Nottingham und dem kalten Kalkstein, den aschgrauen Bäumen und den steinernen Einzäunungen von Derbyshire. Für mich war es als Kind und als junger Mann noch das alte England mit Wäldern und der Landwirtschaft von früher; es gab keine Autos, die Bergwerke waren in gewisser Weise eine Randerscheinung in der Landschaft, und Robin Hood und seine lustigen Gesellen waren nicht weit weg.

Die Kette von Bergwerken des B. W. & Co. wurde etwa sechzig Jahre vor meiner Geburt eröffnet, und als Folge davon war Eastwood entstanden. Es muß zu Beginn des 19. Jahrhunderts ein winziges Dorf gewesen sein, ein kleiner Ort aus Hütten und durchbrochenen Reihen von kleinen Häusern für die Bergarbeiter, die vier Zimmer hatten und wo die alten Bergleute des 18. Jahrhunderts wohnten, die in den armseligen Bergwerken arbeiteten, den Vorgebirgsminen mit einer Öffnung an der Seite des Berges, durch die die Bergleute hineingingen, oder den Windenminen, in denen die Bergleute einzeln in einem Eimer und mit Hilfe eines Esels und einer Winde heraufgezogen wurden. Die Windenminen arbeiteten noch, als mein Vater ein Junge war, und manche dieser Schächte waren noch da, als ich ein Junge war.

Aber irgendwann um 1820 muß die Company den ersten großen Schacht – er war nicht tief – eröffnet und die ersten Maschinen eines richtigen industriellen Bergwerks installiert haben. Dann kam mein Großvater, ein junger

Mann, den es als gelernten Seemann aus dem Süden Englands hierher getrieben hatte und der Arbeit fand als Schneider für die Brinsley-Mine. Damals versorgte die Company die Männer mit dicken Flanellunterhemden und Hosen aus Cord, oben abgesetzt mit Flanell, in denen die Bergleute arbeiteten. Ich erinnere mich an die großen Rollen von grobem Flanell und Grubenleinwand, die in der Ecke von Großvaters Geschäft standen, als ich ein kleiner Junge war, und an die große, komische alte Nähmaschine, die unvergleichliche, mit der die schweren Grubenhosen genäht wurden. Aber noch als ich Kind war, hörte die Company auf, die Männer mit Grubenkleidung auszurüsten.

Mein Großvater ließ sich in einer alten Hütte im ehemaligen Steinbruch nieder, am Bach in Old Brinsley, in der Nähe der Grube. Eine Meile von dort, oben in Eastwood, baute die Company die ersten Häuser für Bergleute – es muß fast hundert Jahre her sein. Eastwood liegt nämlich wunderschön auf einem Hügel, der Steilhang geht nach Derbyshire, der flache Hang nach Nottingham. Sie haben eine neue Kirche gebaut, die selbst ohne rechten Stil schön und beherrschend ist. Sie blickt über das großartige Erewash-Tal auf die Kirche von Heanor, die ähnlich beherrschend auf einem Hügel dahinter steht. Welche Möglichkeiten, welche Möglichkeiten! Diese Bergarbeiterdörfer hätten wie die lieblichen Bergdörfer Italiens werden *können*, wohlgestaltet und faszinierend. Und was geschah?

Die meisten kleinen Reihenhäuser der alten Bergleute wurden abgerissen, und langweilige kleine Läden tauchten an der Nottingham Road auf, während die Company auf dem Nordhang etwas errichtete, das heute noch die Neuen Häuser oder der Platz heißt. Diese Neuen Häuser bestehen aus zwei großen Karrees von Behausungen, die auf den unebenen Abhang des Hügels geknallt wurden, kleine Vierzimmerhäuser, deren „Vorderseite" auf die unfreundliche, leere Straße geht, während die „Rückseite" mit einem winzigen quadratischen Hof mit Ziegelboden, einer niedrigen Mauer, WC und Aschengrube auf die Wüste des Karrees blickt. Harter, unebener, holpriger schwarzer Boden, der sich steil senkt, überall diese kleinen schwarzen Höfe mit Ausgängen an den Ecken. Diese Karrees waren ziemlich groß und innen absolut kahl, abgesehen von den Pfählen für Wäscheleinen, Menschen, die vorübergingen, und Kindern, die auf dem harten Boden spielten. Und sie waren abgeschlossen wie Kasernenhöfe, sehr sonderbar.

Schon vor fünfzig Jahren waren die Karrees unbeliebt. Es war „normal", auf dem Platz zu wohnen. Es war etwas weniger normal, in der Breach zu wohnen, die aus sechs Blöcken von etwas anspruchsvolleren Behausungen bestand, die von der Company im Tal unten errichtet worden waren, zwei Reihen von drei Blöcken mit einer Allee dazwischen. Und es war am „normalsten", am entwürdigendsten, in Dakins Row zu wohnen, zwei Reihen der alten Behausungen, sehr alte, kleine Hütten mit vier Zimmern, die wiederum auf dem Hügel standen, nicht weit vom Platz.

So begann der Ort. Unten an der steilen Straße zwischen den Karrees, in der Scargill Street, baute man die Kapelle der Methodisten, und ich wurde in dem kleinen Eckladen etwas weiter oben geboren. Auf der anderen Seite des Platzes errichteten die Bergleute selbst die große, scheunengleiche Kirche der Laien-Methodisten. Oben auf dem Hügel verlief die Nottingham Road mit ihren bunt zusammengewürfelten häßlichen viktorianischen Geschäften. Der kleine Marktplatz mit einer hervorragenden Aussicht schloß das Dorf auf der Derbyshire-Seite ab und war gerade hier unbebaut geblieben, mit dem Gasthaus „Sun Inn" auf einer Seite, der Apotheke mit vergoldetem Stößel und Mörser gegenüber und einem Geschäft an der anderen Ecke, der Ecke Alfreton Road und Nottingham Road.

In diesem komischen Durcheinander von altem und neuem England kam ich zu Bewußtsein. Ich erinnere mich daran, daß kleine Spekulanten aus dem Ort anfingen, Reihenhäuser zu verstreuen, immer in Reihen, quer über die Wiesen: häßliche Ziegelhäuser mit glatter Fassade und dunklen Schieferdächern. Die Zeit der Erkerfenster begann erst, als ich Kind war. Aber der größte Teil des Landes war noch unberührt.

Es müssen dreihundert oder vierhundert Company-Häuser in den Karrees und an den Straßen sein, die sie wie eine große Kasernenhofmauer umgeben. Es muß sechzig bis achtzig Company-Häuser in der Breach geben. Die alte Dakins Row wird dreißig bis vierzig kleine Bruchbuden haben. Und wenn man die alten Hütten und Reihenhäuser zählt, die längs der Gassen noch ihre alten Gärten haben, und die auf der Nottingham Road selbst, gab es genug Häuser für die Bewohner; es gab keinen Bedarf, viel zu bauen. Und es wurde nicht viel gebaut, als ich klein war.
Wir wohnten in der Breach, in einem Eckhaus, zu dem ein Wiesenweg mit einer großen Weißdornhecke führte. Auf der anderen Seite war der Bach mit der alten Schafsbrücke, die in die Wiesen hinüberführte. Die Weißdornhecke am Bach war baumhoch, und wir badeten von dort aus immer im Dip-Loch, wo die Schafe gedippt wurden, ganz in der Nähe vom alten Mühlenwehr, wo das Wasser dahinschoß. Die Mühle mahlte das Korn aus dem Ort bis in meine Kinderzeit. Und mein Vater, der in der Brinsley-Grube arbeitete und der um fünf – wenn nicht um vier – aufstand, ging im Morgengrauen über die Wiesen bei Coney Grey und suchte im langen Gras nach Pilzen oder erwischte ein unvorsichtiges Kaninchen, das er abends im Futter seines Grubenmantels nach Hause brachte.
Das Leben war eine merkwürdige Kreuzung zwischen Industrialismus und dem alten Ackerbau-England von Shakespeare und Milton und Fielding und George Eliot. Der Dialekt war breites Derbyshire und immer mit „thee“ und „thou“, den altertümlichen Formen. Die Menschen lebten fast gänzlich instinktiv, Männer vom Alter meines Vaters konnten nicht richtig lesen. Und die Grube machte die Männer nicht zu mechanischen Wesen. Im Gegenteil. Im Brigadesystem arbeiteten die Bergleute unter Tage als eine Art vertraute Gemeinschaft, sie kannten einander praktisch nackt und waren ungewöhnlich eng miteinander vertraut. Die Dunkelheit und die unterirdische Abgeschlossenheit des Grubenstrebs und die ständig drohende Gefahr führten dazu,

daß sich der körperliche, instinktive und intuitive Kontakt zwischen den Männern besonders stark entwickelte, ein Kontakt, fast so eng wie eine Berührung, ganz echt und sehr kraftvoll. Diese körperliche Empfindung und das intime *Zusammengehörigkeitsgefühl* waren am stärksten unten in der Grube. Wenn die Männer nach oben ans Licht kamen, blinzelten sie. Sie mußten bis zu einem gewissen Maße ihre Beziehung verändern. Trotzdem brachten sie die ganz eigene dunkle Intimität der Grube mit über Tage, den beinahe hautnahen Kontakt, und wenn ich an meine Kindheit denke, ist mir immer, als wäre da ein Abglanz innerer Dunkelheit, wie der Glanz von Kohle, in der wir uns bewegten und in der unser wahres Sein war. Mein Vater liebte die Grube. Er wurde mehr als einmal schwer verletzt, aber er wollte immer wieder dorthin. Er liebte den Kontakt, die Intimität, so wie Männer im Krieg die intensive männliche Kameradschaft der schlimmen Tage liebten. Sie wußten nicht, was sie verloren hatten, bis sie es verloren hatten. Und ich glaube, es ist heute bei den jungen Bergleuten genauso.

Und die Bergleute hatten auch ein sicheres Gefühl für Schönheit. Die Frauen der Bergleute besaßen es nicht. Die Bergleute waren zutiefst lebendig, ganz instinktiv. Aber bei Tageslicht hatten sie keinen Ehrgeiz, keinen Intellekt. Sie vermieden direkt den rationalen Aspekt des Lebens. Sie nahmen das Leben lieber instinktiv und intuitiv. Sie machten sich nicht einmal tiefere Gedanken über die Löhne. Es waren natürlicherweise die Frauen, die deswegen herumnörgelten. Als ich ein Junge war, gab es eine tiefe Diskrepanz zwischen dem Bergmann, der bestenfalls nur ein paar kurze Stunden Tageslicht sah – oft überhaupt kein Tageslicht in den Wintermonaten –, und der Frau des Bergmanns, die den ganzen Tag für sich hatte, wenn der Mann unter Tage war.

Es ist aber ein großer Trugschluß, den Mann zu bemitleiden. Er träumte nicht einmal davon, sich zu bemitleiden, bis Agitatoren und Sentimentalisten es ihn lehrten. Er war glücklich; oder mehr als glücklich, er war erfüllt. Oder er war erfüllt, was die rezeptive Seite anbelangt, nicht die expressive. Der Bergmann ging in den Pub und trank, um weiterhin den vertrauten Umgang mit seinen Kumpeln zu haben. Sie führten endlose Gespräche, aber mehr über Wunder und Mirakel als über Tatsachen, selbst in der Politik. Es waren schwerwiegende Tatsachen in Form von Frau, Geld und quälenden häuslichen Notwendigkeiten, vor denen sie aus dem Haus in die Kneipe und in die Grube flohen.

Der Bergmann floh aus dem Hause, so schnell er konnte, weg von dem nörgelnden Materialismus der Frau. Bei den Frauen hieß es ständig: Das ist zerbrochen, du mußt das jetzt wieder in Ordnung bringen! oder: Wir brauchen dies und das und jenes, und woher soll das Geld kommen? Der Bergmann wußte es nicht und machte sich keine allzu großen Sorgen – sein Leben war ein anderes. Also floh er. Er durchstreifte die Gegend mit seinem Hund, stöberte ein Kaninchen auf, Nester, Pilze und alles mögliche. Er liebte das Land, gerade das Gefühl der Weite. Oder er hockte sich gern hin und beobachtete – alles und nichts. Er war nicht geistig interessiert. Das Leben bestand für ihn nicht aus Tatsachen, sondern aus einem ständigen Fluß. Nicht selten liebte er seinen Garten. Und häufig empfand er eine echte Zuneigung zu schönen Blumen. Das habe ich sehr oft bei Bergleuten festgestellt.

Nun ist ja die Liebe zu Blumen eine recht irreführende Sache. Die meisten Frauen lieben Blumen als Besitz oder als Zierde. Sie können keine Blume betrachten, einen Augenblick erstaunt sein und dann weitergehen. Wenn sie eine Blume sehen, die ihre Aufmerksamkeit fesselt, müssen sie sie auf der Stelle pflücken. Besitz! Ein Besitz! Etwas zu *meiner* Vervollkommnung! Und die meiste sogenannte Liebe zu Blumen ist heutzutage nichts als der Zugriff von Besitz und Egoismus; etwas, das ich *bekommen* habe; etwas, das *mich* verschönert. Aber ich habe viele Bergleute in ihrem Garten hinter dem Haus stehen sehen, die eine Blume betrachteten mit jenem merkwürdigen, entrückten Gesichtsausdruck, der zeigt, daß man sich des Schönen wirklich bewußt ist. Es war nicht einmal Bewunderung oder Freude oder

Entzücken oder etwas Derartiges, das so oft seine Wurzeln im Besitzinstinkt hat. Es war eine Nachdenklichkeit, die den beginnenden Künstler ausweist.
Die wahre Tragik Englands, wie ich sie sehe, ist die Tragik des Häßlichen. Das Land ist so liebenswert; das England von Menschenhand ist so miserabel. Ich weiß, daß der normale Bergmann, als ich ein Junge war, ein besonderes Empfinden für Schönheit besaß, das aus seinem intuitiven und instinktiven Bewußtsein kam, das unter Tage erwacht war. Und die Tatsache, daß er nur auf kalte Bösartigkeit und primitiven Materialismus traf, wenn er ans Tageslicht kam, und besonders wenn er zum Platz oder in die Breach kam und an seinen eigenen Tisch, zerstörte etwas in ihm und machte ihn als Mann gewissermaßen unbrauchbar. Die Frau klagte fast unablässig über materielle Dinge. Sie war so erzogen und wurde dazu ermutigt. Es war Sache der Mutter, sich darum zu kümmern, daß die Söhne „etwas wurden", und es war Sache des Mannes, das Geld heranzuschaffen. In der Generation meines Vaters, die das alte wilde England hinter sich wußte und eine recht dürftige Schulbildung hatte, wurde der Mann nicht fertiggemacht. Aber in meiner Generation sind die Jungen, mit denen ich zur Schule ging – heute Bergleute –, alle fertiggemacht worden, durch das ewige Predigen der Elementarschulen, durch Bücher, Kinos, Geistliche, das gesamte nationale und menschliche Bewußtsein, das ihnen vor allem den materiellen Reichtum einbläute.
Die Männer werden fertiggemacht, eine Zeitlang gibt es Wohlstand mit der Niederlage – und dann zeichnet sich Unheil ab. Die Wurzel allen Unheils ist Entmutigung. Und die Männer sind entmutigt. Die Männer Englands, besonders die Bergleute, sind entmutigt. Sie sind betrogen und fertiggemacht worden.
Obwohl es vielleicht niemand wußte, es war die Häßlichkeit, die den Geist des Menschen im 19. Jahrhundert verraten hat. Das große Verbrechen, das die Vermögenden und die Förderer der Industrie in der glorreichen viktorianischen Zeit begangen haben, war die Verdammung der Arbeiter zur Häßlichkeit, und immer wieder

Häßlichkeit; zur Armseligkeit und formlosen und häßlichen Umgebung, zu häßlichen Idealen, zur häßlichen Religion, häßlichen Hoffnung, häßlichen Liebe, häßlichen Kleidung, zu häßlichen Möbeln, häßlichen Häusern, einer häßlichen Beziehung zwischen Arbeitern und Unternehmern. Die menschliche Seele braucht wirkliche Schönheit noch mehr als das Brot. Die Mittelklasse verspottet die Bergleute, die sich ein Klavier kaufen – doch was ist das Klavier anderes als ein blinder Griff nach dem Schönen? Für die Frau ist es Besitz und ein Möbelstück und etwas, womit man sich brüsten kann. Aber wenn man sich die älteren Bergleute ansieht, die versuchen, spielen zu lernen, wenn man sieht, wie sie mit seltsam aufmerksamen Gesichtern zuhören, wie ihre Töchter Das *Gebet einer Jungfrau* spielen, so wird man ein blindes, unbefriedigtes Verlangen nach Schönheit sehen. Es ist bei Männern weitaus stärker als bei Frauen. Die Frauen wollen Äußerlichkeiten, die Männer Schönheit, und sie wollen sie noch immer.
Wenn die Company, statt jene elenden und häßlichen Plätze zu bauen, damals, als sie den wunderschönen Flecken da auf dem Hügel zur Verfügung hatte, wenn sie eine große Säule in der Mitte des kleinen Marktplatzes aufgestellt hätte und einen offenen Kreis von Arkaden um den hübschen Platz geführt hätte, wo die Leute spazierengehen oder sich hinsetzen könnten, mit den stattlichen Häusern dahinter! Wenn sie große, gediegene Häuser gebaut hätte, mit Wohnungen von fünf und sechs Zimmern und mit hübschen Eingängen. Wenn die Company vor allem Gesang und Tanz befördert hätte – denn die Bergleute sangen und tanzten immer noch – und dafür den entsprechenden Platz bereitgestellt hätte. Wenn sie nur die Schönheit der Kleidung befördert hätte, etwas Schönheit in den Wohnungen – bei Möbeln, bei der Ausgestaltung. Wenn sie Preise gestiftet hätte für den stattlichsten Stuhl oder Tisch, für das schönste Halstuch, für das wohnlichste Zimmer, das die Männer oder Frauen einrichteten! Wenn sie das nur getan hätte, dann wäre die Industrialisierung nie ein Problem geworden. Das Problem der Industrialisierung

kommt daher, daß man jede menschliche Energie niederträchtig zum Wettbewerb des bloßen Erwerbs zwingt.
Man mag sagen, der Arbeiter hätte solche Art Leben nicht akzeptiert; das Heim des Engländers ist sein Schloß, usw., usw. – „mein eigenes kleines Heim". Aber wenn man jedes Wort hören kann, das die Leute nebenan sagen, da bleibt nicht viel von einem Schloß. Und wenn man sehen kann, wie jeder in dem Karree auf das WC geht! Und wenn dein einziger Wunsch ist, aus dem „Schloß" und deinem „eigenen kleinen Heim" herauszukommen, nun, dann braucht man weiter nichts zu sagen. Und außerdem ist es nur die Frau, die „ihr eigenes kleines Heim" idealisiert – und es ist immer die Frau, wenn sie sich von ihrer schlechtesten, habgierigsten, besitzergreifendsten, ihrer bösesten Seite zeigt. Man braucht kein Wort mehr zu verlieren über das „kleine Heim"; ein großer Kratzer häßlicher Kleinlichkeit auf dem Gesicht des Landes.
Eigentlich waren die Engländer bis 1800 genaugenommen ein Landvolk – ausgesprochen ländlich. England hat schon seit Jahrhunderten Städte, aber es sind nie richtige Städte gewesen, sondern Anhäufungen von Dorfstraßen. Niemals die richtige *urbs*. Der englische Charakter hat die wirklich *urbane* Seite, die bürgerliche Seite eines Mannes nicht entwickeln können. Siena ist nicht besonders groß, aber es ist eine richtige Stadt, mit Bürgern, die eng mit der Stadt verbunden sind. Nottingham ist riesengroß, hat fast eine Million Einwohner und ist weiter nichts als eine amorphe Zusammenballung. Es *gibt* kein Nottingham in dem Sinne, wie es Siena gibt. Der Engländer ist schrecklich unterentwickelt als Bürger. Und das liegt teilweise an seinem „kleinen Heim"-Trick und teilweise daran, daß er die hoffnungslose Schäbigkeit seiner Umgebung akzeptiert. Die neuen Städte in Amerika sind eher richtige Städte im römischen Sinne als London oder Manchester. Selbst Edinburgh hatte mehr von einer richtigen Stadt als irgendeine Stadt, die England je hervorbrachte.
Diese dumme kleine Eigentümlichkeit vom „Heim des

Engländers, das sein Schloß ist", und „meinem eigenen kleinen Heim" ist überholt. Das traf fast bis 1800 zu, als jeder Engländer noch ein Dorfbewohner und Landarbeiter war. Aber das industrielle System hat eine große Veränderung gebracht. Der Engländer hält sich immer noch gern für einen „Landarbeiter": „mein Heim, mein Garten". Aber das ist kindisch. Selbst der Arbeiter auf dem Bauernhof ist heute psychologisch ein Stadtvogel. Die Engländer sind heute durch und durch Stadtvögel als unvermeidbares Ergebnis ihrer vollkommenen Industrialisierung. Und doch wissen sie nicht, wie man eine Stadt baut, wie man sie sich vorzustellen hat oder darin lebt. Sie sind alle Vorortbewohner, Pseudo-Landarbeiter, und nicht einer von ihnen weiß, was es heißt, wirklich städtisch zu sein – Bürger wie die Römer oder die Athener – oder selbst die Pariser, bis der Krieg kam.

Und das kommt daher, daß wir den Instinkt der Gemeinschaft zunichte gemacht haben, der uns zusammenführen könnte in Stolz und Würde mit dem stärkeren Habitus des Bürgers, nicht des Landarbeiters. Die große Stadt bedeutet Schönheit, Würde und einen gewissen Glanz. Das ist die Seite des Engländers, die zunichte gemacht wurde und schrecklich verraten. England ist ein elendes und kleinliches Gewirr von scheußlichen Behausungen, die man „Heim" nennt. Ich glaube, im tiefsten Herzen verabscheuen alle Engländer ihre kleinen Häuser – nicht so die Frauen. Was wir wollen, ist ein stärkerer Habitus, ein größerer Spielraum, ein gewisser Glanz, eine gewisse Großzügigkeit und Schönheit, volle Schönheit. Der Amerikaner verhält sich in dieser Hinsicht weitaus besser als wir.

Und der Förderer der Industrie wagte sich vor hundert Jahren, mein Geburtsdorf so zu verschandeln. Und noch erschreckender ist, daß heute die Förderer der Industrie das Gesicht Englands mit Meilen und Quadratmeilen von Ziegelhäusern verunstalten, wie mit einem fürchterlichen Schorf. Und die Menschen in diesen kleinen roten Rattenfallen werden immer hilfloser, immer mehr erniedrigt, immer unzufriedener, wie gefangene Ratten. Nur die kleinlicheren Frauen lieben ihr kleines Heim

weiterhin, was für ihren Mann nicht mehr als eine Rattenfalle ist.
Schafft das doch alles ab. Ganz gleich, was es kostet, fangt an, es zu verändern. Macht euch keine Gedanken über Löhne und Auseinandersetzungen in der Industrie. Richtet eure Aufmerksamkeit auf etwas anderes. Reißt mein Geburtsdorf bis auf den letzten Ziegel nieder. Plant einen Kern, fixiert den Brennpunkt. Legt eine angenehme Art der Strahlung vom Brennpunkt aus fest. Und dann baut große Gebäude, stattliche, die zu einem Stadtzentrum hinführen. Und stattet sie mit Schönheit aus. Und macht einen absolut neuen Anfang. Macht es Ort für Ort. Schafft ein neues England. Weg mit kleinen Heimen! Weg mit verunstaltender Kleinlichkeit und Schäbigkeit. Schaut euch die Konturen des Landes an und baut danach, mit genügender Großzügigkeit. Die Engländer mögen intellektuell oder geistig entwickelt sein. Aber als Bürger von großartigen Städten sind sie schlimmer als Kaninchen. Und sie beschweren sich immer und immer wieder über Politik, Löhne und all das, wie kleinliche engstirnige Hausfrauen.

*1930 (1929)**

* Die Jahreszahlen geben die Erstveröffentlichung an, in Klammern folgt das Entstehungsjahr, wenn bekannt.

Langweiliges London

Es beginnt in dem Augenblick, da man den Fuß an Land setzt, in dem Augenblick, da man von der Laufplanke des Schiffes heruntertritt. Ganz plötzlich und undefinierbar wird einem das Herz schwer. Es ist kein Taumeln aus Furcht. Ganz im Gegenteil. Es ist, als ob der Lebensantrieb versagte und dir das Herz beschwert würde. Man schleppt sich an dem wohlwollenden Polizisten und den harmlosen Paßkontrolleuren vorbei, durch den aufgeregten und etwas dümmlichen Zoll – wir glauben *wirklich* nicht, daß es eine Rolle spielt, ob jemand zwei Paar kunstseidene Strümpfe hereinschmuggelt –, und wir steigen in den armseligen, aber harmlosen Zug, mit schäbigen, aber ausgesprochen harmlosen Menschen, und wir bekommen eine Tasse harmlosen Tee von einem netten harmlosen Jungen, und wir fahren durch eine bescheidene, armselige, aber nette und harmlose Gegend, bis wir auf dem großen, aber keineswegs aufregenden Victoria Station landen, wo ein harmloser Träger uns in ein harmloses Taxi setzt und wir durch die belebten und doch eigenartig langweiligen Straßen von London gefahren werden zu dem anheimelnden, doch eigenartig schäbigen und langweiligen Haus, wo wir wohnen werden. Und die erste halbe Stunde in London, nachdem man ein paar Jahre im Ausland verbracht hat, ist wirklich ein Sprung ins Elend. Das eigenartige, das graue und unheimliche, fast tödliche Gefühl der *Langeweile* ist überwältigend. Natürlich überwindet man das nach einer Weile, und man gesteht sich ein, daß man übertrieben hat. Man paßt sich wieder dem Londoner Rhythmus an und sagt sich, es ist *nicht* langweilig. Und doch wird man die ganze Zeit verfolgt, ob man schläft oder wach ist, von dem unheimlichen Gefühl: Es ist langweilig! Es ist langweilig! Das Leben hier ist ein einziger großer Komplex von Langeweile. Ich bin langweilig! Ich werde gelangweilt! Mein Geist wird gelangweilt! Mein Leben stumpft sich ab bis zum Londoner Stumpfsinn.

Das ist der Alptraum, der einen die ersten Wochen in London verfolgt. Zweifellos überwindet man es, wenn man länger bleibt, und man findet London genauso aufregend wie Paris oder Rom oder New York. Aber das Klima ist gegen mich. Ich kann nicht lange genug bleiben. Mit einem gequälten und verwunderten Blick starre ich am Morgen der Abreise aus dem Taxi auf die merkwürdige Langeweile, wenn London erwacht; es wirkt fast tödlich; und Hoffnung und Leben kehren erst zurück, wenn ich meinen Platz im Schiffszug bekomme und die ganzen Verabschiedungen höre. Auf Wiedersehen! Auf Wiedersehen! Gott sei Dank, daß man auf Wiedersehen sagen kann!

Wenn man das von einem Geburtsland empfindet, dann ist es schrecklich. Ich bin sicher eine Ausnahme oder wenigstens ein übertriebener Fall. Und doch scheint es mir, daß die meisten meiner Landsleute den gequälten, leicht pathetischen Blick, die vage, erstaunliche Feststellung mit mir teilen: Es ist langweilig! Im Prinzip ist es immer langweilig! Mein Leben ist langweilig!

Natürlich ist England das sorgloseste Land auf der Welt, ganz sorglos und nett. Jeder ist nett, und jeder ist sorglos. Die englischen Menschen sind insgesamt sicher die nettesten Menschen auf der Welt, und jeder macht jedem alles so leicht, daß man sich fast gegen nichts zu wehren braucht. Aber gerade diese Sorglosigkeit und gerade diese Nettigkeit werden schließlich zum Alptraum. Es ist, als ob die ganze Luft mit Chloroform oder einem anderen durchdringenden Betäubungsmittel getränkt sei, das alles nett und sorglos macht und alles entschärft, ob nett oder unangenehm. Sobald du die Droge der Sorglosigkeit und Nettigkeit einatmest, beginnt deine Lebenskraft zu erlöschen. Vielleicht nicht deine physische Lebenskraft, sondern etwas anderes: die lebendige Flamme deines individuellen Lebens. England kann es sich leisten, so frei und individuell zu sein, weil keine individuelle Lebensflamme heftig und lebendig ist. Sie ist nur lauwarm und ungefährlich. Du könntest dir daran nicht die Finger verbrennen. Nett, ungefährlich, sorglos: das vollkommene Ideal! Und doch liegt unter all der

Sorglosigkeit eine nagende Unsicherheit, wie bei einem, der Drogen nimmt.
Ich war sonst nicht so. Vor zwanzig Jahren war London für mich aufregend, noch und noch; die ungeheure lärmende Seele aller Abenteuer. Es war nicht nur die Seele der Welt, es war die Seele des lebendigen Abenteuers der Welt. Wie wunderbar waren the Strand, the Bank, Charing Cross bei Nacht, der Hyde Park am Morgen!
Es ist wahr, ich bin jetzt zwanzig Jahre älter. Und doch habe ich den Sinn für Abenteuer nicht verloren. Aber jetzt scheint mir jedes Abenteuer aus London verbannt. Der Verkehr ist zu stark! Er führte normalerweise irgendwohin, zu einem Abenteuer. Jetzt rollt er nur massenhaft und überwältigend, führt nirgendwohin, *läuft einfach nur*, träge und gewaltig. Es gibt kein Abenteuer mehr am Ende der Busfahrten. Der Bus verfällt in eine langweilige Trägheit und startet dann langweilig wieder. Der Verkehr in London brauste sonst mysteriös wie das menschliche Abenteuer auf den Meeren des Lebens ähnlich einer riesigen Meeresmuschel, die eine aufregende, halbverständliche Geschichte murmelt. Jetzt grollt er monoton wie weit entfernte Geschütze, mit einer Monotonie der Vernichtung, der Vernichtung der Erde, der Vernichtung des Lebens, bis alles vernichtet ist.
Und was macht man in London? Ich muß keiner Arbeit nachgehen, schlendere herum und starre deprimiert und verwundert auf die unaufhörliche Langeweile. Oder ich esse mit Freunden Mittag und Abendbrot und unterhalte mich. Nun ist meine zutiefst private Furcht vor London die Furcht vor diesem Gespräch. Ich bin die meiste Zeit im Ausland, sage wenig oder plaudere ein bißchen und schweige dann wieder. Aber in London fühle ich mich wie eine Spinne, deren Faden jemand ergriffen hat und aus ihr herauszieht, so daß sie spinnen muß, spinnen und spinnen, und alles ohne Zweck. Sie spinnt nicht einmal ihr eigenes Netz, nicht einmal für ihre eigenen Zwecke.
So ist es in London, zum Mittag, zum Abendessen oder zum Tee. Ich will mich nicht unterhalten. Aber das Gespräch wird aus mir herausgezogen, ohne Ende. Und die

anderen unterhalten sich, auch endlos. Es hört nicht auf, es vergiftet, es ist wirklich die einzige Beschäftigung von uns, die wir keinen Jazz machen. Und es ist völlig nutzlos. Es ist so schlecht, wie die Russen je waren; Gespräche um ihrer selbst willen, ohne die leiseste Absicht eines Ergebnisses. Äußerste Untätigkeit und eine Flut von Gesprächen. Das ist wieder London für mich. Und das Gefühl hoffnungsloser Vergeblichkeit in allem vertieft nur noch das Gefühl hoffnungsloser Langeweile, also kann man weiter nichts machen als weggehen.

1928 (1928)

Das Kruzifix auf der anderen Seite des Gebirges

Die Kaiserstraße nach Italien führt von München durch Tirol, durch Innsbruck und Bozen nach Verona, übers Gebirge. Hier kamen die großen Prozessionen durch, als die Kaiser gen Süden reisten oder aus dem blühenden Italien in ihr Deutschland heimkehrten.
Und wie stark hat sich wohl jener alte Kaiserstolz in der deutschen Seele festgesetzt? Waren die deutschen Könige nicht die Erben des verflossenen römischen Imperiums? Vielleicht war es kein sehr reales Imperium, aber der Name klang hehr und prächtig.
Möglicherweise gehört ein gewisser Größenwahn zum deutschen Wesen einfach dazu. Wenn die Nationen doch zur Kenntnis nähmen, daß sie gewisse natürliche Eigenschaften haben, wenn sie nur ihre jeweilige Wesensart verstehen und anerkennen würden, um wie vieles einfacher wäre dann doch alles.
Keine kaiserliche Prozession überquert heute noch das Gebirge in Richtung Süden. Das ist beinahe vergessen, die Kaiserstraße ist fast aus dem Gedächtnis verschwunden. Aber sie existiert noch, und ihre Symbole stehen noch.
Es stehen die Kruzifixe, die keine bloßen Zeichen für diese Straße sind und dennoch etwas mit ihr zu tun haben. Die kaiserlichen Prozessionen, gesegnet vom Papst und begleitet von den mächtigen Bischöfen, müssen das heilige Symbol wie ein neues Gewächs ins Gebirge gepflanzt haben, wo es sich vermehrte und gemäß dem Boden und der Rasse, die es empfing, gedieh.
Wenn man im bayrischen Hochland und im Vorgebirge wandert, bemerkt man bald, daß das ein anderes Land mit einer seltsamen Religion ist. Es ist ein merkwürdiges Land, abgelegen, ziemlich abgeschnitten vom Rest der Welt. Vielleicht gehört es der Zeit der nun vergessenen kaiserlichen Prozessionen an.
Wenn man die freien Landstraßen, die zum Gebirge hinführen, entlangwandert, nimmt man die Kruzifixe und

Schreine kaum wahr. Vielleicht ist das Interesse daran erloschen. Das Kruzifix selbst ist nichts, ein serienmäßig produziertes Stück Sentimentalität. Die Seele ignoriert es.
Doch allmählich hat es den Anschein, als breiteten die Kruzifixe, wie sie eins ums andere im Schatten ihrer Schutzdächer düster aufragen, eine neue Atmosphäre über das ganze Land, eine Düsternis, eine Schwere in der Luft, die durch den Widerschein des Schnees dort oben so unnatürlich hell und rein ist, eine Düsternis, die dicht über der Erde schwebt. So rein und unirdisch ist das Licht von den Bergen, erfüllt von seltsamem Strahlen. Da taucht immer wieder das Kruzifix auf, an der Biegung einer grasbewachsenen Landstraße, und birgt unter seinem spitzen Dach ein Schemen und ein Geheimnis.
Eines Abends ging mir plötzlich ein Licht auf, als ich allein über eine sumpfige Wiese am Fuß des Gebirges wanderte; der Himmel war bleich und unirdisch, fast unsichtbar, und die Berge waren fast schwarz. An einer Wegkreuzung stand ein Kruzifix, und zwischen den Füßen des Gekreuzigten stak eine Handvoll verwelkter Mohnblumen. Die Mohnblumen erblickte ich, dann erst den Gekreuzigten.
Es war ein alter Schrein, die Schnitzerei eines bayrischen Bauern. Der Gekreuzigte war ein Bauer aus dem Alpenvorland. Er hatte breite Wangenknochen und gedrungene Glieder. Sein schlichtes, grobgeschnitztes Gesicht starrte gebannt auf die Berge, sein Nacken war versteift, als trotze er der Realität der Nägel und des Kreuzes, der er nicht entfliehen konnte. Ein Mann, den man geistig festgenagelt hatte, der sich aber gegen die Versklavung und die Schande stemmte. Ein Mann mittleren Alters, einfach, ungehobelt, mit einer Portion bäurischer Engstirnigkeit, aber auch von einem gewissen hartnäckigen Seelenadel, der sich nicht den Umständen unterwirft. In seiner Schlichtheit und Seeleneinfalt trotzte der Bauer des Kruzifixes unbeweglich dem Elend seiner Lage. Er unterwarf sich nicht. Seine Seele war gefaßt, sein Wille fest. Er war er selbst, ungeachtet der Umstände seines festgenagelten Lebens.

Hinter der Sumpfwiese schimmerte, vom Bauernhaus mit dem niedrigen, ausladenden Dach her, ein winziges orangegelbes Viereck. Ich dachte daran, wie der Mann mit seiner Frau und den Kindern bis zum Einbruch der Dunkelheit gearbeitet hatte, schweigend und konzentriert, wie sie das Heu in ihren Armen aus dem Gewitterguß in den Schuppen getragen hatten, schweigend im strömenden Regen arbeitend.
Den Körper vornüber, erdwärts gebeugt, die Arme voller Heu, das Heu umklammernd, das sich weich und fest an Brust und Körper drückt, Arme und Brust brennen macht und die Lungen mit dem einschläfernden Duft getrockneter Kräuter füllt; strömender Regen, der die Schultern durchnäßt, daß das Hemd an der heißen, prallen Haut klebt, die Nässe eine schwere, angenehme Kühle auf das tätige Fleisch bringt und heimlich hinunter zu den Lenden rinnt – das ist der Bauer, dieser hitzige Tumult körperlicher Empfindungen. Und es ist alles so berauschend. Es berauscht fast wie ein Schlafmittel, wie eine Droge, wenn man die Bürde im Regen gegen den Körper preßt, über das lebendige Gras zum Schuppen stolpert, die Arme dort entlastet und das Heu auf den Haufen wirft, sich leicht und frei fühlt im trockenen Schuppen, dann erneut in den kühlen Guß hinausläuft, sich wieder im Regen bückt und aufrichtet, um mit der neuen Last zurückzukehren.
Das ist es, diese ständige Hitze und Schärfe der körperlichen Empfindungen, was den Körper frisch und potent erhält und den Kopf mit heißem Blut durchflutet, mit schläfrigem Blut. Und diese Schläfrigkeit, diese Hitze körperlicher Erfahrungen, wird auf Dauer zur Sklaverei, schließlich zur Kreuzespein. Das ist das Leben und die Erfüllung des Bauern, diese nicht abreißenden sinnlichen Erfahrungen. Aber es macht ihn schließlich fast wahnsinnig, weil er nicht entfliehen kann.
Denn dort oben ist immer das seltsame Gleißen der Berge, dort ist das Geheimnis des eiskalten Baches, der sich durch die rötlichen Mulden in die Düsternis der Tannenwälder stürzt, dort ist immer ein eisiger Hauch in der Luft und das rauhe Tosen des Wassers.

Und das Eis und der gleißende Schnee droben leuchten mit zeitloser Resistenz gegenüber dem Lebensfluß und der Lebenswärme. Da oben wird alles Leben transzendiert, all das sanfte, feuchte Feuer des Blutes. So daß ein Mann im Strahlkreis seiner eigenen Negation leben muß.

Eine merkwürdige, klare Schönheit der Erscheinung ist den Menschen des bayrischen Hochlandes zu eigen, Männern wie Frauen. Sie sind groß von Statur, wirken klar und schön, haben sehr scharfe blaue Augen, kleine, verengte Pupillen und eine Iris wie blaues Eis, auf das ein kräftiger Lichtstrahl fällt. Ihre großen, prallen Glieder und aufrechten Körper haben feste Umrisse, existieren jeder für sich, als ob sie ganz und gar aus dem Lebensstoff herausgemeißelt seien, statisch, herausgelöst. Wo sie sind, rückt alles weiter weg, wie in klarer Frostluft.

Und das macht beinahe ihre Schönheit aus, diese merkwürdige, klar umrissene Isolation, als ob jeder von ihnen sich noch weiter und für immer von seinen übrigen Mitmenschen absondern würde.

Aber sie sind zugleich gesellig; es ist fast der einzige Menschenschlag mit Künstlerseele. Noch immer führen sie ihre Mysterienspiele mit einer ursprünglichen Gefühlstiefe auf, auf den Bergäckern singen sie seltsame Weisen, sie lieben Verkleidungen und Mummenschanz, ihre Prozessionen und religiösen Feste sind zutiefst beeindruckend, feierlich und ekstatisch.

Es ist ein Menschenschlag, der sich an den Polen der mystischen Sinnenfreude bewegt. Jede Geste kommt aus dem Blut, jeder Ausdruck hat symbolische Bedeutung.

An die Stelle von Gelehrsamkeit tritt die sinnliche Erfahrung, an die Stelle von Denken der Mythos und das Drama, Tanzen und Singen. Alles kommt aus dem Blut, aus den Sinnen. Es gibt keinen Geist. Der Geist ist ein Andrang von körperlicher Hitze, er existiert nicht losgelöst vom Körper, er bleibt in der Versenkung.

Gleichzeitig existiert dort oben immer das ewige, negative Gleißen des Schnees. Dort unten ist das Leben, das heiß pulsierende Blut und sein kompliziertes Spiel. Doch über uns gleißt das unwandelbare Nichtsein. Und das Leben verströmt in dieses unwandelbare Gleißen.

Der Sommer und das fruchtbare blauweiße Blühen der Erde gehen vorbei und somit die Arbeit und die Hochstimmung des Menschen, das alles entschwindet und geht ein in den Glast dort oben, in die gleißende Kälte, die darauf wartet, alles zurückzugewinnen, was für den Augenblick ins Sein geboren ist.
Das ist überdeutlich. Dem Bauern bleibt keine Wahl. Das Schicksal leuchtet transzendent über ihm; es ist der Glanz des ewigen, unvorstellbaren Nichtseins. Und dieses unser Leben, diese Mischung von Arbeit und warmer Fleicheserfahrung verdampft immerfort hinauf zum unveränderlichen Glanz dort oben, zum Leuchten des ewigen Schnees. Das ist immer so.
Ob man singt oder tanzt oder Theater spielt, ob man der Liebe oder der Rache oder der Grausamkeit frönt, ob man sich der Arbeit oder dem Kummer oder der Religion hingibt, zum Schluß heißt es immer – hinein in die gleißende Negation der Ewigkeit. So erklärt sich die Schönheit und Vollkommenheit, die Endgültigkeit des Hochlandbauern. Seine Figur, seine Glieder, sein Gesicht, seine Bewegungen – das alles ist wohlgestaltet, und es ist alles vollkommen. Es gibt da kein Fließen, keine Hoffnung und kein Werden, alles existiert ein für allemal. Das ist ewig, zeitlos und unveränderlich so. Alles Sein und Vergehen fügt sich in diesen ewigen und unwandelbaren Sachverhalt. Deshalb gibt es kein Werden und kein Vergehen. Alles existiert, jetzt und für immer. So erklärt sich die seltsame Schönheit und Endgültigkeit und Isolation des bayrischen Bauern.
An den Kruzifixen wird es offenbar. Hier ist das innerste Wesen in die Holzplastik eingegangen. Das Antlitz ist leer und steif, fast ausdruckslos. Mit Erschrecken nimmt man wahr, wie unveränderlich und normiert das Gesicht des lebendigen Mannes und der lebendigen Frau dieser Gegend ist – hübsch, doch unbeweglich wie reine Form. Darunter lauert auch eine geheime, grausame Engstirnigkeit. Das alles gehört zu der Schönheit hinzu, zur bloßen Schönheit der Form. Der Körper des Christus ist ebenfalls steif und normiert, aber merkwürdig schön in den Proportionen und in der statischen An-

spannung, die ihn zu einem klaren Wesen zusammenfaßt. Es gibt keine Bewegung, Bewegung ist unmöglich. Das Sein ist fixiert, endgültig. Der ganze Körper ist in einem Wissen fixiert, schön, vollendet. Er ist eins mit den Nägeln. Er ist nicht etwa am Verschmachten oder tot. Er ist stur, er ist sich seines eigenen unleugbaren Seins bewußt und der absoluten Wirklichkeit seiner sinnlichen Erfahrungen sicher. Obwohl er an ein unerbittliches Schicksal genagelt ist, hat er doch in diesem Schicksal die Kraft und die Freude aller sinnlichen Erfahrungen. Also nimmt er das Schicksal und die mystische Sinnenfreude entschlossen an, er ist vollendet und endgültig. Seine sinnlichen Erfahrungen sind außerordentlich, sie umfassen Leben und Tod zugleich.

Immer ist es dasselbe, ob es das Mähen mit der Sense auf den Berghängen ist, das Fällen von Bäumen oder das Lenken des Floßes den eisübersäten Fluß hinab; ob es das Trinken im Gasthaus ist, das Lieben, das Spielen einer Rolle in einem Mummenschanz oder das anhaltende und grausame Hassen, ob es das Knien in verzückter Unterwerfung in der weihrauchgeschwängerten Kirche ist oder das Mitlaufen in der seltsamen, düsteren Prozession, um die Felder zu segnen, oder das Schlagen junger Birken für das Fronleichnamsfest – es ist immer dasselbe – die dunklen, mächtigen, mystischen, sinnlichen Erfahrungen erfüllen ihn ganz; er ist unbedacht und gebunden durch unverrückbare Tatsachen, durch die Unwandelbarkeit des großen eisigen Nichtseins, das ewig gilt und alles beherrscht.

Wenn man weiter in Richtung Österreich vordringt und isaraufwärts reist, bis der Fluß schmaler und weißer wird und die Luft kälter, verblaßt der reiche Glanz der nördlichen Berge, die so wunderbar leuchten und vor Blumen strahlen, und weicht einer Dunkelheit, einem Gefühl der drohenden Gefahr. Dort oben habe ich einen anderen kleinen Christus gesehen, der vollkommen die Seele des Ortes zu verkörpern schien. Die Straße führte am Fluß entlang, auf dem, unter den Felsen und den hohen, wölfischen Kiefern, zwischen den rötlichen Mulden schneeweiße Eisblasen brodelten. Die Luft war kalt und rauh und dünn, alles war kalt und isoliert. Und in einem kleinen gläsernen Schrein am Straßenrand saß ein kleiner geschnitzter Christus, den Kopf in die Hand gestützt. Dort meditiert er, beinahe erschöpft, verbissen, die Brauen in seltsamer Versunkenheit hochgezogen, die Ellbogen auf die Knie gestützt. Einsam sitzt er da und träumt und brütet, seine kleine goldene Dornenkrone auf dem Kopf und sein Mäntelchen aus rotem Flanell, das irgendeine Bäuerin für ihn genäht hat, um die Schultern.

Zweifellos sitzt er in seinem roten Flanellmantel immer noch dort, der kleine Christus mit dem ausdruckslosen Gesicht, und träumt und brütet, ausdauernd und beharrlich. Er atmet Wehmut, als wüßte er, daß alles zuviel für ihn sei. Auch der Tod brachte keine Lösung. Der Tod benahm nicht die Seelenangst. Was ist, das ist. Es hört nicht auf zu sein, wenn es abgeschnitten wird. Der Tod kann nichts schaffen und nichts zerstören. Was ist, das ist.

Der kleine, brütende Christus weiß das. Worüber brütet er dann? Seine reglose Geduld und Ausdauer wirken wehmütig. Wonach sehnt er sich insgeheim, unter der ganzen Schicksalsergebenheit? „Sein oder Nichtsein“, das mag die Frage sein, aber diese Frage kann nicht der Tod beantworten. Es ist keine Frage des Lebens oder Nichtlebens. Es ist eine Frage des Seins – Sein oder Nichtsein. Ausharren oder Nichtausharren, das ist nicht die Frage; und auch nicht Überdauern oder Nichtüberdauern. Geht es um ewiges Nichtsein? Wenn nicht, was heißt dann Sein? Denn dort oben leuchtet ohne Unterlaß der ewige Schneeglanz und nimmt das ganze blühende Leben in sich auf und bleibt unverändert – es ist strahlend hell und unsterblich, das schneeige Nichtsein. Was heißt dann Sein?

Wenn man sich dem Scheitelpunkt der Alpen nähert, ihrem höchsten Punkt und der Südseite, spürt man wieder den Einfluß der gebildeten Welt. Bayern liegt geistig weit weg, es ist noch immer unabhängig. Seine Kruzifixe sind alt und grau und abstrakt, sie sind klein wie der Kern der Wahrheit. Weiter hinein nach Österreich sind

sie dann neu, sie sind weiß bemalt, größer und aufdringlicher. Sie drücken eine spätere, neuere Zeit aus, sie sind introspektiver und selbstbezogener. Aber sie sind immer noch echter Ausdruck der Volksseele.
Oft kann man an verschiedenen Orten in einem Gebiet das Werk eines bestimmten Künstlers ausmachen. Im Zemmtal hinter Innsbruck, im Herzen Tirols, gibt es fünf oder sechs Kruzifixe vom selben Schnitzer. Es ist nicht mehr ein Bauer, der eine Idee gestaltet, ein Dogma ausdrückt. Es ist ein Künstler, geschult und bewußt arbeitend, vielleicht mit Werkstatt in Wien. Er versucht ganz bewußt, ein *Gefühl* auszudrücken, er bemüht sich nicht mehr unbeholfen darum, eine Wahrheit, eine religiöse Tatsache wiederzugeben.
Das Hauptwerk unter seinen Kruzifixen steht tief unten in der Klamm, in der naßkalten Schlucht, wo es immer halb Nacht ist. Die Straße führt auf halber Höhe des Passes unter Felsen und Bäumen entlang. Unten eilt unaufhörlich der Fluß dahin, der zwischen großen Steinen brodelt und ohne Unterlaß lärmt. Die Felswand gegenüber ragt hoch auf, und der Himmel ist ganz weit da oben. So daß man in halber Nacht wandelt, in einer Unterwelt. Und genau unterhalb des Pfades, den die Packpferde zu den entlegenen Bergdörfern hinaufklettern, hängt in der kalten Düsternis des Passes der große, bleiche, überlebensgroße Christus. Er ist vornübergesunken, soeben verschieden, und das Gewicht des großen reifen Körpers hängt an den festgenagelten Händen. Der schwere Leichnam ist also vornübergeneigt und zusammengesackt, als würde er sich durch das eigene Gewicht losreißen und herabfallen.
Das ist das Ende. Das Gesicht ist leer, gezeichnet von einer Sterbensmattigkeit und von Schmerz und Bitterkeit entstellt. Der recht häßliche, leidenschaftliche Mund ist in der Desillusion des Todes für immer geschlossen. Der Tod ist die vollkommene Desillusion, die dem ganzen Körper und Wesen, dem Leiden und der Müdigkeit und der Passion des Körpers, wie ein Siegel aufgeprägt ist.
Der Paß ist düster und klamm, das Wasser braust unauf-

hörlich, bis es einem steten Schmerz gleichkommt. Wenn der Führer der Saumpferde den schmalen Pfad an der Wand der Schlucht heraufkommt, duckt er seine robust-heitere Person, als wolle er sich selbst auslöschen, während er sich dem großen, bleichen Christus nähert, zieht er im Vorüberschreiten den Hut, obwohl er nicht zum Kruzifix aufschaut, sondern das Gesicht abwendet. In der Düsternis eilt er vorbei, klimmt den steilen Pfad hinter seinen Pferden hinauf, und der große weiße Christus hängt ausgestreckt über ihm.
Der Führer der Saumpferde fürchtet sich. Die Furcht steckt immer in ihm, ungeachtet seiner robusten, gesunden Derbheit. Seine Seele ist nicht robust. Sie ist blaß und bleich vor Furcht. Über seinem Kopf drohen dunkel die Berge, das Wasser rauscht in der Düsternis drunten. Sein Herz wird zwischen den Mühlsteinen des Grauens zerrieben. Wenn er an dem ausgestreckten Leichnam Christi vorbeigeht, zieht er seinen Hut vor dem Herrn des Todes. Christus ist der Todbringende. Er ist der fleischgewordene Tod.
Und der Führer der Saumpferde erkennt diesen todbringenden Christus als obersten Herrn an. Der Bergbauer scheint seine Wurzeln in der Furcht zu haben, in der Furcht vor dem Tod, dem leiblichen Tod. Darüber hinaus kennt er nichts. Seine höchste Empfindung liegt im körperlichen Schmerz und in dessen Gipfel. Sein Höhepunkt, seine Vollendung, ist der Tod. Deshalb verehrt er ihn, neigt sich vor ihm und ist die ganze Zeit über von ihm fasziniert. Er, der Tod, ist seine Erfüllung, und er nähert sich der Erfüllung durch körperlichen Schmerz.
Und daher kommt es, daß man diese Denkmale körperlichen Schmerzes überall in den Tälern findet. Ein wenig weiter, am Ende einer Brücke, befand sich ein anderes Kruzifix, ein kleineres, vom selben Schnitzer, der den großen Christus geschaffen hatte. Dieser Christus hatte einen blonden Bart und war dünn, sein Leib hing fast schwerelos am Kreuz, während der andere Christus groß und dunkel und schön war. Aber hier kam wie bei dem anderen Kruzifix derselbe neutrale Triumph des Todes

zum Ausdruck, des totalen, negierenden Todes, der so total ist, daß er abstrakt wird und in seiner Totalität des Abscheidens über allen Zynismus erhaben ist.
Überall findet man dieselbe Faszination durch das Faktum des körperlichen Schmerzes, des Unglücksfalls und des plötzlichen Todes. Wo sich ein Unglück ereignet hat, bringt man eine kleine Gedenktafel an als Sühneopfer für den Gott des Schmerzes und des Todes. Ein Mann steckt bis zur Hüfte im Wasser und ertrinkt, die Arme emporgereckt, mitten im Fluß. Das kleine Gemälde in seinem hölzernen Rahmen ist an den Baum genagelt, der Ort ist dem Unglücksfall geweiht. Dann wieder ein kleines, naives Bild, das an einem Fels befestigt wurde: Ein Baum fällt einem Mann aufs Bein und zerschmettert es wie einen dünnen Stengel, während das Blut emporspritzt. Überall findet sich dieser seltsame Ausfluß von Angst und Furcht, verewigt in den kleinen Gemälden, die an den Unglücksorten angebracht wurden.
Das ist also der Kult, der Kult des Todes und der todbringenden Mächte, physische Gewalt und Schmerz. Darin liegt etwas Rohes und Düsteres, es ist fast eine Entartung, eine Form des Atavismus, als kehrten wir mit unserem Stammbaum zurück in die Vergangenheit.
Wenn man den Scheitelpunkt der großen Straße nach Süden, der Kaiserstraße nach Rom, überschreitet, findet eine beträchtliche Veränderung statt. Die Christusfiguren haben unterschiedliche Charaktere angenommen, und alle sind mehr oder weniger realistisch ausgeführt. Der eine Christus ist sehr elegant, er hängt geschniegelt und stutzerhaft an seinem Kreuz, wie Gabriele D'Annunzios Sohn, der als heiliger Märtyrer posiert. Das Martyrium dieses Christus entspricht der feinsten gesellschaftlichen Konvention. Die elegante Erscheinung ist sehr wichtig und sehr österreichisch. Man könnte sich fast vorstellen, der junge Mann habe diese auffällige und ungewöhnliche Position eingenommen, um den Damen einen Sinnenkitzel zu verschaffen. Es ist ganz im Wiener Geist. Es ist auch etwas Tapferes und Kühnes daran. Der persönliche Stolz des Körpers triumphiert über jede

Mißlichkeit der Lage. Das stolze und befriedigende Gefühl, das die reine, elegante Form bereitet, das perfekt gestutzte Haar, die hervorragende Haltung sind wichtiger als die Realität des Todes oder des Schmerzes. Das ist vielleicht töricht, aber es ist zugleich auch bewundernswert.
Aber diese Stilrichtung des Kruzifixes muß schwach und sentimental werden, wenn man sich dem Bergkamm, der nach Süden führt, nähert. Die geschnitzten Christusfiguren erheben die Häupter und rollen nach der erprobten Fasson des Guido Reni mitleidheischend mit den Augen. Sie gebärden sich übertrieben pathetisch. Sie blicken gen Himmel und bemitleiden sich selbst. Andere sind hinwiederum so schön elegisch. Es ist der tote Hyazinth, der emporgehoben und zur Schau gestellt wird, in all seiner schönen, toten Jugendlichkeit. Der Jünglingskörper neigt sich am Kreuz vornüber wie eine welke Blume. Er sieht so aus, als sei es seine wahre Natur, tot zu sein. Wie lieblich ist der Tod, wie ergreifend, echt und befriedigend! Es ist der wahre elegische Geist.
Dann gibt es noch die gewöhnlichen, seriengefertigten Kruzifixe, die keine Bedeutung weiter haben. Sie sind so wertlos wie die Kruzifixe, die wir in England vorfinden, von vulgärer Bedeutungslosigkeit. Aber diese geschnitzten Figuren haben klaffende rote Wunden, rot gemaltes Blut als Effekthascherei.
Hinter dem Brenner habe ich nur vulgäre oder von Effekthascherei geprägte Kruzifixe gesehen. Auf Brust und Knien des Gekreuzigten klaffen große Wunden, und daraus fließt es scharlachrot und rinnt hinab, bis der gekreuzigte Körper ein schauderhaft rot und weiß gestreiftes Ding ist, bloß ein widerwärtiges rotbeschmiertes Etwas.
In den Bergen bemalt man an den Wegbiegungen die Steine mit Zeichen: ein blau-weißer Ring für die Straße nach Ginzling, ein roter Fleck für den Weg nach St. Jakob. Also folgt man dem blau-weißen Ring oder den drei blau-weißen Streifen oder dem roten Fleck, je nachdem. Und das Rot auf den Steinen, die roten Farbkleckse, haben dasselbe Kolorit wie das Rot auf den Kruzifixen; so

daß das Rot auf den Kruzifixen Farbe ist und die Zeichen auf den Steinen Aufsehen erregen wie Blut.
Mir fällt der kleine in Gedanken versunkene Christus an der Isar ein, mit seinem Mäntelchen aus rotem Flanell und seiner vergoldeten Dornenkrone, und er bleibt mir inmitten all dieser grellen oder äußerlichen Machwerke real und teuer.
„Couvre-toi de gloire. Tartarin-couvre-toi de flanelle." Warum gefällt es mir so, daß sein Umhang aus rotem Flanell ist?
In einem Tal bei St. Jakob, kurz hinter dem Kamm, weit weg von der Eisenbahn, steht ein sehr großer, bedeutender Schrein am Straßenrand. Es ist eine kleine Kapelle im Barockstil, außen leuchtend rosa und weiß getüncht und reich mit Bögen verziert. Und drinnen befindet sich der auf die erschreckendste Weise sensationelle Christus, den ich jemals gesehen habe. Es ist ein großer, kräftiger Mann, der nach der Kreuzigung, vielleicht nach der Auferstehung, dort am Grab sitzt. Wir sehen ihn von der Seite, wie er dasitzt, als sei das Äußerste vorüber, zu Ende gebracht, der Aufruhr vorbei und nur das Resultat des Leidens bliebe. Auf seinem kräftigen, nackten, besiegten Körper, der ziemlich zusammengesunken dasitzt, ist etwas Blut zu sehen. Aber eigentlich ist es das Gesicht, was so erschrecken läßt. Der Blick ist leicht über die eingefallene, gekreuzigte Schulter gewendet. Und der Ausdruck dieses Gesichtes, das zu dem getöteten Körper gehört, ist über alle Erwartung hinaus entsetzlich. Die Augen schauen einen an, aber sie können nichts erkennen, sie scheinen nur den Blutschleier zu sehen. Denn sie sind blutunterlaufen, daß die Augäpfel scharlachrot sind und die Iris purpurn scheint. Diese roten, blutunterlaufenen Augen mit ihren verfärbten Pupillen, die alle, die den Schrein betreten, schrecklich anstarren mit einem Ausdruck, als müßten sie durch das Blut des kürzlich eingetretenen brutalen Todes schauen, sind furchtbar. Der nackte, starke Körper hat den Tod erfahren und sitzt da in äußerster Verzweiflung, erledigt, zusammengekrümmt, eine schmachvolle Bürde. Und was an Leben übrigbleibt, zeigt sich im Gesicht,

dessen Ausdruck finster und gräßlich ist, wie bei einem von der Folter gezeichneten, unbußfertigen Verbrecher. Der Verbrecherblick aus Elend und Haß in dem starren, entstellten Gesicht und in den blutunterlaufenen Augen ist fast unmöglich. Dieser Mann ist besiegt, geschlagen, zerstört, sein Körper ist eine einzige Qual, eine unglaubliche Schmach. Doch sein Wille bleibt halsstarrig und böse, gepaart mit extremem Haß.

Es schockiert einen ungemein, diese Gestalt in einem hübschen, rosa getünchten Barockschrein in einem jener Alpentäler vorzufinden, die nach unserer Vorstellung ganz aus Blumen und Romantik bestehen, wie auf dem Gemälde in der Tate-Galerie. „Frühling im österreichischen Tirol" ist für uns eine Vision unverdorbener Anmut. Eingeschlossen ist aber auch dieser Christus mit dem schweren Körper, der von Qual und Tod entstellt ist, dessen starkes männliches Leben durch physische Gewalt überwunden wurde, dessen blutunterlaufene Augen noch immer haß- und schmerzerfüllt über die Schulter blicken.

Der Schrein war in gutem Zustand und offenbar viel besucht. Exvoto-Glieder und viele Geschenke hingen dort. Er war eine zentrale Stätte der Verehrung, einer fast obszönen Verehrung. Danach wirkten die Schwarzkiefern und der Fluß des Tals unsauber, als wohnte dort ein unsauberer Geist. Selbst die Blumen wirkten unnatürlich, und der Schneeglanz auf den Berggipfeln erschien als Abglanz eines letzten, menschenverachtenden Greuels.

Danach waren in den dichtbesiedelten Tälern alle Kruzifixe mehr oder weniger verdorben und ordinär. Nur hoch oben, wo das Kruzifix immer kleiner wird, ist noch etwas von der alten Schönheit und dem alten Glauben zu spüren. Wenn man höher hinaufsteigt, schrumpft das Mahnmal zusammen, bis es wie ein Pfosten im Schnee aufragt oder wie ein dicker Pfeil mit der Spitze nach oben. Der Gekreuzigte selbst ist ein kleines Ding unter dem spitzen Dach, der Pfeilspitze. Der Schnee weht unter das winzige Schutzdach auf den kleinen, der Witterung ausgesetzten Christus. Wohin man schaut, die un-

unterbrochene weiße Schneedecke, die furchteinflößenden Wölbungen und Einbuchtungen der reinweißen Berggipfel, die weiße Kerbe zwischen den Gipfeln, wo der Pfad den Scheitelpunkt des Passes überquert. Und hier steht das letzte Kruzifix, halb zugeweht, klein und mit einer Haube aus Schnee. Die Führer stapfen langsam, schwerfällig vorüber, ohne das Zeichen zur Kenntnis zu nehmen, ohne zu grüßen. Weiter unten lüftete jeder Bergbauer den Hut. Aber der Bergführer stapft ungerührt vorbei. Sein Beruf verleiht ihm Bedeutung.

Auf einem schmalen Bergpfad auf dem Jaufen, nicht weit von Meran, lag ein herabgefallener Kruzifixus. Ich eilte bergab, um einem eisigen Wind, der mir fast das Bewußtsein raubte, zu entkommen, und ich blickte zu den leuchtenden, unwandelbaren Schneegipfeln ringsumher auf. Sie sahen aus wie unsterbliche Streiter am Himmel. So stolperte ich fast über eine sehr alte Martertafel. Sie lehnte am kalten, steinigen Berghang, umringt von den weißen Gipfeln dort oben.

Die hölzerne Haube war silbrig grau vor Alter und von einer dicken Schicht Flechten überzogen, die in eisgrauen Büscheln emporragten. Aber auf dem Stein zu Füßen des Pfostens lag in unnatürlicher Pose der armlose Christus, der heruntergefallen war – die alte Holzskulptur des nackten Körpers auf dem nackten anstehenden Felsen. Es war eine der alten ungeschlachten Christusfiguren, aus dem bloßen Holz gehauen, mit den langen keilförmigen Gliedern und den dünnen, flachen Beinen, die den wahren Geist anzeigen und das Verlangen, eine Glaubenswahrheit weiterzugeben, keine sensationelle Erfahrung.

Die Arme des herabgefallenen Kruzifixes waren an den Schultern abgebrochen, und sie hingen an ihren Nägeln wie Exvoto-Glieder in den Schreinen. Aber diese Arme baumelten von den Handflächen, ein Arm an jedem Ende des Kreuzbalkens, und die Muskeln, vom Schnitzer im alten Holz nur angedeutet, wirkten in dieser Perspektive ganz falsch. Und der eisige Wind ließ sie hin und her schaukeln – ein schmerzlicher Anblick in der starren, unfruchtbaren kalten Felswelt. Doch ich wagte es nicht, den herabgefallenen Körper Christi zu berühren, der in so grotesker Pose am Fuß des Pfostens auf dem Rücken lag. Ich fragte mich, wer von den Vorübergehenden das kaputte Ding mitnehmen würde und zu welchem Zweck.

1913 (1912)

Ein Brief aus Deutschland

Morgen fahren wir wieder zurück nach Paris, also ist das die letzte Gelegenheit, einen Brief aus Deutschland zu schreiben. Und auch nur vom äußersten Rand Deutschlands.

Von Paris nach Nancy ist es eine elende Reise durch das Marneland, das noch immer wirkt, als sei ihm die Seele herausgesprengt, obwohl die öden Felder gepflügt und eben sind und die bleichen Telegrafenmasten aufrecht stehen. Aber es nützt alles nichts. Und in den Dorfstraßen die zerstörten Häuser wie schlechte Zähne zwischen gesunden.

Man kommt nach Straßburg, und die Leute sprechen wie eh und je elsässisch, trotz der französischen Ladenschilder. Der Ort wirkt tot. Und vollgestopft mit Baumwollsachen, Weißwäsche aus Mühlhausen, aus den Fabriken, die früher deutsch waren. So billige weiße Baumwollsachen, in einem Überangebot.

Die Fassade des Münsters ragt hoch und flächig und phantastisch empor, ein düsterer Umriß im Düstern, mit Rosettenfenstern und langen, langen steinernen Gefängnissen. Es ist schon eigenartig, daß Menschen jemals den Wunsch hatten, Stein auf phantastischen Stein zu solch einer Höhe zu türmen, ohne daß das Ganze zusammenfällt. Die Gotik! Ich war immer froh, wenn mein Kartenhaus einstürzte. Aber diese Goten und Alemannen schienen eine ausgesprochene Vorliebe für himmelwärts strebende Türme zu haben.

Der Rhein ist immer noch der Rhein, der große Trennfluß. Man spürt es, wenn man ihn überquert. Die gefrorenen Sumpfflächen. Dann der kalte, gewundene Fluß. Dann die andere Seite, die so kalt, so leer, so frostig, so verlassen wirkt. Der Zug steht und stößt wie wild Dampf aus. Dann fährt er durch die Rheinebene, vorbei an gefrorenen Lachen, wo der Fluß über die Ufer getreten war, und vorbei an gefrorenen Feldern, hinein in die Öde dieses Stücks besetzten Gebietes.

Wenn man den Rhein überquert hat, ist der Geist des

Ortes sofort ein anderer. Kein Versuch mehr, freundlich zu scheinen. Die sumpfigen Flächen sind gefroren. Die Felder sind leer. Die Welt scheint ausgestorben.
Als hätte sich das Leben nach Osten zurückgezogen. Als wiche das germanische Leben allmählich vor der Berührung mit Westeuropa zurück und strebe den Steppen des Ostens zu. Und dort ragen die schweren, massigen Kuppen des Schwarzwaldes auf, schwarz durch die Tintenschwärze der germanischen Bäume und gefleckt von der Weiße des Schnees. Sie gleichen einer Kette riesiger schwarzer Schanzhügel, die den Blick nach Osten versperren. Man sieht sie von der Rheinebene aus und weiß, daß man an einer wirklichen Grenze steht, die sich gegen irgend etwas richtet.
Man spürt es gleich, wenn man in Deutschland ist. Es verschafft einem ein Gefühl der Leere und der vagen Bedrohung. So müssen die römischen Soldaten jene schwarzen, massigen Bergkuppen betrachtet haben: mit einer gewissen Furcht und mit dem Bewußtsein, an ihre Grenzen gelangt zu sein. Furcht vor den unsichtbaren Eingeborenen. Furcht vor dem unsichtbaren Leben, das in den Wäldern lauerte. Furcht vor dem Gegner.
So geht es auch den Franzosen: Sie verspüren diese beinahe mystische Furcht. Doch man sollte nicht einmal seine Ängste schmähen.
Deutschland, dieser Teil Deutschlands, unterscheidet sich sehr von dem Deutschland, wie ich es vor zweiundeinhalb Jahren erlebte. Damals war es noch offen für Europa. Da erhoffte es noch eine Wiedervereinigung mit Westeuropa – eine gewisse Versöhnung. Das ist jetzt vorbei. Die unvermeidliche, geheimnisvolle Schranke hat sich wieder gesenkt, und der germanische Geist neigt sich wieder gewaltig dem Osten, Rußland und der Tatarei zu. Der seltsame Strudel der Tatarei ist wieder das wirkliche Zentrum geworden, der Einfluß Westeuropas ist gebrochen. Der Einfluß unserer Zivilisation ist gebrochen. Die Einflüsse, die nun kommen, kommen unsichtbar aus der Tatarei. Deshalb liest jetzt ganz Deutschland „Bestien, Menschen und Götter“, mit gewisser Faszination. Man kehrt zur Bewunderung für

den zerstörerischen Osten zurück, der einen Attila hervorbrachte.
So ist es nachts. Baden-Baden ist ein kleiner ruhiger Ort, seine Gäste sind alle fort. Kein Turgenjew oder Dostojewski, kein Großherzog oder König Edward kommen mehr zur Kur. Das äußere Erscheinungsbild entspricht ganz einem weltberühmten Kurort. Aber er ist jetzt menschenleer, ein bloßes Schwarzwalddorf, durch das Güterwagen voll Holz zu den Franzosen fahren.
Die Rentenmark, die neue deutsche Goldmark, ist furchtbar teuer. Die Preise sind auch in England hoch, aber die englische Währung ist in London bei weitem kaufkräftiger als in Baden. Und es gibt keine Arbeit – also auch kein Geld. Jeder kauft nur das absolut Nötige. Die Ladenbesitzer sind verzweifelt. Und es gibt immer weniger Arbeit.
Alle melden das Telefon ab – man kann es sich nicht mehr leisten. Die Straßenbahnen fahren nur dreimal am Tag zum Bahnhof. Die Schienen hinaus nach Annaberg, dem Vorort, sind rostig, hier fährt nie eine Bahn. Die Leute haben die zehn Pfennige für die Fahrt nicht übrig. Zehn Pfennige sind jetzt eine bedeutende Summe: ein Penny. Tatsächlich sind es einhundert Milliarden Mark.
Das Geld wird verrückt, und mit ihm die Menschen.
Abends ist der Ort fast dunkel, man spart mit dem Licht. Sparen, sparen, sparen – auch das wird krankhaft. Zum Glück sorgt die Regierung für einen erschwinglichen Brotpreis.
Aber nachts hat man das Gefühl, als regten sich im Dunkeln seltsame Dinge, als regten sich seltsame Gefühle und drängen aus dem immer noch unbesiegten Schwarzwald. Man erstarrt und lauscht in die Nacht. Man wittert Gefahr. Es sind nicht die Menschen. Sie wirken nicht gefährlich. Gefahr liegt in der Luft, und dieses seltsame Gefühl einer unheimlichen Bedrohung läßt einem die Haare zu Berge stehen.
Etwas ist geschehen. Es ist etwas geschehen, was noch nicht zu Ende ist. Der Zauber der alten Welt ist gebrochen, und der alte, haarsträubende, barbarische Geist ist

gekommen. Der Krieg hat die alte Hoffnung der Welt auf Frieden und Arbeit nicht zerstört, obwohl er sie ziemlich beschädigt hat. Doch die alte Hoffnung auf Frieden und Arbeit herrscht noch immer, zumindest im Bewußtsein. Selbst in Deutschland ist sie noch nicht ganz verschwunden.

Aber man hat das Gefühl, als sei sie praktisch verschwunden. Die vergangenen zwei Jahre haben das bewirkt. Die Hoffnung auf Frieden und Arbeit ist zerbrochen. Die alte Kontinuität, die alte Bindung ist unterbrochen. Und eine noch ältere Tendenz hat eingesetzt. Immer weiter rückwärts, hin zur barbarischen Tatarei und weg vom zivilisierten christlichen Europa. Das, so scheint mir, ist schon geschehen. Und es ist ein Geschehen von bei weitem größerer Bedeutung als jedes Tagesereignis. Es ist der Vater der kommenden Ereignisse.

Und das Gefühl läßt nie nach. Wenn man das Rheintal hinauffährt, begleitet einen stets das gleiche latente Gefühl der Gefahr, der Heimlichkeit oder der Spannung. Nicht, daß die Leute wirklich etwas planen oder vorbereiten oder Komplotte schmieden. Daran glaube ich keinen Augenblick lang. Aber der menschlichen Seele ist etwas zugestoßen, für das es keine Hilfe gibt. Die menschliche Seele schreckt nun vor Gemeinsamkeit zurück und macht sich anderswo stark. Der uralte Geist des prähistorischen Germaniens kommt am Ende der Geschichte zurück.

So ist es auch in Heidelberg. Heidelberg wimmelt von Menschen. Studenten und junge Leute mit Rucksäcken wie immer, Jungen und Mädchen kommen hordenweise von den Bergen herab. Wie immer und doch nicht wie immer. Diese seltsamen Horden *Junger Sozialisten*, Jungen und Mädchen, mit ihrem Bekenntnis gegen den Materialismus und ihren halb mystischen Anschauungen fallen einem als befremdlich auf. Sie haben etwas Primitives an sich, wie umherstreifende Horden zerfallener, verstreuter Stämme – diesen Eindruck hat man von ihnen. Und die Menschenmengen wirken irgendwie schweigsam, heimlichtuerisch und verschlagen. Es ist, als entziehe sich alles

und jedes der alten Gemeinsamkeit, wie in einem Wald lauernde Barbaren sich dem Blick entziehen. Die alten Sitten leben noch. Aber die Masse der Menschen hat kein Geld. Und die ganze Stimmung ist umgeschlagen.
So steht man also im Wald über der Stadt und sieht den grünen Neckar aus dem Schlund Deutschlands geschwind dem Rhein zufließen. Und die blutrote Sonne taucht langsam in den Dunst des Rheintales. Und das alte rötliche Gemäuer der Schloßruine dort drüben wirkt bedrückend, das Marschallamt liegt unten im Schatten, die spitzen Dächer des engen Altheidelberg – in seinem Flußrahmen zusammengepfercht – glänzen und glänzen. Ein blauer Dunst liegt darüber.
Und es hat den Anschein, als spulten sich die Jahre schnell rückwärts, nicht länger vorwärts. Wie eine zerbrochene Feder, die zurückschnappt, strebt die Zeit mit geheimnisvoller Rasanz einer Art Tod zu. Sie strebt dem Gespenst des Mittelalters zu, darauf der Römerzeit, darauf der Zeit des schweigenden Waldes und der dort lauernden Barbarengefahr.
An den germanischen Rassen ist etwas Unveränderliches. Hellhäutig, elementar und gefährlich. Unsere Zivilisation entstand aus der Verschmelzung der Dunkeläugigen mit den Blauäugigen. Das Zusammentreffen und Vermischen der beiden Rassen ist die Freude unserer Jahrhunderte gewesen. Und da waren noch die Kelten, fremd, doch als eine Art chemisches Reagens für die Verschmelzung notwendig. So stieg die europäische Zivilisation empor. Daher diese Kathedralen und diese Gedanken.
Aber jetzt sind die Kelten das spaltende Element. Und die latinischen und südlichen Rassen scheiden sich von den nördlichen Rassen, die nordgermanische Bewegung weicht zur Tatarei, zum zerstörerischen Strudel der Tatarei zurück.
Es ist Schicksal; niemand kann es ändern. Es ist Schicksal. Selbst das Blut ändert sich. In den vergangenen drei Jahren hat sich die Zusammensetzung des Blutes in europäischen Adern geändert. Doch besonders in germanischen Adern.

Aber wir haben das selbst herbeigeführt – durch die Besetzung der Ruhr, durch die Schwäche Englands und durch deutsche Falschheit. Wir haben es selbst bewirkt. Aber offenbar war es unvermeidlich.
Quos vult perdere Deus, dementat prius.

1934 (1924)

Neumexiko

Oberflächlich betrachtet ist die Welt klein geworden und scheint erforscht. Armer kleiner Globus, die Touristen trotten so mühelos um dich herum, wie sie um den Bois oder den Central Park trotten. Nichts bleibt Geheimnis, wir sind dort gewesen, wir haben es gesehen, wir wissen bestens Bescheid. Wir haben den Globus erledigt, und der Globus ist erledigt.

Das entspricht ganz der Wahrheit, oberflächlich gesehen. Was die Oberfläche, die Horizontale betrifft, so sind wir überall gewesen und haben alles mitgemacht, wir wissen ganz genau Bescheid. Aber je mehr wir oberflächlich wissen, desto weniger dringen wir in die Tiefe. Es ist schön und gut, über die Oberfläche des Ozeans zu gleiten und zu behaupten, man kenne die See genau. Aber darunter lauern die schrecklichen Tiefen, die gänzlich außerhalb unserer Erfahrungswelt liegen.

Dasselbe gilt auch für das Reisen zu Lande. Wir gleiten darüber, wir erreichen unser Ziel, wir nehmen alles in Augenschein, wir haben alles erledigt. Und in der Regel dringen wir nicht ein einziges Mal durch die merkwürdige Folie, mit der Eisenbahnen, Schiffe, Autos und Hotels die ganze Erdoberfläche überziehen. Peking ist genau wie New York, mal davon abgesehen, daß es dort ein paar andere Sehenswürdigkeiten, eine ganze Menge mehr Chinesen usw. gibt. Arme Kreaturen, die wir sind, dürsten wir nach Erlebnissen, doch wir sind wie Fliegen, die auf dem durchsichtigen, klebrigen Papier herumkrabbeln, in das die Welt wie ein Bonbon so sorgfältig eingewickelt ist, daß wir nie herankönnen, obwohl wir sie die ganze Zeit vor uns sehen, während wir darüber kriechen, scheinbar ganz dicht daran, doch in Wirklichkeit so weit von ihr entfernt, als wäre es der Mond.

Tatsächlich erlebten unsere Urgroßväter, die nie irgendwohin reisten, die Welt intensiver als wir, die wir alles gesehen haben. Wenn sie sich in der Dorfschulstube einen Vortrag mit Lichtbildern anhörten, verschlug ihnen das Unbekannte wirklich den Atem. Wir, die wir

in einer Rikscha in Ceylon herumfahren, sagen uns: ‚So ähnlich haben wir es uns vorgestellt.' Eigentlich kennen wir schon alles.
Wir irren uns. Die Geisteshaltung, die meint, alles zu kennen, resultiert eben daraus, daß wir uns außen auf dem klebrigen Einwickelpapier der Zivilisation befinden. Darunter ist alles, was wir nicht kennen und das kennenzulernen wir uns fürchten.
Das wurde mir überwältigend klar, als ich nach Neumexiko ging.
Neumexiko, einer der Vereinigten Staaten, Teil der USA; Neumexiko, malerisches Reservat und Tummelplatz der Oststaaten – sehr romantisch, altspanisch und indianisch, mit Wüstenmesas, Pueblos, Cowboys und Büßermönchen – dem ganzen Filmklischee. Sehr schön, der große Südwesten, setz einen Sombrero auf, knote dir ein rotes Tuch um den Hals und mach dich auf in die großen, freien Weiten!
Das ist Neumexiko – verpackt in das sterile, glitzernde Einwickelpapier unserer Trivialzivilisation. So kennen es die meisten Amerikaner, die es überhaupt kennen. Aber dringe durch die glänzende sterile Hülle und komme in echte Berührung mit dem Land, und du wirst nie wieder derselbe sein.
Ich glaube, Neumexiko war die größte Erfahrung durch die äußere Welt, die mir jemals zuteil wurde. Sie hat mich ganz gewiß für immer verändert. So seltsam es klingen mag, Neumexiko war es, das mir die Befreiung von der gegenwärtigen Zivilisationsepoche, der großen Epoche der materiellen und industriellen Entwicklung brachte. Ein monatelanger Aufenthalt im heiligen Kandy auf Ceylon, dem Heiligtum der Heiligtümer für den südlichen Buddhismus, hatte den großen Geist des Materialismus und Idealismus, der mich beherrschte, nicht angerührt. Und selbst Jahre, verbracht in der auserlesenen Schönheit Siziliens, mitten im alten griechischen Heidentum, das dort noch lebendig ist, hatten die christlichen Grundwerte, die meinen Charakter prägten, nicht erschüttert. Australien erlebte ich wie einen Traum oder einen Trancezustand – es war, als stünde man unter

einem Zauber, während man sich selbst nicht veränderte, wenn die Trance nicht zu lange andauerte. Tahiti, von dem ich nur einen flüchtigen Eindruck bekam, stieß mich ab; Kalifornien nach mehrwöchigem Aufenthalt ebenfalls. Im Geist der Westküste lag anscheinend eine seltsame Brutalität, und mein Empfinden war: Bloß weg von hier!

Aber als ich den strahlenden, stolzen Morgen hoch über dem Wüstengebiet von Santa Fe leuchten sah, stand in meiner Seele augenblicklich etwas still, und ich begann aufzumerken. In dem Tag hoch dort oben war eine gewisse Großartigkeit, eine gewisse adlergleiche Königlichkeit, ganz anders als der gleichermaßen reine, ursprüngliche und liebliche Morgen in Australien, der so weich, so außerordentlich rein in seiner Weichheit ist und von herumfliegenden grünen Papageien verraten wird. Aber am lieblichen australischen Morgen begann man zu träumen. Am großartig-gewaltigen Morgen Neumexikos war man plötzlich hellwach, ein neuer Teil der Seele erwachte, und die alte Welt wich einer neuen.

Gott sei Dank gibt es die verschiedensten Arten von Schönheit auf der Welt, während die Häßlichkeit gleichförmig ist. Wie schön ist doch Sizilien, mit Kalabrien wie ein Opal jenseits des Meeres und dem Ätna mit seinem Schnee in einer weiter entfernten und höheren Welt! Wie schön ist die Toskana mit kleinen roten, im Korn wuchernden Tulpen; oder Glockenblumen in der Morgendämmerung in England; oder Mimosen in reingelben Wolken im graugrünen, dunklen Laub Australiens unter einem weichen, blauen, atemlosen Himmel! Aber an erhabener Schönheit habe ich nichts gefunden, was sich mit Neumexiko vergleichen ließe. All jene Morgen auf der Ranch, wenn ich mit einer Hacke am Graben entlang zum Cañon ging und dort im wilden, stolzen Schweigen der Rockies – im Vorgebirge – stand, um weit über die Wüste bis hin zu den blauen Bergen drüben in Arizona zu schauen, Berge, blau wie Chalcedon, dazwischen die graublauen Weiten der Beifußwüste, gesprenkelt mit winzigen Kristallwürfeln von Häusern; das riesige Amphitheater der erhabenen, unbezähmbaren Wüste dehnte sich ringsumher bis zu den massigen Sangre-de-Cristo-Bergen im Osten, die sich auf gleicher Höhe mit den kiefernbestandenen Vorbergen der Rokkies befanden! Welche Pracht! Allein der gelbbraune Adler vermochte in die ganze Pracht hineinzusegeln. Leo Stein schrieb mir einmal: Es ist die in ästhetischer Hinsicht vollkommenste Landschaft, die ich kenne. Für mich bedeutete sie weit mehr. Sie besaß einen noblen stillen Schrecken und eine ausgedehnte Großartigkeit, die sie weit über den ästhetischen Bereich hinaushoben. Das Licht ist niemals reiner und überwältigender als hier, wenn es sich mit einer fast grausamen Hoheit über die hohle und aufgetürmte Welt wölbt. Denn es ist eigenartig, daß das Land, das die moderne politische Demokratie in ihrer Höchstform hervorgebracht hat, einem das größte Gefühl überwältigenden, schrecklichen Stolzes und mitleidloser Härte vermittelt; aber wie schön ist es doch, mein Gott, wie schön! Wer Morgen für Morgen ganz allein dort unter den Kiefern über der großen stolzen Wüstenwelt verbracht hat, wird wissen, wie schön sie ist, fast unerträglich, wie klar und unangefochten die Macht des Tages ist. Der Tag an sich ist dort ungeheuer. Es ist so leicht zu verstehen, daß die Azteken der Sonne Menschenherzen darbrachten. Denn die Sonne ist nicht nur heiß und sengend, o nein. Sie ist von strahlender und erhabener Reinheit und stolzer Ruhe, die einen dazu bringen, ihr das Herz zu opfern. O ja, in Neumexiko opfert man der Sonne das Herz, und der Mensch wird dadurch starr, herzlos, aber unerschrocken religiös.

Und das war die zweite Offenbarung dort draußen. In der ganzen Welt hatte ich etwas gesucht, das *mir* religiös erschienen wäre. Die schlichte Frömmigkeit einiger Engländer, das halbheidnische Mysterium einiger Katholiken in Süditalien, die Gefühlstiefe einiger Bauern in Bayern, die halbe Ekstase der Buddhisten oder Brahmanen – das alles hatte doch wirklich den Eindruck von Religiosität gemacht, was die Beteiligten betraf, aber es betraf mich nicht. Ich blickte von außen auf ihre Religiosität. Denn glauben zu wollen ist noch schwerer, als lieben zu wollen.

Ich meinte einen Schimmer wilder Religion in den sogenannten Teufelstänzen wahrzunehmen, die eine Gruppe nackter Dorfbewohner aus dem hintersten Dschungel in Ceylon um Mitternacht ausführte – Schweiß glitzerte auf ihren dunklen Körpern, als seien sie vergoldet –, als man in Kandy zu Ehren des Prinzen von Wales das Pera-hera feierte. Und die gänzliche dunkle Versunkenheit dieser Nackten bei ihrem Tanz mit weit gespreizten Knien verschaffte mir plötzlich ein religiöses *Gefühl.* Einen Augenblick lang hatte ich ein religiöses Empfinden. Denn Religion ist eine Erfahrung, eine nicht steuerbare sinnliche Erfahrung, in noch höherem Maße als die Liebe; ich sage „sinnlich", weil ich eine Erfahrung tief unten in den Sinnen meine, unerklärlich und unergründlich.

Aber diese Erfahrung war flüchtig, sie verlor sich in dem merkwürdigen Tumult des Pera-hera, und bis ich nach Neumexiko kam und dort zur alten Erfahrung der menschlichen Rasse vordrang, hatte ich kein dauerhaftes religiöses Empfinden. Merkwürdig, daß ein Europäer, nachdem er in Berührung mit dem alten Mittelmeerraum und dem Osten gekommen war, ausgerechnet in Amerika seine religiöse Erweckung erleben sollte. Seltsam, daß einem die Indianer ein Gefühl für lebendige Religion vermitteln sollten, nachdem es die Hindus oder die sizilianischen Katholiken oder die Singhalesen nicht vermocht hatten.

Ich möchte einen Vorbehalt äußern. Ich unterstehe mich nicht, den Indianer zu rühmen, wie er sich in Berührung mit der Zivilisation der Weißen offenbart. Aus diesem Blickwinkel betrachtet *kann* er widerwärtig sein, wie ich zugeben muß. Selbst meine begrenzte Erfahrung sagt mir das. Aber ich weiß auch, daß er grundanständig sein *kann*, sogar im Umgang mit Weißen. Es kommt immer in hohem Maße auf den einzelnen an, auf beiden Seiten.

Aber in diesem Artikel will ich mich nicht der oberflächlichen Erscheinung von Neumexiko widmen, wie es von außen durch das Einwickelpapier erscheint. Ich will ja unter die Oberfläche dringen. Und deshalb interessiert mich der amerikanische Indianer in seinem Verhalten als amerikanischer Bürger eigentlich gar nicht. Mich interessiert, was er ist – oder was er mir zu sein scheint, seinem uralten Rassen- und Religionsverständnis nach.

Denn der Indianer dünkt mich viel älter als die Griechen oder die Hindus oder als alle Europäer oder selbst als die Ägypter. Der Indianer als zivilisierter und wahrhaft religiöser Mensch – über Tabu und Totem hinaus zivilisiert, wie er im Süden ist – scheint im ältesten und tiefsten Sinne des Wortes religiös zu sein. Das heißt, er ist ein Überlebender der am tiefsten religiösen, noch existierenden Rasse. So dünkt mir.

Aber ich will mich wieder absichern. Der Indianer, der dir auf dem Bahnhof von Albuquerque Körbe verkauft oder der um die Plaza in Taos schleicht, mag ein völliger Versager, mag menschlicher Abschaum sein. Er persönlich kann noch weniger Religion haben als ein New Yorker Dieb. Vielleicht hat er mit seinem Stamm gebrochen, oder sein Stamm ist schließlich selbst von der alten religiösen Integrität abgefallen und hat tatsächlich zu existieren aufgehört. Dann ist er nur noch wert, möglichst schnell von der weißen Zivilisation aufgesogen zu werden, die ihn verkraften muß.

Aber wenn ein Stamm seine Religion behält und seine religiösen Bräuche pflegt und wenn jedes Stammesglied daran teilhat, dann existiert eine Stammesintegrität und eine lebendige Tradition, die bis weit vor die Geburt Christi zurückreicht, bis vor die Pyramiden und vor Moses. Eine weitverbreitete alte Religion, die einst die Welt regierte, überdauert dort in Neumexiko und wurde ohne Unterbrechung praktiziert; sie ist möglicherweise älter als alles andere auf der Welt, das australische Tabu und Totem der Aborigines ausgenommen, und das ist noch keine Religion.

Man spürt das, diese besondere Atmosphäre, um die Pueblos. Natürlich nicht, wenn der Ort voller Touristen und Autos ist. Aber man gehe an einem leuchtenden

Schneemorgen nach Taos und sehe die weiße Gestalt auf dem Dach; oder man komme an einem windigen Abend in der Dämmerung durchgeritten, wenn die schwarzen Röcke der schweigenden Frauen um ihre weißen weiten Stiefel wehen, dann wird man fühlen, daß die uralten Wurzeln des menschlichen Bewußtseins noch immer in Tiefen hinabreichen, von denen wir nichts wissen und die wir nur zu oft beargwöhnen. Es wird wohl nicht mehr lange dauern, bis die Pueblos entwurzelt sind.
Aber nie werde ich den Anblick der Tänzer vergessen, wie in San Geronimo die Männer mit den hinten herabbaumelnden Fuchsfellen in einer Reihe heraustraten und die Frauen mit Samenrasseln folgten. Das lang herabfallende, glänzend schwarze Haar der Männer! Selbst im alten Kreta war langes Haar bei einem Mann heilig, und das ist es bei den Indianern immer noch. Niemals werde ich die völlige Hingabe an den Tanz vergessen, so ruhig, so stetig, zeitlos rhythmisch und schweigend – mit seinem unablässigen Aufstampfen, immer hin zum Erdzentrum, das genaue Gegenteil des Emporsteigens der dionysischen oder christlichen Ekstase. Niemals werde ich das tiefe Singen der Männer an der Trommel vergessen, das anschwoll und verebbte – der tiefste Laut, den ich je in meinem Leben vernahm, tiefer als Donner, tiefer als der Lärm des Pazifik, tiefer als das Brüllen eines großen Wasserfalls: der wundervoll tiefe Laut von Menschen, die unaussprechliche Tiefen anrufen.
Niemals werde ich vergessen, wie ich an einem sonnigen Frühlingsmorgen unerwartet in das kleine Pueblo San Felipe kam, als die Bäume in Blüte standen in dem idealen kleinen Pueblo – älter und friedlicher als jede Idylle bei Theokrit, und einen kleinen zufälligen Tanz erlebte. Nicht beeindruckend als Schauspiel, nur für mich tief bewegend wegen der wahrhaft erschreckenden religiösen Hingabe, mit der er ausgeführt wurde.
Niemals werde ich die Weihnachtstänze in Taos vergessen – Zwielicht, Schnee, die über die großen winterlichen Berge herabsinkende Dunkelheit und das einsame Pueblo, und dann wieder, als riefe Dunkles nach Dunk-

lem, das tiefe indianische Gruppensingen um die Trommel, wild und schrecklich, das beim letzten Dämmerschein plötzlich anhob, als die Prozession begann. Und dann die Freudenfeuer, die auf einmal hoch aufloderten, jähe Flammensäulen, die den Weg der Prozession markierten.
Niemals werde ich das Kiva* aus Birken unten im Apachenland, diesmal in Arizona, vergessen, die Tipis und flackernden Feuer, das Wiehern von Pferden, die man in der großen dunklen Nacht nicht sah, und überall schwärmten die Apachen auf leisen Mokassinsohlen umher; und im Kiva, hinter einem kleinen Feuer, rezitierte der Alte, er rezitierte in der unbekannten Apachensprache, mit der seltsamen, wilden indianischen Stimme, die aus Zeiten vor der Sintflut zu uns herüberdringt und offenbar die Traditionen und Legenden der Stämme erzählt. Diese Stimme tönte fort und fort, während die jungen Männer, die Krieger von heute, herbeischlenderten, zuhörten und wieder weggingen, überwältigt von der Kraft und Majestät der uralten Stammesstimme, doch unruhig, weil sie selbst schon bald der modernen Zivilisation angehörten und die beiden Welten aneinanderstießen. Und einer dieser Krieger spähte in jener Nacht unter meinen Hut und starrte mich mit seinen glitzernden Augen aus nächster Nähe an. Er hätte mich dort auf der Stelle getötet, wenn er gewagt hätte. Er wagte es nicht, und ich wußte das, und er wußte es.
Niemals werde ich die indianischen Läufe vergessen, bei denen die jungen Männer und selbst die Knaben rennen – nackt, mit weißer Erde beschmiert und mit etwas Adlerflaum beklebt, um die Schnelligkeit der Lüfte zu erlangen – und die alten Männer sie mit Adlerfedern berühren, um ihnen Kraft zu verleihen. Bei ihrem Lauf stürzen sie sich nach Art der Primitiven auf ungewohnte Weise vorwärts und sind nicht auf Geschwindigkeit aus. Und es geht nicht um Sieg. Es ist kein Wettkampf, sondern eine große gemeinsame Anstrengung. Der Stamm bietet an diesem Tag seine geballte männliche Kraft auf

* Zeremonienraum der Puebloindianer.

und strengt sie aufs äußerste an – wofür? Um Macht zu erlangen, um Kraft zu erlangen: um, lediglich durch das gemeinsame Vorwärtsdrängen der Menschenkörper, Verbindung aufzunehmen zu der großen kosmischen Quelle der Lebenskraft, die den Menschen, die sie erreichen, Stärke, Kraft und Energie verleiht. Es war eine weitverbreitete alte Religion, größer als alles uns Vertraute – stärker und unverblümter religiös. Da gibt es keinen Gott, keinen Gottesbegriff. Alles ist Gott. Aber es handelt sich nicht um den uns geläufigen Pantheismus, der sich äußert als „Gott ist überall, Gott ist in allen Dingen". In der ältesten Religion war alles belebt, nicht übernatürlich, sondern natürlich. Es gab nur immer tiefere Lebensströme, immer umfassendere Lebensschwingungen, umfassenderes Leben, und es war viel schwerer für einen Menschen, seinen Geist oder seine Energie in Verbindung zu dem Leben des Berges zu bringen und so Kraft aus dem Berg wie aus einer großen Lebensquelle zu schöpfen, als in Verbindung zu dem Stein zu kommen. Und er mußte eine große religiöse Anstrengung auf sich nehmen. Denn das lebenslange Bemühen des Menschen war es, sein Leben in Verbindung zum elementaren Leben des Kosmos zu bringen, zum Bergleben, Wolkenleben, Donnerleben, Luftleben, Erdleben, Sonnenleben. Um eine unmittelbare, *spürbare* Verbindung herzustellen und daraus Energie, Kraft und eine dunkle Freude zu ziehen. Dieses Bemühen um eine reine, unmittelbare Verbindung, *ohne Zwischenglied oder Mittler*, ist die tiefste Bedeutung der Religion, und in den heiligen Rennen sprangen die Läufer in äußerster gemeinsamer Anstrengung durch die Luft, um schließlich in unmittelbare Verbindung zum Luftleben zu kommen, das Wolkenleben und auch Regenleben ist.

Es war eine weitverbreitete und reine Religion, ohne Idole und Bilder, selbst ohne geistige. Es ist die älteste Religion, eine kosmische Religion, die für alle Menschen gleich ist, nicht zersplittert in besondere Götter oder Heilande oder Glaubensgebäude. Es ist die Religion, die dem Gottesbegriff vorangeht und die daher größer und tiefer ist als jede Gottesreligion.

Und sie hält sich noch für eine kurze Zeit in Neumexiko; immerhin lang genug, um mir als Offenbarung gedient zu haben. Und der Indianer, so verachtenswert er gelegentlich sein mag, besitzt noch etwas von der seltsamen Schönheit und dem Pathos der Religion, die ihn hervorbrachte und ihn nun dem Vergessen überantwortet. Als Trinidad, der Indianerjunge, und ich auf der Ranch Mais pflanzten, hielt meine Seele inne und schaute zu, wie seine braunen Hände behutsam die Erde über den Mais schoben, ganz rituell. Er war in sein altes religiöses Selbst geschlüpft, und die Zeitalter standen still. Zehn Minuten später ging er mit den Pferden tölpelhaft um. Pferde haben nie zum religiösen Leben des Indianers gehört und würden nie dazu gehören. Er hat für sie nicht einen Deut des Gespürs, das er zum Beispiel für einen Bären hat. Deshalb mögen Pferde Indianer nicht.

Aber da haben wir es: Die jüngste Demokratie verdrängt die älteste Religion! Und wenn erst einmal die älteste Religion verdrängt ist, dann wird bestimmt die Demokratie mit all ihren Begleiterscheinungen zusammenbrechen, und die älteste Religion, die aus den vorkriegerischen Tagen des Menschen auf uns gekommen ist, wird erneut gelten. Der Wolkenkratzer wird sich wie Distelsamen in alle Winde zerstreuen, und das wahre Amerika, das Amerika Neumexikos, wird wieder leben. Jetzt herrscht ein Interregnum.

1931 (1928)

II

NATUR UND MENSCH

Das Singen der Vögel

Das Frostwetter hielt viele Wochen an, bis die Vögel schnell dahinstarben. Überall auf den Feldern und unter den Hecken lagen die zerfetzten Überreste von Kiebitzen, Staren, Drosseln und Rotdrosseln, zahllose zerzauste und blutige Gefieder, wenn das Fleisch von unsichtbaren kleinen Raubtieren gefressen worden war.
Dann, ziemlich plötzlich, kam eines Morgens die Wende. Der Wind drehte sich, er wehte warm und lind von Süden, vom Meer her. Nachmittags zeigten sich schwache Sonnenstrahlen, und die Tauben begannen ohne Unterlaß langsam und unbeholfen zu gurren. Die Tauben gurrten, wenn es auch etwas mühsam klang, als ob sie noch winterstarr seien. Trotzdem ließen sie sich den ganzen Nachmittag lang, noch ehe die Straße aufgetaut war, in der milden Luft hören. Abends blies ein sanfter Wind, der jedoch von der frostharten Erde einen eisigen Hauch mitbrachte. Beim goldenen Sonnenuntergang fingen dann die Vögel im Schwarzdorngestrüpp unten am Bach leise zu singen an.
Nach der schwerlastenden Stille des Frostes war das überraschend und beinahe furchteinflößend. Wie konnten sie nur gleich wieder singen, wo der Boden noch mit den zerfetzten Vogelkadavern übersät war? Doch aus der Abendstille erklangen die zaghaften, silbernen Töne, die die Seele auffahren ließen, fast erschrocken. Wie konnten die kleinen silbernen Hörner in der weichen Luft so prompt zum Sammeln blasen, wenn die Erde noch in Banden lag? Aber die Vögel sangen fort und fort, ziemlich gedämpft und stockend zwar, doch sandten sie die Silberfäden des sich fortpflanzenden Schalls in die Luft.
Es schmerzte beinahe, so schnell die neue Welt wahrzunehmen. *Le monde est mort. Vive le monde!* Doch die Vögel ließen sogar den ersten Teil der Verlautbarung weg, ihr Ruf war nur ein schwaches, instinktives, fruchtbares *vive*!
Es gibt eine andere Welt. Der Winter ist vergangen.

Eine neue Frühlingswelt ist da. Landauf, landab erklingt der Ruf der Taube. Aber die menschliche Natur schrickt vor einer so plötzlichen Wende zurück. Sicher ist der Ruf doch verfrüht, wenn die Erdschollen noch gefroren sind und der Boden übersät ist mit Vogelschwingen! Doch wir haben keine Wahl. Aus undurchdringlichen Schwarzdornhecken flattert jetzt allabendlich und allmorgendlich das Singen der Vögel.

Woher kommt er, der Gesang? Wie können sie ihn nach der langen grausamen Zeit nur so schnell zustande bringen? Aber er strömt durch sie hindurch, sie sind wie kleine Brunnen, kleine Quellen, aus denen das Wasser rinnt und sprudelt. Es ist nicht ihr eigenes Werk. In ihren Kehlen wandelt sich das neue Leben in Musik. Der silbrige Saft eines neuen Sommers steigt auf und quillt hervor.

Die ganze Zeit über, während die Erde erstickt und erstorben und winterstarr dalag, schwiegen die tiefen unterirdischen Quellen. Sie warten aber nur auf die Störung der alten Ordnung, um aufzutauen – und schon sind sie da, ein silbernes Reich. Hinter dem Höhepunkt der Zerstörung, dem gnadenlosen Winter, liegt die silberne Möglichkeit, daß alles erblüht. Eines Tages muß die schwarze Flut sich erschöpfen und zurückweichen. Dann taucht urplötzlich der Krokus auf, im sieghaften Vormarsch, und wir wissen nun, daß die Zustände sich geändert haben, es herrscht ein neues Regime, ein neues *vive! vive!* erklingt.

Es hat keinen Sinn, länger auf die zerfetzten Vogelreste, die offen herumliegen, zu starren. Es hat keinen Sinn, sich an das dumpfe Donnern des Frostes und die unerträgliche Tyrannei der Kälte zu erinnern. Denn ob wir wollen oder nicht, sie sind nun verschwunden. Wir haben keine Wahl. Wir können noch eine Weile winterlich und zerstörerisch bleiben, wenn wir das wollen, aber der Winter ist aus uns heraus, und unwillkürlich singen unsere Herzen ein wenig bei Sonnenuntergang.

Während wir noch den entsetzlichen Anblick der zerfetzten, halb aufgefressenen Vogelkadaver allerorten vor uns haben, rieselt das sanfte, stockende Gurren der

Tauben von den Hofgebäuden, und in der Dämmerung dringt ein zartes silbernes Singen aus dem Gebüsch. Ungeachtet dessen, daß wir noch auf die häßlichen Überreste vernichteten Lebens starren, ziehen sich die müden, verstümmelten Kolonnen des Winters vor unseren Augen zurück. Doch uns klingen die von hinten vorrükkenden silbernen Hörner einer neuen Schöpfung in den Ohren, und wir hören den Wirbel der sanften, glücklichen Tauben-Trommeln.

Wir können uns die Welt nicht aussuchen. Für uns besteht kaum eine Wahl. Mit den Augen verfolgen wir die grausame und entsetzliche Marschkolonne des bitteren Winters im Vorüberziehen. Aber wir können den Frühling nicht zurückhalten. Wir können die Vögel nicht zum Verstummen bringen und das Gurren der Wildtauben nicht verhindern. Wir können die schöne Welt der silbern-fruchtbaren Schöpfung nicht hindern, Kräfte zu sammeln und sich zu etablieren. Ob wir es wollen oder nicht, wird der Seidelbast bald seinen Duft verströmen, werden die Lämmer auf zwei Beinen tanzen, wird das Scharbockskraut allerorten am Boden blinken, wird es einen neuen Himmel und eine neue Erde geben.

Denn es geschieht genausogut in uns wie um uns. Mag den Kolonnen des Winters bei ihrem Rückzug von der Erde folgen, wer kann. Für etliche von uns gibt es keine Wahl, der Frühling ist in uns, die silberne Quelle fängt in unserer Brust zu sprudeln an, trotz unseres Widerstrebens sind wir froh. Und auf der Stelle öffnen wir uns der Freude! Der erste Tag der Wende ist da – und schon ertönt ein ungewohnter, stockender Freudengesang, ein Fragment, das sich unmerklich vervollkommnen wird. Und das geschieht trotz der übergroßen Bitterkeit des Leidens, trotz Myriaden verstümmelter Toter.

Welch überlanger Winter, und erst gestern wurde der Bann des Frostes gebrochen. Doch es scheint schon so, als ob wir uns gar nicht mehr daran erinnern können. Der Winter ist seltsam weit entrückt, wie eine ferne dunkle Zeit. Er ist so unwirklich wie ein nächtlicher Traum. Jetzt ist der Morgen der Realität, wo wir wieder wir selbst sind. Das hier ist natürlich und wirklich – das

Leuchten einer neuen Schöpfung, die sich in uns und um uns her regt. Wir wissen, daß ein langer, furchtbarer Winter herrschte. Wir wissen, daß die Erde erstickt und erstorben war, wir wissen, daß der Lebenskörper zerfetzt und über den Erdboden verstreut wurde. Aber was bedeutet dieses rückgewandte Wissen? Es ist uns fremd, es ist dem fremd, was wir jetzt sind. Und dieses belebende, schöne, silbrige Protoplasma der reinen Schöpferkraft ist, was wir sind, was wir anscheinend immer gewesen sind. Ach ja, Tod und Zerstörung kamen über uns und umgaben uns. Es war wie ein Sturm oder ein Nebel oder ein tiefer Sturz. Es hatte sich bei uns eingenistet, wie Fledermäuse in unserem Haar, die uns zum Wahnsinn treiben. Aber wir haben es niemals verinnerlicht. Im Inneren haben wir uns immer davon distanziert, wir waren diese klare, silberne Quelle, die niemals versiegt war und die nun emporquillt und hervorbricht.
Die völlige Unvereinbarkeit von Tod und Leben ist seltsam. Solange der Tod herrscht, gibt es kein Leben. Alles ist Tod, eine überwältigende Flut. Und dann kommt eine neue Zeit, und alles ist Leben, eine Quelle silberner Glückseligkeit. Entweder das eine oder das andere. Wir stehen auf der Seite des Lebens oder wir stehen auf der Seite des Todes, entweder oder, aber in unserem Innersten niemals auf beiden Seiten zugleich.
Der Tod überwältigt uns, und alles ist zerfetzt und blutbesudelt, ehe es dunkel wird. Das Leben erhebt sich, und wir sind zarte Silberfontänen, die ein Blühen hervorrufen. Das eine ist unvereinbar mit dem anderen. Da ist die silbergesprenkelte Drossel, die im Schwarzdorngestrüpp voll holder Inbrunst ihr erstes Lied pfeift. Welche Verbindung hat sie mit dem häßlichen Anblick des blutigen Drosselgefieders direkt vor dem Gestrüpp? Es gibt keine Verbindung. Das eine ist auf das andere nicht zu beziehen. Wo das eine ist, ist das andere nicht. Im Reich des Todes gibt es keinen silbernen Gesang. Aber wo das Leben ist, gibt es keinen Tod. Überhaupt keinen Tod, nur silberne, vollkommene Glückseligkeit, die andere Welt.
Die Drossel kann ebensowenig zu singen aufhören wie

die Taube. Der Gesang vollzieht sich in ihr, obwohl noch gestern alle Artgenossen umkamen. Sie kann nicht trauern oder schweigen oder den Toten treu bleiben. Sie gehört nicht zu den Toten, da das Leben sie festhielt. Die Toten müssen ihre Toten begraben. Das Leben hat die Drossel nun erfaßt und sie in die neue Luft eines neuen Firmaments geworfen, wo sie in Gesang ausbricht, als wäre sie explosiv. Was bedeuten die Vergangenheit und jene toten Artgenossen, da sie jetzt in eine völlig neue Welt geworfen wurde, jenseits der unüberbrückbaren Kluft?

Aus ihrem Gesang spricht die anfängliche Schwäche und die Unsicherheit des Übergangs. Der Übergang von der Umklammerung des Todes zu einem neuen Sein bedeutet einen Tod des Todes, und diese Seelenwanderung vollzieht sich im dumpfen Ringen mit dem Tod. Doch das währt nur einen Moment, das ist der Moment des Übergangs von einem Zustand zum anderen, von der Umklammerung des Todes zu der Freiheit des neuen Seins. Unmittelbar darauf ist die Drossel ein Reich der Wunder und singt im Herzen einer neuen Schöpfung.

Der Vogel zögerte nicht. Er klammerte sich nicht an seinen Tod und seine Toten. Es gibt keinen Tod, und die Toten haben ihre Toten begraben. Als der Vogel in den Abgrund zwischen zwei Welten geworfen wurde, breitete er entsetzt die Schwingen aus und wurde von seinem Instinkt emporgetragen.

Man nimmt uns, um uns in einen Neubeginn zu werfen. Unter unseren Herzen sprudelt die Quelle, die uns vorwärts treibt. Wer kann den Instinkt, der uns ergreift, in die Irre leiten? Er dringt aus dem Unbekannten zu uns, und es ziemt uns, mit diesem neuen Himmelswind leicht und schön dahinzuschweben und wie die Vögel instinktiv vom Tod zum Leben zu ziehen.

1919 (1919)

Merkur

Es war Sonntag und sehr heiß. Die Sonntagsausflügler strömten zum Merkur, der sich zweitausend Fuß über dem Dunst der Täler erhob. Denn der Sommer war sehr feucht, und die plötzliche Hitze bedeckte das Land mit heißem Dunst.
Bei jeder Bergfahrt war die Drahtseilbahn überfüllt. Sie schleppte sich den steilen Hang hinauf, der in der Nähe des Gipfels fast senkrecht wirkte, wobei der stählerne Schienenstrang in der Pinienschlucht hing wie ein Stahlseil vor einer Wand. Die Frauen hielten den Atem an und blickten nicht hinaus. Oder sie blickten zurück auf den versinkenden Fluß, der im Dunst verschwamm und sich bis weit über die Grenze erstreckte.
Wenn man auf dem Gipfel ankam, gab es nichts zu tun. Der Berg war ein mit Pinien bedeckter Kegel. Pfade wanden sich zwischen den hohen Baumstämmen hindurch, und man konnte spazierengehen und einen Blick auf die Landschaft werfen: die verschwommene Flußniederung in der Ferne, mit dem stumpfen Schein des großen Stromes in Richtung Westen; nach Süden die schwarzen, beweglich wirkenden waldbedeckten Berge mit smaragdgrünen Lichtungen und ein oder zwei weißen Häusern; im Osten das dunkle Tal mit zwei Dörfern, Fabrikschornsteinen, Kirchtürmen und Hügeln dahinter; und im Norden die steilen Waldhänge mit rötlichen Klippen und rötlichen Burgruinen. Die heiße Sonne brannte am Himmel, und alles lag im Dunst.
Nur auf dem Scheitelpunkt des Berges war ein Turm, ein Aussichtsturm; ein langgestrecktes Restaurant mit Biergarten, wo die kleinen gelben Tische ihre runden Scheiben unter den Roßkastanien präsentierten; dann ein kleiner Steingarten am Hang. Aber die großen Bäume standen ein paar Meter weiter dicht bei dicht.
Die Sonntagsausflügler kamen in Wellen von der Drahtseilbahn herauf. In Wellen fluteten sie durch den Biergarten. Aber nur wenige setzten sich zum Trinken nieder. Keiner gab Geld aus. Manche zahlten Eintritt für

den Aussichtsturm, um hinabzublicken auf eine Welt aus Dunstwolken und schwarzen, sich duckenden Bergen und betrügerischen Städten. Dann zerstreuten sich alle über die Pfade, um zwischen den Bäumen in der kühlen Luft zu sitzen.

Es ging kein Windzug. Wenn man auf dem Rücken lag und nach oben in die zerzausten wilden Pinien zwischen Erde und Himmel blickte, war es schwierig zu entscheiden, ob die makellosen hohen Stämme das dunkle Dickicht da oben trugen oder ob sie von dort wie dicke, nach unten gespannte Seile herabkamen. Jedenfalls verliefen zwischen der Baumkronen-Welt und der Erd-Welt die wunderbar glatten Seile zahlloser stolzer Baumstämme, sauber wie der Regen. Und während man nach oben blickte, sah man, daß die Oberwelt sich leicht bewegte, leicht, ganz leicht schwankte, in einer kreisförmigen Bewegung, obwohl die Stämme unten ausgesprochen bewegungslos und monolithisch wirkten.

Es gab nichts zu tun. Es gab absolut nichts zu tun, und man konnte nichts machen. Warum sind wir alle auf den Merkur heraufgekommen? Es gibt nichts zu tun für uns.

Was tut's? Wir sind einen Schritt über die Welt hinaus. Soll sie doch dort unten dampfen und ihre unreife Wirklichkeit kochen. Auf dem Merkur nehmen wir keine Notiz davon. Wir machen uns nicht einmal die Mühe, umherzugehen und die dicken, blauen, säuerlichen Blaubeeren zu pflücken. Einfach daliegen und die regenreinen Baumstämme betrachten wie einen Gleichklang zwischen zwei Welten.

Die Stunden vergehen; die Menschen flanieren, verschwinden und tauchen wieder auf. Alles ist heiß und still. Die menschliche Natur ist kaum noch laut. Man holt sich etwas zu trinken; Finken hüpfen zwischen den wenigen Menschen an den Tischen umher; jeder schaut jeden an, aber mit Zurückhaltung.

Es gab nichts zu tun, als zurückzugehen und sich unter die Pinien zu legen. Nichts zu tun. Aber warum sollte man überhaupt etwas tun? Der Wunsch, etwas zu tun, ist vergangen. Die Baumstämme, die leben wie der Regen, sie sind aktiv genug.

Am Fuß des altmodischen Turmes befindet sich eine alte Steintafel mit einem stark beschädigten Merkur im Relief. Es gibt auch einen Altar oder Votivstein, beides ist aus der Römerzeit. Die Römer sollen Merkur auf dem Gipfel angebetet haben. Der beschädigte Gott aus lokalem, rotem Sandstein sieht recht hohläugig und unscheinbar aus mit seinem runden Sonnenkopf. Und keiner wirft mehr Opfergaben in die Höhlung des Votivsteins; auch dieser aus einfachem, rotem Sandstein, sehr ortsgebunden und unrömisch.
Die Sonntagsausflügler würdigen ihn keines Blickes. Warum auch? Sie gehen immer noch in den Pinienwald. Und viele sitzen auf den Bänken; viele liegen in den Liegestühlen. Es ist sehr heiß am Nachmittag – und sehr still.
Bis sich ein schwaches Pfeifen in den Kronen der Pinien vernehmen läßt, und aus der allumfassenden Halbbewußtlosigkeit des Nachmittags erwächst ein drohendes Unbehagen. Die Menge ist auf den Beinen, blickt zum Himmel. Und wirklich, da ist eine außergewöhnliche matte Schwärze, die sich am westlichen Himmel auftürmt, durchsetzt mit weißen Strähnen und lockeren Streifen. Sie sieht sehr düster aus, so wie nur noch die Elemente aussehen können. Unter dem plötzlichen unheimlichen Pfeifen der Pinienkronen hört man ein unterdrücktes Gemurmel und erschreckte Rufe.
Sie wollen hinunter; die Menge will vom Merkur herunter, ehe der Sturm kommt. Um jeden Preis weg vom Berg! Sie strömen zur Drahtseilbahn, während sich der Himmel mit unglaublicher Schnelligkeit verdunkelt. Und als die Menge hinunterdrängt zum kleinen Bahnhof, entfaltet sich in einer Lohe der erste Blitz, unmittelbar gefolgt von einem Donnerkrachen und außergewöhnlicher Dunkelheit. Mit einer einheitlichen, sonderbaren Bewegung nimmt die Menge Zuflucht in der tiefen Veranda des Restaurants und drückt sich schweigend zwischen die kleinen Tische. Es fällt kein Regen, und es regt sich kein richtiger Wind, nur eine plötzliche Kälte breitet sich aus, die die Menge enger zusammenrücken läßt.

Sie drängen sich in der Dunkelheit und in banger Erwartung enger zusammen. Sie ist eigenartig einheitlich, die Menge, als sei sie zu einem Körper zusammengeschmolzen. Da ein kühler Lufthauch in die Veranda weht, erhebt sich ein klagendes Murmeln, wie von Vögeln unter Blättern; die Körper drängen sich enger aneinander, suchen Schutz durch Berührung.

Die Düsternis, dunkel wie die Nacht, scheint anzuhalten. Dann tanzt plötzlich der Blitz weiß auf dem Boden, tanzt und schüttelt sich auf der Erde, auf und nieder, und erleuchtet den weißen Schritt eines Mannes, erleuchtet ihn nur bis zu den Hüften, weiß und nackt und ausschreitend, mit Feuer an den Fersen. Er scheint zu eilen, dieser wilde Mann, dessen obere Hälfte unsichtbar ist, und es sieht aus, als flackerten kleine Flammen an den nackten Fersen. Die flachen, kräftigen Schenkel, die Beine weiß wie Feuer überqueren flink den Platz vor der Veranda und ziehen im Rhythmus kleine weiße Flammen an den Fußgelenken mit. Er geht irgendwohin, ist in Eile.

Im großen Donnerknall verschwindet die Erscheinung. Die Erde bewegt sich, und das Haus wird gerüttelt, in völliger Dunkelheit. Ein mattes Schreckgewimmer kommt aus der Menge, als die kalte Luft hereinquirlt. Und immer noch folgt der Dunkelheit kein Regen. Es gibt keine Erleichterung; ein langes Warten.

Strahlend und blendend blitzt es wieder; ein eigenartig malmender dumpfer Schlag kommt aus dem Wald, als all die kleinen Tische und geheimnisvollen Baumstämme für eine unnatürlich lange Sekunde enthüllt werden. Dann der Donnerschlag, unter dem das Haus und die Menge schwanken wie bei einer Explosion. Der Sturm steht direkt gegen den Merkur. Ein verspätetes Geräusch brechender Zweige kommt aus dem Wald.

Und wieder der weiße Blitzschein auf dem Erdboden; aber nichts bewegt sich. Und wieder die unmittelbar folgende, lang anhaltende Entladung des Donners in der Dunkelheit. Die Menge schnauft vor Angst, als es wieder weiß blitzt, und wieder ist es, als berste etwas im Wald, als der Donner kracht.

Schließlich stürzt der Wind in die Bewegungslosigkeit des Unwetters, mit dem wilden Flug von Eisstückchen und dem plötzlichen Meeresbrausen der Pinien. Die Menge fährt zusammen und zieht sich zurück, als die Eisstückchen wie Feuer in die Gesichter schlagen. Das Brausen der Bäume ist so stark, daß es wie eine andere Stille wirkt. Und darin hört man das Krachen und Splittern von Holz, während sich der Wirbelsturm auf den Berg konzentriert.
Und der Hagel prasselt nieder, verschluckt jedes andere Geräusch, schlägt massig auf die Erde und die Dächer und die Bäume. Und während die Menge unaufhaltsam in das Innere des Gebäudes wogt, weg vom zerstörerischen Eishagel, hört man noch in der düsteren Rauheit das Klirren und Krachen zerbrechender Gegenstände.
Nach einer Ewigkeit voll Furcht endet es ganz plötzlich. Draußen zeigt sich ein matter Schein gelben Lichts über dem Schnee und dem grenzenlosen Durcheinander von Zweigen und zerbrochenen Gegenständen. Es ist sehr kalt, und es herrscht eine Atmosphäre von Eis und tiefem Winter. Der Wald wirkt traurig über dem weißen Erdboden, wo Myriaden von großen Eiskörnern liegen, sechs Zoll hoch, bedeckt von Zweigen und zerbrochenen Gegenständen.
„Ja! Ja!“ sagten die Männer und faßten plötzlich Mut, als sich das gelbe Licht ausbreitete. „Jetzt können wir gehen!“
Die ersten Mutigen treten hinaus, heben die großen Hagelkörner auf, zeigen auf die umgestürzten Tische. Manche verweilen jedoch nicht. Sie hasten zur Drahtseilbahn, um zu sehen, ob die Bahn noch fährt.
Die Drahtseilbahnstation liegt an der Nordseite des Berges. Die Männer kommen zurück und sagen, es sei niemand dort. Die Menge betritt nach und nach das feuchte, knirschende Weiß des Hagels, verteilt sich neugierig und wartet auf die Männer, die die Drahtseilbahn bedienen.
An der Südseite des Aussichtsturmes lagen zwei Körper in den kalten, nun tauenden Hagelkörnern. Die dunkelblauen Uniformen wirkten schwarz. Beide Männer wa-

ren tot. Aber der Blitz hatte die Beine des einen Mannes völlig entblößt, so daß er von den Hüften abwärts nackt war. Da lag er, den Kopf zur Seite gedreht auf dem Schnee, und zwei Blutstropfen rannen aus der Nase in den kräftigen blonden Schnauzbart. Er lag da, nahe dem Votivstein des Merkur. Sein Begleiter, ein junger Mann, lag auf dem Gesicht, ein paar Meter hinter ihm.
Die Sonne trat wieder hervor. Die Menge starrte voller Furcht hin, hatte Angst, die Körper der Männer zu berühren. Warum waren die beiden Männer von der Drahtseilbahn überhaupt auf diese Seite des Berges gekommen?
Die Drahtseilbahn würde nicht fahren. In dem Unwetter war ihr irgend etwas geschehen. Die Menge begann, den kahlen Berg auf dem glatten Eis hinabzugehen. Überall lagen die zerbrochenen Pinienäste und -zweige auf der Erde. Aber die Büsche und die Laubbäume waren vollständig kahl, ganz überraschend. Die Erde weiter unten war blattlos und nackt wie im Winter.
„Absoluter Winter", murmelte die Menge, während sie erschrocken den steilen, gewundenen Weg hinabeilte und den herabgefallenen Pinienzweigen auswich.
Inzwischen begann die Sonne in großer Hitze zu dampfen.

1927 (1926)

Blütenreiche Toskana

1

Jedes Land hat seine Blumen, die dort ganz besonders ins Auge fallen. In England sind es Gänseblümchen und Butterblumen, Weißdorn und Himmelschlüssel. In Amerika sind es Goldrute, Härtling, Margeriten, Maiapfel und Astern, die wir Michaelistag-Blumen nennen. In Indien Hibiskus und die Blüten von Stechapfel und Tschampakbaum, und in Australien Mimosen und scharfzüngige, fremdartige Ericaceae. In Mexiko sind es Kaktusblüten, die man dort Wüstenrosen nennt, im Stachelgewirr lieblich leuchtend, und auch die meterlang herabhängenden Dolden der cremeweißen Yuccaglöckchen, wie herabtropfender Schaum.

Aber im Mittelmeerraum sind es wie zu Zeiten der Argonauten und, wie wir hoffen, auf ewige Zeiten Narzisse und Anemone, Asphodill und Myrte. Narzisse und Anemone, Asphodill, Krokus, Myrte und Petersilie – sie haben ihre wahre Bedeutung nur im Mittelmeerraum. Auch in Italien kommen Gänseblümchen vor – in Paestum gibt es im März kleine weiße Teppiche davon, und die Toskana ist mit Scharbockskraut übersät. Trotzdem sind Gänseblümchen und Scharbockskraut englische Blumen, sie kommen bei uns im Norden am besten zur Geltung.

Der Mittelmeerraum hat Narzisse und Anemone, Myrte und Asphodill und Traubenhyazinthe. Das sind die Blumen, die in der Sonne rund um das Mittelmeer sprechen und verstanden werden.

Die Toskana ist besonders blütenreich, da sie feuchter ist als Sizilien und wirtlicher als die römischen Hügel. Der Toskana gelingt es, abseits vom Getriebe zu bleiben und in ihren vielen kleinen Verstecken zu lächeln. Es erheben sich hier so viele Hügel, und sie nehmen keine Notiz voneinander. Da sind so viele kleine tiefe Täler mit Bächen, die völlig ihren eigenen Lauf, unabhängig von Fluß und Meer, zu nehmen scheinen. Hier gibt es

Tausende, ja Millionen von gänzlich abgeschiedenen Winkeln, obwohl das Land seit Tausenden von Jahren kultiviert worden ist. Doch der intensive Anbau von Wein, Oliven und Weizen durch den rastlosen Fleiß bloßer Menschenhände und winterbeschuhter Füße und langsam daherschreitender, sanftäugiger Ochsen verwüstet ein Land nicht, beraubt und entblößt es nicht, läßt es nicht nackt zurück, vertreibt weder Pan noch seine Kinder. An heimlichen Flecken fließen die Bäche über wilde Felsbrocken und murmeln durch Schwarzdorngestrüpp, wo die Nachtigallen im Chor singen, ohne Hast und Furcht.

Es ist seltsam, daß ein so durch und durch kultiviertes Land wie die Toskana, wo die Hälfte des Ertrages von fünf Morgen Land zehn Mäuler ernähren muß, noch soviel Platz für wilde Blumen und die Nachtigall hat. Wenn sich plötzlich kleine Hügel emporwölben und ihre Nachbarn abschütteln, muß der Mensch seinen Garten und seinen Weinberg anlegen und die Landschaft gestalten. Wenn man an die hängenden Gärten Babylons denkt – ganz Italien ist solch ein hängender Garten, abgesehen von den Ebenen. Jahrhundertelang hat der Mensch geduldig die Landschaft der Mittelmeerländer gestaltet, hat die Hügel sanft gerundet und die großen und kleinen Hänge zu fast unmerklichen Terrassen abgestuft. Tausende Quadratmeilen italienischen Bodens sind von Menschenhänden bewegt, aufgehäuft und in winzigen Flächen angelegt worden, gestützt von den mörtellosen Mauern, deren Steine aus den umgeschichteten Erdmassen stammen. Das – die sanfte, einfühlsame Gestaltung der ganzen Landschaft – ist das Werk vieler, vieler Jahrhunderte. Und dadurch wird die ganz besondere italienische Schönheit geschaffen, die so wundervoll natürlich ist, weil der Mensch, der sich einfühlsam an die Fruchtbarkeit der Erde herantastet, die Erde nach seinen Bedürfnissen umgestaltet hat, ohne ihr Gewalt anzutun.

Das beweist: Es ist also möglich. Der Mensch kann tatsächlich auf der Erde und von ihr leben, ohne sie zu entstellen. Hier wurde es erreicht, mit diesen geformten

Hügeln und sanft und einfühlsam gestalteten Terrassenhängen.
Aber man kann natürlich nicht mit einem Dampfpflug auf vier Meter breiten Terrassen fahren, Terrassen, die schmäler und breiter werden, sich ein wenig senken oder ansteigen, ganz dem Gefälle und der Kontur des Mutterhügels angepaßt. Auf diesen kleinen Erdstreifen, wo schon halb versteckt die graue Olive steht und der Weinstock sich um seine Narben windet, muß Getreide angebaut werden. Wo Ochsen mit diesem schönen Innehalten zwischen jedem kleinen Schritt gehen können, ist es möglich, mit ihnen das schmale Feld zu pflügen. Aber sie müssen einen winzigen Randstreifen belassen, einen Grasrand über der mörtellosen Mauer darunter. Und wenn die Terrassen zu schmal zum Pflügen sind, wird der Bauer, der sie umgräbt, doch diesen Grasrand stehenlassen, weil er den Boden bei Regenfällen festhalten hilft.
Und hier suchen die Blumen Zuflucht. Der Boden ist um und um gewendet worden, zweimal jährlich, manchmal auch dreimal, mehrere Jahrtausende hindurch. Und doch sind die Blumen nie vertrieben worden. Sehr gründlich geschieht das Umgraben und Sieben der Erde, die kleinen Zwiebeln und Knollen werden vernichtet, kein Unkraut soll überleben.
Doch wenn der Frühling zurückkehrt, sprießen an den Rändern und in den steinigen Winkeln zwischen den Terrassen Eisenhut, Krokusse, Narzissen und Asphodille und die unausrottbaren wilden Tulpen. Da sind sie, ewig ein Leben am Rand des Unterganges fristend, doch ewig siegreich, nie ganz den Boden verlierend. In England und Amerika werden die Blumen ausgerottet und zurückgedrängt. Sie fliehen. Doch bei der intensiven Bebauung der uralten Terrassen Italiens tanzen sie Ringelreihen und behaupten sich.
Der Frühling beginnt, recht kühl und zaghaft und immer noch winterlich, mit den ersten Narzissen. Das sind die kleinen buschigen, cremefarbenen Narzissen mit den gelben Kelchen, die wie das Dotter der Blume wirken. Die Einheimischen nennen diese Blumen *tazzette*, Täß-

chen. Sie wachsen sehr vereinzelt auf den Rainen oder kämpfen sich durch Dorngestrüpp.
Für mich sind es Winterblumen, und ihr Duft bedeutet Winter. Der Frühling beginnt im Februar mit dem Wintereisenhut. An einem frostigen Tag im frühen Februar, wenn der Wind von den schneebedeckten Bergen herabkommt, bemerkt man auf einem brachliegenden Stück Land unter den Olivenbäumen mattgoldene Kugeln, wie Nüsse fest verschlossen und dicht am Boden auf runden grünen Krausen ruhend. Der Wintereisenhut ist plötzlich da.
Der Wintereisenhut ist eine der lieblichsten Blumen. Wenn seine kleine Blüte sich erst einmal zeigt, ist sie wie bei allen Frühblühern ganz nackt. Sie kapselt sich nicht in einer kleinen grünen Hülle ein wie das Gänseblümchen oder der Löwenzahn. Ihr Bläschen zarten, matten, reinen Goldes ruht auf der runden Krause ihres grünen Kragens, und der Schneewind versucht, es wegzublasen.
Aber vergeblich. Die *tramontana* hört auf, ein kräftiger Februarsonnentag kommt. Die zusammengeballten Goldklümpchen des Eisenhutes schwellen auf, sie werden zu hellen Bläschen und gleichen kleinen Luftballons auf grünem Grund. Die Sonne brennt im Februarglanz herab. Und wenn der Mittag da ist, sieht man überall unter den Olivenbäumen voll erblühte kleine Sonnen, weil der Eisenhut alle Strahlen aussendet; und ein wunderbar süßer Duft ist da, honigsüß, nicht narzissenkühl; und ein februarliches Gesumm kleiner brauner Bienen ist zu vernehmen.
Das dauert bis zum Nachmittag, wenn die Sonne herniedersteigt und in der Luft wieder der Schneehauch spürbar wird.
Aber abends unter der Lampe auf dem Tisch sind die Eisenhutblüten weit geöffnet und wach und strömen den süßen Frühlingsduft aus, daß man fast zu summen anfängt und versucht ist, sich in eine Biene zu verwandeln.
Der Eisenhut hält sich nicht sehr lang. Aber er taucht an allen möglichen und unmöglichen Stellen auf – auf

Schollen umgegrabener Erde und auf Land, wo die Saubohnen sprießen, und an den Rainen der Terrassen. Doch am liebsten mag er Boden, der einen Winter brachgelegen hat. Dort drängen seine Blüten sich und zeigen, wie schnell sie eine Gelegenheit nutzen, um zu leben und zu strahlen.

In zwei Wochen, noch ehe der Februar um ist, schrumpfen die gelben Bläschen des Eisenhutes zu Nichts zusammen. Aber schon zeigen sich in einem geschützten Winkel dunkelviolett die Veilchen, und ein neuer zarter Duft hängt in der Luft.

Wie ein Überbleibsel des Winters steht der Helleborus auf allen verwilderten Flecken, und der Mäusedorn stellt stolz seine letzte glänzend rote Beere zur Schau. Der Helleborus heißt auch Christrose, aber in der Toskana sind die Blüten niemals weiß. Gegen Ende Dezember tauchen sie aus dem Gras auf, frostige Blüten des Winters; sie sind blaßgrün, von lieblicher Gestalt und mit gelblichen Staubgefäßen versehen. Als winterliches Charakteristikum haftet ihnen eine spezifische Unscheinbarkeit an, wie sie sich da so einsam aus dem verdorrten Gras recken, blaßgrün, wie ein kleiner Handspiegel, der nichts reflektiert, in die Höhe gehoben. Zunächst stehen sie vereinzelt auf ihrem Stengel, kurz und lieblich und von frostiger Schönheit – sie wollen nicht angerührt, nicht bemerkt werden. Unwillkürlich läßt man sie ungestört. Doch wenn der Januar immer mehr auf den Februar zugeht, wird der Helleborus, werden diese grünlichen Christrosen immer selbstbewußter. Ihr blasses Wassergrün wird gelber, zart schwefelgelbgrün, und sie sprießen in Büscheln, in Scharen, in wahren Stauden mit grünlichen, weitoffenen Blüten, selbstbewußt, ihre Köpfe mit Helleborus-Selbstbewußtsein neigend. Stellenweise stehen sie dicht gedrängt im Gebüsch und über dem Wasser des Baches und leuchten fast wie Primeln, wenn man durch sie hindurchschreitet. Fast wie Primeln, doch mit einem rauhen Helleborusblatt und einem aufstrebenden Helleborus-Selbstbewußtsein, wie Schlangen im Winter.

Und wenn man durch sie hindurchgeht, streift man das

letzte Rot vom Mäusedorn. Dieser niedrige kleine Strauch ist die weihnachtliche Stechpalme der Toskana, nur etwa einen Fuß hoch, mit einer leuchtend roten Beere, die mitten auf seinem scharfen, harten Blatt haftet. Im Februar rollt die letzte rote Kugel vom stachligen Blatt, und mit ihr rollt der Winter fort. Die Veilchen drängen sich schon aus dem feuchten Erdreich.
Doch ehe die Veilchen so recht auf sich aufmerksam machen, gibt es die Krokusse. Wenn man durch den Pinienwald, der seine Schirme so hoch erhebt, bis hinauf zum Hügelkamm steigt, kann man nach Süden blicken, genau nach Süden, und sieht dort Schnee auf den Apenninen, und an einem blauen Nachmittag erblickt man in der Ferne sieben blaue Hügelkulissen hintereinander.
Dann läßt man sich am Südhang im Windschatten nieder, und da ist es warm, ob Januar oder Februar, ob *tramontana* oder nicht. Dort ist die Erde von unzähligen Sonnentagen ausgedörrt, immer mehr ausgedörrt und von vielen Regengüssen befeuchtet, doch niemals anhaltend durchnäßt worden, weil der Hang steinig ist und voll nach Süden liegt und jäh abfällt.
Und dort, in der von der Sonne ausgedörrten Einöde jenes bröckligen Hanges, findet man im Februar die ersten Krokusse. In der Kargheit zerbröckelten Gesteins erblickt man ein seltsames, munteres Sternlein, sehr spitz und ziemlich klein. Es hat sich ziemlich dicht am Boden entfaltet und sieht wie eine winzige Freesienblüte aus, cremefarben, mit einem dottergelben Fleck. Es hat keinen Stengel, scheint nur mit leichter Hand auf den bröckligen, ausgedörrten Felsen geworfen worden zu sein. Es ist der erste Bergkrokus.

2

Nördlich der Alpen wird der immerwährende Winter von Sommern unterbrochen, die gegen ihn ankämpfen und bald aufgeben; südlich der Alpen wird der immerwährende Sommer von unberechenbaren und heimtükkischen Wintern unterbrochen, die nie richtig Fuß fassen, die aber böse und hartnäckig sind. Nördlich der

Alpen kann man einen reinen Wintertag im Juni erleben. Südlich der Alpen kann es einen Mittsommertag im Dezember oder Januar oder sogar im Februar geben. In beiden Fällen ist die Zwischenzeit sehr unterschiedlich beschaffen. Aber das Land der Sonne liegt für alle Zeiten südlich der Alpen.

Aber was beiden Seiten der Alpen gemeinsam gehört, besonders die Blumen, findet man südlich der Berge nicht viel früher als nördlich davon. Den ganzen Winter hindurch gibt es Rosen im Garten, schöne cremeweiße Rosen, reiner und geheimnisvoller als die Rosen des Sommers, die sich in Vollkommenheit auf ihrem Stengel neigen. Und die Narzisse präsentiert sich gegen Ende Januar im Garten und die kleinen einfachen Hyazinthen zeitig im Februar.

Aber auf freiem Feld zeigen sich die Blumen kaum früher als die Blumen in England. Es ist Mitte Februar, ehe die ersten Veilchen, der erste Krokus, das erste Primel zu sehen sind. Und Mitte Februar kann man auch in England unter den Hecken und im Gartenwinkel ein Veilchen, eine Primel oder einen Krokus finden.

Und doch ist da ein Unterschied. In dieser Region der Toskana gibt es verschiedene Arten von Wildkrokus: Da sind kleine lila und cremefarbene Krokusse mit spitzen Blütenblättern, die unter den Pinien auf den kahlen Hängen wachsen. Aber die wirklich schönen Krokusse wachsen in einem Waldwinkel auf der Wiese, in der Wiesenkuhle unter den steilen schattigen Pinienhängen, in der verborgenen Grassenke, wo das Wasser den ganzen Winter lang durch den Boden sickert, wo der Bach zwischen dichtem Buschwerk rinnt, wo die Nachtigall mit Inbrunst im Mai singt und der wilde Thymian im Sommer rosig blüht und voller Bienen ist.

Hier fühlen sich die blaßlila Krokusse am wohlsten – hier recken sie sich aus dem tiefen Gras, in einer Kuhle wie eine Grasschüssel stehen die fliederfarbenen Krokusse, einem unüberschaubaren Zeltlager gleich. Man erblickt sie in der Dämmerung mit geschlossenen Blüten, in der geheimnisvollen Stille der grasigen Unterwelt leuchten sie schwach wie unzählige Zelte. Genauso zel-

ten die Apachen noch immer in den Senken zwischen den großen Bergen des Westens und verschließen nachts ihre Tipis.
Aber am Morgen ist es ganz anders. Da scheint die Sonne kräftig auf die horizontalen grünen Wölkchen der Pinien, der Himmel ist klar und voller Leben, das Wasser rinnt schnell dahin und ist noch braun gefärbt vom letzten Saft gepreßter Oliven. Dann ist die Mulde mit den Krokussen bewundernswert. Man kann einfach nicht glauben, daß die Blumen wirklich reglos dastehen. Sie sind mit solcher Wonne geöffnet, ihr Stempel ist von einem so intensiven Rotorange, und es sind ihrer so viele – alle weit offen und wundervoll, daß es wie eine ekstatische, leuchtende Massenbewegung anmutet; strahlendes Violett und Orange steigert sich im unsichtbaren Rhythmus einer gemeinsamen, freudigen Bewegung. Man kann es nicht glauben, daß die Krokusse sich nicht bewegen und irgendeinen kristallklaren Laut des Entzückens hervorbringen. Wenn man ruhig dasitzt und sie betrachtet, beginnt man sich mit ihnen zu bewegen, wie man sich mit den Sternen bewegt, und man fühlt den Klang ihres Strahlens. Alle kleinen Blütenzellen müssen vor Lebensfreude hüpfen.
Und die kleinen braunen Honigbienen segeln von Blüte zu Blüte, tauchen hinab, suchen und schweben wieder davon. Die Blüten sind schon geplündert worden, jedenfalls die meisten von ihnen. Nur manchmal verweilt eine Biene kopfunter in der Blüte und bewegt sich dort eine geraume Zeit langsam umher. Sie hat etwas gefunden. Und alle Bienen haben kleine Pollentrachten, Bienennahrung, an den Hinterbeinen.
Die Schönheit der Krokusse hält ungefähr eine Woche an, und wenn sie ihre Zelte abbrechen und das Lager verlassen, werden die Veilchen allmählich dichter. Es ist schon März. Die Veilchen waren schon seit einigen Wochen wie winzige dunkle Jagdhunde auf dem Plan. Aber jetzt kommt die ganze Meute herbei, im Gras und im Gewirr des wilden Thymians, bis ein zarter Veilchenduft in der Luft schwingt und die Bachufer dort oben, wo die Krokusse ihre Zelte aufgeschlagen hatten, nun vor

leuchtend violetten Veilchen wimmeln. Es sind die süßen Veilchen des zeitigen Frühlings, aber ihre Menge hat sie kühn gemacht, denn sie prunken und plustern sich, bis die Hänge in der vollen Sonne blauviolett flammen, und hier und da steht noch ein später Krokus verwundert und kerzengerade in ihrer Mitte.

Und da es nun März geworden ist, gibt es einen plötzlichen Ansturm von Blumen. Da unten beim anderen Bach, der von der Sonne abgewandt ist, wo es Brombeer- und Hagebuttengestrüpp gibt und den ganzen Winter lang der Helleborus so bleich und würdevoll stand, sind jetzt plötzlich weiße Primeldolden aufgetaucht. Zwischen den Dornenranken am Rand des Wassers sprießen in Hülle und Fülle Grüppchen und Büschel von Primeln. Aber sie wirken blasser, bleicher und zarter als die englischen Primeln. Sie reichen nicht an das volle Wunder der nördlichen Blumen heran. Man übersieht sie leicht und wendet sich den großen dunkelvioletten Veilchen mit den ernsthaften Gesichtern zu, die am Ufer sprießen, und vor allem den wunderbaren Türmchen der Traubenhyazinthe.

Ich kenne keine Blume, die bei ihrem ersten Erscheinen stärker beeindruckt, als die blaue Traubenhyazinthe. Weil sie aber so ausdauernd ist und mindestens zwei Monate lang immer wieder hervorkommt, neigt man später dazu, sie zu ignorieren oder sogar ein wenig zu verachten. Doch das ist sehr ungerecht.

Die ersten Traubenhyazinthen erheben ihre blauen Blüten dick und voll und bedeutungsschwer über dem alten Gras. Die oberen Knospen sind reinblau und fest verschlossen – Kugeln von reinem, ganz warmem Blau, Blau, Blau –, während die unteren Glöckchen ein dunkleres Blauviolett mit einem weißen Funken am Rand aufweisen. Bis jetzt ist noch keins der unteren Glöckchen verwelkt und den grünlichen, einzeln und spärlich wirkenden Fruchtgebilden gewichen, von denen die Traubenhyazinthe später entstellt wird und die sie kahl und zweckorientiert erscheinen lassen. Im Stadium der Fruchtbildung sehen alle Hyazinthen so aus.

Doch zunächst ist da nur ein dichter Blütenturm von

einem Nachtblau, das in die Dämmerung übergeht – außerordentlich schön. Wenn wir elfenklein wären und nur einen Sommer lebten, wie lieblich wären dann für uns diese großen Glockentürme, Türme aus nacht- und dämmerungsblauen Kugeln. Sie würden sich dicht und saftstrotzend über uns erheben, und die purpurnen Kugeln würden die blauen Glöckchen mit ihren weißen Funken an den gekrausten Rändern hochheben, und wir könnten einen Gott in ihnen erblicken.

Tatsächlich hat man mir einst erzählt, daß es die Blumen der vielbrüstigen Artemis seien; und es stimmt, die Kybele von Ephesus hatte einen Busen wie eine Traubenhyazinthe.

Im März ist die Zeit, wenn die Schlehe weiß wie ein Nebelgebilde im Buschgewirr am Bach erscheint und am Hang rosa und ganz für sich der Pfirsichbaum steht. Die Mandelblüte, von silbernem Rosa, ist bald vorbei, doch die Pfirsichblüte, Tiefrosa mit bläulichem Schimmer, so gar nicht ätherisch, enthüllt sich wie Fleisch, und die Bäume, der Pfirsich und die Aprikose, sind wie voneinander getrennte Individuen.

Dieses Frühjahr äußerte ein Mann: „Ach, ich mache mir nichts aus der Pfirsichblüte! Das ist ein so ordinäres Rosa!" Man mag sich fragen, was mit einem „ordinären" Rosa gemeint ist. Ich glaube, rosa Baumwollflanell ist ziemlich ordinär. Aber vielleicht liegt das am Baumwollflanell und nicht an der Farbe Rosa. Und die Pfirsichblüte hat ein schönes sinnliches Rosa, sie ist überhaupt nicht ordinär, sondern außerordentlich kostbar und auserlesen. Und Rosa wirkt so schön in einer Landschaft – rosa Häuser, rosa Mandelblüten, rosa Pfirsichblüten und zart-purpurne Aprikosenblüten, rosa Asphodille.

Dieses Rosa inmitten des sprießenden Frühlingsgrüns ist so auffällig und eigentümlich, weil die ersten Blumen, die nach dem Winter auftauchen, immer weiß oder gelb oder violett zu sein scheinen. Jetzt blüht das Scharbockskraut, und an den Rändern des *podere* findet man die großen kräftigen, tiefvioletten Anemonen mit den dunklen Herzen. An einem grauen Tag, am Abend oder am frühen Morgen geht man vielleicht an ihnen vorbei, ohne sie überhaupt zu bemerken. Aber wenn man im hellen Sonnenlicht daherkommt, scheinen sie einen aus voller Kehle anzuschreien, sie schreien ein Dunkelviolett in die Luft. Das kommt, weil sie nun heiß und weit offen sind und die Sonne in sich hineinschlingen. Wenn sie geschlossen sind, haben sie dagegen eine seidige Beschaffenheit und ein geneigtes Haupt, einem Schirmgriff ähnlich, und eine spezifische äußere Farblosigkeit, die sie ziemlich unsichtbar macht. Sie können direkt zu deinen Füßen sein, und du siehst sie nicht.

Anemonen sind überhaupt merkwürdige Blumen. Auf diesen letzten Hügeln vor der Ebene gibt es nur die großen dunkelvioletten Anemonen, die hier und da, nicht sehr zahlreich, in Grüppchen zusammenstehen. Aber zwei Hügel weiter ist das junge grüne Getreide blau von der blauvioletten Sorte mit den immer noch großen Blütenblättern und dem dunkleren Herzen. Aber diese Blumen sind kleiner als unsere dunkelvioletten Anemonen, sie sind zarter und seidiger. Unsere Anemonen sind stämmige Blumen von kräftigem Wuchs und nicht sehr zahlreich. Die anderen sind lieblich und seidig-zart, und das Getreide ist ganz blau von ihnen. Und sie duften süß, so süß, wenn sie von der Sonne erwärmt sind.

Dann gibt es auf dem *podere* des Priesters die scharlachroten Adonisblut-Anemonen – nur an der einen Stelle säumen sie einen Weg unter einer langen Terrasse. Vor allem diese Blumen wird man nie entdecken, wenn man sie nicht bei Sonnenschein sucht. Ihre silbern-seidigen Außenblätter machen sie fast unsichtbar, wenn sie geschlossen sind.

Aber wenn man in der Sonne vorbeispaziert, reckt sich plötzlich ein Scharlachrot in die Luft, eine der lieblichsten scharlachroten Erscheinungen der Welt. Das Innere der Adonisblut-Anemone ist von zartsamtiger Beschaffenheit, und doch gibt es keine Spur von Flor, nicht einmal soviel wie bei einer Samtrose. Und aus dieser inneren Weichheit kommt die rote Farbe, völlig rein und erdfern, sie hat nichts Irdisches und ist doch kräftig und nicht durchscheinend. Man fragt sich, wie eine Farbe so kräftig und kompakt sein kann und doch von einer Reinheit, die wie konzentriertes Licht wirkt, aber nicht leuchtet, jedenfalls nicht transparent ist. Die Mohnblume in ihrer strahlenden Schönheit ist durchscheinend, und die Tulpe mit ihrer knalligen Röte hat einen gewissen dunklen Erdton. Aber die Adonisblut-Anemone ist weder durchscheinend noch erdig. Sie besitzt nur ein reines intensives Rot von einer samtenen Qualität ohne Samtstruktur und ein Scharlachrot ohne Glanz.

Dieses Rot scheint mir der ideale Vorbote des Sommers – es gleicht dem Rot der äußeren Apfelblütenblätter – und später dem Rot des Apfels. Es ist der Vorbote der roten Farbe des Sommers und des Herbstes.

Jetzt kommen die roten Blumen hervor. Die wilden Tulpen zeigen ihre Knospen und lassen die grauen Blätter wie Fahnen herabhängen. Sie sprießen in großer Zahl, wo immer sich ihnen eine Chance bietet. Doch ihre Röte halten sie bis zu den letzten März- oder ersten Apriltagen zurück.

Das Jahr erwärmt sich immer noch. Am Graben dort oben läßt die gewöhnliche Magenta-Anemone ihre silbernen Quasten hängen oder öffnet der heißen Sonne ihre große fuchsrote, margeritenähnliche Blüte. Sie kommt der Farbe Rot näher als die Anemonen mit den großen Blütenblättern, ausgenommen die Adonisblut-Anemone. Man sagt, diese Blumen entsprießen den Tränen der Venus, die sie auf ihrer Suche nach Adonis fallen ließ. Wie muß doch die arme Dame geweint haben, denn die Anemonen sind in den Mittelmeerländern so häufig wie Gänseblümchen in England.

Die Gänseblümchen zeigen sich hier auch, sie bedecken ganze Flächen, und sie haben auch einen roten Mund. Die ersten sind groß und hübsch. Aber im Verlaufe des März schrumpfen sie zu freundlichen kleinen Gesellen, sie ähneln winzigen Knöpfen und stehen in Wolken zusammen. Das bedeutet, daß der Sommer beinahe da ist.

Die roten Tulpen öffnen sich im Getreide fast wie Mohnblumen, nur sind sie von schwererem Rot. Und sie

welken schnell, ohne erneut zu blühen. Eine Tulpe ist nicht sehr ausdauernd.
Es gibt Flecken mit seltsamen gelben Tulpen, mit ihren spitzen, schlanken Blütenblättern wirken sie chinesisch.
Wenn dann die Tulpen verblüht sind, herrscht eine Atempause vor dem Sommer. Der Sommer ist am Zug.

3

In dieser Pause gegen Ende April, wenn die Blumen zu zögern scheinen, entschließen sich die Blätter hervorzubrechen. Seit einiger Zeit schon leuchten an den äußersten Enden der kahlen Feigenbaumzweige kleine Flämmchen von reinem Grün – wie gespaltene grüne Feuerzünglein, die auf den Spitzen des Kandelabers tanzen. Jetzt entfalten sich diese grünen Knospen und bekommen die Form von Händen, die sich in die Sommerluft strecken. Und unter ihnen hängen winzige grüne Feigen, wie die Drüsen am Hals einer Ziege.
Schon geraume Zeit haben die langen steifen Ruten des Weins knotige rosa Knospen, wie Blütenknospen. Jetzt entfalten sie sich allmählich zu grünlichen, halb geschlossenen Blattfächern mit rötlichen Adern und winzigen perlgleichen Blütenspitzen. Dann hat die Weinblattrosette in all ihrem Flaum und rosigen Schimmer den zarten, köstlichen Duft des jungen Jahres.
Nun fallen die Espen oben auf dem Berg durch die transparenten Membranen ihrer geäderten Blätter auf. Sie sind goldbraun, aber nicht wie im Herbst, eher gleichen sie den dünnen Flügeln der Fledermäuse, wenn sie wie Vögel in Wolken vor der untergehenden Sonne kreisen, und die Sonne durch die ausgestreckten Flughäute scheint wie durch dünnes rotbraunes Glas. Das ist der rote Saft des Sommers, nicht der rote Staub des Herbstes. Und von weitem haben die Espen das sanftatmende Glühen lebendiger Haut unmittelbar nach dem Erwachen. Das ist die zarte Schönheit des Frühlings.
Beim Kirschbaum ist es ähnlich, er ist nur stämmiger.

Jetzt, in der letzten Aprilwoche, ist er noch weiß, doch die Blüten schwinden und vergehen in diesem Jahr sehr spät; und die zartkupferfarbenen Blätter drängen sich in dunkel-blutvollem Glühen. Mit den Obstbäumen in dieser Gegend ist es eigenartig. Die Birne und der Pfirsich haben sich gleichzeitig belaubt. Aber jetzt hat der Birnbaum die schöne volle Weichheit frisch glänzenden Grüns, er lebt durch eine zarte Fülle apfelgrüner Blätter, die in all dem anderen Grün der Landschaft leuchten – dem smaragdgrünen halbhohen Weizen und der graugrünen, unscheinbaren Olive, dem bräunlichen Grün der dunklen Zypresse, dem Schwarzgrün der immergrünen Eiche, den wogenden, schweren grünen Wolken der Pinie, dem schwachen Grün der kleinen Pfirsich- und Mandelbäume, dem kräftigen jungen Grün der Roßkastanie. So viele Schattierungen von Grün – flockiges, überhängendes, geneigtes, gerundetes, gefiedertes, zotteliges, und buschiges Grün und abermals Grün, das manchmal gegen Abend so hell leuchtet, daß die Landschaft aussieht, als brenne in ihrem Inneren ein grüngoldenes Feuer.
Der Birnbaum ist vielleicht das grünste Grün in der Landschaft. Der Weizen kann auch grüngolden strahlen oder bläulich schimmern, aber der Birnbaum ist grün und nichts als grün. Die Kirsche hat weiße, halb vom Grün verschluckte Blüten, ebenso der Apfelbaum. Aber den Pflaumenbaum macht sein neues Blattwerk struppig und unauffällig, unauffällig wie den Mandel-, den Pfirsich- und den Aprikosenbaum, die man nicht länger in der Landschaft ausmachen kann, obwohl sie noch vor zwanzig Tagen die distinguierten rosa Gestalten der ganzen Gegend waren. Nun ist ihre Zeit vorbei. Es ist die Zeit der grünen Farbe, Grün herrscht vor, in Krausen und Flocken und Scheiben.
Im Wald entfalten sich gerade erst die Blätter der Buscheiche, und die Pinien halten den Winter fest. Es sind winterliche Wesen, die Pinien. Zu Weihnachten sind ihre dichten grünen Wolken sehr schön. Wenn die Zypressen ihre schlanken dunkelgrünen Laubkörper erheben und das leuchtende Rotorange der Weiden sich vor der stillen blauen Luft zeigt und das Land Lavendelfarbe

hat, dann ist die Landschaft, mitten im Winter, am schönsten gefärbt, sie wogt vor Farbe.
Aber jetzt, wenn die Nachtigall noch immer ihre langen, sehnsüchtigen, schmachtenden Scheinklagetöne hervorbringt und ihnen ein reiches und freudiges Rollen folgen läßt, wirken die Pinien und Zypressen starr und steif, und der Wald hat seine Feinheit und seine geheimnisvolle Stimmung verloren. Er wirkt immer noch winterlich, ungeachtet der sich gelb färbenden jungen Eichen und der blühenden Heide. Doch starre, stumpfe Pinien oben und starre, stumpfe, hochstämmige Heide unten, ganz spröde und abweisend, das paßt nicht zur Frühlingsstimmung.
Trotz der Tatsache, daß die steinweiße Heide in voller Blüte steht und sehr hübsch anzusehen ist, macht sie, wenn man sie nicht genauer betrachtet, kaum den Eindruck, als blühe sie, sondern wirkt eher, als seien ihre Spitzen in Reif getaucht oder mit weißlichem Staub gepudert. In der Düsterkeit des ganzen Waldes ist sie von besonderer, gespenstischer Farblosigkeit, die das Frühlingsgefühl ganz fortnimmt.
Und doch ist die hochstämmige weiße Heide sehr hübsch in ihrer Unscheinbarkeit. Sie wird zuweilen mannshoch und reckt ihre Spitzen und fahlweißen Finger mit einer gespenstischen Fülle aus dem dunklen, steifen Grün des unteren Gestrüpps; in der Sonne verströmt sie einen honigsüßen Duft, und wenn man sie berührt, stiebt eine Wolke feinen weißen Staubes auf. Von nahem sind ihre kleinen Glöckchen ungemein schön, zart und weiß, mit ihrem rotbraunen inneren Auge und dem zierlichen Stempelköpfchen. Und draußen in der Sonne am Waldrand, wo die Heide sehr hoch wird und ihre mattweißen Spitzen neben einem leuchtend gelb blühenden Wickenbusch unter einem blauen Himmel emporreckt, wirkt sie wirklich zauberhaft.
Und doch trägt das matte Weiß der blühenden Heidefinger trotz allem nur dazu bei, daß die Pinienwälder in dieser Pause zwischen Frühling und Sommer so frostig und der Jahreszeit unangemessen wirken. Es ist der Geist der Übergangszeit.

Diese Woche ist nicht etwa ohne Blumen. Aber die Blumen sind kleine einsame Dinger, hier und da verstreut: die frühe Purpurorchidee, sehr lebendig, auf die man hin und wieder stößt, und dann die Grüppchen von Bienenorchideen, die sich alle nichts aus ihrem zerzausten Aussehen machen. Dann gibt es noch die mächtigen Sproßspitzen der stämmigen, großblumigen roten Orchidee – Sprossen wie Weizenähren so dick, intensiv purpurrot und prachtvoll. Doch schon haben sich einzelne Körner der Weizenähre geöffnet, und aus dem Purpurrot hängt das zartrosa Fähnchen einer kleinen Blüte. Dann gibt es noch sehr hübsche, erlesen cremefarbene Orchideen mit braunen Punkten auf der langen, zarten Lippe. Diese wachsen an feuchteren Orten und haben exotische zarte Sprosse, die kostbar wirken. Wieder eine andere hübsche Orchidee ist klein und gelb.

Aber Orchideen machen irgendwie noch keinen Sommer. Sie sind zu reserviert und individuell. Die kleine schieferblaue Skabiose ist da, aber nicht so zahlreich, daß sie Aufmerksamkeit erregt. Später, wenn die Sonne wirklich heiß ist, wird sie ins Auge fallen. Und an den Wegrändern findet man hie und da rosarote Kissen des wilden Thymians. Aber das sind wiederum eher Einzelerscheinungen als die wahre Sache. Auf den wilden Thymian muß man noch einen Monat warten.

Das gleiche trifft auf die Schwertlilien zu. Da und dort säumt die dunkelviolette Schwertlilie die obere Kante von Terrassen oder ragt in einzelnen Büschen zwischen den Steinen auf. Sie ist schön, doch sie zählt kaum. Es gibt nicht genug davon, und sie ist von zu vielen Winden zerzaust und gebeugt. Zuerst bläst der Wind, so stark er kann, vom Mittelmeer, nicht kalt, aber unendlich ermüdend durch sein wildes und unablässiges Drängen. Dann, nach kurzer Zeit der Stille, weht wieder eine steife Brise von der Adria, kalt und entmutigend. Die beiden Winde rütteln und zausen und kräuseln die dunkelviolette Schwertlilie, bis sie aussieht wie verbrannt; während die gelbe Cistrose an der Spitze ihres dünnen Stengels schwankt und bereut, daß sie es mit dem Erblühen so eilig hatte.

Es gibt wirklich keinen Grund zur Eile. Bis zum Mai werden sich die kräftigen Winde legen, und die große Sonne wird alles, was sie beeinträchtigt, überwinden. Dann wird die Nachtigall ihr Lied unablässig erklingen lassen, und der zurückhaltende, kaum vernehmbare toskanische Kuckuck wird ein wenig mehr zu hören sein. Dann werden die wunderschönen blaßvioletten Schwertlilien mit ihrer Fülle zarter, stolzer, spitzer Blüten hervorkommen, bis die Luft blauviolett schimmert und überall eine neue kristallklare Heiterkeit herrscht.
Die Schwertlilie ist halb Wild- und halb Kulturpflanze. Manchmal graben die Bauern die Wurzeln, Iriswurzeln, aus (Iriswurzelpulver wird immer noch zur Parfümherstellung verwendet). Daher findet man im Mai Raine und Terrassen und Felder, die im blauvioletten Glanz der Schwertlilien leuchten, und so viel Duft ist in der Luft, daß man ihn nicht bemerkt, ihn nicht einmal wahrnimmt. Die Schwertlilienblüten sind alle da, ehe die Olive unscheinbar blüht.
Überall werden sich Schwertlilienbüsche stolz und zart erheben – wenn die rosarote Gladiole sich ins Getreide mischt und die Jungfer im Grünen ihre blauen Blüten öffnet, im Mai und Juni, bevor das Korn gemäht wird.
Aber noch ist es weder Mai noch Juni, sondern Ende April, die Pause zwischen Frühling und Sommer, die Nachtigall singt mit Unterbrechungen, und die Bohnenblüten welken auf den Bohnenfeldern, der Duft der Bohnenblüte vergeht mit dem Frühling, die kleinen Vögel brüten in den Nestern, die Olivenbäume sind beschnitten und die Weinstöcke auch, die letzten Furchen sind gepflügt, und es bleibt nicht mehr viel zu tun, bis in ungefähr zwei Wochen die Erbsen reif zum Pflücken sind. Dann werden alle Bauern in den Reihen hocken und unaufhörlich Erbsen pflücken in der langen Erbsenernte, die zwei Monate währt.
So findet ein Wechsel, ein endloser und schneller Wechsel statt. In den sonnigen Ländern scheint der Wechsel lebhafter und vollständiger zu sein als in den grauen Ländern. Dort herrschen permanent graue oder düstere Zustände, die sich nur oberflächlich und unwesentlich

ändern, nicht grundlegend. In England wechseln charakterlose Winter und Sommer einander ab. Aber darunter liegt der graue Nährboden, die permanent kalte und dunkle Wirklichkeit, wo die Knollen leben – und die Wirklichkeit ist wie eine Knolle, eine Sache der Ausdauer und der gespeicherten, stärkehaltigen Energie.

Aber in den sonnigen Ländern bedeutet die Wirklichkeit Wandel, und Beständigkeit ist künstlich und bedeutet Gefangenschaft. Im Norden neigt der Mensch instinktiv zu der Vorstellung, daß die Sonne wie eine Kerze in immerwährender Dunkelheit brennt und daß eines Tages die Kerze erlöschen, die Sonne aufgebraucht sein und die immerwährende Dunkelheit ihre nie gebrochene Herrschaft wiederaufnehmen wird. Daher ist für den Menschen des Nordens die Erscheinungswelt ihrem Wesen nach tragisch, weil sie zeitlich begrenzt ist und vergehen muß. In ihrer Existenz selbst liegt ihre Vergänglichkeit begründet, und das ist die Wurzel des tragischen Gefühls.

Aber für den Menschen des Südens ist die Sonne so beherrschend, daß, wenn jede reale Erscheinung aus dem Universum verschwände, nichts bestehenbleiben würde als strahlendes Licht und Sonnenschein. Sonnenschein ist das Absolute; und Schatten oder Dunkelheit sind bloß relativ; sie kommen nur zustande, weil etwas zwischen mich und die Sonne tritt.

Das ist das instinktive Gefühl des normalen Südländers. Wenn man natürlich der Logik folgt, kann man behaupten, daß die Sonne eine reale Erscheinung ist. Deshalb hat sie einen Anfang, deshalb hat sie ein Ende, deshalb ist ebendiese Sonne ihrer Natur nach tragisch.

Aber das ist nur eine logische Aussage. Weil wir im Dunkeln eine Kerze anzünden müssen, glauben wir, daß der Urgrund aller Dinge in der unendlichen Dunkelheit des Weltenanfangs die Sonne entzünden mußte.

Diese Aussage ist kurzsichtig und ganz und gar trügerisch. Wir haben keine blasse Ahnung davon, ob die Sonne je einen Anfang hatte, und wir haben nicht den geringsten Grund zu der Annahme, daß die Sonne je zu existieren aufhören wird. Was wir durch konkrete Erfah-

rungen wissen, ist lediglich, daß ein Schatten entsteht, wenn sich ein materieller Gegenstand zwischen uns und die Sonne schiebt, und daß der Schatten verschwindet, wenn dieses Objekt entfernt wird. Somit ist der Schatten und ist die Dunkelheit von allen zeitlich begrenzten oder vorübergehenden oder zum Verschwinden verurteilten Erscheinungen, die unsere Existenz heimsuchen, das überzeugendste Beispiel. Wenn wir wollen, können wir uns den Tod als etwas vorstellen, das für immer zwischen uns und die Sonne tritt: und ebendas liegt dem südlichen, unterweltlichen Todesbegriff zugrunde. Aber das verändert die Sonne nicht im geringsten. Soweit die Erfahrung der menschlichen Rasse reicht, ist die leuchtende Sonne das, was immer da ist, und der dunkle Schatten ist das, was zufällig dazwischentritt.
Daher gibt es, genaugenommen, keine Tragödie. Das Universum enthält keine Tragödie, und der Mensch ist nur tragisch, weil er sich vor dem Tode fürchtet. Wenn die Sonne immer scheint und immer scheinen wird, ungeachtet von Millionen Wortwolken, dann hat der Tod für mich nicht viele Schrecken. Im Sonnenschein ist sogar der Tod sonnig. Und der Sonnenschein hat kein Ende.
Deshalb entbehrt der schnelle Wechsel des toskanischen Frühlings für mich gänzlich jedes Gefühls der Tragik. „Wo ist der Schnee vom vergangenen Jahr?" Nun, genau dort, wo er sein sollte. Wo sind die kleinen gelben Eisenhutblüten von vor acht Wochen? Ich weiß es nicht und will es nicht wissen. Sie waren sonnig, und die Sonne scheint, und Sonnenschein bedeutet Wechsel und verwelkende und sprießende Blumen. Die Blüten des Wintereisenhutes kamen sonnig und gingen sonnig. Und weiter? Die Sonne scheint immer. Es liegt an uns, wenn wir das nicht glauben.

1927 (1926/27)

Adolf

Als wir Kinder waren, hatte unser Vater oft Nachtschicht. Im Frühling eines Jahres kam er immer schwarz und erschöpft nach Hause, wenn wir gerade in unseren Nachthemden heruntergekommen waren. Da blickte die Nacht dem Morgen ins Gesicht, und das Zusammentreffen war nicht immer glücklich. Vielleicht war es für meinen Vater schmerzlich, uns fröhlich in den Tag hineingehen zu sehen, in den er sich schmutzig und müde schleppte. Im Sonnenschein des Frühlingsmorgens ging er nicht gern zu Bett.

Aber manchmal war er glücklich, weil er bei Tagesanbruch einen langen Spaziergang durch die betauten Wiesen getan hatte. Nach einer Nacht unten in der Grube liebte er den offenen Morgen, die Kristallklarheit und die Weite. Er beobachtete jeden Vogel, jede Regung im zitternden Gras, er antwortete auf die Kiebitzrufe und zirpte den Zaunkönigen zu. Wenn möglich, hätte er auch sonst in einer eigenen, nichtmenschlichen Sprache geflötet und gezwitschert und gepfiffen. Er verstand sich mit allem, was nicht Mensch war, ausgezeichnet.

Eines sonnigen Morgens saßen wir alle am Tisch, als wir seine schweren schlurfenden Schritte am Eingang hörten. Uns wurde unbehaglich zumute. Seine Anwesenheit brachte immer Unruhe und erlegte uns Zwang auf. Als dunkle Silhouette ging er am Fenster vorüber, und wir hörten, wie er in die Spülküche trat und seine Blechflasche absetzte. Dann kam er gleich in die Küche. Wir spürten sofort, daß er etwas mitzuteilen hatte. Keiner sprach. Wir blickten einen Moment lang in sein schwarzes Gesicht.

„Gib mir was zu trinken", sagte er.

Meine Mutter goß ihm hastig Tee ein. Er schüttete ihn in die Untertasse. Aber statt zu trinken, setzte er plötzlich etwas auf den Tisch zwischen die Teetassen. Ein winziges braunes Kaninchen! Ein kleines Kaninchen, ein bloßes Häufchen, das vor dem Brot so still saß, als sei es ausgestopft.

„Ein Kaninchen! Ein Junges! Von wem hast du es, Vater?"
Aber er lachte geheimnisvoll, während seine fahlgrauen Augen beiseite glitten, und ging hinaus, um seinen Mantel abzulegen. Wir stürzten uns auf das Kaninchen.
„Lebt es? Kann man sein Herz schlagen fühlen?"
Mein Vater kam zurück und ließ sich schwer in seinen Sessel fallen. Er zog die Untertasse zu sich heran und blies auf seinen Tee, wobei er die roten Lippen unter dem schwarzen Schnurrbart vorstülpte.
„Wo hast du es her, Vater?"
„Ich hab es aufgelesen", sagte er und wischte sich mit dem nackten Arm über Mund und Bart.
„Wo?"
„Es ist ein wildes Kaninchen!" warf meine Mutter schnell ein.
„Ja."
„Warum hast du es dann mitgebracht?" rief meine Mutter.
„Oh, wir wollen es haben!" schrien wir sogleich.
„Ja, daran zweifle ich nicht –", gab meine Mutter zurück. Aber sie wurde von unseren lärmenden Fragen übertönt.
Auf dem Wiesenweg hatte mein Vater eine tote Kaninchenmutter und drei tote Junge gefunden – und dieses eine hier lebendig, doch reglos.
„Aber was hat sie getötet, Vater?"
„Ich weiß es nicht, mein Kind. Ich glaube, sie hat irgendwas gefressen."
„Warum hast du es nur mitgebracht!" ließ sich wieder die verdammende Stimme meiner Mutter vernehmen. „Du weißt, was jetzt kommt."
Mein Vater erwiderte nichts, aber wir protestierten lautstark.
„Er mußte es mitbringen. Es ist nicht groß genug, um allein durchzukommen. Es würde sterben", riefen wir.
„Ja, und es wird auch jetzt sterben. Und dann gibt es wieder Geschrei."
Meine Mutter kämpfte gegen die Tragödie toter Schoßtiere an. Uns sank das Herz.

„Es wird nicht sterben, nicht wahr, Vater? Warum sollte es denn? Es wird nicht sterben."

„Ich glaube kaum", sagte mein Vater.

„Du weißt recht gut, daß es sterben wird. Haben wir das alles nicht schon einmal durch!" sagte meine Mutter.

„Nicht immer gehen sie ein", erwiderte mein Vater mürrisch.

Doch meine Mutter erinnerte ihn an andere kleine Tiere, die er von draußen mitgebracht hatte und die apathisch geblieben waren und nicht leben wollten und dadurch Tränenströme und Kummer in unser Tollhaus gebracht hatten.

Sorge erfaßte uns. Das kleine Kaninchen saß unbeweglich auf unserem Schoß, mit weit offenen dunklen Augen. Wir brachten ihm Milch, warme Milch, und hielten sie ihm unter die Nase. Es saß so still da, als wäre es weit weg, versteckt in einem Bau, tief unter der Erde, blind für seine Umgebung. Wir befeuchteten sein Schnäuzchen und den Bart mit Milchtropfen. Es gab kein Lebenszeichen von sich, schüttelte nicht einmal die weißen Tropfen ab. Irgend jemand vergoß die ersten heimlichen Tränen.

„Was habe ich gesagt?" rief meine Mutter aus. „Schaff es hinaus aufs Feld!"

Ihr Befehl war umsonst. Wir wurden angetrieben, damit wir uns für die Schule fertigmachten. Dort saß das Kaninchen. Wie ein winziges dunkles Wölkchen. Während wir es betrachteten, erstarben die Gefühle in unserer Brust. Es hatte keinen Sinn, es zu lieben, es zu bemitleiden. Seine kleinen Gefühle waren alle belagert. Man mußte sie meiden. Liebe und Zuneigung kamen ihm zu nahe. Ein kleines scheues Wesen, es wurde noch stiller und atmete kaum mehr in seiner Erstarrung, wenn wir uns mit Liebe näherten. Wir durften es nicht lieben. Wir mußten es meiden, um seiner eigenen Existenz willen.

Daher gab ich den Befehl an meine Schwester und meine Mutter. Mit dem Kaninchen durfte nicht gesprochen werden, ja, es durfte nicht einmal angeschaut werden. In einen Lappen gewickelt, setzte ich es in eine

dunkle Ecke der kalten Stube und stellte ihm eine Untertasse mit Milch vor die Nase. Meiner Mutter wurde verboten, die Stube zu betreten, während wir in der Schule waren.
„Als ob ich mir aus deinem Quatsch etwas mache“, rief sie beleidigt. Doch ich bezweifle, daß sie sich in die Stube wagte.
Als wir uns mittags nach der Schule ins Vorderzimmer schlichen, sahen wir das Kaninchen immer noch mucksmäuschenstill in dem Lappen dasitzen. Seltsames graubraunes Leben, fast erloschen, aber doch nicht ganz! Es war für uns ein großes Problem.
„Warum will es seine Milch nicht trinken, Mutter?“ flüsterten wir. Unser Vater schlief.
„Es sitzt lieber im Schmollwinkel und stirbt, das kleine Dummchen.“
Ein schwerwiegendes Problem. Sitzt lieber im Schmollwinkel und stirbt! Wir hielten ihm junge Löwenzahnblätter vor die Nase. Eine Sphinx hätte nicht weniger Reaktion zeigen können. Aber sein Auge war klar.
Zur Teezeit war es jedoch ein paar Zentimeter gehüpft, aus seiner Hülle heraus, und saß nun wieder da, ungeschützt, ein regloses, kompaktes Wölkchen, braun, mit unbewegten Barthaaren. Nur seine bebende Flanke verriet, daß es lebte.
Die Dunkelheit brach herein; mein Vater machte sich auf den Weg zur Arbeit. Das Kaninchen bewegte sich immer noch nicht. Dumpfe Verzweiflung überfiel meine Schwestern, es drohten Tränen vorm Schlafengehen. Der Ärger meiner Mutter ballte sich zu Gewitterwolken zusammen, als sie über die Leichtfertigkeit meines Vaters murrte.
Wieder wurde das Kaninchen in das alte Grubenhemd gewickelt. Doch diesmal wurde es in die Spülküche gebracht und unter die kupferne Feuerstelle gesetzt, damit es sich wie in einer Höhle vorkommen konnte. Die Untertassen, vier oder fünf an der Zahl, wurden auf dem Fußboden verteilt, damit das Tierchen unweigerlich auf Nahrung stoßen mußte, wenn es denn tatsächlich ein paar Hüpfer aus seinem Versteck wagen sollte. Danach

bekam meine Mutter die Erlaubnis, aus der Spülküche zu holen, was sie benötigte, und dann wurde ihr verboten, die Tür zu öffnen.
Als der Morgen kam und es hell geworden war, ging ich hinunter. Beim Öffnen der Tür zur Spülküche hörte ich ein leises Gescharre. Dann sah ich überall auf dem Boden Milchspritzer und winzige Kaninchenpillen in den Untertassen. Und dort saß der Bösewicht, die Spitzen seiner Löffel lugten hinter einem Paar Stiefeln hervor. Ich blickte es verstohlen an. Es saß mit munteren Augen und mißtrauisch da, schnupperte mit dem Näschen und beäugte mich, während es mich gleichzeitig nicht beachtete.
Es war lebendig – sehr lebendig. Aber wir scheuten uns immer noch, sein Vertrauen zu mißbrauchen.
„Vater!" Mein Vater wurde auf der Türschwelle abgefangen. „Vater, das Kaninchen ist lebendig."
„Darauf gehe ich jede Wette ein", meinte mein Vater. „Paß auf, wenn du reingehst."
Bis zum Abend war jedoch das kleine Wesen zahm, ganz zahm. Es wurde Adolf getauft. Wir waren entzückt von Adolf. Wir konnten ihn nicht wirklich lieben, weil er ungebärdig und lieblos bis zum Schluß war. Aber er bereitete uns ungetrübtes Vergnügen.
Wir entschieden, daß er zu klein war, um in einem Stall zu wohnen – er mußte sich frei im Haus bewegen können. Meine Mutter protestierte, doch vergeblich. Er war so winzig. Also nahmen wir ihn mit nach oben, und er ließ seine kleinen Pillen auf das Bett fallen, und wir waren entzückt.
Adolf richtete es sich gleich häuslich ein. Er lief überall frei herum und war ganz zufrieden mit seinen Tunneln und Höhlen hinter den Möbeln.
Wir hatten es zu gern, wenn Adolf mit uns aß. Er saß dann auf dem Tisch und machte einen Buckel, schlürfte seine Milch, schüttelte den Bart und seine zarten Ohren, hoppelte fort und kam wieder zu seiner Untertasse zurückgehüpft, das alles mit äußerst unbekümmertem Gebaren. Plötzlich war seine Aufmerksamkeit erregt. Er hoppelte ein paar winzige Schritte und richtete sich neu-

gierig am Zuckernapf auf. Mit den winzigen Vorderpfoten strampelte er und stemmte sie dann auf den Rand des Napfes, während er seinen dünnen Hals reckte und hineinlugte. Seine Schnurrbarthaare zuckten über den Zucker, dann bemühte er sich nach besten Kräften, ein Stückchen Zucker zu ergattern.

„Glaubt ihr, daß ich mir das gefallen lasse! Tiere im Zukkernapf!" rief meine Mutter aus und schlug mit der Hand auf den Tisch.

Was den elektrischen Adolf so entzückte, daß er mit den Hinterläufen ausschlug und eine Tasse umwarf.

„Das ist deine Schuld, Mutter. Wenn du ihn in Ruhe gelassen hättest ..."

Er saß weiter mit uns am Teetisch. Warmen Tee mochte er recht gern. Und er fraß zu gern Zucker. Wenn er ein Stück benagt hatte, wandte er sich der Butter zu. Von dort wurde er von unserer Mutter verscheucht. Er lernte bald, das nicht zu beachten. Aber sie verabscheute es nach wie vor, wenn er seine Nase in das Essen steckte. Und gerade das tat er gar zu gern. Und eines Tages stießen die beiden in ihrem Gerangel den Krug mit der Sahne um. Adolf schüttete sich die Sahne über den kleinen Brustkorb, sprang erschreckt zurück, wurde von meiner Mutter bei den kleinen Ohren gepackt und auf den Kaminvorleger geworfen. Dort zitterte er kurz vor Unbehagen und stiebte dann in wilder Flucht in die Stube davon.

Dort war sein glücklicher Jagdgrund. Er hatte sich die schlechte Angewohnheit zugelegt, nachdenklich gewisse Stoffstückchen im Kaminvorleger zu benagen. Wenn man ihn von seiner Weide vertrieb, pflegte er sich unter das Sofa zurückzuziehen. Dort blinzelte er, in buddhistische Meditation versunken, bis er plötzlich, keiner kannte den Grund dafür, wie eine Rakete losging. Mit ruckhaften, scharrenden Bewegungen wirbelte er aus dem Zimmer und verschwand mit fliegenden Ohren durch die Türöffnung. Dann hörten wir ihn wie einen Wirbelwind in der Stube, aber ehe wir ihm folgen konnten, preschte Adolf wie ein geölter Blitz an uns vorüber, von einem Gewittersturm getrieben, der ihn in der Spülküche herumtrieb und ihn zurückbrachte, ein kleines verrücktes Wesen, das wie besessen in der Stube umherschoß. Und nach diesem Ausbruch saß er gefaßt und zurückgezogen in einer Ecke, zuckte mit den Barthaaren und war in Meditation versunken. Vergeblich suchten wir uns seine Ausbrüche zu erklären. Er ging einfach los wie eine Kanone, und hinterher war er ruhig wie eine Kanone, die friedlich qualmt.

Aber ach, er wuchs schnell heran. Es war unmöglich, ihn von der Haustür fernzuhalten.

Eines Tages, als wir beim Zauntritt spielten, sah ich seinen braunen Schatten über die Straße hoppeln und in der Wiese gegenüber verschwinden. Sofort ertönte der Ruf „Adolf!" – ein Ruf, den er sehr gut kannte. Und sofort fegte er wie die Windsbraut den Wiesenhang hinunter, wobei sein Schwänzchen im Zickzack durchs Gras blinkte. Wir stürzten ihm nach. Es war ein seltsamer Anblick, als wir ihn, die Ohren zurückgelegt, mit seinen kräftigen kleinen Lenden die Welt hinter sich schleudern sahen. Wir liefen, bis wir außer Atem waren, aber konnten ihn nicht fangen. Dann schnitt ihm einer den Weg ab, und er saß plötzlich wie unbeteiligt unter einem Brennesselbusch und zuckte mit dem Näschen.

Seine Ausflüge brachten ihm ein böses Erschrecken. An einem Sonntagmorgen hatte mein Vater eben mit einem Hausierer gestritten, und wir bekamen das nachfolgende Grollen drinnen zu hören, als plötzlich aus dem Hof ein unheimlicher Schrei ertönte. Wir stürzten hinaus. Dort saß Adolf unter eine Bank geduckt, während ein paar Meter vor ihm eine große schwarzweiße Katze saß und ihn anfunkelte. Ein unvergeßlicher Anblick. Adolf rollte mit den Augen, und ein weiterer Schrei teilte sein merkwürdiges Schnäuzchen, während die Katze sich langsam streckte und nach ihm langte. Ha, wie wir die Katze haßten! Wir verfolgten sie über die Kirchhofsmauer und quer durch die Nachbarsgärten.

„Katzen!" sagte meine Mutter. „Höchst abscheuliche Tiere, warum halten sich die Leute Katzen?"

Aber Adolf wurde ihr zuviel. Er ließ zu viele Pillen fallen. Und ihn plötzlich die Treppe herunterpoltern zu hören, wenn sie allein zu Hause war, erschreckte sie. Und es war unmöglich, ihn von der Tür fernzuhalten. Draußen lauerten die Katzen. Es war schlimmer, als wenn man auf ein Kleinkind aufpassen mußte.

Doch wir wollten nicht zulassen, daß man ihn einsperrte. Er wurde lebhafter und gefühlskälter denn je. Mit den Hinterbeinen konnte er kräftig strampeln, und wir verdankten ihm so manchen Kratzer im Gesicht und auf den Armen. Aber er hatte sich sein Schicksal selbst zuzuschreiben. Die Spitzengardinen in der Stube – meine Mutter war ziemlich stolz auf sie – fielen in reichen Falten bis zum Boden. Eine von Adolfs Vergnügungen bestand darin, daß er sich durch sie hindurchschlängelte wie durch Unterholz. Er hatte ihnen schon Risse beigebracht.

Eines Tages verwickelte er sich völlig in ihnen. Er schlug aus, er wirbelte in einem wahnsinnigen Nebelinferno im Kreise. Er schrie – und als meine Mutter ins Zimmer stürzte, riß er gerade die Gardinenstange mit Krach herunter, genau auf die Lieblings-Pelargonie. Sie befreite ihn, aber sie vergab ihm nie. Und auch er vergab nicht. Eine herzlose Wildheit war über ihn gekommen.

Sogar wir sahen ein, daß er fort mußte. Nach reiflicher Überlegung wurde beschlossen, daß ihn mein Vater wieder in den Wald zurückbringen sollte. Noch einmal wurde er in der geräumigen Tasche der Grubenjacke verstaut.

„Am besten wäre er im Kochtopf aufgehoben“, sagte mein Vater, der gern einen Sturm der Entrüstung entfachte.

Und so erzählte unser Vater am nächsten Tag, daß Adolf, als er am Rand des Wäldchens abgesetzt wurde, mit völliger Gelassenheit davongehüpft war, weder freudig noch bewegt. Wir vernahmen es und glaubten es. Aber nur zu oft wanderten unsere Herzen ihm nach. Wie würden ihn die anderen Kaninchen aufnehmen? Würden sie seine Zahmheit, seine menschliche Erniedrigung riechen und ihn töten? Meine Mutter tat diesen abwegigen Gedanken verächtlich ab.

Jedoch, er war fort, und wir waren recht erleichtert. Mein Vater hielt nach ihm Ausschau. Er erklärte, daß er Adolf mehrere Male durch die Brennesselsträucher hatte lugen sehen, als er frühmorgens am Wäldchen vorbeigekommen war. Er hatte ihn gerufen, mit seltsamer, hoher, schmeichelnder Stimme. Aber Adolf hatte nicht reagiert. Die Freiheit ergreift so schnell wieder Besitz von ihren Kreaturen. Und sie verachten dann unsere Zahmheit. So erschien es mir. Ich ging selbst mehrmals an den Waldrand und rief leise nach ihm. Auch ich bildete mir ein, daß blanke Augen hinter den Brennesselsträuchern hervorlugten, daß ein weißer Blitz, ein verächtliches Schwänzchen am Farn vorbeihuschte. Jenes freche weiße Schwänzchen, wenn Adolf uns den Rücken kehrte! Es erinnerte mich stets an eine ungehörige Gebärde, an einen bestimmten Ausdruck, den man nicht drucken, ja, nicht einmal andeuten durfte.

Doch wenn Naturforscher sich unterhalten, was die weiße Blume des Kaninchens zu bedeuten habe, kommt mir jene ungehörige Gebärde und der noch ungehörigere Ausdruck stets in den Sinn. Naturforscher behaupten, das Kaninchen zeige sein weißes Schwänzchen, um seine Jungen sicher hinter sich her zu leiten, genau wie die fliegenden Schürzenbänder eines Kindermädchens das Zeichen für die ihr anvertrauten Kleinkinder sind, ihr zu folgen. Wie hübsch und naiv! Ich wußte nur, daß mein Adolf nicht naiv war. Er kehrte mir den Rücken zu, hielt mir seine weiße Blume unter die Nase und sagte: *„Merde!“* Das ist ein ungehöriges Wort – doch eines, das Adolf mir immer signalisierte, wenn er sein Fähnchen mit der ganzen Verachtung seiner schmalen Lenden schwenkte.

Das ist das Kaninchen, wie es leibt und lebt – unverfroren und verächtlich das weiße Fähnchen schwenkend. Ja, und es läßt seine Flagge bis zum bitteren Ende wehen, dieses kecke, freche Teufelchen. Sieh, wie es um sein Leben läuft. Ach, wie seine Seele zu einer Ekstase der Angst angefacht wird, zu einem fliehenden Wirbelwind der Panik. Verrückt geworden, schleudert es mit seinen erstaunlichen Hinterläufen die Welt hinter sich,

es legt den Kopf zurück, legt die Ohren an und rollt mit den Augäpfeln in einem Rausch der Geschwindigkeit. Es weiß um seinen schrecklichen Verfolger – Kugel oder Wiesel. Es weiß darum! Es weiß Bescheid, seine Augen sind nach hinten verdreht, daß sie fast im Kopf verschwinden. Es ist Seelenangst. Aber es ist auch Ekstase. Ekstase! Schau nur, wie die unverschämte weiße Flagge auf und ab hüpft. Es fliegt auf dem Zauberwind des Entsetzens. Seine ganze eingesperrte Seele ergießt sich in das elektrisierende Gefühl der Angst. Es wirft sich vorwärts, wie sich eine Sternschnuppe in ihren Untergang stürzt. Weißglühende Seelenangst! Und gleichzeitig – hopp! hopp! hopp! – bewegt sich das weiße Schwänzchen; merde! merde! merde! ruft es dem Verfolger zu. Das Kaninchen kann das nicht ändern. Auch in größter Not noch schleudert es dem Verfolger die Beleidigung entgegen. Es ist der unbesiegbare Flüchtling, der unbezähmbare Schwache. Kein Wunder, daß das Wiesel Rachegelüste hegt.
Und wenn ihm die Flucht glückt, diesem einzigartigen Kaninchen! Könnt ihr es nicht in seinem unterirdischen Schlupfwinkel hocken sehen, ein kleiner Knäuel aus Schweigen und Kaninchentriumph? Bemerkt ihr nicht das Glitzern in seinem schwarzen Auge? Bemerkt ihr nicht, wie ihm in seiner Reglosigkeit die ganze Welt *merde* bedeutet? Keine Verachtung ist tiefer als die Verachtung der Schwachen. Und wenn der rächende Engel in Gestalt des unheimlichen Frettchens über es herfällt, dann entringt sich dem kleinen selbstzufriedenen Häufchen, das da unbeweglich in einem Winkel hockt, ein Entsetzensschrei. Dann fällt der Flüchtling. Aber selbst dann noch blinkt sein weißes Schwänzchen. Selbst im Tod scheint es zu sagen: „Ich bin der Schwache, ich bin der Gerechte, ich bin das Kaninchen. All ihr anderen, ihr seid Übeltäter, und ihr werdet *bien emmerdés* sein!"

1920

Pan in Amerika

Am Anfang des christlichen Zeitalters vernahm man Stimmen vor der Küste von Griechenland, draußen auf der See, auf dem Mittelmeer, die klagten: „Pan ist tot! Der große Pan ist tot!“

Der Vater der Faune und Nymphen, Satyre und Dryaden und Najaden war tot, und nur die Stimmen in der Luft beweinten ihn. Die Menschheit nahm kaum Notiz davon.

Aber wer war er wirklich? Wenn man die langen Pfade und überwucherten Waldwege der Geschichte zurückblickt, erhascht man hin und wieder den seltsamen Anblick eines Waldgottes mit den glitzernden Augen eines Ziegenbockes. Gewissermaßen ein Flüchtling, im Laub verborgen und mit dem unheimlichen Hohn eines Wesens, das sich von einem unter ihm Stehenden besiegt fühlt, in seinem Gelächter.

Ein Geächteter, selbst in den frühen Zeiten der Götter. Eine Art Ismael im Busch.

Doch sein Titel besteht fort: Der große Gott Pan. Als ob er der größte wäre oder gewesen wäre.

In den laubreichen Schlupfwinkeln lauernd, war er fast mehr Dämon als Gott. Er war zu fürchten, nicht zu lieben oder aufzusuchen. Ein Mann, der Pan bei Tageslicht sah, fiel tot um, wie vom Blitz erschlagen.

Aber man konnte ihn schemenhaft in der Nacht sehen, ein dunkler Körper in der Dunkelheit. Und da war es ein Anblick, der die Glieder und den Körper eines Mannes mit Kraft füllte, wie mit frischem, kräftig aufsteigendem Saft. Die Kraft Pans! In der Dunkelheit ging man dann unerklärlich und freudig durchdrungen von geheimer Energie seines Wegs, und man konnte durch seine bloße Gegenwart einen Zauber auf Frauen und Männer ausüben. Aber besonders auf Frauen.

In den Wäldern und abseits der Wege liefen Pans Kinder umher, alle Nymphen und Faune des Waldes und der Quelle und des Flusses und der Felsen. Auch ihr Anblick war bei Tage gefährlich. Ein Mann, der die weißen Arme einer Nymphe blitzen sah, wenn sie pfeilschnell vor ihm hinter die dichten wilden Lorbeerbüsche floh, folgte ihr hilflos. Er verfiel der Nympholepsie. Verzückt von den flinken Gliedern und dem wilden, frischen Leib der Nymphe, folgte er ihr in der endlosen Monotonie seines Verlangens auf ewig. Wenn nicht ein Weiser daherkam, der ihn von seiner Verzauberung erlösen konnte.

Aber die Nymphen, die zwischen den Bäumen umherliefen und sich zum Schlafen im Gebüsch zusammenrollten, ließen die Myrten freudiger blühen und die Quelle kräftiger sprudeln und die Vögel munter darin plantschen. Und die geschmeidigen Flanken des Fauns spendeten den Eichenhainen Leben, so daß die Baumriesen vor Energie summten. Und der Weizen sproß wie grüner Regen, der auf den kleinen Feldern wieder aus dem Boden dringt, und der Weinstock ließ seine schwarzen Tropfen üppig herabhängen und beschwor ein Geheimnis.

Allmählich zogen die Menschen in Städte. Und sie liebten Menschenwerk mehr als das Laubwerk eines Baumes. Sie fanden Gefallen am Ruhm, den sie daraus gewannen, einander im Krieg zu besiegen. Und vor allem liebten sie die Prahlerei ihrer eigenen Worte, die Eitelkeit der Argumente und die Hohlheit der Ideen.

Deshalb wurde Pan alt und graubärtig und bockfüßig, und seine Leidenschaft wurde durch senile Lüsternheit entweiht. Seine Macht, zu vernichten und zu erheben, nahm ab. Seine Nymphen wurden derb und vulgär.

Bis schließlich der alte Pan starb und zum Teufel der Christen umgeschaffen wurde. Der alte Gott Pan wurde zum christlichen Teufel, mit den gespaltenen Hufen und den Hörnern, dem Schwanz und dem Hohnlachen. Der Leibhaftige, der Gottseibeiuns, der an all unserer Verderbtheit schuld ist, aber besonders an unseren sinnlichen Ausschweifungen – das allein ist vom großen Gott Pan übriggeblieben.

Es ist eigenartig. Und es ist ein außerordentlich eigenartiges Ende für einen Gott mit solch einem Namen. Pan! Alles! Das, was alles ist, hat Bocksfüße und einen Schwanz? Und ein schwarzes Gesicht!

Das ist wirklich seltsam.
Aber das war alles, was viele, viele Jahrhunderte lang von Pan übrigblieb, außer daß er Schwefel und Höllenfeuer in Besitz nahm. Die Nymphen wurden zu den stinkenden Hexen einer Walpurgisnacht, und die tanzenden Faune wurden zu Zauberern, die durch die Luft flogen, oder zu Elfen, nicht größer als dein Daumen.
Aber Pan wird immer aufs neue geboren, in allen möglichen seltsamen Formen. In der Renaissance war er da. Und im 18. Jahrhundert erfreute er sich ziemlicher Beliebtheit. Er rief einen „-ismus“ ins Leben, und es gab viele Pantheisten, Wordsworth war einer der ersten. Sie verehrten die Natur in ihren lieblichen und reinen Erscheinungen, ihrer Lucy-Gray-Erscheinung.
„Oft have I heard of Lucy Gray“, fing das Schulkind am Prüfungstag zu rezitieren an.
„Ich auch“, unterbrach der gelangweilte Prüfer.
Lucy Gray, o weh, war die Gestalt, die William Wordsworth dem großen Gott Pan angemessen fand.
Und dann ging er übers Meer nach den jungen Vereinigten Staaten – ich meine, Pan ging dorthin. Plötzlich hat er einen neuen Namen. Er wird zur Überseele, zur Ganzheit des Lebens. Diesem neuen Luzifer Gray eines Pan Whitman singt der berühmte „Song of Myself“ zu: „I am All, and All is Me.“ Das heißt: „Ich bin Pan, und Pan ist ich.“
Der alte bocksfüßige Herr aus Griechenland streicht nachdenklich seinen Bart und antwortet: „Ganz A ist B, aber B ist nicht ganz A.“ Aristoteles hat nicht umsonst gelebt. Der ganze Walt ist Pan, aber Walt ist nicht der ganze Pan.
Das ist selbst für Whitman unbestreitbar. Daher fällt der neue amerikanische Pantheismus in sich zusammen.
Dann verkleiden die Dichter ein paar Gestalten als Faune und Nymphen und lassen sie gewagt – oh, wäre nur ein Wagnis dabei! – in ihren „Privatgrundstücken“ herumlaufen. Aber ach, diese zahmen Versuchskaninchen werden rasch langweilig. Ein anderes Spiel!
Wir tun immer noch so, als glaubten wir, daß hinter allen Erscheinungen das Eine geheimnisvolle Etwas wäre,

das alle Dinge zum Besten der Menschheit lenkte. 1914 war es natürlich nicht hinter den Deutschen, und ob es hinter dem Bolschewismus steckt, ist noch sehr die Frage. Aber wie dem auch sei, es ist hinter *uns*, also hat alles seine Richtigkeit.

O weh, armer Pan! Ist es soweit mit dir gekommen? Beinlos, hornlos, gesichtslos, sogar ohne dein Lachen, bist du weniger als alles und nichts als eine Lüge.

Und doch ist hier in Amerika, dem allerältesten, der alte Pan noch lebendig. Als Pan am größten war, war er noch nicht einmal Pan. Er war namenlos und vom menschlichen Geist noch nicht geboren. Wie ein kleines Kind „Mama!" und „Papa!" sagen kann, während es im Mutterschoß sprachlos war; ebenso war die Menschheit in Pans Schoß sprachlos. Aber als die Menschheit zum Bewußtsein ihrer selbst geboren war, sagte sie *Pan*.

In der Zeit vor seiner allzu großen Trennung vom Universum war der Mensch, mit der übrigen Schöpfung, wirklich Pan.

Wie das ein Baum noch immer ist. Ein mächtiges, in sich ruhendes Wesen mit starkem Willen, das nach oben und nach unten strebt. Mit seinem mächtigen Willen streckt es grüne Hände und riesige Glieder dem Licht dort oben entgegen und schickt riesige Beine und zupackende Zehen hinab, hinab zwischen Erde und Felsen zum Mittelpunkt der Erde.

Hier auf dieser kleinen Ranch am Fuße der Rocky Mountains erhebt sich wie ein Schutzgeist vor der Blockhütte, in der wir wohnen, eine große Kiefer. Vor langer, langer Zeit haben die Indianer ihr Zeichen auf ihr hinterlassen. Und der Blitz, oder der Sturm, hat ihre Krone gekappt. Aber die Säule ihres Stammes ist immer da, lebendig und unveränderlich, lebendig und sich verändernd. Der Baum hat seine eigene Lebens-Aura. Im Winter gleitet der Schnee von ihm herab, und im Juni streut er seine kleinen kätzchengleichen Pollenspitzen herab, und er rauscht im Wind, und er schafft eine Stille in der Stille. Es ist ein großer Baum, unter dem das Haus gebaut wurde. Und der Baum gehört noch immer zur Ganzheit Pans. Des Nachts, wenn das Licht der Lampe aus dem Fenster fällt, sieht der große Stamm im Halbdunkel wie eine ägyptische Säule aus, die in der sich verzweigenden Dunkelheit ein mächtiges Geheimnis trägt. Bei Tag ist es nur ein Baum.

Es ist nur ein Baum. Die Backenhörnchen klettern ein Stückchen an ihm hinauf, die kleinen, schwarzweißen Vögel, die Baumläufer, huschen mausflink über seinen rauhen Stamm und klopfen an ihm herum; die Blauhäher versammeln sich in der Abenddämmerung hoch oben in seinen Zweigen, und am Nachmittag hört man ein ganz leises Rascheln, wenn sich viele kleine Wildtauben auf seinem hochaufragenden Wipfel niederlassen. Es ist ein Baum, der noch Pan ist.

Und wir wohnen darunter, ohne das zu bemerken. Doch manchmal, wenn man plötzlich hinaufschaut und jene Wildtauben hoch dort oben sieht, oder wenn man einen flinken Blick auf das unmenschlich-menschliche Hämmern eines Spechtes wirft, bemerkt man, daß der Baum sich behauptet, so gut wie ich auch. Er strömt Leben aus, wie ich Leben ausströme. Unsere beiden Leben begegnen sich und durchdringen einander ohne unser Wissen: Das Leben des Baumes durchdringt mein Leben, und mein Leben das des Baumes. Wir können nicht so nahe beieinander wohnen, ohne einander zu beeinflussen.

Der Baum zieht Erdkraft aus den dunklen Eingeweiden der Erde und wandernden Himmelsglanz von oben. Und das alles saugt er in sich hinein, in den Baum, der aus Holz und riesig ist, der ein bedächtiges, aber standhaftes Leben führt, der vor Anziehungskraft strotzt und unmerklich etwas von seiner großen Kraft aussendet.

Er sendet Schwingungen seines Seins in meine Seele, und ich bin bei Pan. Ich glaube, kein Mensch könnte neben einer Kiefer leben und höflich und willfährig und nachgiebig bleiben. Etwas Wildes und Widerstrebendes teilt sich mit. Der Kieferduft erregt und reizt wie Terpentin, und das Geräusch des Windes in den Kiefernnadeln ist schrill. Der Baum rauscht und leistet den Windstößen Widerstand, die aus der Wüste im Westen kommen. Er neigt sich überhaupt nicht nach Osten. Er

leistet mit einer riesigen inneren Kraft Widerstand, und sein gekerbter Stamm stellt eine großartige Selbstbehauptung dar.
Ich bin mir des Baumes und seiner Einwirkung auf mein Leben bewußt geworden. Vor langer Zeit müssen sich die Indianer dessen noch schärfer bewußt gewesen sein, als sie ihn markierten, um ihr Zeichen auf ihm zu hinterlassen.
Mir ist bewußt, daß er mich ganz entscheidend ändern hilft. Ich merke sogar, daß von dem Baum Energiestöße durch mein Lebensplasma dringen und ich in Pan dem Baum ein wenig ähnlicher, stachliger und aufreizender werde. Und der Baum nimmt eine bestimmte Nuance und gewisse Wachheit aus meinem Leben auf.
Wenn ich mich natürlich abkapseln will und behaupte, das sei alles Unfug, ein Baum sei bloß Nutzholz, das noch nicht gefällt ist, dann bin ich großenteils wirklich isoliert. Es hängt soviel von der inneren Einstellung ab. Man kann viele, viele Türen, durch die etwas in uns eindringen könnte, schließen; oder man kann viele verschlossene Türen öffnen.
Ich ziehe es vor, dem Baum meine Türen zu öffnen. Seine rauhe Erdkraft und seine rauhe Himmelskraft, seine harzige Geradheit und Widerstandskraft, die Schärfe seiner rauschenden Nadeln und die Rigorosität seiner Wurzeln, alles, was in die primitive Wildheit der Kiefer eingeht, geht auch in die Stärke des Menschen ein.
Gib mir also von deiner Kraft ab, o Baum! Dann will ich dir von meiner abgeben.
Und das müssen die Menschen in den Tagen, als alles Pan war, gesagt haben, wenn auch naiver und weniger ausgeklügelt. Das sagen die einheimischen Indianer gewissermaßen immer noch, und sie meinen es auch von ganzem Herzen; besonders, wenn sie den heiligen Tanz mit dem Baum – oder mit den über den Ellbogen festgebundenen Fichtenzweigen – tanzen.
Gib mir deine Kraft, o Baum, um mir in meinem Leben zu helfen. Und ich will dir meine Kraft geben und das sogar mit einem Fetzen von meiner Kleidung bekräftigen.

Das ist der älteste Pan.
Oder aber ich sage: „O du, du großer Baum, der du so kräftig dastehst und Saft aus dem Innern der Erde saugst und Wärme vom Himmel, hüte dich vor mir. Hüte dich vor mir, weil ich der Stärkste bin. Ich werde dich fällen und dein Leben nehmen und dich zu Balken für mein Haus machen und zu einem Feuer. Mache dich bereit, mir dein Leben zu opfern."
Ist dies weniger wahr, als wenn der Holzfäller eine Kiefer taxiert, ob sie gutes Schnittholz ergibt, sie mit einem Zeichen oder einer Nummer versieht und seines Weges geht, ohne noch einen Gedanken oder ein Gefühl an den Baum zu verschwenden? Ist diese Haltung lebenswahrer? Kommt es dem Leben näher, wenn man sich völlig dem Einfluß des lebendigen Baumes entzieht und in einem toten Forst aufrecht stehenden Schnittholzes herumläuft, das man in St. Louis, Missouri, zu verkaufen gedenkt? Oder kommt es dem Leben näher, wenn man mit pantheistischer Sensibilität fühlt, daß der Baum ein eigenes Leben hat, eine eigene, sich behauptende Existenz und eine lebendige Beziehung mit mir: daß mein Leben durch das Leben des Baumes bereichert oder beschnitten wird?
Was ist dem Leben näher?
Was ist lebenswahrer, in einem lebendigen Kosmos zu leben oder auf Rädern zu rollen?
Und wer kann mit den Indianern nachts in den Bergen um ein großes Lagerfeuer aus Holzkloben sitzen und beobachten, wie ein Mann aufsteht und seine Brust und sein seltsam lächelndes Bronzegesicht von der Glut abwendet, dem Feuer den Rücken zukehrt und genüßlich Lenden und Hintern und Oberschenkel wärmt und dabei das rätselhafte Pan-Lächeln in die dunklen Bäume ringsumher schickt, ohne ihn mit der Pan-Stimme sagen zu hören: „Haha! Baum! Haha! Baum! Wer hat nun gesiegt? Ich habe die Hitze deines Blutes mit Gesicht und Brust getrunken, und jetzt trinke ich sie mit Lenden und Hintern und Beinen, o Baum! Ich trinke deine Hitze in mich hinein, o Baum! Feuer ist Leben, und ich nehme mir dein Leben. Ich trinke es in mich hinein, o Baum.

Haha! Baum! Mir ist warm! Ich bin stark! Ich bin glücklich, Baum, in dieser kalten Nacht in den Bergen!"

Und der alte Mann, der emporblickt und die Flammen betrachtet, wie sie zum dunklen Rauch auflodern und zu den Sternen und den dunklen Räumen zwischen den Sternen emporzüngeln, sitzt unbeweglich und rätselhaft da; aber man weiß, daß er sagt: „Kehr wieder heim, o Feuer! Kehre heim wie Honig! Kehre heim, Honig des Lebens, dahin, von wo du kamst, ehe du im Baum verborgen warst. Die Bäume klettern in den Himmel und stehlen den Honig der Sonne, wie Bären aus einem hohlen Baum stehlen. Und wenn der Baum fällt und ins Feuer gelegt wird, lodert der Honig auf und kehrt dahin zurück, woher er kam. Und der Geruch brennender Kiefer ist der Geruch von Honig."

So sagt der Alte mit seinen blicklosen indianischen Augen. Aber er achtet sehr darauf, kein Wort von dem Geheimnis preiszugeben. Reden ist der Tod Pans, der nur lachen und die Rohrflöte erklingen lassen kann.

Ist es denn besser, so frage ich euch, durchs Zimmer zu gehen und mit einem Blick auf das Thermometer die Heizung aufzudrehen und zu sagen: „Wir haben hier nicht ganz Zimmertemperatur." Um sich dann wieder der Zeitung zuzuwenden!

Was kann ein Mensch mit seinem Leben anderes tun, als es leben? Und worin besteht das Leben, außer in einer intensiven Beziehung zwischen dem Menschen und dem lebendigen Universum, das ihn umgibt? Aber der Mensch isoliert sich immer mehr durch mechanische Tätigkeiten und erkennt nichts an, außer der Maschine und dem Apparat, den er selbst beherrscht, und sieht Gott in der Maschine.

Der Morgen kommt, und weiße Asche liegt in der Feuerstelle, und der Alte schaut sie sinnend an.

„Das Feuer ist fort", sagt er in der Pan-Stille, die so angefüllt ist mit unaussprechlichen Dingen. „Schau her! Es gibt keinen Baum mehr. Wir haben seine Wärme getrunken, und nun ist er fort. Er ist weit, weit weg im Himmel, sein Rauch ist in der Bläue des Himmels, mit dem süßen Geruch von brennendem Kiefernholz, und seine gelbe Flamme ist in der Sonne. Es ist Morgen, und da ist die Asche der Nacht. Den Baum gibt es nicht mehr. Der Baum ist fort. Aber vielleicht ist noch Feuer in der Asche. Ich werde in sie blasen, und das Feuer wird aufleben. Es gibt immer Feuer, zwischen dem Baum, der geht, und dem Baum, der bleibt. Eines Tages werde ich gehen ..."

So braten sie ihr Fleisch, erheben sich und gehen schweigend fort.

Da ragt ein großer Felsen über die Bäume. Und schweigend sieht ihn ein Mann an. Du hörst ihn ohne Worte sagen: „O du großer Felsen! Wenn ein Mensch von dir herabstürzt, ist er tot. Laß mich nicht von dir herabstürzen. O du großer grauer Felsen, du bist so still, du weißt viele Dinge. Du weißt viel. Hilf mir also mit deiner Stille. Ich gehe auf die Jagd. Hilf mir Wild finden."

Und der Mann gleitet beiseite und legt heimlich einen Zweig oder ein Steinchen, irgendeinen kleinen Gegenstand, in eine Felsnische, als Zeichen des Bündnisses zwischen ihm und dem Felsen. Der Felsen wird ihm etwas von der kalten Ruhe, die ihm entströmt, und seiner Ausdauer geben, und der Mensch wird in einem symbolischen Akt der Dankbarkeit zu ihm zurückkehren.

Ist das töricht? Ist die Erfindung eines Gewehres besser, damit man das Wild aus großer Entfernung erlegen kann und sich ihm nicht mit der lebendigen Heimlichkeit und Bereitschaft nähern muß, mit denen ein lebendes Wesen sich dem anderen nähert? Ist es besser, eine Maschine in den Händen zu haben und so den lebendigen Kontakt zu vermeiden – und die Mühen! Die Beschwerlichkeiten! Ist es besser, den Felsen für nichts zu achten und ihn links liegenzulassen, weil er keinen Wert hat und man ihn nicht essen kann wie Wildbret?

Aber der alte Jäger schleicht weiter, in der Stille des ewigen Pan, die voller lautloser Laute ist. Und in seiner Seele spricht er: „Reh! Oh, du schlankbeiniges Reh! Ich komme! Wo bist du, mit deinen Hufen, die wie Kiesel einen Hügel hinabspringen? Ich kenne dich. Ja, ich kenne dich. Aber du kennst mich nicht. Du weißt nicht, wo ich bin, und du kennst mich sowieso nicht. Aber ich kenne dich. Ich denke an dich. Ich kriege dich. Ich muß dich haben. Ich muß; daher wird es so sein. – Ich werde dich finden und einen Pfeil in dich schießen."

In diesem Zustand der Versenkung und der subtilen Gemeinschaft des Jägers mit der Beute – eine unheimliche psychische Verbindung zwischen Jäger und Gejagtem – schleicht der Mann in die Berge.

Und selbst ein Weißer, der ein geborener Jäger ist, muß in diesen Zustand verfallen. Mit Gewehr oder ohne! Er projiziert sein tiefstes, primitivstes Jägerbewußtsein nach außen und findet seine Beute, nicht zufällig und auch nicht hauptsächlich dadurch, daß er nach Spuren sucht, sondern in erster Linie durch eine psychische Anziehungskraft, eine Art Telepathie – der Jägertelepathie. Wenn er dann seine Beute findet, zielt er mit konzentrierter Willenskraft. Wenn es keine schwache Stelle in seinem abstrakten Jägerwillen gibt, kann er sein Ziel nicht verfehlen. Pfeil oder Kugel, sie fliegt, wie vom Willen bewegt, genau ins Ziel. Und das Reh, wenn es erst einmal zugelassen hat, daß seine zitternde Wachsamkeit vom subtilen, hypnotischen Verfolgungszauber des Jägers überwunden oder eingelullt wurde, dann kann es nicht entkommen.

Das ist Pan, das Geheimnis Pans, die Kraft Pans. Was können Menschen, die daheim in ihren Studierstuben sitzen, heiße Milch trinken und Schafwollsocken an den Füßen haben und über Anthropologie schreiben, was können die denn von den Menschen wissen, den Menschen Pans?

Unter Pans Kreaturen herrscht ein ewiger Überlebenskampf, ein Kampf zwischen Lebewesen. Der Mensch, der von Natur unbewehrte, räuberische Mensch, hat zu dieser oder jener Zeit die Eigenschaften eines jeden Lebewesens benötigt. Die harte, schweigende Ausdauer des Felsens, den wachsenden Widerstand eines Baumes, die stille List des Puma, das sture Erdwissen des Bären, die leichtfüßige Wachsamkeit des Rehs, den die Himmel durchschweifenden Blick des Adlers – nach und nach hat der Mensch die Kraft jedes Lebewesens benötigt. Baum, Stein oder Berg, Fluß, Bach oder Wasserfall oder

Lachs im Wasserfall – der Mensch kann nur herrschen und sich selbst genügen, wenn er die Lebenskräfte eines jeden von ihnen annimmt, wie es die Situation erfordert.

Früher herrschte er durch große Willensanstrengung und Bauernschläue und immense körperliche Arbeit.

Dann entdeckte er den „Begriff". Er fand heraus, daß alle Dinge durch bestimmte *Gesetze* verbunden sind. Als der Mensch zu abstrahieren lernte, begann er sofort Maschinen zu konstruieren, die ihm die körperliche Arbeit abnehmen sollten. Also konzentrierte er sich statt auf seine Beute und die Lebewesen, die sein Universum ausmachten, auf die Maschinen oder Instrumente, die zwischen ihm und dem lebendigen Universum vermitteln und ihm die Herrschaft bringen sollten.

Das war der Tod des großen Pan. Der Begriff und die Maschine traten – wie eine Art von Tod – zwischen den Menschen und alle Dinge. Die alte Verbindung, die alte Ganzheit war zerrissen und kann nie wieder völlig hergestellt werden. Der große Pan ist tot.

Aber wozu leben wir, außer um zu leben? Der Mensch hat gelebt, um das Universum der Erscheinungen zu erobern. Es ist ihm großenteils gelungen. Durch seine hochmechanisierte Welt ist der Mensch in beträchtlichem Maße Herr alles Lebens und der meisten Erscheinungen.

Und nun? Wenn du ein Ding erst einmal erobert hast, hast du es verloren. Seine echte Beziehung zu dir bricht zusammen.

Eine eroberte Welt nützt dem Menschen nichts. Gelähmt vor Langeweile sitzt er auf seiner Eroberung.

Wir brauchen das Universum, um wieder zu leben, damit wir mit ihm leben können. Ein erobertes Universum, ein toter Pan – da bleibt nichts, womit wir leben können.

Man muß das Eroberte aufgeben, eher wird Pan nicht auferstehen. Du mußt leben, um zu leben, nicht um zu erobern. Was nützt uns selbst die Eroberung des Nordpols, wenn wir damit nichts anzufangen wissen? Es bliebe besser ein Geheimnis.

Es war besser, ein Jäger in den Wäldern Pans zu sein, als heutzutage Verkäufer in einem Geschäft in der Stadt. Der Jäger hungerte, mühte sich, litt quälende Erschöpfung. Aber er lebte wenigstens in ununterbrochener lebendiger Beziehung zum Universum um ihn herum.
Abends, wenn das Reh erlegt war, ging er heim zu den Zelten und warf das Wildbret auf den gefegten Platz vor dem Zelt seiner Frau. Und die Frau kam heraus, um ihn liebevoll, mit einer gewissen Verehrung, zu begrüßen, während er vor dem Wildbret, dem Lebensstoff, stand. Er kehrte erschöpft, doch mächtig heim und brachte den Lebensstoff. Und die Kinder blickten mit dunklen Augen auf das Fleisch und auf dieses Wunderwesen, den Mann, den Fleischbringer.
Vielleicht schauen die Kinder des Angestellten ihren Vater an und ahnen ein winziges bißchen vom gleichen Geheimnis. Und vielleicht empfindet der Angestellte einen Bruchteil vom alten Ruhm, wenn er seiner Frau die Papierdollars gibt.
Aber bei den Zelten hantieren ruhig die Frauen. Wenn dann das Feuer zur Nahrungsbereitung zusammensinkt, hockt der Mann sich schweigend nieder und röstet Fleisch an einem Stock, während die Hunde wie Schatten ringsum lauern und die Kinder hungrig zuschauen. Der Mann ißt, während die Sonne untergeht. Und wenn der Glanz vergeht, sagt er: „Schau, die Sonne geht fort, und ich bleibe. Alles geht fort, doch ich bleibe. Die Kraft des Wildbrets ist in meinem Bauch, die Kraft der Sonne ist in meinem Körper. Ich bin müde, aber kraftvoll. Da gibt die schmale Mondsichel ihr erstes spitzes Zeichen. So! So! Ich beobachte sie. Ich werde ihr etwas geben; sie ist spitz und hell, und ich kenne ihre Macht nicht. Schau! Wegen dieser Mondsichel, die mich mehr als der Sonnenuntergang beunruhigt und die Macht hat, will ich der Frau etwas geben. Schau! Wie gebogen und spitz die Sichel ist! Wie sie mich beunruhigt!"
So erhält er sein Leben, immer wachsam, immer auf der Hut, sich feinfühlig in die Welt Pans einordnend, in die Kräfte des lebendigen Universums, und so wird er erhalten. Da gibt es keine Langeweile, weil *alles* lebt und ak-

tiv ist und Gefahr in jeder Bewegung lauert. Interesse und Wachsamkeit prägen die Beziehung zwischen allen Dingen: Denn Wachsamkeit ist auch eine Art Verehrung oder Respekt. Und in der Welt Pans kann nichts als selbstverständlich hingenommen werden.

Wenn dann das Feuer gelöscht ist und der Mond sinkt, sagt der Mann zur Frau: „O Frau, sei sehr zart, sei sehr zart und tief für mich, in großem Schweigen. O Frau, sprich nicht und bewege dich nicht und verletze mich nicht mit deinen spitzen Hörnern. Laß mich in die weiche, dunkle Tiefe, so tief wie die Räume zwischen den Sternen. Oh, laß mich dort die Müdigkeit des Tages abstreifen – laß mich in der Kraft der Nacht zu dir kommen. Oh, sprich mich nicht an, und störe nicht die tiefe Nacht meines Schweigens und meiner Kraft. Sei sanfter als Staub und dunkler als jede Blume. O Frau, wunderbar ist die Kunst deiner Weichheit, die Unergründlichkeit deiner dunklen Tiefen. Oh, öffne still die bodenlose Tiefe und kehre nicht die Hörner der Mondsichel gegen mich."

Das ist die Macht Pans und die Kraft Pans.

Und in Amerika ist der älteste Pan unter den Indianern noch lebendig. Aber auch hier stirbt er schnell.

Es hat keinen Sinn, den Wilden zu verherrlichen. Denn er wird Pan eigenhändig töten, um eines Autos willen. Und ein gelangweilter Wilder, für den Pan tot ist, ist das stumpfe Urbild aller Langeweile.

Und wir können nicht zum primitiven Leben zurückkehren, in Tipis hausen und mit Pfeil und Bogen jagen.

Aber leben müssen wir. Und wenn das Leben erst einmal erobert wurde, ist es ziemlich schwer zu leben. Was sollen wir mit einem eroberten Universum anfangen? Die Pan-Beziehung, die die Menschenwelt einst mit der ganzen Welt verband, war besser als alles, was der Mensch jetzt hat. Wenn man den Wilden von heute gewähren läßt, führt er bald ein Leben, das mechanischer und weniger lebendig ist als das jedes Zivilisierten. Aber der Zivilisationsmensch, der das Universum erobert hat, kann nun wahrhaftig aufhören, es herumzukommandieren. Weil schließlich und endlich das Leben selbst in der

lebendigen Beziehung des Menschen zum Universum besteht, zu Sonne, Mond, Sternen, Erde, Bäumen, Blumen, Vögeln, Tieren, Menschen, zu allem – und nicht in der „Eroberung". Selbst die Eroberung der Luft macht die Welt kleiner und enger und die Luft knapper.
Und ob wir nun Verkäufer oder Busschaffner sind, wir können immer noch wählen zwischen dem lebendigen Universum Pans und dem mechanischen, eroberten Universum der modernen Menschheit. Die Maschine hat keine Fenster. Aber selbst das automatenähnlichste Menschenwesen hat seine Fenster nur zugenagelt oder zugemauert.

1936

Überlegungen zum Tod eines Stachelschweins

Es gibt viele nackte Stellen an den kleinen Nadelbäumen, weiter oben, dort, wo die Stachelschweine die Rinde weggenagt haben und das weiße Fleisch des Baumes offenliegt. Und manche Bäume sterben von oben ab.

Alle sagen, Stachelschweine sollten getötet werden, die Indianer, Mexikaner, Amerikaner, alle sagen das gleiche.

Vor einem Monat bei Vollmond, als ich im glänzenden Mondlicht die Schneise hinunterging, durch spärliches dürres Kraut, da watschelte ein großes Stachelschwein vor mir davon in die Dunkelheit, hin zu den Bäumen. Das Tier hatte all seine Haare und Stacheln gesträubt, so daß es im Mondlicht schien, als überspannte eine mächtige, schwankende, Mondlicht-Aureole seinen Rücken. Das wirkte eigenartig bedrohlich, so als löste das Tier sich wie ein Dämon in Luft auf.

Es watschelte recht langsam, wobei der weißstachlige Breitschwanz wie ein Steuer hinter dem runden Bärenbuckel herabhing. Es hatte einen schwerfälligen, elenden Käfergang – einfach unangenehm. Ich folgte ihm in die Dunkelheit zwischen den Bäumen, und dort begann es, plattgedrückt wie eine große Zecke, kratzend einen Kiefernstamm hinaufzukriechen. Es wirkte wie eine große, von einer Aureole umgebene Zecke, wie ein Käfer, der sich hinaufkämpfte.

Ich stand in der Nähe und sah zu. Die Gegenwart des Tieres war mir unangenehm. Es ist Pflicht, die Dinger zu töten. Aber die Abneigung, es zu töten, war größer als die Abneigung gegen das Tier. Deshalb sah ich zu, wie es kletterte.

Und es beobachtete mich. Als es fast in Manneshöhe war, hielt es inne, seine langen Haare schwankten mit einem zitternden drohenden Schimmer wie eine Aureole, und es rutschte herunter. Offenbar hatte es entschieden, daß ich entweder harmlos war oder es zu riskant war, weiter hinaufzuklettern, wo ich es mit einem Knüppel ganz einfach hätte herunterschlagen können. Deshalb rutschte es unbeholfen weiter nach unten und watschelte mit der gleichen tierisch stupiden Bewegung davon, die dieser weißspitzige widerspenstige Breitschwanz vorgab. Das Tier war so groß wie ein mittleres Schwein, oder eher wie ein Bär.

Ich ließ es laufen. Es widerte mich an. Es wirkte irgendwie schmutzig im Mondschein der Rocky Mountains. Wie eben alles Wilde etwas schmutzig wirkt und eine leichte Übelkeit verursacht. Und doch schien es fast schmutziger, einen Kiefernknüppel aufzuheben, es umzuwerfen, ihm einen Schlag zu versetzen und es zu töten.

Ein paar Tage später, an einem heißen, windstillen Morgen, als die Kiefern ihre Nadeln heimlich aufstellten und ich schlechte Laune hatte, weil die schwarzäugige Susan, die Kuh, im Wald verschwunden war und ich ihr hinterherreiten und sie zurücktreiben mußte, so daß sie erst kurz vor neun Uhr gemolken werden konnte, da kam Madame plötzlich aus der hellen Sonne herein und beklagte sich: „Ich bin so erschrocken! Da draußen sind zwei fremde Hunde, und einer hat einen ganz fürchterlichen Bart rings um die Nase."

Sie fürchtete sich wie ein Kind vor etwas Unnatürlichem.

„Einen Bart! Das sind vermutlich Stachelschweinborsten! Er hat ein Stachelschwein gejagt."

„Ach so!" rief sie erleichtert. „Ja, ganz sicher! Ganz sicher!" Und dann – mit veränderter Stimme: „Armes Tier, ob es ihm weh tut?"

„Natürlich. Wann ist er denn aufgetaucht?"

„Ich habe heute nacht Hunde bellen hören."

„Wirklich? Warum hast du mir nichts gesagt? Dann hätte ich gewußt, daß Susan sich versteckt."

Die Ranch liegt einsam, nachts herrscht völlige Stille, bis auf die zahllosen Geräusche der Nacht, die man nicht bestimmen kann; kosmische Geräusche in den Tiefen des Himmels und der Erde.

Ich ging hinaus. Und im prallen Sonnenschein standen

zwei Hunde auf der Wiese, ein schwarzweißer und ein großer, zottiger, recht hübscher rotbrauner Hund, eine Art Collie. Und tatsächlich, dieser sah merkwürdig und ein wenig furchterregend aus: Die ganze Schnauze strotzte von weißen Stacheln, wie ein unnatürliches Gewächs, wie ein entsetzlicher Bart.
Der schwarzweiße Hund suchte das Weite, als ich durch den Zaun kam. Aber der rote winselte und zögerte und bewegte sich wie auf glühenden Kohlen. Er war wohlgenährt und in gutem Zustand. Ich glaubte, er gehöre Schäfern, die zwischen den Wäldern in den Bergen ihre Schafe weideten.
Er blieb stehen, während ich auf ihn zuging, wedelte mit dem Schwanz und winselte, zog den Kopf ein und tänzelte. Er wagte nicht mehr, die Nase mit den Pfoten zu reiben, es tat zu weh. Ich tätschelte ihm den Kopf und sah mir seine Nase an, und er winselte laut.
Es waren mindestens dreißig Borsten, die überall aus seiner Nase ragten. Die weißen, häßlichen Spitzen der Borsten ragten einen Zoll, manchmal mehr, manchmal weniger, aus der schon angeschwollenen, blutunterlaufenen Schnauze.
Die hiesigen Stachelschweine haben Borsten, die nur zwei bis drei Zoll lang sind. Aber sie sind teuflisch. Ein Hund kann sterben, wenn man sie ihm nicht herauszieht. Sie dringen immer tiefer ein, und manchmal bohren sie sich an anderer Stelle ganz unerwartet wieder durch die Haut.
Dann fing der Spaß an. Ich bekam den Hund im Hof zu fassen, und er trank die saure Milch für die Hühner aus, fast zwei Liter. Dann begann ich, die Stacheln herauszuziehen. Er war ein großer, zotteliger, hübscher Hund, aber er war völlig entnervt, und jedesmal, wenn ich einen Stachel herausgezogen hatte, jaulte er auf. Die längeren Stacheln gingen leicht heraus. Aber die kurzen, die dicht an den Lefzen saßen, steckten tief drin, waren schlecht zu fassen und ließen sich schwer herausziehen, wenn man sie gepackt hatte. Und mit jedem Stachel, der herauskam, schoß etwas Blut hervor, und der Hund jaulte und wand sich.

Der Hund wollte die Stacheln loswerden, aber er war völlig entnervt. Jedesmal, wenn er meine Hand auf seine Nase zukommen sah, warf er den Kopf zur Seite. Ich beruhigte ihn, und es gelang mir mit List, wieder einen Stachel ruckartig herauszuziehen, wobei mir das Blut über die Finger rann. Mit jedem herausgezogenen Stachel aber wurde er unduldsamer. Ich versuchte immer und immer wieder, einen Stachel zu packen, und er warf den Kopf hin und her, wand sich und winselte und rannte unter den Fußboden der Veranda.
Es war eine merkwürdig unangenehme, nervenaufreibende Sache. Der Tag war knallheiß. Der Hund kam heraus, und ich mühte mich wieder eine Stunde oder länger mit ihm ab. Dann verbanden wir ihm die Augen. Aber entweder roch er meine Hand, wenn sie sich seiner Nase näherte, oder ein übersinnlicher Instinkt warnte ihn. Er warf den Kopf hin und her, nach oben, unten, zur Seite, drehte ihn im Kreise, wenn die Finger sich vorsichtig näherten, um einen Stachel zu fassen.
Die Stacheln in den Lefzen und am Kinn steckten tief drin, nur etwa ein halber Zentimeter der weißen Spitze ragte aus der geschwollenen, bluttriefenden, wunden Haut. Es war sehr schwierig, sie herauszuziehen.
Wir ließen ihn eine Zeitlang ausruhen. Er versteckte sich an dem stillen kühlen Platz unter der Veranda. Nach einer halben Stunde kroch er wieder heraus. Wir banden ihm einen Strick um die Schnauze, hinter den Stacheln, und einer hielt ihn, während der andere die Stacheln mit der Pinzette faßte. Aber es war zu mühsam. Wenn ein Stachel herausgezogen wurde, ließ das Jaulen des Hundes die Nerven vibrieren. Und er fürchtete den Schmerz. Es war unmöglich, seinen Kopf noch länger zu halten.
Nachdem ich mich zwei Stunden lang abgemüht und etwa zwanzig Stacheln herausgezogen hatte, gab ich auf. Es war unmöglich, das Tier zu beruhigen, und ich hatte genug. Die Nase war vorn frei von Stacheln: ein durchlöcherter, aufgeschwollener, blutverschmierter Kloß; und die Lefzen waren frei. Aber direkt auf dem runden kleinen Kinn, wo die spärlichen weißen Haare saßen, steck-

ten noch ein paar weiße Stacheln, acht oder neun, tief im Fleisch.

Wir ließen ihn los, und er tauchte unter die Veranda, und dort lag er – unsichtbar bis auf den buschigen, fuchsähnlichen Schwanz, der sich bewegte, wenn wir uns näherten. Gegen Mittag kam er hervor, fraß das Hühnerfutter auf und stand da mit jenem hündischen Blick von Niedergeschlagenheit und Furcht und Freundlichkeit und Gefräßigkeit und wedelte mit dem Schwanz.

Aber ich hatte genug.

„Mach dich nach Hause!" rief ich. „Mach dich nach Hause! Mach dich nach Hause zu deinem Herrn. Er soll den Rest besorgen."

Aber er wollte nicht gehen. Also führte ich ihn über die glühendheiße Lichtung in die Richtung, wohin er meiner Meinung nach gehen sollte. Er folgte mir etwa einhundert Meter, dann blieb er reglos in der prallen Sonne stehen. Er wollte nicht vom Fleck.

Und ich? Ich wollte ihn einfach nicht haben.

Also nahm ich einen Stein. Er ließ den Schwanz hängen und wich zum Haus hin aus. Ich wußte, was er wollte. Er wollte unter die Veranda tauchen und dort bleiben, uns heimsuchen.

Ich ließ den Stein fallen und fand unter der Zeder einen handfesten Knüppel. Das beißende Stechen einer elektrischen Entladung lag schon in der Luft. Der Donner ballte sich im hellen Sonnenschein zusammen, ohne eine einzige Wolke, und man fühlte sich am ganzen Körper wie zerschlagen.

Ich konnte den Hund nicht länger in meiner Nähe ertragen. Ich ging ganz ruhig auf ihn zu, dann versetzte ich ihm einen kräftigen Hieb mit dem Knüppel und schrie: „Mach dich nach Hause!" Er drehte sich schnell, und das Ende des Knüppels traf ihn auf die wunde Nase. Mit einem wilden Jaulen schoß er davon wie ein Wolf, bergab, und war verschwunden wie der Blitz. Und ich stand auf der Wiese, voller Mitleid, daß ich unabsichtlich seine wunde Nase getroffen hatte.

Aber er war verschwunden.

Und dann ging der Mond auf, und die Nacht war wieder klar. Vorher war ein heftiger Gewitterregen niedergegangen, der Graben durch die Wiese hatte sich mit klarem Wasser gefüllt, und die helle Nacht hatte keineswegs den vom Schrecken angehauchten entsetzlichen Spiegelglanz, den der Mond, der erschreckend strahlte, in den letzten Tagen des Juni zeigte.

Wir waren allein auf der Ranch. Madame ging in die klare Nacht hinaus, ehe sie sich zur Ruhe begab. Der Bach rann als silberner Faden durch die Wiese, eine gerade Linie, wo ich den Bewässerungsgraben gezogen hatte. Die Kiefer vor dem Haus warf einen schwarzen Schatten. Der Berghang schob sich bis an den Zaun heran, wild und rege.

„Komm!" rief sie aufgeregt. „Ein großes Stachelschwein trinkt aus dem Graben. Ich habe zuerst gedacht, es sei ein Bär."

Als ich hinkam, war es verschwunden. Aber im hohen Gras zwischen den jungen wilden Sonnenblumen sah ich im Mondlicht seinen grauen Schein, wie einen bleichen lebendigen Busch, der sich in einiger Entfernung im mondbeschienenen *clair-obscur* über die Wiese bewegte.

Wir folgten ihm durch den Zaun und hatten es bald eingeholt. Da schwankte es dahin mit seinem weißen Breitschwanz, der mit Stacheln gespickt war, und steuerte nach hinten, fast als ginge es rückwärts, und der Schwanz wäre sein Kopf. Die langen, langen Haare über den Stacheln zitterten in einem blaßgrauen Glanz wie ein Busch.

Und wieder empfand ich einen Widerwillen gegen das Stachelschwein.

„Sollte man es nicht töten?"

Sie zögerte. Dann stimmte sie widerwillig zu: „Ja!"

Ich ging ins Haus zurück und holte die kleine 22er Flinte. Nun hatte ich noch nie in meinem Leben auf etwas Lebendes geschossen; ich hatte es nie gewollt. Gewehre waren mir immer zuwider gewesen: sie waren unheimlich, gefährlich. Unter Schwierigkeiten hatte ich ein- oder zweimal auf eine Zielscheibe geschossen; aber selbst das hatte mich abgestoßen. Andere sollten doch

schießen, wenn sie wollten. Was mich persönlich betraf, so war mir selbst der Versuch zuwider.
Doch etwas verfestigt sich langsam in der Seele des Menschen. Und ich wußte jetzt, es hatte sich bei mir verfestigt. Ich nahm das Gewehr und lud es mit ziemlich zitternden Händen. Dann sicherte ich es und folgte dem Stachelschwein. Es schwankte immer noch durchs Gras. Als ich nahe genug war, zielte ich.
Der Abzug klemmte. Ich drückte mit einer Sicherheitsnadel, die ich in der Hosentasche gefunden hatte, auf den kleinen Sicherungsflügel und ließ den Abzug ausrasten. Dann folgten wir dem Stachelschwein. Es schwankte noch immer auf die Bäume zu. Ich ging an der Seite vorbei, blieb neben ihm stehen und feuerte im Helldunkel des Mondlichts.
Und wie gewöhnlich hatte ich zu hoch gehalten. Es drehte sich und trippelte dorthin zurück, woher es gekommen war.
Ich legte eine neue Patrone ein und folgte ihm. Diesmal feuerte ich voll in die Wölbung seines runden Rückens, unter den leuchtenden grauen Schein. Es schien auf seine verborgene Nase zu stolpern und kämpfte sich noch ein paar Schritte voran, mit eingerolltem Kopf wie ein Igel.
„Es ist noch nicht tot! Schieß doch noch einmal!“ rief Madame.
Ich zog ab, doch das Gewehr war leer.
Also lief ich los und holte einen Zedernknüppel. Das Stachelschwein lag bewegungslos, der Schein rutschte zusammen. Es zitterte leicht. Ich drehte es um und schlug es kräftig über die Nase, oder wo ich im Dunkeln seine Nase vermutete. Und es war erledigt. Es war tot.
Und im Mondlicht blickte ich hinab auf das erste Lebewesen, das ich erschossen hatte.
„Ist das gemein?“ fragte ich laut, voller Zweifel.
Und wieder zögerte Madame. Dann stieß sie ärgerlich hervor: „Nein!“
Und ich empfand, sie hatte recht. So etwas wie ein Stachelschwein, das muß man erschießen können, wenn es einem in die Quere kommt.

Man muß schießen können. Ich selbst muß schießen können – und töten.
Für mich ist das ein *volte-face*. Ich habe es immer vorgezogen, um ein Stachelschwein herumzugehen, statt es zu töten.
Ich weiß wohl, es hat keinen Sinn, darum herumzugehen. Man muß töten.
Ich begrub das Stachelschwein in der Lehmgrube. Aber irgendein Tier grub es aus und fraß es; denn zwei Tage später lagen die Stacheln und Knochen herum und die langen Knochenfinger der Stachelschweinpfoten.
Das einzig Schöne an ihm – oder ihr, denn ich glaube, es war ein Weibchen, nach den Zitzen am Bauch – waren die Füße. Sie waren wie längliche, flinke schwarze Hände, Pfoten-Hände. Deshalb sehen auch die Spuren von Stachelschweinen im Schnee aus, als wäre ein Kind vorübergegangen und hätte Abdrücke eines kleinen nackten Menschenfußes hinterlassen, wie ein kleiner Junge.
Nun ist es also weg; oder sie ist weg. Aber es gibt noch eins, größer und schwärzer, im Wald im Westen. Das muß auch abgeschossen werden. Es gehört zur Arbeit auf der Ranch; auch wenn es nur eine kleine halbverlassene Ranch ist wie diese.
Wo auch der Mensch sich auf der Erde niederläßt, muß er gegen die niederen Arten des Lebens um seinen Platz kämpfen. Nahrungsmittel, die Existenzgrundlage, muß sich sogar der friedlichste Farmer erkämpfen. Man pflanzt, und man schützt die wachsende Pflanze mit einem Gewehr. Nahrungsmittel, Nahrungsmittel, wie sonderbar verbinden sie den Menschen mit dem Tier und der Pflanzenwelt! Wie wichtig sie sind! Und wie verbissen ist der Kampf, der sich um sie entspinnt.
Wenn man zum Beispiel ein Kaninchen abzieht und die Innereien herausnimmt, wird einem bewußt, welch ein vergleichsweise enormer Teil des Tieres für die Verdauung da ist, welch ein großer Teil von ihm nur Nahrungsapparat ist, damit es *von anderen* Organismen *leben kann*.
Und wenn man die Pferde auf der großen Wiese beob-

achtet, die Mäuler auf der Erde, wie sie das Gras ausraufen und ganz versunken weitergehen und fressen, ohne einmal die Mäuler zu heben, das Gras abweiden, die jungen Luzernetriebe, den Löwenzahn, mit einer blinden, unnachgiebigen, unermüdlichen Ausdauer, dann bleibt das ganze Leben stehen. Man macht sich plötzlich wieder klar, wie alle Lebewesen verschlingen und die niederen Lebewesen verschlingen *müssen*.
Susan geht also mit schwingendem Kopf über die Wiese, reißt die Köpfe der kleinen wilden Sonnenblumen ab, als ob sie mäht. Und weg sind sie, ihren schwarzen Schlund hinunter. Und wenn sie so in ihrer kuhtypischen Versunkenheit dasteht und wiederkäut, wobei ihr Unterkiefer friedlich malmt, und ich sie melke, macht mir plötzlich ihr Kamilleatmen klar – wenn sie sich umblickt mit ihren glänzenden, rauchblauen Augen –, daß sie Sonnenblumen wiederkäut. Sonnenblumen! Und sie werden zu ihrer glänzenden schwarzen Haut und dem dicken Rahm auf ihrer Milch.
Und die Hühner stürzen, wenn sie einen großen schwarzen Käfer sehen, den die Mexikaner *toro* nennen, ihm nach. Sobald er sich setzt, durchbohrt die braune Henne ihn mit dem Schnabel. Es ist ein großer Käfer, zwei bis drei Zoll lang; aber sekundenschnell verschwindet er im Hals des Huhns. Weg!
Und Timsy, die Katze, sitzt in einer anderen Art von Versunkenheit da, sanft und reglos, während sie den Erdhörnchen auflauert. Die Erdhörnchen kommen und wollen die Milch aus der Schale für die Hühner trinken. Zwei haben sich an der Schale getroffen. Es waren kleine Geschöpfe mit Rückenstreifen, ähnlich den Eichhörnchen. Sie richteten sich voreinander auf, hoben die kleinen neugierigen Nasen und machten einen Buckel. Dann legten sie einander die kleinen Pfoten auf die Schultern, stellten sich auf die Hinterbeine und starrten einander an, und schließlich trafen sich die kleinen Nasen, wie bei einem Kuß.
Aber das kann Miß Timsy nicht ertragen. Mit einem geschmeidigen, weißgelben Sprung stürzt sie sich auf sie. Sie hüpfen ruckartig davon – wie es ihre Art ist –, hin

zum Holzstoß, und mit einem geschmeidigen Satz schießt Timsy hoch durch die Luft. Wie eine große Schneeflocke senkt sich ihre Pfote auf eines der Erdhörnchen. Einen Augenblick lang sieht sie es an. Es windet sich. Schnell und triumphierend legt sie ihre beiden blütenweißen Pfoten auf das Erdhörnchen. Die Vorderpfoten sind gestreckt, sie macht einen Buckel und starrt unverwandt, doch kapriziös auf das unbewegliche Erdhörnchen. Dann nimmt sie es vorsichtig mit dem Maul auf. Es hängt kraftlos herab wie eine Pelzboa. Und stolz tänzelnd bewegt sich Timsy auf das Haus zu, die kleinen weißen Pfoten berühren kaum den Boden.
Aber sie wird mit dem Fuß weggestoßen. Wir sind nicht bereit, sie noch im Wohnzimmer zu dulden, wenn sie ihre Gladiatorenspiele zeigen möchte. Wenn das Erdhörnchen „massakriert werden muß, um Timsy eine Freude zu machen“, so soll es draußen geschehen. Enttäuscht, aber voll Stolz zieht Timsy zum Backofen am Schuppen.
Dort legt sie das Erdhörnchen vorsichtig nieder, und sanft wie eine kleine weiße Wolke legt sie eine schmale Pfote auf seinen gestreiften Rücken. Das Erdhörnchen bewegt sich nicht. Leicht wie eine Pusteblume hebt sie die Pfote ein ganz, ganz winziges Stück und läßt es los.
Und urplötzlich schießt es mit einem elastischen Sprung unter dem weißen Pfötchen hervor. Und augenblicklich ist sie in der Luft und stürzt sich mit ihren wie Pfeile vorschnellenden weißen Pfoten auf das Erdhörnchen. Beide Geschöpfe sind bewegungslos.
Dann nimmt sie es wieder vorsichtig ins Maul und blickt sich um, ob sie ins Haus schlüpfen kann. Sie kann nicht. Also trottet sie zum Holzstoß.
Es ist ein Spiel, und es ist schön. Erdhörnchen entkommt in den Holzstapel, und sie inspiziert ihn ganz vorsichtig.
Von allen Tieren, das steht außer Zweifel, ist Timsy das hübscheste, das schönste. Es ist nicht nur der *corpus* allein, der schön ist; es ist der Reiz ihrer Lebendigkeit. Ihre „unendliche Mannigfaltigkeit“; ihre geschmeidige,

schneeflockige Leichtigkeit und gleichzeitig ihre hagere, ungezügelte Wildheit. Dieselbe war mir nicht bewußt gewesen, bis ich eines Tages im Bett unbewußt unter der Bettdecke den Zeh bewegte. Plötzlich traf meinen Fuß ein schrecklicher Schlag. Timsy kam aus dem Nichts gesprungen, mit einer stählernen Kraft und mit Schwung schlug sie auf die Bettdecke, wo der Zeh sich bewegte. Es war, als hätte jemand plötzlich zugeschlagen, rachsüchtig und unfehlbar.

„Timsy!"

Sie sah mich an mit dem katzenhaft leeren, starren Jagdblick. Es ist nicht einmal Wildheit. Ihre Pupille weitet sich in der eigenartig leeren Arroganz der Macht. Die Macht ist in ihr.

Ja, so ist es. Das Leben bewegt sich in Kreisen von Macht und Lebendigkeit, und jeder Kreis des Lebens wahrt seinen Einflußbereich nur durch die Unterwerfung eines niederen Kreises. Wenn die niederen Lebenszyklen nicht *beherrscht* werden, kann es keinen höheren Zyklus geben.

In der Natur verschlingt ein Lebewesen ein anderes, und das ist ein wesentlicher Bestandteil aller Existenz und allen Seins. Es ist nichts, worüber man klagen müßte, noch etwas, das man zu verändern suchen sollte. Der Buddhist, der sich weigert, das Leben anzunehmen, ist wirklich lächerlich, denn wenn er nur zwei Reiskörner am Tag ißt, so sind das zwei Lebenskörner. Wir haben die Schöpfung nicht gemacht, *wir* sind nicht die Schöpfer des Universums. Und wenn wir sehen, daß die gesamte Schöpfung auf der Tatsache aufgebaut ist, daß ein Leben ein anderes Leben verschlingt, ein Existenzzyklus nur existieren kann durch die Unterwerfung eines anderen Existenzzyklus, so hat es doch wohl keinen Sinn, vorzugeben, das sei nicht so. Man kann weiter nichts tun, als sich bewußtzumachen, was höher ist und was niedriger in den Existenzzyklen.

Es ist Unsinn, zu erklären, daß es kein Höheres und Niederes *gibt*. Wir wissen ganz genau, daß der Löwenzahn zu einem höheren Existenzzyklus gehört als der Zungenfarn, daß die Existenzform der Ameise höher ist als die des Löwenzahns, daß die Drossel höher steht als die Ameise, daß Timsy, die Katze, höher steht als die Drossel, und daß ich, ein Mensch, über Timsy stehe.

Was verstehen wir unter höher? Genaugenommen meinen wir lebendiger. In größerem Maße lebendig. Die Ameise ist deutlich lebendiger als die Kiefer. Wir wissen das, es gibt keinen Versuch, es zu widerlegen. Man kann genausogut sagen, daß beide auf zweierlei Weise lebendig und deshalb unvergleichbar, unvereinbar sind. Das ist auch wahr.

Aber eine Wahrheit ersetzt die andere nicht. Selbst offenbar gegensätzliche Wahrheiten ersetzen einander nicht. Die Logik ist viel zu grobschlächtig für die feinen Unterschiede, die das Leben verlangt.

Natürlich ist es nutzlos, eine Ameise absolut mit einer großen Kiefer zu vergleichen. Und doch werden sie, was die *Existenz* betrifft, nicht nur miteinander verglichen, sondern gelegentlich gegeneinander ausgespielt. Und wenn es zu einem Kampf kommt, wird die kleine Ameise das Leben des großen Baumes vernichten. Wenn es zu einem Kampf kommt.

Und in den *Existenz*zyklen ist das die Probe. Von der niedrigsten Existenzform bis zur höchsten ist die Testfrage: *Kann dein Nachbar dich letztendlich besiegen?*

Wenn er es kann, dann gehört er zu einem höheren Existenzzyklus.

Das ist die Wahrheit, die hinter dem Überleben des Tüchtigsten steckt. Jeder Existenzzyklus gründet sich auf den Sieg über die niederen Existenzzyklen. Die wirkliche Frage besteht darin, wodurch sich *Tüchtigkeit* auszeichnet. Tüchtigkeit wofür? Nur tüchtig sein, um zu überleben? Das Lebewesen, das nur tüchtig ist, um zu überleben, wird nur überleben, um Nahrung zu liefern oder in irgendeiner Weise zur Existenz einer höheren Lebensform beizutragen, die in der Lage ist, mehr zu tun, als zu überleben, die richtig leben kann, *vive*.

Das Leben ist im Löwenzahn lebendiger als im grünen Farn oder in einer Palme.

Das Leben ist in einer Schlange lebendiger als in einem Schmetterling.

Das Leben ist in einem Zaunkönig lebendiger als in einem Alligator.
Das Leben ist in einer Katze lebendiger als in einem Strauß.
Das Leben ist in dem Mexikaner, der einen Wagen lenkt, lebendiger als in den zwei Pferden davor.
Das Leben ist in mir lebendiger als in dem Mexikaner, der den Wagen für mich lenkt.
Wir sprechen von *Existenz*; das heißt von Arten, Rasse oder Typ.
Der Löwenzahn kann das Land erobern, die Palme wird in eine Ecke getrieben, zusammen mit dem Farn.
Die Schlange kann das wildeste Insekt vertilgen.
Der wilde Vogel kann das größte Reptil umbringen.
Die große Katze kann den größten Vogel umbringen.
Der Mensch kann das Pferd umbringen, oder jedes andere Tier.
Eine Menschenrasse kann eine andere Rasse unterwerfen und beherrschen.
Das alles betrifft die *Existenz*. Für die Existenz gilt, daß die Art des Lebens die höchste ist, die jede andere Art des Lebens, mit der sie sich im Kampf mißt, verschlingen, umbringen oder unterwerfen kann.
Das ist ein Gesetz. Diesem Gesetz kann man nicht entgehen. Jeder, oder jede Rasse, die ihm zu entgehen sucht, wird zum Opfer werden, wird der Unterwerfung verfallen.
Aber wir wollen immer wieder betonen, daß wir jetzt von Existenz, von Arten, von Typen, von Rassen, von Nationen, nicht von Einzelwesen oder *Menschen* sprechen. Der Löwenzahn in voller Blüte, eine kleine Sonne, die ihre zahllosen Strahlen über die grüne Erde schickt, ist ein Unvergleichliches, ein Einzigartiges. Töricht, töricht und nochmals töricht, es mit irgend etwas auf der Erde zu vergleichen. Es ist selbst unvergleichlich und einzig.
Aber das ist die vierte Dimension, die des *Seins*. Es liegt in der vierten Dimension, nirgends sonst.
Denn in der Zeit-Raum-Dimension kann jeder Mensch auf den gelben Sonnenspiegel treten, und es gibt ihn

nicht mehr. Jede Kuh kann ihn verschlucken. Jede Ameisenschar kann ihn auslöschen.

Das bringt uns zu dem unnachgiebigen Gesetz des Lebens.

1. Jedes Lebewesen, das die Fülle seines eigenen Seins erlangt, sein eigenes *lebendiges* Selbst, wird einzig, ein Unvergleichliches. Es hat seinen Platz in der vierten Dimension, dem Himmel der Existenz, und dort ist es vollkommen, es ist unvergleichlich.

2. Gleichzeitig existiert jedes Lebewesen in Zeit und Raum. Und in Zeit und Raum existiert es in bezug auf die gesamte andere Existenz und kann davon nicht losgesprochen werden. Seine Existenz trifft auf andere Existenzen und wird selbst betroffen. Und im Kampf um die Existenz, wenn es einem Typ oder einer Art oder einer Gattung von Leben gelingt, die andere Art schließlich zu zerstören, dann ist der Zerstörer im Besitz eines kraftvolleren Existenzzyklus als der Zerstörte. (Wenn wir von Existenz sprechen, meinen wir immer Typen, Arten, nicht Einzelwesen. Arten existieren. Aber selbst ein einzelner Löwenzahn besitzt *Sein.*)

3. Die Kraft, die wir *Vitalität* nennen und die der entscheidende Faktor im Kampf um die Existenz ist, stammt jedoch ebenfalls aus der vierten Dimension. Das heißt, die letzte Quelle aller Vitalität liegt in jener anderen Dimension oder Region, in der der Löwenzahn blüht, die die Menschen den Himmel genannt haben und die sie jetzt die vierte Dimension nennen; was nur bedeutet, daß sie nicht in Begriffen von Raum und Zeit zu erfassen ist.

4. Die ursprüngliche Weise, Vitalität in unserer Existenz zu erlangen, erfolgt durch die Absorption von unter uns stehenden Lebewesen. Sie wird so in ein neues und höheres Geschöpf übertragen. (Es gibt viele Arten der Absorption: Nahrung zu sich nehmen ist eine, Liebe ist oft eine andere. Die beste Art ist eine reine Beziehung, die das *Sein* auf beiden Seiten einschließt und die Übertragung in einem lebendigen Fluß ermöglicht, das Leben in beiden Geschöpfen erweitert.)

5. Kein Lebewesen ist ganz es selbst, bis es – wie der

Löwenzahn – geöffnet wird in der Blüte reiner Beziehung zur Sonne, dem gesamten lebenden Kosmos.
Deshalb befinden wir uns noch in der Verstrickung von Existenz und Sein, einer Verstrickung, aus der der Mensch sich noch nie hat lösen können, außer indem er das eine dem anderen opferte.
Das Opfer ist zwecklos.
Der Schlüssel aller Existenz ist das Sein. Aber man kann das Sein nicht ohne die Existenz haben, wie man auch nicht den Löwenzahn ohne Blätter und die lange Pfahlwurzel haben kann.
Das Sein ist *nicht* ideal, wie Plato meint, noch geistig. Es ist eine Übergangsform der Existenz und ebenso materiell wie die Existenz. Nur die Materie erreicht plötzlich die vierte Dimension.
Alle Existenz ist zwiefach und strebt nach einer Vollendung im Sein. Im Samen des Löwenzahns, der mit seinem kleinen Schirm aus Haaren dahinschwebt, sitzt der Heilige Geist in winzigem Format. Der Heilige Geist ist das, was das Licht und die Dunkelheit umfaßt, den Tag und die Nacht, Regen und Sonne, vereinigt in einen kleinem Schlüssel. Da sitzt er, im Samen des Löwenzahns.
Der Samen fällt zur Erde. Der Heilige Geist erwacht und sagt: „Kommt!" Und aus dem Himmel treten die Sonnenstrahlen, und aus der Erde kommen Feuchtigkeit und Dunkel und der Stoff des Todes. Sie werden eingeladen, als wären sie zu einem Mahl gebeten. Die Sonne sitzt unten am Herd, im Samen; und der dunkle, feuchte Todesrückkehrer sitzt auf der anderen Seite, und der Gastgeber dazwischen. Und der Gastgeber sagt zu ihnen: *„Kommt! Seid fröhlich miteinander!"* Nun schaut die Sonne mit erwartungsvoller Neugier das dunkle Gesicht der Erde an, und die dunkle Feuchte blickt voll Verwunderung in das helle Gesicht der anderen, die von der Sonne kommt. Und der Gastgeber sagt: *„Hier seid ihr zu Hause! Hebt mich empor, zwischen euch, auf daß ich aufhöre, ein Geist zu sein. Denn es verlangt mich danach, hinauszuschauen, es verlangt mich zu tanzen mit den Tänzern."*
Also fassen die Sonne im Samen und der Erdgebundene

im Samen einander an der Hand und lachen und beginnen zu tanzen. Und ihr Tanz ist wie ein aufloderndes Feuer, wie ein Freudenfeuer mit emporlodernden Flammen. Und der Tritt ihrer Füße ist wie der Lauf kleiner Bäche, in die Erde hinein. Und so sprießen aus dem Tanz der Sonne im Samen mit dem erdigen Todesrückkehrer grüne Blattflämmchen in die Höhe, und harte kleine Wurzelsenker kämpfen sich nach unten. Und der Gastgeber lacht und sagt: *„Ich werde emporgehoben! Tanzt schneller! O ringt miteinander, ihr beiden, wie wundersame Ringer, von denen keiner gewinnen kann."* Also tanzen die Sonne im Samen und der Todesrückkehrer, der Erdige, immer schneller, und die grüner sprossenden Blätter beginnen im Kreis auf der Erde zu tanzen, überwältigen mit Macht jeden Außenseiter, in einem Wirbel von Schwertern und Löwenmäulern. Und der Erdgebundene ringt, ringt mit der Sonne im Samen, so daß die langen Wurzeln hinunterreichen wie die Arme eines Kämpfers, der die Kraft der Erde ergreift und alle Eindringlinge erdrosselt, jeden Eindringling gnadenlos erdrosselt. Bis die beiden in eine merkwürdige Umarmung fallen, und aus der Mitte erhebt sich der Blütenstengel wie ein Phallus, gekrönt von einer Knospe. Und aus der Knospe hört man den Heiligen Geist rufen: *„Ich werde emporgehoben! Sieh! Ich werde emporgehoben! Ich bin hier!"* Und die Knospe öffnet sich, und da schwebt die Blüte genau in der Mitte des Universums, mit einem Ring aus grünen Schwertern darunter, um sie zu schützen, und dem Wurzelkraken, die Arme tief in der Erde, trinkend und drohend. Also blickt sich der Heilige Geist in Gestalt eines Löwenzahns um und sagt: *„Seht! Ich bin gelb! Ich glaube, die Sonne hat mir ihren Körper geliehen! Seht! Ich bin kraftvoll von goldenem, bitterem Blut! Ich glaube, der Tod aus der feuchten schwarzen Erde hat mir sein Blut geliehen. Ich bin leibhaftig! Ich liebe meine Leibhaftigkeit! Aber das ist nicht alles. Ich werde diese Leibhaftigkeit behalten. Sie ist gut! Aber ach! Wenn ich zu einer anderen Leibhaftigkeit gelangen kann, wer weiß, wie wunderbar sie sein wird! Diese wird dann weichen müssen. Diese kann helfen, die nächste zu schaffen."*

Und so hinterläßt der Heilige Geist seinen Schlüssel im

Samen, und bewegt sich voran in unserem ziemlich chaotischen Universum, auf der Suche nach einer anderen Inkarnation.

Und das geht immer so weiter. Der Mensch ist bis jetzt kaum halb erwachsen. Selbst sein Blütenstengel ist noch nicht da. Er besteht nur aus Blättern und Wurzeln, ohne jeden Hinweis. Keine Spur einer Knospe.

Entweder wird er knospen müssen, oder er wird vom Heiligen Geist verlassen; aufgegeben als ein Fehlschlag der Schöpfung, so wie der Ichthyosaurus aufgegeben wurde. Aufgegeben zu werden heißt, seine Vitalität zu verlieren. Die Sonne und das Erdesdunkel werden nicht mehr in ihm zusammendrängen. Es geht schon zu Ende. Für den Menschen verbraucht sich die Sonne, und die Erde wird unfruchtbar. Aber die Sonne selbst wird sich nie verbrauchen, und die Erde wird nicht unfruchtbar. Den Menschen fehlt nur der *Schlüssel* zu ihrem Inneren. Sie sind wie blütenlose, samenlose fette Kohlköpfe, ohne Inhalt.

Die Vitalität beruht auf dem Schlüssel zum Heiligen Geist, den ein Geschöpf, ein Mensch, eine Nation, eine Rasse hat. Wenn der Schlüssel verschwindet, verschwindet die Vitalität. Und der Heilige Geist sucht immerwährend eine neue Inkarnation und ordnet die alte der neuen unter. Man weiß, daß jedes Geschöpf oder jede Rasse noch im Heiligen Geist lebt, wenn sie sich die niederen Geschöpfe oder Rassen unterordnen kann und sie in eine neue Inkarnation assimiliert.

Ohne die Bewegung auf eine Blüte hin kann kein Mensch, kein Geschöpf, keine Rasse eine impulsive Vitalität besitzen, und am stärksten ist, wer sich auf die bis jetzt unbekannte Blüte zubewegt.

Blüte bedeutet die Herausbildung einer reinen, *neuen* Beziehung zum gesamten Kosmos. Das ist der Zustand des Himmels. Und es ist der Zustand einer Blume, einer Kobra, eines Zaunkönig-Weibchens im Frühling, eines Menschen, wenn er sich als König fühlt, von der Sonne gekrönt, und seine Füße fest in der Erde verwurzelt sind.

Auch das ist die vierte Dimension; dieser Zustand, diese

geheimnisvolle Wirklichkeit der Dinge in einer vollkommenen Beziehung. Es ist diese vollkommene Beziehung, in die jede gerade Linie einschwenkt wie zu einem Mittelpunkt, ausgehend von der Raum-Zeit-Dimension.
Aber jeder Mensch, jedes Geschöpf oder jede Rasse, alle, die sich der Blüte nähern, werden immense Vorräte an Vitalität von niederen Menschen oder Geschöpfen abziehen müssen, eine leidenschaftliche Stärke. Und sie werden eine vollkommene Beziehung zu allen Dingen erlangen müssen.
Es wird immer Eroberung geben. Aber das Ziel der Eroberung ist eine vollkommene Beziehung der Eroberer zu den Eroberten, für eine neue Blüte. Freiheit ist illusorisch. Opfer ist illusorisch. Allmacht ist illusorisch. Freiheit, Opfer, Allmacht, das sind menschliche Abstellgleise, Sackgassen, Humbug. Real allein ist das Überwältigende eines neuen Gebotes göttlicher Eingebung, einer neuen Beziehung zu allen Dingen.
Der Himmel ist allgegenwärtig. Keine einmal erreichte Erfüllung ist verloren. Die Fortpflanzung hält ewig an, um die Offenbarung zu stützen. Aber die Fackel der Offenbarung selbst wird weitergegeben. Und das ist außerordentlich wichtig.
Alles Lebendige will wieder Lebewesen hervorbringen.
Aber wichtiger als das ist die Tatsache, daß jede Offenbarung eine hochgehaltene Fackel ist, die neue Offenbarungen entzündet. So wie der Löwenzahn mir die Sonne hinhält und sagt: *„Du kannst sie nehmen!“*
Jeder Himmelsschein, der sich zeigt – wie eine Löwenzahnblüte oder ein grüner Käfer –, bebt in einer sonderbaren Leidenschaft und entzündet einen neuen Schein, der nie zuvor gesehen ward. Das ist keine Selbstaufopferung; es bedeutet, sich selbst einzubringen, in der das größte Glück liegt.
Die Fackel der Existenz wird weitergegeben im Schoß der Fortpflanzung.
Und die Fackel der Offenbarung wird weitergegeben von jedem Lebewesen, vom Protococcus an einen tapferen Mann oder eine schöne Frau, an jeden, der sie neh-

men kann. Wer sie nehmen kann, hat Macht über alle anderen.

Der Zyklus der Fortpflanzung existiert einfach, um die Fackel der Vollkommenheit am Brennen zu halten, bei jeder Art: Die Fackel ist der blühende Löwenzahn, der Baum in vollem Laub, der Pfau in vollem Gefieder, die Kobra in voller Farbe, der Frosch in vollem Sprung, die Frau, ganz geheimnisvoll und unergründlich begehrenswert, der Mann in der Fülle seiner Macht; jedes Geschöpf wird zum reinen Selbst.

Ein Zyklus der Vollkommenheit drängt darauf, einen anderen Zyklus zu entzünden, der bisher unbekannt war.

Und mit dem Entzünden durch die Fackel der Offenbarung kommt der Einbruch der Vitalität und die Notwendigkeit, die niederen Zyklen der Existenz zu zerstören und zu einem neuen Gegenstand zu *vervollkommnen*. Dieses Zerstören und Vervollkommnen bedeutet Eroberung und furchtlose Herrschaft. Die Freiheit liegt in dem redlichen Nachgeben gegenüber der neuen Flamme und der redlichen Herrschaft dessen, was neu sein wird, über das, was nachgeben muß. So wie ich meine Pferde beherrschen muß, die einem niederen Existenzzyklus angehören. Und sie, sie sind erleichtert und *glücklich* zu dienen. Wenn ich sie in die Berge freilasse und sie verwildern, bis sie sterben, so ist der Reiz wirklichen Glücks aus ihrem Leben geschwunden.

Jede niedere Ordnung sucht bis zu einem gewissen Grade, einer höheren Ordnung zu dienen, und rebelliert dagegen, erobert zu werden.

Es ist immer Eroberung und wird immer Eroberung sein. Wenn die Eroberten eine alte niedergehende Rasse sind, so werden sie ihre Fackel dem Eroberten übergeben haben, der sich die Finger ordentlich verbrennen wird, wenn er zu respektlos ist. Und wenn die Eroberten eine barbarische Rasse sind, werden sie das Feuer des Eroberers vertilgen und ihn ohne Flamme lassen, ehe er es sich versieht. Aber es ist immer Eroberung, Unterworfene und Eroberer – immer und ewig. Das Himmelreich ist das Reich der Eroberer, die der Eroberung für immer dienen können, nachdem sie ihre eigene Eroberung abgeschlossen haben.

Im Himmel, in der vollendeten Beziehung, ist Frieden: in der vierten Dimension. Aber man kann dorthin gelangen. Und das ist für immer und ewig der Prozeß der Eroberung.

Als die Rose blühte, hat das Gemüsereich die große Eroberung gemacht. Aber selbst dieser Eroberer der Eroberer, die Rose, mußte sich für eine spätere Eroberung durch die Raupe und den Schmetterling hergeben. Ein Eroberer, aber Tribut zahlend der späteren Eroberung.

Es gibt keine Gleichheit. Im Himmelreich, in der vierten Dimension, ist jede Seele, die eine vollendete Beziehung zum Kosmos aus ihrem eigenen Innern erreicht, vollkommen und unvergleichlich. Es gibt nichts, was sie übertrifft. Sie ist ein Eroberer und ist unvergleichlich.

Aber jeder Mensch muß im Kampf der Eroberung hin zu seiner Vollendung die niederen Lebenszyklen beherrschen und darf seine Herrschaft niemals aufgeben. Und wenn es Menschen über ihm gibt, die einer noch nicht gesehenen Vollendung entgegenstreben, muß er sich ihrem größeren Anspruch unterordnen und ihrem höheren Geheimnis dienen und so dem Himmelreich treu sein, das in ihm ist und das durch Eroberung und treue Dienste erlangt wird.

Jeder, der sein eigenes Wesen erlangt, wird wie der Löwenzahn oder der Schmetterling in jene andere Dimension übergehen, die wir die vierte nennen und die die Alten Himmel nannten.

Es ist der Zustand der vollkommenen menschlichen Beziehungen. Und hier wird der Mensch den ewigen Frieden finden; ob er im Lauf des Lebens dient oder befiehlt.

Aber selbst das hat seine treue Ergebenheit dem Himmelreich gegenüber zur Folge, das bis in alle Ewigkeit ausgedehnt werden muß, da die Schöpfung das Chaos erobert. So daß meine Vollkommenheit nur einer Vollkommenheit dient, die noch vor uns liegt, verhüllt und unvorstellbar, und außer mir.

Wir haben versucht, Mauern um das Himmelreich zu bauen; aber es hat keinen Sinn. Es ist nur der Kohl, der innen verfault.
Unsere letzte Mauer ist die goldene Mauer des Geldes. Das ist eine unheilvolle Mauer. Sie schneidet ab vom Leben, von der Vitalität, von der lebendigen Sonne und der lebendigen Erde, wie *nichts* anderes. Nichts, nicht einmal die fanatischsten Dogmen einer unnachgiebigen Religion können uns so vom Einfluß des Lebens und der Inspiration isolieren wie das Geld.
Wir verlieren Vitalität; verlieren sie schnell. Wenn wir nicht die Fackel der Inspiration ergreifen und unsere Geldbeutel fallenlassen, werden die Mittellosen von der Flamme der Flammen entzündet, und sie werden uns verschlingen wie alte Lumpen.
Wir verlieren Vitalität, wegen des Geldes und weil sich alles nach dem Geld richtet. Die Fackel in den Händen der Mittellosen wird unser Haus in Brand setzen und uns verbrennen wie Schafe in einem lodernden Pferch.

1925 (1925)

III

SEX UND LIEBE IN DER GESELLSCHAFT

Apropos Lady Chatterleys Liebhaber

Weil es von *Lady Chatterley's Lover* verschiedene Raubdrucke gab, habe ich 1929 eine billige Volksausgabe herausgebracht, die in Frankreich gedruckt und für sechzig Francs angeboten wurde, und mit der ich wenigstens die Nachfrage in Europa zu decken hoffte. Die Raubdrukker, zumindest in den Vereinigten Staaten, waren schnell und geschäftstüchtig. Die erste nachgedruckte Auflage wurde, schon fast einen Monat nachdem die ersten echten Exemplare aus Florenz in Amerika eingetroffen waren, in New York verkauft. Es war ein Faksimile des Originals, auf fotografischem Wege hergestellt, und wurde selbst von seriösen Buchhändlern der nichtsahnenden Leserschaft verkauft, als wäre es die originale Erstausgabe. Der Preis betrug gewöhnlich fünfzehn Dollar, während das Original zehn Dollar kostete; und der leichtgläubige Käufer wurde natürlich über den Betrug nicht aufgeklärt.

Diesem mutigen Versuch folgten andere. Man sagte mir, es gäbe noch eine weitere Faksimile-Ausgabe in New York oder Philadelphia; und ich selbst besitze ein schmutzig aussehendes Buch in dunkelorangefarbenem Leineneinband mit grüner Schrift, häßlich auf fotografischem Wege reproduziert, das meine Unterschrift enthält, gefälscht vom kleinen Jungen der Raubdruckfamilie. Als gegen Ende des Jahres 1928 diese Ausgabe aus New York in London auftauchte und dem Leser für dreißig Shilling angeboten wurde, brachte ich aus Florenz meine kleine zweite Auflage von zweihundert Exemplaren für eine Guinee auf den Markt. Ich wollte sie eigentlich erst ein oder zwei Jahre später bringen, mußte sie aber gegen den schmutzigen orangefarbenen Raubdruck ins Feld führen. Aber die Auflage war zu niedrig. Der orangefarbene Raubdruck existierte weiter.

Dann hatte ich einen Trauer-Band in der Hand, in schwarzem Einband und Hochformat, damit er wie eine Bibel oder ein längliches Gesangbuch aussah: düster. In diesem Fall war der Raubdrucker nicht nur nüchtern, sondern ernsthaft. Er hat nicht eine, sondern zwei Titelseiten, und auf jeder ist eine Vignette, die den amerikanischen Adler zeigt, dessen Kopf sechs Sterne umgeben und aus dessen Fängen ein Blitz hervorschießt. Alles wird eingeschlossen von einem Lorbeerkranz zu Ehren seines letzten Erfolges als literarischer Räuber. Insgesamt ist es ein finsterer Band – wie Captain Kidd mit geschwärztem Gesicht, der einen Trostvers für die liest, die über die Planke gehen müssen. Warum der Räuber die Seite durch eine falsche Seitenüberschrift verlängern mußte, weiß ich nicht. Die Wirkung ist besonders bedrückend, von finsterer Arroganz. Denn natürlich wurde dieses Buch ebenfalls fotomechanisch hergestellt. Die Unterschrift fehlt jedenfalls. Und ich habe gehört, dieser erbärmliche Band wird für zehn, zwanzig, dreißig und fünfzig Dollar verkauft, je nach Laune des Buchhändlers und der Einfältigkeit des Käufers.

Das bedeutet, drei Raubausgaben sind in den Vereinigten Staaten mit Sicherheit erschienen. Ich hörte von einer vierten, einem weiteren Faksimile des Originals. Aber da ich sie nicht gesehen habe, will ich nicht daran glauben.

Es gibt jedoch den europäischen Raubdruck von fünfzehnhundert Seiten durch eine Pariser Verlagsbuchhandlung mit dem Eindruck *Imprimé en Allemagne*. Ob nun in Deutschland gedruckt oder nicht, er wurde ganz gewiß gedruckt und nicht abfotografiert, denn einige der Druckfehler des Originals wurden korrigiert. Und es ist ein recht ordentlicher Band, eine ziemlich gute Kopie des Originals; aber die Unterschrift fehlt, und er verrät sich auch durch die grüngelbe Seidenkante am Einbandrücken. Diese Ausgabe wird an den Buchhandel für hundert Francs verkauft und dem Leser für dreihundert, vierhundert und fünfhundert Francs angeboten. Besonders skrupellose Buchhändler sollen die Unterschrift gefälscht und das Buch als signierte Originalausgabe verkauft haben. Hoffentlich ist das nicht wahr. Aber es klingt alles sehr schlimm für den „Handel". Und doch gibt es einen Trost. Einige Buchhändler wollen den Raubdruck überhaupt nicht vertreiben. Gefühlsmäßige

und geschäftliche Skrupel hindern sie daran. Andere vertreiben ihn nur halbherzig. Und offensichtlich würden sie alle lieber die autorisierte Ausgabe vertreiben. So daß Gefühle wirklich eine Rolle spielen, sie richten sich gegen die Räuber, sind allerdings nicht stark genug, um diese gänzlich abzuwehren.
Keiner dieser Raubdrucke ist von mir in irgendeiner Weise autorisiert worden, und von keinem habe ich auch nur einen Penny erhalten.
Ein halbreuiger Buchhändler aus New York hat mir allerdings ein paar Dollar geschickt, die – wie er sagte – mein zehnprozentiger Anteil von allen in seinem Geschäft verkauften Exemplaren wären.
„Ich weiß", schrieb er, „es ist nur ein Tropfen auf den heißen Stein." Er meinte natürlich, ein Tropfen aus seinem vollen Eimer. Und da es für einen Tropfen ein ganz erkleckliches Sümmchen war, welch schönen Eimer voll müssen dann wohl die Räuber bekommen haben!
Ich erhielt ein verspätetes Angebot von den europäischen Räubern, die mir wegen der eigensinnigen Buchhändler ein Honorar für alle Exemplare – verkauft oder nicht – anboten, wenn ich bereit wäre, ihre Ausgabe zu autorisieren. Da dachte ich im stillen, in einer Welt des Fressens oder Gefressenwerdens – warum nicht? Als es jedoch zur Entscheidung kam, rebellierte der Stolz. Es ist klar, daß Judas immer zum Kuß bereit ist. Aber daß ich ihn wiederküssen sollte!
Deshalb ließ ich die kleine billige französische Ausgabe zu sechzig Francs herausbringen, die vom Original abfotografiert war. Englische Verleger drängen mich, eine von anstößigen Stellen gereinigte Ausgabe herauszubringen, und versprechen mir hohe Umsätze, vielleicht sogar einen kleinen Eimer, einen jener Sandeimerchen für Kinder! – und sie bestehen darauf, daß ich der Öffentlichkeit zeige, ich habe einen wirklich guten Roman trotz allem „Vulgären" und aller „obszönen Wörter". Und so erliege ich der Versuchung und beginne zu säubern. Doch unmöglich! Ich könnte genausogut versuchen, meine Nase mit einer Schere zurechtzustutzen. Das Buch blutet.

Und trotz aller Anfeindungen bezeichne ich diesen Roman als ein ehrliches, gesundes Buch, das wir heute brauchen. Die Wörter, die zuerst so sehr schockieren, schockieren nach einer Weile überhaupt nicht mehr. Vielleicht weil der Geist durch die Gewohnheit verdorben wird? Kein bißchen. Die Wörter haben nur das Auge schockiert, sie haben den Geist überhaupt nicht schockiert. Menschen ohne Geist werden weiterhin schockiert sein, aber sie spielen keine Rolle. Menschen mit Geist machen sich klar, daß sie nicht schockiert sind und es eigentlich nie waren; und sie fühlen sich erleichtert.

Und das ist der springende Punkt. Wir sind heute als menschliche Wesen weit über die Tabus hinaus, die unserer Kultur innewohnen, entwickelt und gebildet. Das ist eine äußerst wichtige Tatsache. Wahrscheinlich waren für die Kreuzfahrer bloße Wörter in einem Grade bedeutsam und prägend, den wir uns nicht vorstellen können. Die beschwörende Kraft der sogenannten obszönen Wörter muß für die geistesschwachen, dunklen, gewaltsamen Naturen des Mittelalters recht gefährlich gewesen sein, und vielleicht sind sie immer noch zu stark für langsam denkende, halbaufgeklärte niedere Naturen von heute. Aber wirkliche Kultur läßt uns mit einem Wort nur jene geistigen und imaginativen Reaktionen verbinden, die dem Geist zugehören, und bewahrt uns vor gewaltsamen und blinden körperlichen Reaktionen, die die soziale Würde zerstören können. In der Vergangenheit war der Mensch geistig zu schwach oder zu oberflächlich, um seinen eigenen Körper und die Körperfunktionen zu betrachten, ohne durch körperliche Reaktionen, die ihn überwältigten, völlig durcheinanderzugeraten. Das ist nicht mehr so. Kultur und Zivilisation haben uns gelehrt, die Reaktionen abzukoppeln. Wir wissen jetzt, daß die Tat nicht notwendigerweise auf den Gedanken folgt. Tatsächlich sind Gedanke und Tat, Wort und Tat, zwei getrennte Formen des Bewußtseins, zwei getrennte Leben, die wir führen. Wir müssen ganz aufrichtig eine Verbindung halten. Aber während wir denken, handeln wir nicht, und während wir handeln, denken wir nicht. Die zwingende Notwendigkeit ist, entsprechend unseren Gedanken zu handeln, und zu denken entsprechend unserem Handeln. Aber wenn wir nachdenken, können wir nicht richtig handeln, und wenn wir handeln, können wir nicht richtig nachdenken. Die beiden Zustände des Denkens und des Handelns schließen sich gegenseitig aus. Und doch sollten sie sich im Einklang miteinander befinden.

Und das ist der springende Punkt dieses Buches. Ich möchte, daß Männer und Frauen fähig sind, an Sex zu denken, umfassend, ehrlich und sauber.

Selbst wenn wir uns sexuell nicht zu unserer vollständigen Zufriedenheit betätigen können, so wollen wir doch wenigstens sexuell denken, vollständig und klar. Das ganze Gerede von jungen Mädchen und Jungfräulichkeit, als sei das ein leeres weißes Blatt, auf dem nichts geschrieben steht, ist blanker Unsinn. Ein junges Mädchen und ein junger Mann ist ein schmerzliches Knäuel, ein brodelndes Durcheinander von sexuellen Gefühlen und sexuellen Gedanken, die sich erst nach Jahren lösen werden. Jahre ehrlichen Nachdenkens über Sex und Jahre der Bemühung um aktiven Sex werden uns schließlich dorthin bringen, wohin wir wollen, zu unserer wirklichen und vollendeten Keuschheit, unserer Vollkommenheit, wenn unser sexuelles Handeln und unsere sexuellen Gedanken miteinander harmonieren und das eine das andere nicht behindert.

Es sei mir fern, allen Frauen zu empfehlen, Wildhütern nachzustellen, um sie zu Liebhabern zu machen. Es sei mir fern, ihnen zu empfehlen, irgend jemandem nachzustellen. Eine große Anzahl von Männern und Frauen sind heutzutage am glücklichsten, wenn sie enthaltsam und sexuell getrennt bleiben, ganz sauber, und wenn sie gleichzeitig den Sex verstehen und sich vollständiger darüber klarwerden. Wir sind heute eher zum Verstehen aufgerufen als zum Handeln. In der Vergangenheit wurde so viel gehandelt, besonders sexuell, eine ermüdende Wiederholung immer wieder, ohne sich dabei etwas zu denken, etwas vorzustellen. Jetzt ist es an uns, uns den Sex vorzustellen. Heute ist die vollkommen bewußte Vorstellung vom Sex sogar wichtiger als der Akt selbst. Nach Jahrhunderten der Verschleierung verlangt der Geist zu wissen, und zwar vollständig zu wissen. Der Körper ist weitgehend herrenlos, wirklich. Wenn die Leute heute sexuell handeln, spielen sie sich meist nur auf. Sie tun es, weil sie meinen, das wird von ihnen erwartet. Während tatsächlich der Geist interessiert ist und der Körper herausgefordert werden muß. Der Grund ist, daß unsere Vorfahren den Sex so eifrig betrieben haben, ohne je an ihn zu denken oder sich ihn vorzustellen, daß der Akt jetzt mechanisch zu sein scheint, farblos und enttäuschend, und nur frische geistige Vorstellungen werden die Erfahrung erneuern.

Der Geist muß aufholen beim Sex; eigentlich bei allem Körperlichen. Geistig, in unserem sexuellen Denken hinken wir hinterher, in einer Düsterkeit, einer schleichenden, sklavischen Furcht, die zu unseren ungehobelten, etwas tierischen Vorfahren gehört. In dieser einen Hinsicht, sexuell und körperlich, haben wir den Geist unentwickelt gelassen. Jetzt müssen wir aufholen und einen Ausgleich schaffen zwischen dem Bewußtsein von Körperempfindungen und -erfahrungen und diesen Empfindungen und Erfahrungen selbst. Das Bewußtsein vom Akt und der Akt selbst sind harmonisch zu gestalten. Beide müssen in Übereinstimmung gebracht werden! Das bedeutet eine angemessene Hochachtung gegenüber dem Sex und eine angemessene Ehrfurcht vor der ganz eigenen Erfahrung des Körpers. Es bedeutet, daß man die sogenannten obszönen Wörter benutzen kann, weil diese ein natürlicher Teil der Vorstellungen sind, die der Geist sich vom Körper macht. Obszönität entwickelt sich nur, wenn der Geist den Körper verachtet und fürchtet und der Körper den Geist haßt und ihn ablehnt.

Wenn wir den Fall von Colonel Barker lesen, sehen wir, worum es geht. Colonel Barker war eine Frau, die sich als Mann ausgab. Der „Colonel" heiratete eine Frau und lebte fünf Jahre mit ihr in einer „glücklichen Ehe". Und die arme Ehefrau dachte die ganze Zeit, sie sei ganz nor-

mal und glücklich mit einem richtigen Mann verheiratet. Die letztendliche Enthüllung ist unvorstellbar grausam für die arme Frau. Die Situation ist absurd. Und doch gibt es heute Tausende von Frauen, die so betrogen werden könnten – und weiterhin betrogen werden. Warum? Weil sie nichts wissen, können sie überhaupt nicht sexuell denken; in dieser Hinsicht sind sie schwachsinnig. Es ist besser, allen Mädchen dieses Buch zu geben, wenn sie siebzehn sind.
Das gleiche trifft zu im Falle des ehrenwerten Schulmeisters und Geistlichen, der jahrelang „heilig und gut" war, und im Alter von fünfundsechzig Jahren vor den Richter kommt, weil er kleine Mädchen belästigt hat. Das geschieht im gleichen Augenblick, da der Innenminister, der selbst langsam älter wird, am lautesten ein heuchlerisches Schweigen über sexuelle Angelegenheiten fordert und anordnet. Läßt ihn die Erfahrung jenes anderen älteren, äußerst rechtschaffenen und „keuschen" Herrn überhaupt nicht zögern?
Aber so ist es. Der Geist hegt eine alte sklavische Furcht vor dem Körper und den Potenzen des Körpers. Es ist der Geist, den wir befreien und in diesen Fragen zivilisieren müssen. Die Furcht des Geistes vor dem Körper hat wahrscheinlich mehr Männer in den Wahnsinn getrieben, als man zählen kann. Die Unzurechnungsfähigkeit eines großen Geistes wie Swift läßt sich zumindest teilweise auf diese Ursache zurückführen. In dem Gedicht an seine Geliebte Celia mit dem verrückten Refrain „Aber – Celia, Celia, Celia sch..." (das Wort reimt sich auf beißt) sehen wir, was einem großen Geist passieren kann, wenn er in Panik verfällt. Ein großer Geist wie Swift sah nicht, wie lächerlich er sich machte. Natürlich sch... Celia! Wer tut das nicht? Und um wieviel schlimmer wäre es, wenn sie es nicht täte? Es ist hoffnungslos. Und man denke an die arme Celia, die ihr „Liebhaber" dazu bringt, sich für ihre normale Körperfunktion zu schämen. Es ist absurd. Und es kommt daher, daß man Tabu-Wörter hat und der Geist sich in körperlicher und sexueller Vorstellungskraft nicht entsprechend entwickelt hat.

Im Gegensatz zum puritanischen *pst! pst!*, das den sexuellen Trottel hervorbringt, haben wir den jungen Jazz-Snob, der ihn aussticht und in keiner Hinsicht zum Schweigen gebracht werden kann, und einfach „macht, was sie will". Von der Furcht vor dem Körper und der Leugnung seiner Existenz fallen die fortschrittlichen jungen Leute ins andere Extrem und behandeln den Körper als eine Art Spielzeug, ein etwas ungezogenes Spielzeug, aber man kann doch seinen Spaß damit haben, bevor es einen im Stich läßt. Diese jungen Leute spotten über die Bedeutung des Sex, genießen ihn wie einen Cocktail und verhöhnen die Älteren damit. Diese jungen Leute sind fortschrittlich und überlegen. Sie verachten ein Buch wie *Lady Chatterleys Liebhaber*. Es ist für sie viel zu einfach und gewöhnlich. Die unanständigen Wörter interessieren sie nicht, und die Haltung zur Liebe finden sie altmodisch. Warum sich deswegen aufregen. Genieße sie wie einen Cocktail! Das Buch, sagen sie, zeigt die Mentalität eines Vierzehnjährigen. Aber vielleicht ist die Mentalität eines Vierzehnjährigen, der noch ein bißchen natürliche Scheu und richtige Furcht vor dem Sex hat, nützlicher als die Mentalität des jungen Cocktail-Menschen, der keinerlei Respekt vor irgend etwas hat und dessen Verstand weiter nichts zu tun hat, als mit dem Spielzeug Leben zu spielen, wobei der Sex eines der Hauptspielzeuge ist, und der seinen Verstand dabei verliert. Heliogabalus, in der Tat!
Und so hat dieses Buch – zwischen dem vertrockneten grauen Puritaner, der wahrscheinlich im vorgerückten Alter auf sexuelle Unanständigkeiten verfällt, und dem smarten jungen Jazz-Freund aus der Welt der Jungen, der sagt: „Wir können alles. Wenn wir uns eine Sache ausdenken können, dann können wir sie auch machen", und dann dem niederen unkultivierten Menschen mit unanständigen Gedanken, der nach dem Unanständigen sucht – kaum einen Platz für sich. Aber ihnen allen sage ich das gleiche: Behaltet eure Perversionen, wenn ihr sie mögt – eure Perversionen des Puritanismus, eure Perversionen der smarten Zügellosigkeit, eure Perversionen der unanständigen Gedanken. Aber ich stehe zu mei-

nem Buch und zu meiner Auffassung: Das Leben ist nur erträglich, wenn der Geist und der Körper sich in Harmonie befinden und es zwischen ihnen einen natürlichen Ausgleich gibt, und sie einen natürlichen Respekt voreinander haben.
Es ist offensichtlich, daß es gegenwärtig keinen Ausgleich und keine Harmonie gibt. Der Körper ist im besten Falle das Werkzeug des Geistes und im schlimmsten dessen Spielzeug. Der Geschäftsmann hält sich „fit“, das heißt, er hält seinen Körper in guter Verfassung für sein Geschäft, und der durchschnittliche junge Mensch, der viel Zeit darauf verwendet, fit zu bleiben, macht das in der Regel aus selbstbewußter Selbstvergessenheit, aus Narzißmus. Der Geist hat eine stereotype Anzahl von Ideen und „Gefühlen“. Der Körper aber wird veranlaßt, sich aufzuführen wie ein abgerichteter Hund: um Zucker zu betteln, ganz gleich, ob er Zucker mag oder nicht, Hände zu schütteln, wenn er liebend gern nach der Hand geschnappt hätte, die er zu schütteln hat. Der Körper von Mann und Frau ist heute nichts anderes als ein abgerichteter Hund. Und auf niemanden trifft das mehr zu als auf die freien und emanzipierten jungen Leute. Vor allem ihre Körper sind die Körper abgerichteter Hunde. Und weil der Hund abgerichtet wird, Dinge zu tun, die der altmodische Hund nie gemacht hat, nennen sie sich frei, erfüllt von wirklichem Leben, dem wahren Leben.
Aber sie wissen natürlich genau, daß das falsch ist. Genau wie der Geschäftsmann weiß, daß er unrecht hat. Männer und Frauen sind eigentlich keine Hunde; sie sehen nur so aus und benehmen sich so. Irgendwo im Innern sitzt ein großer Verdruß und eine nagende Unzufriedenheit. Der Körper ist, in seiner spontanen Natur, tot oder gelähmt. Er hat nur das zweitrangige Leben eines Zirkushundes, der sich aufspielt und zur Schau stellt; und dann zusammenbricht.
Welches Leben könnte er selbst haben? Das Leben des Körpers ist ein Leben von Empfindungen und Gefühlen. Der Körper empfindet wirklichen Hunger, wirklichen Durst, wirkliche Freude in der Sonne oder im

Schnee, wirkliche Freude am Duft von Rosen oder beim Anblick eines Fliederstrauches; wirklichen Zorn, wirkliche Trauer, wirkliche Liebe, wirkliche Zärtlichkeit, wirkliche Wärme, wirkliche Leidenschaft, wirklichen Haß, wirklichen Schmerz. Alle Gefühle gehören dem Körper und werden vom Geist nur registriert. Wir können die traurigste Nachricht hören und nur geistige Erregung verspüren. Dann, Stunden später, vielleicht im Schlaf, kann die Wahrnehmung die Körperzentren erreichen, und echter Schmerz ergreift das Herz.

Wie unterschiedlich sind sie doch, geistige Gefühle und wirkliche Gefühle. Heutzutage leben und sterben viele Menschen, ohne je wirkliche Gefühle gehabt zu haben, obwohl sie offenbar ein „reiches emotionales Leben" hatten, starke geistige Gefühle gezeigt haben. Aber es ist alles vorgetäuscht. In der Magie stellt eines der sogenannten „okkulten" Bilder einen Mann dar, der offenbar vor einem flachen Tischspiegel steht, der ihn von der Hüfte bis zum Kopf reflektiert, so daß man den Mann vom Kopf bis zur Hüfte sieht und noch einmal die Reflektion nach unten von der Hüfte bis zum Kopf. Und was das auch in der Magie bedeuten mag, es bedeutet, was wir heute sind: Wesen, deren aktives emotionales Ich keine wirkliche Existenz besitzt, sondern gänzlich vom Geist nach unten reflektiert wird. Unsere Erziehung hat uns von Anfang an einen gewissen Bereich von Gefühlen *beigebracht*, was wir empfinden sollen und was nicht, und wie wir die Gefühle empfinden sollen, die wir uns zu empfinden gestatten. Alles andere existiert einfach nicht. Die primitive Kritik an jedem guten neuen Buch ist: Natürlich hat noch nie jemand so empfunden! Die Menschen gestatten sich, eine gewisse Anzahl fertiger Gefühle zu empfinden. So war es im letzten Jahrhundert. Dieses Nur-das-Empfinden, was man sich zu empfinden gestattet, tötet schließlich alle Fähigkeit zu empfinden, und in dem höheren emotionalen Bereich fühlt man überhaupt nichts. Das ist in unser Jahrhundert übergegangen. Die höheren Emotionen sind vollkommen tot. Sie müssen vorgetäuscht werden.

Und mit den höheren Emotionen meinen wir Liebe in

all ihren Erscheinungsformen, vom echten Verlangen bis zur zärtlichen Liebe, Liebe zu unseren Mitmenschen und Liebe zu Gott; wir meinen Liebe, Freude, Entzükken, Hoffnung, echten Zorn und Entrüstung, leidenschaftlichen Sinn für Gerechtigkeit und Ungerechtigkeit, Wahrheit und Unwahrheit, Ehre und Schande und echten Glauben an *alles*; denn der Glaube ist eine tiefgreifende Emotion, die das stillschweigende Einverständnis des Geistes besitzt. All diese Dinge sind heute mehr oder minder tot. Wir finden an ihrer Stelle die laute und sentimentale Vortäuschung all dieser Emotionen.

Nie war ein Zeitalter sentimentaler, mangelte es ihm mehr an echtem Gefühl, übertrieb es das falsche Gefühl mehr als unser eigenes. Sentimentalität und falsches Gefühl sind eine Art Spiel geworden, bei dem jeder seinen Nachbarn auszustechen sucht. Rundfunk und Film propagieren unablässig falsche Gefühle, die gegenwärtige Presse und Literatur ebenso. Die Menschen schwelgen im Gefühl, in unechtem Gefühl. Sie verschlingen es; sie leben darin und davon. Sie triefen davon.

Und zuzeiten scheinen sie damit recht gut zu fahren. Und dann kommt es immer häufiger zu Zusammenbrüchen, zu Zerrüttungen. Man kann sich lange Zeit über seine Gefühle etwas vormachen. Aber nicht ewig. Der Körper selbst rächt sich, und am Ende schlägt er unbarmherzig zurück.

Was die anderen Menschen betrifft, so kann man die meisten ständig und alle meistens, aber nicht alle Menschen ständig mit falschen Gefühlen täuschen. Ein junges Paar meint sich zu verlieben und macht sich – auch gegenseitig – erfolgreich etwas vor. Aber leider ist falsche Liebe ein guter Kuchen, doch ein schlechtes Brot. Es ruft schreckliche emotionale Verdauungsstörungen hervor. So bekommt man eine moderne Heirat und eine noch modernere Scheidung.

Das Problem bei falschen Gefühlen ist, daß niemand richtig glücklich ist, niemand richtig zufrieden ist und niemand Frieden hat. Alle sind ständig beschäftigt, dem falschen Gefühl zu entkommen, was eigentlich am schlimmsten ist. Sie hasten von Peters falschen Gefühlen zu Adrians falschen Gefühlen, von den vorgetäuschten Emotionen Margarets zu denen von Virginia, vom Film zum Radio, von Eastbourne nach Brighton, und je mehr Wechsel es gibt, desto mehr ist es dasselbe.

Liebe ist heute vor allem eine falsches Gefühl. Da wird – das sagen die jungen Leute – am meisten geschwindelt. Das heißt, wenn man sie ernst nimmt. Die Liebe ist in Ordnung, wenn man sie leicht nimmt, als ein Vergnügen. Aber wenn man anfängt, sie ernst zu nehmen, wird man vehement enttäuscht.

Es gibt – so sagen die jungen Frauen – keine *richtigen* Männer zum Lieben. Und es gibt – sagen die jungen Männer – keine *richtigen* Frauen, in die man sich verlieben kann. Deshalb verlieben sie sich weiterhin in falsche, auf beiden Seiten; was heißt, wenn man keine richtigen Gefühle haben kann, muß man falsche haben. Denn irgendwelche Gefühle *muß* man haben – zum Beispiel sich verlieben. Es gibt noch junge Leute, die *möchten* gern richtige Gefühle haben, und sie sind zu Tode betrübt, wenn sie erfahren, warum sie es nicht können. Besonders in der Liebe.

Aber besonders in der Liebe gibt es heutzutage nur falsche Emotionen. Wir haben alle gelernt, jedem gefühlsmäßig zu mißtrauen, von den Eltern angefangen oder bei ihnen aufgehört. Vertraut *niemandem*, was eure echten Gefühle betrifft – wenn ihr welche habt –, das ist heute das Motto. Ihr könnt ihnen sogar in Geldangelegenheiten vertrauen, doch *niemals* in Gefühlsdingen. Sie werden mit Sicherheit auf euren Gefühlen herumtrampeln.

Ich glaube, es gab nie ein Zeitalter größeren Mißtrauens zwischen Menschen als unseres; unter einem oberflächlichen, aber ganz echten gesellschaftlichen Vertrauen. Recht wenige meiner Freunde würden mich bestehlen oder mir einen Stuhl anbieten, mit dem ich zusammenbrechen könnte. Aber praktisch alle meine Freunde würden meine echten Gefühle verspotten. Sie können einfach nicht anders; es ist der Geist von heute. So geht es deshalb mit der Liebe, so geht es mit der Freundschaft; denn beide schließen eine grundlegende gefühlsmäßige

Sympathie ein. Und somit falsche Liebe, der man nicht entgehen kann.
Und mit falschen Gefühlen gibt es überhaupt keinen echten Sex. Sex ist *die* Sache, bei der man wirklich nicht schwindeln kann. Und er ist der Mittelpunkt des allerschlimmsten Betrugs, des emotionalen Betrugs. Ist man beim Sex angelangt, muß der emotionale Betrug auffliegen. Aber bei jeder Bewegung hin zum Sex verstärkt sich der emotionale Betrug immer mehr. Bis man angekommen ist. Dann fliegt der Schwindel auf.
Sex greift falsche Emotionen an und zerstört falsche Liebe rücksichtslos. Der besondere Haß von Menschen, die einander nicht geliebt haben, aber es vorgaben oder sich sogar vielleicht eingebildet haben, sie hätten wirklich geliebt, ist eines der Phänomene unserer Zeit. Das Phänomen gab es natürlich zu allen Zeiten. Aber heute ist es fast universell. Menschen, die dachten, sie liebten einander von Herzen, von ganzem Herzen, und das über Jahre, ideal; auf einmal taucht der unergründlichste und lebhafteste Haß auf. Wenn er nicht in jungen Jahren sichtbar wird, so wird er aufgespart, bis das glückliche Paar sich den Fünfzig nähert, der Zeit der großen sexuellen Veränderung – und dann: Kataklysmus.
Nichts ist überraschender. Nichts ist schockierender in unserem Zeitalter als die Intensität des Hasses, den Menschen, Männer und Frauen, gegeneinander empfinden, wenn sie sich einst „geliebt“ haben. Er bricht auf die ungewöhnlichste Weise aus. Und wenn man Menschen näher kennt, so ist er fast universell. Er betrifft die Putzfrau genauso wie die Dame des Hauses und die Gräfin ebenso wie die Frau des Polizisten.
Und es wäre zu schrecklich, wenn man nicht wüßte, daß es bei allen, Männern wie Frauen, die organische Reaktion auf falsche Liebe ist. Jede Liebe heute ist falsch. Es ist eine stereotype Angelegenheit. Alle jungen Menschen wissen, wie sie eigentlich empfinden und wie sie sich verhalten müßten in der Liebe. Und sie empfinden und sie verhalten sich so. Und es ist falsche Liebe. So daß sie sich zehnfach an ihnen rächen wird. Der Sex, der eigentliche sexuelle Organismus, akkumuliert bei Mann

und Frau gleichermaßen einen tödlichen und verzweifelten Zorn, nachdem ihm eine gewisse Menge falscher Liebe aufgehalst worden ist, selbst wenn er selbst nichts als falsche Liebe gegeben hat. Das Element des Falschen in der Liebe macht schließlich verrückt, wenn es den Sex nicht gar tötet, den tiefsten Sex im Individuum. Aber vielleicht wäre es richtig zu sagen, daß es den inneren Sex *immer* aufstachelt selbst wenn es ihn schließlich zerstört. Es gibt immer die Zeitspanne des Zorns. Und das merkwürdige ist, die sich am meisten schuldig machen beim Spiel der falschen Liebe, die ergreift der größte Zorn. Diejenigen, deren Liebe ein bißchen ernsthaft war, sind immer großzügiger, selbst wenn sie am meisten getäuscht wurden.

Aber die wirkliche Tragödie besteht darin, daß keiner von uns ganzheitlich ist, keiner von uns ist *gänzlich* falsche oder *gänzlich* wahre Liebe. Und in vielen Ehen flakkert im Falschen eine kleine Flamme des Wahren, auf beiden Seiten. Die Tragödie ist, daß in einem Zeitalter, das sich des Falschen ganz besonders bewußt ist, ganz besonders mißtrauisch ist gegen Ersatz und Täuschung bei Gefühlen, besonders dem sexuellen Gefühl, daß gerade da der Zorn und das Mißtrauen gegen das falsche Element wahrscheinlich die kleine wahre Flamme echter Liebesgemeinschaft überwältigt und auslöscht, die zwei Leben hätte glücklich machen können. Hierin liegt die Gefahr, immer nur auf dem falschen und vorgetäuschten Gefühl herumzureiten, wie es die meisten „modernen" Schriftsteller tun. Obwohl sie es natürlich tun, um den immens größeren Schwindel der sentimentalen „süßlichen" Schriftsteller abzufangen.

Vielleicht habe ich einen Eindruck davon vermittelt, was ich für Sex empfinde; wofür ich so eintönig beschimpft worden bin. Als ein „ernsthafter" junger Mann neulich zu mir sagte: „Wissen Sie, ich kann nicht daran glauben, daß England durch Sex erneuert werden soll", konnte ich nur sagen: „Das ist mir klar." Er hatte natürlich keinen Sex; arm, gehemmt, unruhig, narzißtisch-mönchisch wie er war. Und er wußte nicht, was es bedeutet, welchen zu haben. Für ihn hatten die Menschen nur Geist oder keinen Geist, meist keinen, so daß sie nur da waren, um verhöhnt zu werden, und er streifte umher und suchte erfolglos nach Hohn oder Wahrheit, fest eingeschlossen in seinem Ego.

Also wenn brillante junge Leute so mit mir reden über Sex oder darüber schimpfen, sage ich nichts. Es gibt nichts zu sagen. Aber ich empfinde es als schrecklich lästig. Für sie ist Sex ganz einfach und simpel die Unterwäsche einer Frau und was man damit machen kann. Sie haben die gesamte Liebesliteratur gelesen, *Anna Karenina* und alles andere, und haben Statuen und Bilder der Aphrodite betrachtet, alles ganz löblich. Aber wenn es um die Wirklichkeit geht, das Heute, bedeutet Sex für sie unbedeutende junge Frauen und teure Unterwäsche. Ob es junge Männer aus Oxford sind oder Arbeiter macht keinen Unterschied. Die Geschichte aus dem modischen Sommerkurort, wo Damen aus der Stadt sich für eine Saison, oder weniger, jungen Bergsteiger-„Tanzpartnern" widmen, ist typisch. Es war Ende September, die Sommerurlauber waren fast alle abgefahren. Der junge John, der junge Bergbauer, hatte sich von seiner „Dame" aus der Hauptstadt verabschiedet und schlenderte allein herum. „He, John, du wirst deine Dame vermissen!" – „Ach wo!" sagte er. „Sie hatte nur so schöne Unterwäsche."

Das ist alles, was Sex ihnen bedeutet: nur die Reizwäsche. Und damit England erneuern? Um Gottes willen! Armes England, es wird den Sex bei seinen jungen Leuten erneuern müssen, ehe sie irgend etwas bei ihm erneuern. Nicht England bedarf der Erneuerung, sondern seine Jugend.

Sie klagen mich der Barbarei an. Ich will England auf die Stufe von Wilden herabziehen. Aber es ist die stumpfe Stupidität, die Leblosigkeit gegenüber dem Sex, die ich barbarisch und wild finde. Der Mann, der die Unterwäsche einer Frau als das Aufregendste an ihr empfindet, ist ein Wilder. Wilde sind so. Wir lesen von der Wilden, die drei Mäntel übereinander trug, um ihren Mann zu erregen; und sie schaffte es. Diese gräßliche Stumpfheit, im Sex nichts als einen funktionalen Akt und ein Fummeln an der Wäsche zu sehen, ist meiner Meinung nach ein niederer Grad von Barbarei, Primitivität. Und was den Sex angeht, so ist unsere weiße Zivilisation roh, barbarisch und häßlich primitiv; besonders in England und Amerika.

Nehmen wir Bernard Shaw als Zeugen, einen der bedeutendsten Vertreter unserer Zivilisation. Er sagt, Kleider stimulieren den Sex, und das Fehlen von Kleidern kann den Sex töten. Er spricht von verhüllten Frauen oder unseren heutigen Schwestern mit bloßen Armen und Beinen, und er spricht verächtlich über den Papst, der will, daß Frauen sich verhüllen. Er sagt, daß der Letzte auf der Welt, der etwas von Sex versteht, der Oberste Priester Europas ist, und daß die einzige Person, die man danach befragen könnte, die Oberste Prostituierte Europas wäre, falls es so eine Person gäbe.

Hier sehen wir die Leichtfertigkeit und Vulgarität, zumindest unserer großen Denker. Die halbnackten Frauen von heute erregen gewiß kein starkes sexuelles Gefühl bei den verhüllten Männern von heute – die auch bei den Frauen kein starkes sexuelles Gefühl erregen. – Aber warum? Warum erregt die unbekleidete Frau von heute soviel weniger sexuelle Gefühle als die verhüllte Frau in Mr. Shaws verhüllten achtziger Jahren? Es wäre albern, es auf das Verhüllen allein zurückzuführen.

Wenn der Sex einer Frau in sich dynamisch und lebendig ist, dann ist er eine Kraft an sich, jenseits ihres Verstandes. Und aus sich selbst strahlt er einen eigenen Zauber aus, der Männer im ersten Entzücken des Begehrens anzieht. Und die Frau muß sich schützen, muß sich soviel wie möglich verstecken. Sie hüllt sich in Scheu und Bescheidenheit, weil ihr Sex eine Kraft an sich ist und sie vor dem Begehren des Mannes bloßstellt. Wenn eine Frau, bei der der Sex lebendig und vollkommen wäre, ihr nacktes Fleisch so enthüllen würde, wie es die Frauen heute tun, dann würden die Männer nach ihr verrückt sein. So wie David verrückt war nach Bathseba.

Aber wenn der Sex einer Frau seine dynamische Ausstrahlung verloren hat und in gewissem Sinne tot oder statisch ist, dann *will* die Frau Männer anziehen, aus dem einfachen Grunde, daß sie bemerkt, sie zieht sie nicht mehr an. So wird alle Aktivität, die bisher unbewußt und entzückend war, bewußt und abstoßend. Die Frau entblößt ihr Fleisch immer mehr, und je mehr sie entblößt, desto mehr werden Männer sexuell von ihr abgestoßen. Aber wir wollen nicht vergessen, daß Männer *gesellschaftlich* fasziniert sind, auch wenn sie sexuell abgestoßen werden. Die beiden Dinge sind heute Gegensätze. Gesellschaftlich mögen die Männer die Gebärde der halbnackten Frau, halbnackt auf der Straße. Es ist *chic*, es ist eine Herausforderung und eine Unabhängigkeitserklärung, es ist modern, es ist frei, es ist populär, weil es strikt asexuell oder antisexuell ist. Weder Männer noch Frauen *wollen* heute ein echtes Begehren empfinden. Sie wollen das Falsche, den geistigen Ersatz.

Aber wir sind sehr verschieden, wir alle, und wir sind Geschöpfe mit vielen unterschiedlichen und oft einander widersprechenden Wünschen. Gerade die Männer, die Frauen auffordern, besonders mutig zu sein und den Sex abzulehnen, beklagen sich am bittersten über die Asexualität von Frauen. Das gleiche trifft auf die Frauen zu. Die Frauen, die Männer so grenzenlos wegen ihrer gesellschaftlichen Eleganz und Asexualität bewundern, hassen sie zutiefst, weil sie keine „Männer" sind. In der Öffentlichkeit, *en masse*, und gesellschaftlich wollen heute alle falschen Sex. Aber in gewissen Stunden ihres Lebens hassen alle Individuen falschen Sex zutiefst und verbittert, und die ihn selbst am meisten gegeben haben, hassen ihn vielleicht am leidenschaftlichsten bei einem oder mehreren anderen.

Die jungen Mädchen von heute könnten sich bis zu den Augen verhüllen, Reifröcke und einen Kauz auf dem Kopf und ähnliches tragen, und obwohl sie vielleicht auf die Herzen der Männer nicht die besonders verhärtende Wirkung hätten, die unsere halbnackten Frauen tatsächlich erzielen, würden sie keinerlei echte sexuelle Anziehungskraft ausüben. Wenn es keinen Sex gibt, den man verhüllen kann, hat es keinen Sinn, sich zu verhüllen.

Oder nicht viel Sinn. Der Mann ist oft gewillt, sich – eine Zeitlang – betrügen zu lassen, selbst wenn unter der Hülle nichts steckt.
Der springende Punkt ist: Wenn Frauen sexuell lebendig sind und vibrieren und hilflos attraktiv sind, ohne es selbst zu wollen, dann bedecken sie sich und drapieren sich anmutig mit Kleidern. Die Extravaganz von 1880 sorgt für Aufregung, und solche Dinge waren nur eine Vorwarnung der sich entwickelnden Asexualität.
Obwohl Sex seine eigene Kraft hat, versuchen die Frauen alle Arten faszinierender Verkleidung, und die Männer stolzieren herum. Wenn der Papst darauf besteht, daß Frauen ihre nackte Haut in der Kirche bedekken sollen, so ist es nicht Sex, gegen den er sich wendet, sondern die asexuellen Tricks weiblicher Unbescheidenheit. Der Papst und die Priester schlußfolgern, daß die Frauen durch das Zurschaustellen von nackter Haut auf der Straße und in der Kirche sowohl bei Männern als auch bei Frauen einen schlechten, „unheiligen" Geisteszustand hervorrufen. Und sie haben recht. Aber nicht, weil das Entblößen sexuelle Begierde erregt; das passiert nur ganz selten; das weiß sogar Mr. Shaw. Aber wenn die nackte Haut der Frauen keinerlei Begehren weckt, dann liegt etwas ganz besonders im argen. Etwas ist völlig in Unordnung. Denn die nackten Arme der Frauen erregen heute ein Gefühl der Leichtfertigkeit, des Zynismus und der Vulgarität, das allerdings das letzte Gefühl ist, mit dem man zur Kirche gehen möchte, wenn man Respekt vor der Kirche hat. Die bloßen Arme von Frauen in einer italienischen Kirche sind wirklich ein Zeichen von Respektlosigkeit, wenn man die Tradition berücksichtigt.
Die katholische Kirche, besonders im Süden, ist weder antisexuell wie die nördlichen Kirchen noch asexuell wie Mr. Shaw und andere sozialen Denker. Die katholische Kirche würdigt das Geschlechtliche und macht die Ehe auf der Grundlage der sexuellen Gemeinschaft zum Zwecke der Fortpflanzung zum Sakrament. Aber Fortpflanzung ist im Süden nicht die gleiche, nackte wissenschaftliche Tatsache und Handlung wie im Norden. Der

Akt der Fortpflanzung wird immer noch umgeben mit all dem sinnlichen Mysterium und der Bedeutung alter Zeiten. Der Mann ist der potentielle Schöpfer, und daher rührt seine Größe. Und das alles ist beseitigt worden von den nördlichen Kirchen und der logischen Trivialität des Mr. Shaw.

Aber all das, was es im Norden nicht mehr gibt, hat die Kirche im Süden zu halten versucht, wissend, daß es im Leben von grundlegender Bedeutung ist. Das Gefühl, als Vater und Ehemann ein potentieller Schöpfer und Gesetzesgeber zu sein, ist möglicherweise grundlegend für das tägliche Leben eines Mannes, wenn er intensiv und zufrieden leben soll. Das Gefühl der Ewigkeit der Ehe mag für den inneren Frieden bei Männern wie bei Frauen nötig sein. Selbst wenn es ein Gefühl vom Ende mit sich bringen sollte, ist es nötig. Die katholische Kirche verschwendet ihre Zeit nicht damit, die Menschen daran zu erinnern, daß man im Himmel niemand heiraten oder von niemand geheiratet werden kann. Sie besteht darauf: Wenn man heiratet, heiratet man für immer! Und die Menschen akzeptieren die Verordnung, das Schicksal und dessen Würde. Für den Priester ist Sex der Schlüssel zur Ehe, und die Ehe ist der Schlüssel zum täglichen Leben der Menschen, und die Kirche ist der Schlüssel zum ewigen Leben.

So daß der sexuelle Zauber selbst für die Kirche nicht schlimm ist. Viel schlimmer sind die antisexuelle Herausforderung bloßer Arme und die Leichtfertigkeit, die „Freiheit", der Zynismus, die Respektlosigkeit. Sex mag obszön in der Kirche sein oder blasphemisch, aber niemals zynisch und atheistisch. Potentiell sind die bloßen Arme der Frauen heute zynisch und atheistisch in der gefährlichen, primitiven Form des Atheismus. Natürlich ist die Kirche dagegen. Der Oberste Priester Europas weiß sowieso mehr über Sex als Mr. Shaw, weil er mehr über die grundlegende Natur des Menschen weiß. Traditionell gesehen hat er die Erfahrung von tausend Jahren. Mr. Shaw trat an einem Tag auf. Und Mr. Shaw als Dramatiker ist aufgetreten, um sein Spiel mit dem falschen Sex unserer Öffentlichkeit zu treiben. Zweifellos kann er das. Genauso wie der billigste Film. Aber es ist gleichermaßen offensichtlich, daß er den tieferen Sex des wirklichen Individuums – dessen Existenz er kaum zu ahnen scheint – *nicht* berühren *kann*.

Und im Vergleich zu sich selbst suggeriert Mr. Shaw, daß die Oberste Prostituierte Europas diejenige sei, die man über Sex befragen sollte, und nicht den Obersten Priester. Der Vergleich ist gerechtfertigt. Die Oberste Prostituierte würde wahrlich mehr über Sex wissen als Mr. Shaw. Was nicht viel ist. Ebenso wie Mr. Shaw würde die Oberste Prostituierte Europas eine Menge über den falschen Sex von Männern wissen, diese miese Sache, die durch Täuschung erreicht wird. Und genau wie er würde sie überhaupt nichts wissen über den echten Sex bei einem Mann, der den Rhythmus der Jahreszeiten und des Jahres, die Krise der Wintersonnenwende und die Passion der Osterzeit fühlt. Darüber würde die Oberste Prostituierte nichts wissen, ganz sicher, denn um Prostituierte zu sein, müßte sie es vergessen. Aber selbst dann wüßte sie mehr als Mr. Shaw. Sie wüßte, daß der grundlegende, rhythmische Sex im inneren Leben des Mannes *existiert*. Sie wüßte es, denn von Zeit zu Zeit wäre sie damit konfrontiert worden. Die gesamte Weltliteratur zeigt die letztendliche Impotenz der Prostituierten im Sex, ihre Unfähigkeit, einen Mann zu halten, ihre Wut auf den grundlegenden Treue-Instinkt beim Manne, der – wie die Weltgeschichte zeigt – nur ein klein wenig tiefer und kräftiger als sein Instinkt für eine treulose sexuelle Promiskuität ist. Die gesamte Weltliteratur zeigt, wie tief der Instinkt der Treue beim Mann wie bei der Frau sitzt, wie Männer und Frauen sich beide ruhelos nach der Befriedigung dieses Instinkts sehnen, sich über ihre eigene Unfähigkeit ärgern, die richtige Art der Treue zu finden. Der Instinkt der Treue ist vielleicht der tiefste Instinkt in dem großen Komplex, den wir Sex nennen. Wo es echten Sex gibt, da ist auch das unterschwellige tiefe Verlagen nach Treue. Und die Prostituierte weiß das, weil sie damit konfrontiert wird. Sie kann nur Männer halten, die keinen echten Sex haben, die Falschen; und die verachtet sie. Die Männer mit

echtem Sex verlassen sie unausweichlich, da sie ihr echtes Verlangen nicht befriedigen kann.
Die Oberste Prostituierte weiß so viel. Der Papst auch, wenn er sich die Mühe macht, daran zu denken, denn es liegt alles im traditionellen Wissen der Kirche. Aber der Oberste Dramatiker weiß nichts davon. Er hat einen merkwürdigen weißen Fleck in seiner Natur. Für ihn ist aller Sex Untreue, und nur Untreue ist Sex. Die Ehe ist ohne Sex, ist nichts. Sex manifestiert sich nur in der Untreue, und die Königin des Sex ist die Oberste Prostituierte. Wenn in der Ehe plötzlich Sex auftaucht, liegt es daran, daß ein Partner sich in jemand anderen verliebt und untreu sein will. Untreue ist Sex, und Prostituierte wissen alles darüber. Ehefrauen wissen nichts und sind nichts, in dieser Hinsicht.
Das sind die Lehren der Obersten Dramatiker und der Obersten Denker unserer Generation. Und die ungebildete Öffentlichkeit stimmt völlig mit ihnen überein. Sex hat man nur, wenn man unanständig ist. Abgesehen von der Unanständigkeit, das heißt von Untreue und Ehebruch, existiert Sex nicht. Unsere obersten Denker, mit dem auf frivole Weise selbstsicheren Mr. Shaw an der Spitze, haben diesen Unsinn so ernsthaft erzählt, daß er fast Wirklichkeit geworden ist. Sex existiert fast nicht, abgesehen von den falschen Formen der Prostitution und des seichten Ehebruchs. Und die Ehe ist leer und hohl.
Die Frage von Sex und Ehe ist nämlich von allergrößter Bedeutung. Unser gesellschaftliches Leben gründet sich auf die Ehe, und die Ehe, so sagen die Soziologen, gründet sich auf Eigentum. Die Ehe hat sich als die beste Methode erwiesen, Eigentum zu erhalten und die Produktion zu stimulieren. Und das ist alles, worum es geht.
Aber stimmt das auch? Wir befinden uns gerade mitten in einer großen Revolte gegen die Ehe, einer leidenschaftlichen Revolte gegen ihre Fesseln und Restriktionen. Tatsächlich könnte man wenigstens dreiviertel des Unglücks im heutigen Leben der Ehe anlasten. Es gibt heute wenige verheiratete Menschen und wenige unver-

heiratete, die nicht intensiven und lebhaften Haß gegen die Ehe selbst empfunden haben, gegen die Ehe als Institution und als Zumutung gegenüber dem menschlichen Leben. Weit stärker als die Revolte gegen Regierungen ist diese Revolte gegen die Ehe.
Und jeder hält es natürlich für selbstverständlich, daß die Ehe abgeschafft wird, sobald wir einen möglichen Ausweg finden. Die Sowjets schaffen die Ehe ab; oder sie haben es getan. Und wenn neue „moderne" Staaten entstehen, werden sie mit großer Sicherheit dem Beispiel folgen. Sie werden versuchen, einen gesellschaftlichen Ersatz für die Ehe zu finden und das verhaßte Joch des Ehestands abzuschütteln. Staatliche Unterstützung für die Mutterschaft, staatliche Unterstützung für Kinder und die Unabhängigkeit der Frau. Das steht auf dem Programm eines jeden großen Reformprojekts. Und es bedeutet natürlich die Abschaffung der Ehe.
Die einzige Frage, die wir uns stellen müssen, ist: Wollen wir das wirklich? Wollen wir die absolute Unabhängigkeit der Frau, staatliche Unterstützung für die Mutterschaft und für Kinder und die konsequente Abschaffung der Notwendigkeit einer Ehe? Wollen wir das? Weil alles, was zählt, ist, daß Männer und Frauen machen sollen, was sie *wirklich* machen wollen. Obwohl wir hier – wie überall – daran denken müssen, daß der Mensch zwei Arten von Wünschen hat, die seichten und die tiefgründigen, die persönlichen, oberflächlichen, zeitweiligen Wünsche und die inneren, unpersönlichen, großen Wünsche, die innerhalb langer Zeitabschnitte erfüllt werden. Die Begierden des Augenblicks sind leicht zu erkennen, aber die anderen, die tieferliegenden, sind kompliziert. Es ist das Geschäft unserer Obersten Denker, uns unsere tieferen Wünsche mitzuteilen und uns nicht immer unsere kleinen Begierden in den Ohren schrillen zu lassen.
Die Kirche nämlich gründet sich auf die Erkenntnis wenigstens einiger, der größten und innersten Wünsche des Menschen, Wünsche, deren Erfüllung Jahre, ein Leben lang oder sogar Jahrhunderte dauern kann. Und die Kirche ruht eigentlich auf der Unauflösbarkeit der Ehe,

wenn auch ihre Priester dem Zölibat unterliegen und die Kirche auf dem einsamen Felsen von Petrus oder Paulus gebaut ist. Macht man die Ehe in einem ernsthaften Grade instabil, zerstört die Dauerhaftigkeit der Ehe, dann fällt die Kirche. Man braucht sich nur den enormen Niedergang der Kirche von England anzusehen.
Der Grund ist, daß sich die Kirche auf das Element des menschlichen Bundes gründet. Und das erste Element des Bundes in der christlichen Welt ist der Ehebund. Der Ehebund, das Eheband – wie man es auch immer betrachtet – ist das fundamentale Verbindungsglied in der christlichen Gesellschaft. Zerbricht man es, so muß man zurückkehren zur überwältigenden Dominanz des Staates, wie sie zu vorchristlicher Zeit existierte. Der römische Staat war allmächtig, die römischen Väter repräsentierten den Staat, die römische Familie war Besitz des Vaters, mehr oder weniger als Lehen für den Staat selbst. In Griechenland war es dasselbe, mit nicht so viel Gefühl für die *Dauerhaftigkeit* des Eigentums, sondern mehr mit einem verwirrenden Kaleidoskop vom Besitz des Augenblicks. Die Familie in Griechenland war viel unsicherer als die in Rom.
Aber in beiden Fällen war die Familie der Mann, der den Staat vertrat. Es gibt Staaten, wo die Familie die Frau ist; oder es gab sie. Es gibt Staaten, wo die Familie kaum existiert, Priesterstaaten, wo die Aufsicht der Priester überall ist, sogar als Aufsicht über die Familie funktioniert. Dann gibt es den Sowjet-Staat, wo wiederum die Familie nicht existieren soll und der Staat jeden einzelnen direkt beherrscht, mechanisch, ähnlich wie die großen von einer Religion beherrschten Staaten wie das alte Ägypten jeden einzelnen direkt beherrscht haben mögen – durch Priesteraufsicht und Ritual.
Die Frage ist nun, ob wir zurückkehren wollen oder vorwärtsgehen zu einer dieser Formen der Staatsherrschaft. Wollen wir so sein wie die Römer im Kaiserreich oder sogar in der Republik? Wollen wir, was unsere Familie und unsere Freiheit betrifft, sein wie die griechischen Bürger eines Stadtstaates in Hellas? Wollen wir uns vorstellen, unter den Bedingungen eines eigenartigen, von

Priestern beherrschten, von Ritualen erfüllten alten Ägypten zu leben? Wollen wir uns von einem Sowjet schikanieren lassen?

Was mich betrifft, so muß ich jedesmal NEIN! sagen. Und wenn wir das gesagt haben, müssen wir zurückkehren und die berühmte Redewendung bedenken, daß vielleicht der größte Beitrag des Christentums zum gesellschaftlichen Leben des Menschen die Ehe ist. Das Christentum brachte die Ehe in die Welt; die Ehe, wie wir sie kennen. Das Christentum begründete die geringe Autonomie der Familie innerhalb der großen Staatsherrschaft. Das Christentum machte die Ehe in mancher Hinsicht unverletzbar, nicht verletzbar durch den Staat. Vielleicht ist es die Ehe, die dem Menschen den besten Teil seiner Freiheit gegeben hatte, sein eigenes Königreich im großen Königreich des Staates, die Unabhängigkeit als Halt gegen einen ungerechten Staat. Mann und Frau, ein König und eine Königin mit ein oder zwei Untertanen und ein paar Quadratmetern Grundbesitz, das ist die richtige Ehe. Das ist wahre Freiheit, weil es eine wahre Erfüllung ist, für den Mann, die Frau und die Kinder.

Wollen wir also die Ehe zerbrechen? Wenn wir sie wirklich zerbrechen, bedeutet das, wir geraten alle weit mehr unter die direkte Herrschaft des Staates. Wollen wir unter die direkte Herrschaft des Staates fallen, irgendeines Staates? Ich nicht!

Und die Kirche schuf die Ehe, indem sie diese zum Sakrament machte, zu einem Sakrament von Mann und Frau, verbunden in der sexuellen Gemeinschaft und niemals zu scheiden außer durch den Tod. Und selbst bei Trennung durch den Tod immer noch nicht von der Ehe befreit. Ehe war – was den einzelnen betrifft – ewig. Ehe, die einen vollkommenen Körper aus zwei unvollkommenen macht und die für eine umfassende Entwicklung der Seele des Mannes und der Seele der Frau im Einklang und auf Lebenszeit sorgt. Ehe, heilig und unverletzlich, die großartige Weise der irdischen Erfüllung für Mann und Frau, im Einklang, unter der geistlichen Herrschaft der Kirche.

Das ist der große Beitrag des Christentums zum Leben des Menschen, und das wird nur zu leicht übersehen. Ist es nicht ein großer Schritt hin zur Lebenserfüllung für Männer und Frauen? Ja oder nein? Ist die Ehe eine große Hilfe zur Erfüllung für Mann und Frau – oder ist sie Frustration? Das ist wirklich eine sehr wichtige Frage, und jeder Mann und jede Frau müssen sie beantworten.

Wenn wir unsere nonkonformistische, protestantische Vorstellung nehmen: Wir alle sind isolierte individuelle Seelen, und unser oberstes Geschäft ist, unsere Seelen zu retten; dann ist die Ehe sicher ein Hindernis. Wenn es mir nur darum geht, meine eigene Seele zu retten, dann sollte ich die Ehe doch lieber lassen. Das wußten schon die Mönche und Einsiedler. Aber wenn ich nur darauf aus bin, die Seelen anderer Menschen zu retten, dann sollte ich die Ehe auch lieber lassen, was schon die Apostel wußten und die predigenden Heiligen.

Aber angenommen, ich neige weder dazu, meine eigene Seele noch die Seele anderer Menschen zu retten? Angenommen, das Heil scheint mir unbegreiflich, wie ich bekennen muß. „Gerettet werden" wirkt auf mich nur wie Schwulst, das Gewäsch des Selbstbetrugs. Und angenommen, daß ich diesen Retter und das ganze Heilszeug nicht verstehen kann, angenommen, ich betrachte die Seele als etwas, was entwickelt und innerhalb einer Lebensspanne bewahrheitet werden muß, gestützt und genährt, entwickelt und weiterhin mit Leben erfüllt bis ans Ende; was dann?

Dann wird mir klar, daß die Ehe oder etwas Ähnliches wesentlich ist und daß die alte Kirche die bleibenden Bedürfnisse des Menschen kannte, die hinausgehen über die spontanen Bedürfnisse von gestern und heute. Die Kirche schuf die Ehe auf Lebenszeit zur Erfüllung des irdischen Lebens der Seele und verschob sie nicht auf die Zeit nach dem Tode.

Die alte Kirche wußte, daß das Leben hier unser Los ist, das gelebt werden muß, erfüllt gelebt werden. Die unerbittlichen Regeln des Benedikt, die wilden Phantastereien des Franz von Assissi, das waren Blitze am unerschütterlichen Himmel der Kirche. Der Lebensrhythmus selbst wurde von der Kirche bewahrt, Stunde um Stunde, Tag für Tag, in jeder Jahreszeit, Jahr für Jahr, Zeitalter um Zeitalter, unten bei den Menschen; und die wilden Blitze wurden diesem permanenten Rhythmus angepaßt. Wir fühlen ihn im Süden, auf dem Lande, wenn wir das Läuten der Glocken hören im Morgengrauen, zu Mittag, zum Sonnenuntergang, wenn die Stunden durch Messe oder Gebete hörbar bezeichnet werden. Es ist der Tagesrhythmus der Sonne. Wir empfinden ihn bei den Festtagen, den Prozessionen, zu Weihnachten, den Drei Königen, Ostern, Pfingsten, Johannistag, Allerheiligen, Allerseelen. Das ist der Ablauf des Jahres, die Bewegung der Sonne von der Tagundnachtgleiche zur Sonnenwende, das Kommen und Gehen der Jahreszeiten. Und es ist auch der innere Rhythmus von Mann und Frau, die Trauer der Fastenzeit, die Freude zu Ostern, das Wunder von Pfingsten, die Johannisfeuer, die Kerzen auf den Gräbern zu Allerseelen, der Christbaum voller Kerzen, all das stellt die entflammten rhythmischen Gefühle in den Seelen der Männer und Frauen dar. Und die Männer erfahren den großartigen Rhythmus des Gefühls auf Männerart, die Frauen erfahren ihn auf Frauenart, und in der Vereinigung von Mann und Frau ist er vollkommen.

Augustinus sagte, daß Gott das Universum jeden Tag aufs neue schafft; und für die lebendige, gefühlsträchtige Seele stimmt das auch. Jeder Morgen bricht an in einem völlig neuen Universum, jedes Osterfest erleuchtet die gänzlich neue Pracht einer neuen Welt, die sich in vollkommen neuer Blüte öffnet. Und die Seele des Mannes und die Seele der Frau ist in gleicher Weise neu, in der unendlichen Freude am Leben und der ewigen Erneuerung des Lebens. Deshalb erneuern sich Mann und Frau in einem Leben, im Rhythmus der Ehe, der dem Rhythmus des Jahres entspricht.

Sex ist der Ausgleich zwischen dem Männlichen und dem Weiblichen im Universum, die Anziehungskraft, die Abstoßung, das Durchgangsstadium der Neutralität, die neuerliche Anziehung und die neuerliche Absto-

ßung, immer anders, immer neu. Die lange geschlechtslose Zeit des Fastens, wenn das Blut schwach ist, und die Freude des österlichen Kusses, die sexuelle Offenbarung des Frühlings, die Leidenschaft des Mittsommers, das langsame Zurückweichen, der Aufruhr und Kummer des Herbstes, wieder das Grau und dann der starke Stimulus des Winters mit den langen Nächten. Der Sex durchläuft den Rhythmus des Jahres beim Mann wie bei der Frau, endlos sich verändernd; den Rhythmus der Sonne in seiner Beziehung zur Erde. O welche Katastrophe für den Mann, als er sich vom Rhythmus des Jahres trennte, von seinem Einklang mit der Sonne und der Erde. O welche Katastrophe, als dieser zu einem persönlichen, rein persönlichen Gefühl gemacht wurde, abgekoppelt vom Aufgang und Untergang der Sonne und getrennt von der magischen Verbindung von Tagundnachtgleiche und Sonnenwende! Das ist es, was mit uns geschehen ist. Wir bluten an den Wurzeln, weil wir von der Erde und der Sonne und den Sternen abgeschnitten werden, und die Liebe ist ein grinsender Hohn, weil wir die arme Blüte von ihrem Zweig am Baum des Lebens gepflückt haben und erwarteten, daß sie in unserer zivilisierten Vase auf dem Tisch weiterblühte.
Die Ehe ist der Schlüssel zum menschlichen Leben, aber es gibt keine Ehe abgetrennt von der kreisenden Sonne und der sich neigenden Erde, von den streunenden Planeten und der Großartigkeit der Fixsterne. Ist ein Mann nicht anders, vollkommen anders am Morgen als bei Sonnenuntergang? Und eine Frau nicht auch? Und macht nicht die sich verändernde Harmonie und die Dissonanz ihrer Unterschiedlichkeit die heimliche Musik ihres Lebens aus?
Und ist es nicht so ein ganzes Leben lang? Ein Mann ist anders mit dreißig, mit vierzig, mit fünfzig, mit sechzig, mit siebzig; auch die Frau an seiner Seite ist anders. Aber gibt es nicht eine merkwürdige Verbindung zwischen ihren Unterschieden? Gibt es nicht eine ganz eigene Harmonie in der Jugend, in der Zeit der Geburt der Kinder, der Zeit der Blüte und der kleinen Kinder, der Zeit der Wechseljahre bei der Frau, die schmerzhaft

sind, aber doch auch eine Erneuerung; der Zeit der schwindenden Leidenschaft, aber der reifen Freude an der Zuneigung; der düsteren, ungleichen Zeit, wenn der Tod naht, wenn Mann und Frau sich betrachten mit der skeptischen Vorahnung der Trennung, die keine wirkliche Trennung ist; gibt es nicht in der ganzen Zeit ein unsichtbares, unbewußtes Zusammenspiel des Ausgleichs, der Harmonie, Vervollkommnung, gleich einer lautlosen Sinfonie, die sich rhythmisch von Phase zu Phase bewegt, so unterschiedlich, ganz unterschiedlich in den verschiedenen Bewegungen, und doch eine Sinfonie aus dem lautlosen Gesang zweier ganz eigener und unvergleichbarer Leben, der eines Mannes und einer Frau?

Das ist die Ehe, das Mysterium der Ehe, die Ehe, die sich hier erfüllt, in diesem Leben. Wir können wohl glauben, daß es im Himmel keine Heirat gibt. All das muß hier erfüllt werden, und wenn es hier keine Erfüllung findet, wird es nie erfüllt werden. Die großen Heiligen leben nur, selbst Jesus lebt nur, um dem dauernden Sakrament der Ehe eine neue Erfüllung und eine neue Pracht hinzuzufügen.

Aber – und dieses *aber* zerreißt unser Herz wie eine Kugel – die Ehe ist keine Ehe, wenn sie nicht grundsätzlich und permanent phallisch ist und wenn sie sich nicht verbindet mit der Sonne und der Erde, dem Mond und den Fixsternen und Planeten im Rhythmus der Tage, im Rhythmus der Monate, im Rhythmus der Quartale, der Jahre, der Jahrzehnte und der Jahrhunderte. Denn Blut ist die Substanz der Seele und des tiefsten Bewußtseins. Es ist das Blut, durch das wir existieren; und es sind das Herz und die Leber, durch die wir leben und uns bewegen und unser Sein erhalten. Im Blut sind das Wissen und Sein, oder das Empfinden, eins und ungeteilt; keine Schlange und kein Apfel haben eine Trennung verursacht. So daß die Ehe nur eine wahre Ehe ist, wenn sie auch eine Blutsverbindung ist. Das Blut des Mannes und das Blut der Frau sind zwei in alle Ewigkeit unterschiedliche Ströme, die man nicht vermengen kann. Das wissen wir sogar aus der Naturwissenschaft. Aber deshalb sind sie die beiden Flüsse, die das gesamte Leben umschließen, und in der Ehe ist der Kreislauf vollkommen, und im Sex berühren die beiden Flüsse einander und erneuern sich gegenseitig, ohne sich je zu vermischen oder zu verwirren. Wir wissen es. Der Phallus ist eine Erhebung im Blut, die das Tal im Blut einer Frau füllt. Der Strom männlichen Blutes berührt den Strom weiblichen Blutes bis in dessen Tiefen – und doch durchbricht keiner seine Grenzen. Es ist die tiefste aller Vereinigungen, wie alle Religionen aus der Praxis wissen. Und es ist eines der größten Mysterien, es ist tatsächlich, wie fast jede Weihe zeigt, das größte Mysterium, das die höchste Vollendung der mystischen Ehe beweist.

Und das ist die Bedeutung des sexuellen Akts; diese Vereinigung, diese Berührung der beiden Ströme, Euphrat und Tigris – um die alte Bezeichnung zu wählen –, und das Einschließen des Landes Mesopotamien, wo das Paradies war oder der Garten Eden, wo der Ausgangspunkt des Menschen lag. Das ist die Ehe, dieser Kreislauf der beiden Ströme, diese Vereinigung der beiden Blutsströme, das und nichts anderes, wie es alle Religionen kennen.

Zwei Ströme von Blut sind Mann und Frau, zwei ganz eigene ewige Ströme, die die Kraft der Berührung und Vereinigung besitzen und damit der Erneuerung, die einander erneuern, ohne die zarten Grenzen jemals zu durchbrechen, sie zu verwirren oder zu vermischen. Und der Phallus ist das Verbindungsglied zwischen den Strömen, der aus beiden eine Einheit schafft und die Dualität für immer in einen einzigen Kreislauf überführt. Und das, diese Einheit, die Schritt für Schritt in einem Lebenszeitraum aus der Zweisamkeit erreicht wird, ist die größte Errungenschaft der Zeit oder Ewigkeit. Aus ihr entwickelt sich alles Menschliche, Kinder und Schönheit und das Gute; alle wahren Schöpfungen der menschlichen Natur. Und alles, was wir von Gottes Willen wissen, ist, daß Er will, daß es diese Einheit gibt, sie ein Leben lang Erfüllung bringt, diese Einheit innerhalb des großen doppelten Blutsstromes der Menschheit.

Der Mann stirbt, und die Frau stirbt, und vielleicht gehen die Seelen getrennt zurück zum Schöpfer. Wer weiß? Aber wir wissen, daß die Einheit des Blutsstromes von Mann und Frau in der Ehe das Universum vervollständigt, soweit es die Menschheit betrifft, das Strömen der Sonne und den Fluß der Sterne vervollständigt.
Es gibt natürlich auch den Gegensatz dazu, das Falsche. Es gibt eine vorgetäuschte Ehe, wie es heutzutage fast auf alle Ehen zutrifft. Die modernen Menschen sind eben Persönlichkeiten, und die moderne Ehe findet statt, wenn zwei Menschen gegenseitig von ihrer Persönlichkeit „gefesselt" sind; wenn sie den gleichen Geschmack haben, was Möbel oder Bücher, Sport oder Unterhaltung betrifft, wenn sie sich gern „unterhalten", wenn sie des anderen „Geist" bewundern. Nun ist diese Affinität des Geistes und der Persönlichkeit eine hervorragende Grundlage für eine Freundschaft zwischen den Geschlechtern, aber eine katastrophale Grundlage für die Ehe. Weil die Ehe unausweichlich sexuelle Handlungen in Gang setzt und sexuelle Handlungen sind, waren es immer und werden in irgendeiner Weise der geistigen, *persönlichen* Beziehung zwischen Mann und Frau entgegengesetzt sein. Es ist fast ein Axiom, daß die Ehe von zwei Persönlichkeiten in überraschenden physischem Haß enden wird. Menschen, die einander persönlich anfangs abgöttisch lieben, hassen einander schließlich mit einem Haß, den sie nicht erklären können, den sie zu verbergen suchen, denn er beschämt sie, und der ungeachtet dessen nur zu schmerzlich sichtbar ist, besonders voreinander. Bei Menschen mit starken individuellen Gefühlen steigert sich die Irritation in der Ehe nur zu oft bis zu einem Punkt, wo der Wutausbruch dem Wahnsinn nahekommt. Und offenbar alles ohne Grund.

Aber der wahre Grund ist, daß die ausschließliche Sympathie der Nerven und des Geistes und des persönlichen Interesses bei den Geschlechtern leider der Sympathie des Blutes entgegengesetzt ist. Der moderne Kult der Persönlichkeit ist ausgezeichnet für die Freundschaft zwischen den Geschlechtern und tödlich für die

Ehe. Im großen und ganzen wäre es besser für moderne Menschen, wenn sie nicht heirateten. Sie könnten sich selbst, ihrer eigenen Persönlichkeit, in stärkerem Maße treu bleiben.

Aber Ehe oder nicht Ehe, das Tödliche passiert. Wenn man nur persönliche Sympathie und persönliche Liebe gekannt hat, dann werden Zorn und Haß früher oder später wegen der Frustration und Ablehnung der Blutssympathie, des Blutskontaktes, von der Seele Besitz ergreifen. Im Zölibat vergeht die Ablehnung und stirbt ab, aber in der Ehe ruft die Ablehnung Wut hervor. Und wir können das heute genausowenig vermeiden wie ein Gewitter. Es ist Teil des Phänomens der Psyche. Der entscheidende Punkt ist, daß der Sex selbst die Persönlichkeit und die persönliche „Liebe" ganz und gar fördert, ohne jemals sexuelle Befriedigung oder Erfüllung zu bringen. Tatsächlich gibt es bei einer „persönlichen" Ehe wahrscheinlich weit mehr sexuelle Handlungen als bei einer Blutsheirat. Die Frau sehnt sich nach einem Liebhaber fürs Leben; und in der persönlichen Ehe bekommt sie ihn auch mehr oder weniger. Und wie sie ihn dann haßt mit seinem nie endenden Begehren, das nirgendwohin führt und nichts erfüllt.

Ich habe einen Fehler gemacht. Ich habe immer vorausgesetzt, daß Sex Blutssympathie und Blutskontakt bedeutet, wenn ich von Sex gesprochen habe. Rein technisch ist das auch so. Aber tatsächlich ist fast der gesamte moderne Sex eine reine Sache der Nerven, kalt und blutlos. Das ist persönlicher Sex. Und dieser weiße, kalte, „poetische" persönliche Sex, was praktisch der gesamte Sex ist, den die heutigen Menschen kennen, besitzt eine ganz eigene physiologische wie auch psychologische Wirkung. Die beiden Blutsströme bei Mann und Frau werden ebenso in Berührung gebracht wie im Trieb der Blutsleidenschaft und des Blutsbegehrens. Aber während die Berührung im Trieb des Blutsbegehrens positiv ist und das Blut erneuert, wird der Blutskontakt aufreibend und destruktiv in dem Beharren dieses nervlichen, persönlichen Begehrens, und es entsteht eine Verarmung des Blutes, und es wird weißer. Persönlicher oder gereizter oder spiritueller Sex wirkt zerstörerisch auf das Blut, besitzt eine katabolistische Aktivität, während der Beischlaf im warmen Blutsbegehren eine Aktivität des Stoffwechsels ist. Der Katabolismus „nervlicher" sexueller Handlungen kann eine Zeitlang eine Art Ekstase und eine Bewußtseinserweiterung hervorrufen. Aber das ist – wie die Wirkung von Alkohol oder Drogen – das Ergebnis des Zerfalls gewisser Blutkörper und ein Prozeß der Verarmung. Das ist eine der vielen Ursachen für den Mangel an Energie bei heutigen Menschen; sexuelle Handlungen, die erfrischend und erneuernd sein sollten, erschöpfen und schwächen. So daß ich gezwungen bin, dem jungen Mann recht zu geben, wenn er nicht an die Erneuerung Englands durch Sex glaubt. Denn der moderne Sex ist praktisch gänzlich persönlich und nervlich und schließlich erschöpfend, zersetzend. Die zersetzende Wirkung moderner Sex-Handlungen ist unleugbar. Sie wirkt nur weniger unheilvoll als die zersetzende Wirkung der Masturbation, die noch schlimmer ist.

So verstehe ich langsam, warum meine Kritiker mich beschimpfen, weil ich den Sex so wichtig finde. Sie kennen nur eine Form von Sex; eigentlich *gibt* es für sie nur eine Form von Sex; die nervliche, persönliche, zersetzende Art, den „weißen" Sex. Und das ist natürlich etwas, was man umschreiben und verfälschen muß, nichts, was Anlaß zu Hoffnung gibt. Da stimme ich zu. Und ich stimme auch zu, daß wir keine große Hoffnung auf die Erneuerung Englands durch solche Art Sex setzen können.

Gleichzeitig sehe ich keine Hoffnung auf eine Erneuerung eines asexuellen Englands. Ein England, das seinen Sex verloren hat, scheint mir nichts zu sein, das Anlaß zu Hoffnung gibt. Und niemand sieht Anlaß zu Hoffnung. Wenn ich auch ein Narr war, der auf Sex bestand, da die gängige Art von Sex genau das ist, was ich *nicht* meine und *nicht* will, so kann ich nicht alles aufgeben und an die Erneuerung Englands durch bloße Asexualität glauben. Ein asexuelles England! – das klingt mir nicht sehr hoffnungsvoll.

Und den anderen, den warmblütigen Sex, der die lebendige und belebende Verbindung zwischen Mann und Frau herstellt, wie sollen wir den zurückbekommen? Ich weiß es nicht. Und doch müssen wir ihn zurückbekommen; oder die Jüngeren müssen es – oder wir sind alle verloren. Denn die Brücke in die Zukunft ist der Phallus, so ist es nun einmal. Aber nicht der arme, gereizte Pseudo-Phallus der modernen „nervlichen" Liebe. Das nicht.

Denn der neue Impuls zum Leben wird nicht ohne Blutskontakt kommen; der wahre, positive Blutskontakt, nicht die nervöse negative Reaktion. Und der grundsätzliche Blutskontakt besteht zwischen Mann und Frau, hat immer bestanden und wird immer zwischen ihnen bestehen. Der Kontakt des positiven Sex. Die homosexuellen Kontakte sind sekundär, selbst wenn sie nicht nur reiner Ersatz für eine übertriebene Reaktion auf den ausgesprochen unbefriedigenden nervlichen Sex zwischen Männern und Frauen sind.

Wenn England erneuert werden soll – um die Formulierung des jungen Mannes zu benutzen, der zu denken schien, daß eine *Erneuerung* nötig sei, es war sein Wort –, dann durch das Entstehen eines neuen Blutskontaktes, einer neuen Berührung und einer neuen Ehe. Es wird mehr eine phallische als eine sexuelle Erneuerung sein. Denn der Phallus ist allein das große alte Symbol der göttlichen Vitalität und der unmittelbaren Berührung bei einem Mann.

Es wird auch eine Erneuerung der Ehe geben; die wahre phallische Ehe. Und mehr noch, es wird die Ehe geben, die wieder in Beziehung steht zum rhythmischen Kosmos. Der Rhythmus des Kosmos ist etwas, wovon wir nicht loskommen können, ohne unser Leben aufs äußerste verarmen zu lassen. Die frühen Christen versuchten, den alten heidnischen Rhythmus der kosmischen Rituale abzuschaffen, und bis zu einem gewissen Grade hatten sie Erfolg. Sie schafften die Planeten ab und den Tierkreis, vielleicht weil die Astrologie schon zur Wahrsagerei verkommen war. Sie wollten die jährlichen Festlichkeiten abschaffen. Aber die Kirche, die weiß, daß der Mensch nicht vom Menschen allein lebt, sondern von der Sonne und dem Mond und der Erde in ihren Bewegungen, führte die heiligen Tage und Feste fast genauso wieder ein, wie die Heiden sie hatten, und die christlichen Bauern verfuhren ähnlich wie die heidnischen Bauern, mit Andachten bei Sonnenaufgang, Sonnenuntergang und am Mittag, den drei großen sich täglich wiederholenden Stunden der Sonne; dann der neue heilige Tag, einer aus dem uralten Sieben-Zyklus; dann Ostern und der Tod und die Auferstehung Gottes, Pfingsten, das Mittsommerfeuer, die Toten im November und die Geister des Grabes, dann Weihnachten, dann die Drei Könige. Jahrhundertelang lebte die Masse der Menschen unter der Kirche in diesem Rhythmus. Und für die Masse ist festgeschrieben, daß die Wurzeln der Religion ewig sind. Wenn die Masse eines Volkes den religiösen Rhythmus verliert, ist das Volk tot, ohne jede Hoffnung. Aber der Protestantismus kam und versetzte dem religiösen und rituellen Rhythmus des Jahres im menschlichen Leben einen gewaltigen Schlag. Nonkonformismus vollendete *beinahe* die Missetat. So haben wir jetzt die armen, blinden, entwurzelten Menschen mit nichts als Politik und gesetzlichen Feiertagen, um das ewige menschliche Verlangen nach einem Leben in ritueller Übereinstimmung mit dem Kosmos und seinen Bewegungen, in ewiger Unterwerfung unter die wichtigeren Gesetze zu befriedigen. Und die Ehe als eine der wichtigeren Notwendigkeiten hat ebenso gelitten unter dem Verlust des Einflusses der wichtigeren Gesetze, der kosmischen Rhythmen, die das Leben immer beeinflussen sollten. Die Menschheit muß zum Rhythmus des Kosmos und der Dauerhaftigkeit der Ehe zurückkehren.

All das sind Postscriptum oder Nachgedanken zu meinem Roman *Lady Chatterleys Liebhaber*. Der Mensch hat beschränkte Bedürfnisse und tiefere Bedürfnisse. Wir sind in den Fehler verfallen, daß wir mit den beschränkten Bedürfnissen leben, bis wir unsere tieferen Bedürfnisse fast verloren haben, so als wären wir irrsinnig. Es gibt eine beschränkte Moral, die Personen betrifft und die beschränkten Bedürfnisse des Menschen, und das ist leider die Moral, nach der wir leben. Aber es gibt eine tiefere Moral, die alle Frauen betrifft, alle Männer, und Nationen und Rassen und Klassen. Diese wichtigere Moral wirkt sich aus auf das Schicksal der Menschheit über lange Zeiträume, richtet sich auf die wichtigeren Bedürfnisse des Menschen und steht oft im Konflikt mit der beschränkten Moral der beschränkten Bedürfnisse. Das Bewußtsein des Tragischen hat uns sogar gelehrt, daß eines der wichtigeren Bedürfnisse des Menschen das Wissen und die Erfahrung vom Tode ist; jeder Mensch muß wissen, daß er den Tod in sich trägt. Aber das wichtigere Bewußtsein der prä-tragischen und post-tragischen Epoche lehrt uns – obwohl wir die post-tragische Epoche noch nicht erreicht haben –, daß das wichtigste Bedürfnis des Menschen die stete Wiederkehr des vollkommenen Rhythmus von Leben und Tod ist, des Rhythmus des Sonnenjahres, des lebenslangen Körperjahres und des wichtigeren Sternenjahres, des unsterblichen Seelenjahres. Das ist unser Bedürfnis, unser unabdingbares Bedürfnis. Es ist ein Bedürfnis des Geistes und der Seele, des Körpers, des Bewußtseins und des Sex, allumfassend. Es hat keinen Zweck, um ein Wort zu bitten, solch ein Bedürfnis zu erfüllen. Kein Wort, kein Logos, keine Äußerung wird das je leisten. Das Wort wird geäußert, weitgehend; wir müssen nur wirklich darauf achten. Aber wer wird uns zur Tat rufen, dem wichtigen Ablauf der Jahreszeiten und des Jahres, des Seelenzyklus, dem Verlauf eines Frauenlebens in Übereinstimmung mit dem eines Mannes, die geringe Tat des Mondumlaufs, die größere des Umlaufs der Sonne und die größte der bedeutenden Fixsterne? Es ist die *Tat* des Lebens, die wir jetzt lernen müssen; es wird angenommen, wir hätten das Wort gelernt, aber leider – seht uns an! Perfekt im Wort mögen wir sein, aber mit wahnsinnigen Taten. Wir wollen uns jetzt auf den Tod unseres „beschränkten" Lebens vorbereiten und auf das Wiedererscheinen in einem bedeutenderen Leben in Verbindung mit dem sich bewegenden Kosmos.

Es ist praktisch eine Frage der Beziehung. Wir *müssen* wieder eine Beziehung aufnehmen, eine lebendige, gedeihliche Beziehung zum Kosmos und zum Universum. Der Weg führt über das tägliche Ritual und das Wiedererwachen. Wir *müssen* wieder das Ritual von Morgengrauen, Mittag und Sonnenuntergang praktizieren, das Ritual des Feueranzündens und Wassergießens, das Ritual des ersten Atemzuges und des letzten. Das ist eine Angelegenheit des Individuums und des Haushalts, ein Tagesritual. Das Ritual des Mondes in seinen Phasen, des Morgen- und Abendsterns ist für Männer und Frauen anders. Dann das Ritual der Jahreszeiten mit dem Drama und der Passion der Seele, eingebettet in Prozession und Tanz, das ist für die Gemeinschaft, ein Akt der Männer und Frauen, eine ganze Gemeinschaft in inniger Bindung. Und das Ritual der bedeutenden Ereignisse im Jahr der Sterne ist für Nationen und ganze Völker. Zu diesen Ritualen müssen wir zurückkehren; oder wir müssen sie entwickeln, damit sie unseren Bedürfnissen entsprechen. Denn die Wahrheit ist, wir gehen zugrunde durch den Mangel an Erfüllung unserer wichtigeren Bedürfnisse, wir sind abgeschnitten von den wichtigen Quellen unserer inneren Nahrung und Erneuerung, Quellen, die endlos im Universum fließen. Absolut gesehen stirbt die menschliche Rasse. Sie ist wie ein großer entwurzelter Baum, dessen Wurzeln in die Luft ragen. Wir müssen uns wieder im Universum einpflanzen.

Es bedeutet eine Rückkehr zu uralten Formen. Aber wir werden diese Formen wieder schaffen müssen, und es ist schwieriger als das Predigen des Evangeliums. Das Evangelium kam, uns zu verkünden, wir würden alle gerettet. Wir schauen uns heute die Welt an und stellen fest, daß die Menschheit – leider – statt von der Sünde gerettet zu werden, was auch immer das sein mag, fast vollkommen verloren ist, ans Leben verloren, und vor dem Nichts und der Ausrottung steht. Wir müssen einen langen Weg zurückgehen, bevor die idealistischen Vorstellungen begannen, vor Plato, ehe die tragische Vorstellung vom Leben entstand, um wieder auf die Beine zu kommen. Denn das Evangelium der Rettung durch die Ideale und die Flucht vor dem Körper fielen

zusammen mit der tragischen Vorstellung vom menschlichen Leben. Rettung und Tragödie sind dasselbe, und sie stehen heute beide nicht zur Debatte.
Zurück – bevor die idealistischen Religionen und Philosophien sich entwickelten und den Menschen auf die große Reise der Tragödie schickten. Die letzten dreitausend Jahre der Menschheit waren ein Ausflug in die Ideale, in Körperlosigkeit und Tragödie, und jetzt ist der Ausflug vorüber. Und es ist wie das Ende einer Tragödie im Theater. Die Bühne ist bedeckt mit toten Körpern, und was schlimmer ist, mit bedeutungslosen Körpern, und der Vorhang geht zu.
Aber im Leben senkt sich der Vorhang niemals während der Szene. Da liegen die toten Körper und die trägen, und jemand muß sie wegräumen, jemand muß weitermachen. Es ist der Tag danach. Heute ist schon der Tag nach dem Ende der tragischen und idealistischen Epoche. Äußerste Trägheit überfällt die übriggebliebenen Protagonisten. Und doch müssen wir weitermachen.
Jetzt müssen wir die wichtigen Beziehungen wiederherstellen, die uns die großen Idealisten mit ihrem unterschwelligen Pessimismus, ihrem Glauben, daß das Leben weiter nichts als nutzlose Auseinandersetzung ist, die man selbst bis zum Tode vermeiden sollte, zerstört haben. Buddha, Plato und Jesus, sie alle waren ausgesprochene Pessimisten, was das Leben betrifft, und lehrten, daß die einzige Glückseligkeit darin liegt, sich vom Leben zurückzuziehen, vom täglichen, jährlichen, jahreszeitlichen Leben aus Geburt und Tod und Erfüllung, und im „unwandelbaren" oder ewigen Geiste zu leben. Aber jetzt, nach fast dreitausend Jahren, jetzt, da wir fast gänzlich vom rhythmischen Leben der Jahreszeiten, von Geburt und Tod und Erfüllung entrückt sind, jetzt wird uns klar, daß solche Abstraktion weder Seligkeit noch Befreiung ist, sondern das Nichts. Es bringt leere Trägheit. Und die großen Retter und Lehrer trennen uns nur vom Leben. Es war der tragische *excursus*.
Das Universum ist tot für uns. Und wie soll es wieder lebendig werden? Das „Wissen" hat die Sonne umgebracht und zu einem Gasball mit Flecken gemacht, „Wissen"

hat den Mond umgebracht, er ist eine tote kleine Erde, zerfressen von erloschenen Kratern wie von Pocken; die Maschine hat uns die Erde zerstört und sie zu einer mehr oder weniger hügeligen Oberfläche gemacht, auf der man reist. Wie sollen wir aus all dem die großartigen Himmelskörper des Seelenfirmaments zurückbekommen, die uns mit unaussprechlicher Freude erfüllen? Wie sollen wir Apollo und Attis, Demeter, Persephone und die Gewölbe des Dis zurückbekommen? Wie sollen wir erst die Sterne Hesperus oder Beteigeuze sehen?

Wir müssen sie zurückbekommen, denn sie sind die Welt, in der unsere Seele, unser weiteres Bewußtsein leben. Die Welt der Vernunft und Wissenschaft, der Mond ein toter Erdklumpen, die Sonne eine Menge Gas mit Flecken; das ist die trockene und sterile kleine Welt, die der abstrakte Gedanke belebt. Die Welt unseres beschränkten Bewußtseins, die wir in unserer kleinlichen *Vereinzelung* kennen. So kennen wir die Welt, wenn wir sie von uns getrennt wissen, in der schäbigen Trennung aller Dinge. Wenn wir uns eins mit der Welt wissen, dann verstehen wir die Welt hyazinthisch oder plutonisch, wir wissen, der Mond gibt uns unseren Körper zu unserer eigenen Freude, oder er stiehlt ihn uns, wir kennen das Schnurren des großen goldenen Löwen, der Sonne, die uns leckt wie eine Löwin ihre Jungen und uns Mut macht, oder wie der rote zornige Löwe mit ausgestreckten Krallen nach uns schlägt. Es gibt viele Wege des Wissens, es gibt viele Arten des Wissens. Aber die beiden Wege des Wissens für den Menschen sind das Wissen aus der Vereinzelung, welches geistig, vernunftmäßig und wissenschaftlich ist, und das Wissen aus dem Zusammenhang, das religiös und poetisch ist. Die christliche Religion hat letztendlich im Protestantismus den Zusammenhang mit dem Universum verloren, den Zusammenhang des Körpers, des Sex, der Gefühle, der Leidenschaften mit der Erde, der Sonne und den Sternen.

Aber die Beziehung ist dreifach. Als erstes gibt es die Beziehung zum lebenden Universum. Dann kommt die Beziehung des Mannes zur Frau. Dann kommt die Beziehung des Menschen zum Menschen. Und jede ist eine Blutsbeziehung, nicht bloßer Geist oder Gedanke. Wir haben das Universum abstrahiert in Materie und Kraft, wir haben Mann und Frau abstrahiert zu getrennten Persönlichkeiten – Persönlichkeiten sind isolierte Einheiten, unfähig zur Gemeinsamkeit –, so daß alle drei bedeutenden Beziehungen körperlos sind, tot.

Keine jedoch ist so tot wie die Beziehung des Menschen zum Menschen. Ich glaube, wenn wir bis ins letzte analysierten, was die Menschen heute füreinander empfinden, würden wir herausfinden, daß jeder Mensch den anderen als Bedrohung empfindet. Es ist eine merkwürdige Sache, aber je geistiger und idealer die Menschen sind, desto mehr scheinen sie die körperliche Präsenz jedes anderen Menschen als Bedrohung zu empfinden, nämlich eine Bedrohung ihres eigenen Seins. Jeder Mensch, der mir nahe kommt, bedroht meine Existenz; nein, noch mehr, mein eigenes Sein.

Das ist die häßliche Tatsache, die unserer Zivilisation unterliegt. Wie die Werbung für einen der Kriegsromane es nannte, ist sie ein Epos von „Freundschaft und Hoffnung, Schmutz und Blut", was natürlich bedeutet, daß Freundschaft und Hoffnung in Schmutz und Blut enden müssen.

Als der große Kreuzzug gegen den Sex und den Körper in voller Wucht mit Plato begann, war es ein Kreuzzug für „Ideale" und für das „geistige" Wissen der Trennung. Der Sex ist der große Vereinheitlicher. Mit seinem großen, langsamen Pulsieren ist es die Wärme des Herzens, die die Menschen gemeinsam glücklich macht, in der Gemeinschaft. Die idealistischen Philosophen und Religionen bemühen sich bewußt, das zu zerstören. Und sie haben es getan. Jetzt haben sie es erreicht. Das letzte große Aufwallen von Freundschaft und Hoffnung wurde vernichtet in Schmutz und Blut. Jetzt sind die Menschen alle getrennte kleine Einzelwesen. Während „Freundlichkeit" das flotte Gebot des Tages ist – jeder *muß* „freundlich" sein –, finden wir unter dieser „Freundlichkeit" eine Herzenskälte, eine Herzlosigkeit, eine Gefühllosigkeit, die recht traurig ist. Jeder Mensch *ist* eine Bedrohung für den anderen.

Menschen kennen einander nur als Bedrohung. Individualismus hat triumphiert. Wenn ich ein reiner Individualist bin, dann ist jedes andere Wesen, besonders jeder andere Mensch mir gegenüber eine Bedrohung für mich. Das ist die Besonderheit unserer heutigen Gesellschaft. Wir sind alle außerordentlich freundlich und „nett" zueinander, weil wir uns einfach voreinander fürchten.

Das Gefühl der Isolierung, dem das Gefühl der Bedrohung und Furcht folgt, nimmt also zu, während das Empfinden der Harmonie und Gemeinschaft mit unseren Mitmenschen schwindet, und das Empfinden des Individualismus und der Persönlichkeit, das in der Isolierung existiert, wächst. Die sogenannten „zivilisierten" Klassen sind die ersten, die „Persönlichkeit" und Individualismus entwickeln, und die ersten, die in diesen Zustand der unbewußten Bedrohung und Furcht verfallen. Die arbeitenden Klassen bewahren sich die alte Blutswärme der Harmonie und Gemeinschaft ein paar Dekaden länger. Dann verlieren auch sie sie. Und dann wird aus Klassenbewußtsein wilder Klassenhaß. Klassenhaß und Klassenbewußtsein sind nur ein Zeichen, daß die alte Gemeinschaft, die alte Blutswärme verschwunden sind und jeder sich seiner Vereinzelung wirklich bewußt wird. Dann haben wir diese feindlichen Menschengruppen um der Opposition, des Streites willen. Zivile Streitigkeiten werden eine notwendige Bedingung des Geltungsbedürfnisses.

Das ist wiederum die Tragödie des heutigen gesellschaftlichen Lebens. Im alten England hielt die eigenartige Blutsverbindung die Klassen zusammen. Die Gutsherren mochten arrogant, gewalttätig, tyrannisch und ungerecht sein, und doch waren sie irgendwie *eins* mit dem Volk, Teil desselben Blutsstromes. Das empfinden wir bei Defoe oder Fielding. Und dann, bei der unbedarften Jane Austen, ist es weg. Schon diese alte Jungfer verkörpert „Persönlichkeit" statt Charakter, das scharfe Wissen der Vereinzelung statt des Wissens um Gemeinschaft, und sie ist nach meinem Empfinden durchweg unangenehm, englisch im schlechten, unbedarften, snobisti-

schen Sinne des Wortes, so wie Fielding englisch ist im guten, großzügigen Sinne.
So haben wir in *Lady Chatterleys Liebhaber* einen Mann, Sir Clifford, der eine reine Persönlichkeit ist und gänzlich alle Verbindung zu seinen Mitmenschen verloren hat, außer zu den Bediensteten. Alle Wärme ist gänzlich vergangen, der Herd ist kalt, das Herz existiert nicht mehr als menschliches. Er ist ein reines Produkt unserer Zivilisation, aber er ist der Tod der großen Menschlichkeit in der Welt. Er ist freundlich, weil es so üblich ist, aber er weiß nicht, was Herzensneigung ist. Er ist wie er ist. Und er verliert die Frau seiner Wahl.
Der andere Mann hat noch die Wärme eines Menschen, aber er wird zu Tode gehetzt, zerstört. Es ist sogar fraglich, ob die Frau, die sich ihm zuwendet, zu ihm halten wird und zu seiner lebenswichtigen Bedeutung.
Ich bin sehr oft gefragt worden, ob ich Clifford absichtlich als Gelähmten dargestellt habe, ob es symbolisch ist. Und literarische Freunde sagen, es wäre besser gewesen, ihn gesund und potent darzustellen und daß die Frau ihn trotzdem verläßt.
Ob der „Symbolismus" absichtlich ist – ich weiß es nicht. Gewiß nicht am Anfang, als Clifford entstand. Als ich Clifford und Connie geschaffen habe, wußte ich nicht, was sie waren oder warum sie waren. Sie kamen einfach, so etwa wie sie sind. Aber den Roman habe ich von Anfang bis Ende dreimal geschrieben. Und als ich die erste Version las, bemerkte ich, daß der gelähmte Clifford symbolisch war für die Lähmung, die tiefere emotionale oder Lähmung der Leidenschaften der meisten Männer seiner Art und Klasse in unserer Gegenwart. Es wurde mir klar, daß es vielleicht Connie gegenüber unfair war, ihn zum Gelähmten zu machen. Sie wirkte dadurch viel primitiver, als sie ihn verließ. Doch die Geschichte entwickelte sich aus sich selbst, also ließ ich sie so. Ob man es Symbolismus nennt oder nicht, es ist so, wie es passiert, unausweichlich.
Und diese Bemerkungen, die ich jetzt fast zwei Jahre, nachdem der Roman beendet wurde, niederschreibe, sollen nicht etwas erklären oder erläutern, sie sollen nur die

emotionalen Überzeugungen wiedergeben, die vielleicht als Hintergrund für das Buch notwendig sind. Es ist so offensichtlich ein Buch, das gegen die Konvention geschrieben ist, daß man vielleicht einen Grund angeben sollte für diese ablehnende Haltung; da der alberne Wunsch, den Durchschnittsbürger zu verwirren, *épater le bourgeois*, sich eigentlich nicht lohnt. Wenn ich Tabu-Wörter benutze, so hat das einen Grund. Wir werden die phallische Wirklichkeit niemals vom Makel des „Anhebens" befreien, bis wir ihr die ihr eigene phallische Sprache geben und obszöne Wörter benutzen. Die größte Blasphemie gegen die phallische Wirklichkeit ist dieses „auf eine höhere Stufe heben". Auch wenn die Lady den Wildhüter heiratet – sie hat es noch nicht getan –, ist es nicht Klassengroll, sondern trotz der Klasse.

Schließlich gibt es Zuschriften, die sich beschweren, daß ich die Raubdrucke beschreibe – einige von ihnen –, nicht aber das Original. Die originale Erstausgabe, die in Florenz erschien, hat einen Festeinband mit dunkelmaulbeerrotem Papier und meinem Phoenix (dem Symbol der Unsterblichkeit, der Vogel steigt aus den Flammen auf) in Schwarz auf dem Einband und einem weißen Papierschild auf dem Rücken. Das Papier ist gutes, handgeschöpftes Chamoix aus Italien; der Druck ist schön, doch einfach, und die Einbandarbeit ist die einer gewöhnlichen kleinen Florentiner Werkstatt. Es ist keine spezielle Buchproduktion; und doch ist es ein schöner Band, viel besser als viele „wertvollere" Bücher.

Und wenn es viele Druckfehler gibt – und es gibt sie –, dann weil das Buch in einer kleinen italienischen Druckkerei gesetzt wurde, einem Familienbetrieb, in dem keiner ein Wort englisch kannte. Nicht einer von ihnen konnte auch nur etwas Englisch, so mußten sie nicht rot werden; und die Fahnenkorrektur war fürchterlich. Der Drucker hielt sich ein paar Seiten lang ganz wacker, dann muß er betrunken gewesen sein oder so. Und dann tanzten die Wörter grausig und *makaber*, aber nicht englisch. So daß – wenn von der Menge der Fehler noch

welche existieren – es eine Gnade ist, daß es nicht mehr sind.
Dann bedauerte eine Zeitung den armen Drucker, der getäuscht wurde und das Buch druckte. Er wurde überhaupt nicht getäuscht. Ein kleiner Mann mit weißem Schnurrbart, der gerade seine zweite Frau geheiratet hatte. Ihm wurde gesagt: Also das Buch enthält bestimmte Wörter in englisch, und es beschreibt gewisse Dinge. Drucken Sie es nicht, wenn Sie meinen, Sie könnten dadurch Schwierigkeiten bekommen! – „Was wird darin beschrieben?" fragte er. Und als man es ihm sagte, antwortete er: „Oh, *ma*, das machen wir doch jeden Tag!" – Und damit schien die Sache für ihn völlig klar. Da es nichts Politisches oder Abwegiges war, brauchte man nicht weiter darüber nachzudenken. Alltägliche Angelegenheiten, Binsenwahrheiten.
Aber es war ein Kampf, und es ist ein Wunder, daß das Buch so gut geworden ist. Es waren gerade genug Buchstaben im Satz, um die Hälfte zu setzen; also wurde die Hälfte gesetzt, die tausend Exemplare wurden gedruckt, und als Vorsichtsmaßnahme auch die zweihundert auf normalem Papier, die kleine zweite Auflage; dann wurde der Satz aufgelöst und die zweite Hälfte gesetzt.
Dann kam der Kampf mit der Auslieferung. Das Buch wurde sogleich vom amerikanischen Zoll aufgehalten. Glücklicherweise gab es in England eine Verzögerung. So daß praktisch die gesamte Auflage – wenigstens achthundert Exemplare, sicherlich – nach England gegangen sein muß.
Dann kamen die Stürme vulgärer Beschimpfungen. Aber sie waren unausweichlich. „Aber das machen wir doch jeden Tag", sagt ein kleiner italienischer Drucker. „Monströs und schauderhaft!" schrillt ein Teil der britischen Presse. „Besten Dank für ein wirklich sexuelles Buch über Sex. Ich habe die asexuellen Bücher so satt", sagt einer der geachtetsten Florentiner Bürger zu mir – ein Italiener. „Ich weiß nicht – ich weiß nicht –, ob es nicht ein bißchen zu stark ist", sagt ein zahmer Kritiker aus Florenz, ein Italiener. „Hören Sie, Signore Lawrence,

finden Sie es wirklich nötig, es zu *sagen*?" Ich bejahte das, und er überlegte. – „Nun, einer war ein Vampir mit Grips und der andere ein sexueller Trottel", sagte eine Amerikanerin und meinte damit die beiden Männer in dem Buch. „Connie hatte also leider keine Wahl – *wie gewöhnlich!*"

1930 (1929)

Wir brauchen einander

Wir können es ebensogut zugeben: Männer und Frauen brauchen einander. Nach all unserem Opponieren, Revoltieren und Schmollen können wir jetzt ebensogut nachgeben und die Sache taktvoll behandeln. Wir sind alle Individualisten – wir sind alle Egoisten – wir glauben alle von ganzem Herzen an die Freiheit, auf alle Fälle an unsere eigene. Wir wollen alle autonom sein und uns selbst genügen. Und es ist ein schwerer Schlag für unsere Selbstachtung, daß wir einen anderen Menschen einfach *brauchen*. Wir haben nichts dagegen, hochmütig unter den Frauen auszuwählen – oder unter den Männern, wenn wir weiblich sind. Aber zum unangenehmen und verletzenden Kern der Sache zu kommen und einzugestehen: Mein Gott, ich kann ohne diese, meine widerspenstige Frau nicht leben! – Das verletzt unseren Stolz als Individuum furchtbar.
Und wenn ich „diese, meine Frau" sage, denke ich nicht an eine Geliebte, an die sexuelle Beziehung im französischen Sinne. Ich denke an die Frau, an mein Verhältnis zur Frau selbst. Es gibt kaum einen Mann, der ohne eine Beziehung zu einer bestimmten Frau frohgemut leben kann; es sei denn, natürlich, er läßt einen anderen Mann die Rolle der Frau spielen. Und das gleiche gilt für die Frau. Es gibt kaum eine Frau auf Erden, die ohne eine intime Beziehung zu einem Mann frohgemut leben kann; wenn sie nicht den Mann durch eine andere Frau ersetzt.
So ist das also. Seit dreitausend Jahren haben nun Männer und Frauen gegen diese Tatsache angekämpft. Im Buddhismus insbesondere konnte ein Mann auf keinen Fall das höchste Nirwana erreichen, wenn er eine Frau auch nur aus den Augenwinkeln ansah. „Ich habe es allein vollbracht!" ist die stolze Behauptung des Mannes, der das Nirwana erlangt. Und: „Ich habe es allein vollbracht!" sagt der Christ, dessen Seele gerettet wird. Das sind die Religionen des hochmütigen Individualismus, die natürlich zu dem katastrophalen modernen Egois-

mus des Individuums führen. Die Ehe, die auf Erden ein Sakrament ist, wird vom rechtskräftigen Urteil des Todes geschieden. Die Seele im Himmel ist höchst individuell, entbunden von jeder Beziehung, außer der zum Höchsten. Im Himmel gibt es weder Ehe noch Liebe, weder Freundschaft noch Vater- oder Mutterschaft, weder Geschwister noch Vettern – da bin nur ich, in meiner vollendeten Isolation, in vollkommener Beziehung zum Erhabensten, Höchsten.
Wenn wir vom Himmel reden, sprechen wir in Wahrheit davon, was wir am liebsten auf Erden erreichen oder sein würden. Der Zustand im Himmel ist der jetzt ersehnens- und erstrebenswerte Zustand.
Wenn ich also eine Frau oder einen Mann frage: „Möchtest du ganz frei von allen menschlichen Bindungen sein, frei von Vater und Mutter, von Bruder und Schwester, Ehemann, Geliebtem, Freund oder Kind? Frei von all diesen menschlichen Banden, nur auf dein eigenes, reines Selbst beschränkt, nur mit der höchsten Macht, dem Allerhöchsten verbunden?" Was wäre da die Antwort? Was ist deine Antwort? Was ist deine eigene, aufrichtige Antwort?
Ich erwarte, daß es in fast allen Fällen ein überschwengliches „Ja" ist. Früher hätten fast alle Männer mit „Ja" geantwortet und die meisten Frauen mit „Nein". Aber heute glaube ich, daß viele Männer vielleicht zögern und beinahe alle Frauen, ohne zu zögern, mit „Ja" antworten würden.
Die Männer heute sind jedoch diesem dem Nirwana ähnlichen Zustand ohne echte menschliche Beziehungen schon so nahegekommen, daß sie sich allmählich fragen, was und wo sie sind. Was bist du, wenn du deine großartige Unabhängigkeit behauptet hast, alle Verpflichtungen, alle „Bande" gelöst und dich zu einer „reinen" Individualität reduziert hast? Was bist du dann?
Du kannst dir einbilden, etwas Großartiges zu sein, da wenige Individuen sich dieser Unabhängigkeit auch nur nähern, ohne einem tödlichen Egoismus und Hochmut zu verfallen – und der Leere. Die wirkliche Gefahr, wenn du auf deine Vorzüge als einzelner reduziert und

von den unbedingt lebenswichtigen menschlichen Kontakten abgeschnitten bist, ist die, daß von dir kaum etwas übrigbleibt. Wenn man ein Individuum, Mann oder Frau, auf sein bzw. ihr elementarstes Wesen reduziert, was bedeutet er oder sie dann? Außerordentlich wenig! Nimm Napoleon und verbanne ihn auf eine elende Insel, und was ist er? – ein grämlicher, kindischer kleiner Mann. Sperre Maria Stuart in ein häßliches steinernes Schloß ein, und sie wird zur kleinen Intrigantin. Aber Napoleon war an und für sich kein grämlicher, kindischer kleiner Mann, wenn er auch in seiner Isolation auf St. Helena dazu wurde. Und die schottische Königin Maria war nur eine kleine Intrigantin, als sie in Fotheringay oder einem ähnlichen Loch isoliert war. Diese großartige Isolation, dieses Reduzieren unseres Ichs auf unser elementarstes Wesen, ist der größte Schwindel. Das ist, als risse man dem Pfau alle Federn aus, um an den wahren Vogel heranzukommen. Wenn man den Pfau kahlgerupft hat, was hat man dann? Nicht den Pfau, sondern einen nackten Vogelkadaver.

Und so ist es auch mit uns und unserem großartigen Individualismus. Man reduziere einen von uns auf das bloße Individuum, das wir sind, und wozu werden wir? Napoleon wird zum grämlichen, kindischen kleinen Mann, die schottische Königin Maria wird zur kleinen Intrigantin, der Stylit St. Simeon auf seiner Säule wird zum eingebildeten Irren, und wir, wundervolle Kreaturen, die wir sind, werden zu unnützen, eingebildeten kleinen Egoisten von heute. Die Welt ist heutzutage voll von dummen, unverschämten Egoisten, die alle wertvolleren menschlichen Bindungen zerrissen haben und ihren Überlegenheitsanspruch auf ihre Hohlheit und Unbedeutendheit gründen. Aber man wird sie entlarven. Hohlheit, die viel Wind macht, täuscht nur eine kleine Weile.

Nach wie vor gilt, daß man nicht den Menschen erhält, wenn man ihn aller Kontakte beraubt und in seiner reinen und wunderbaren Individualität isoliert, man hat dann nur den traurigen Rest von ihm. Isoliere Napoleon, und er ist nichts. Isoliere Immanuel Kant, und seine grandiosen Ideen werden zwar in seinem Kopf fort tikken, aber wenn er sie nicht niederschreiben und mitteilen kann, gleichen sie dem Ticken des Holzwurms. Und selbst Buddha, wenn er an irgendeinen einsamen Ort entrückt und dort mit gekreuzten Beinen unter einen Bhô-Baum abgesetzt worden wäre und keiner ihn je gesehen oder etwas von seinem Nirwana-Gerede gehört hätte, ich bezweifle, daß er dann viel Freude an seinem Nirwana gehabt hätte; er wäre nur ein Spinner gewesen. Ich zweifle daran, daß irgendein Individuum in absoluter Isolation viel zählt oder daß es sich lohnt, eine Seele zu retten oder auch nur zu haben. „Und ich, wenn ich erhöht werde von der Erde, so will ich alle zu mir ziehen." (Johannes 12,32) Aber wenn es keine anderen Menschen gäbe, die emporgezogen werden könnten, wäre die Show ein totaler Mißerfolg.

Daher hängt alles, auch die Individualität selbst, von Wechselbeziehungen ab. „Gott kann meiner nicht entbehren", sagte ein Franzose des 18. Jahrhunderts. Er wollte damit sagen, wenn es keine menschlichen Wesen gäbe, wenn der Mensch nicht existierte, dann hätte Gott, der Menschengott, keine Bedeutung. Und das ist wahr. Wenn es keine Männer und Frauen gäbe, wäre Jesus ohne Bedeutung. Gleichermaßen wurde Napoleon auf St. Helena bedeutungslos, und ohne ihn und seine Nationalarmee verlor die französische Nation einen großen Teil ihrer Bedeutung; von Napoleon ging eine große Kraft aus, und vom französischen Volk kam als Antwort eine große Kraft zurück, und darin lag seine Größe und die des Volkes. Nämlich in dieser Wechselbeziehung. Das Licht leuchtet nur, wenn der Stromkreislauf geschlossen ist. Das Licht leuchtet nicht, wenn nur ein Pol da ist. Jedes Licht bedeutet eine Art geschlossenen Kreislauf. Und so ist es bei jedem Leben, wenn es ein Leben sein soll.

Unsere wirkliche Individualität finden wir in Beziehungen. Laßt uns diese wichtige und heikle Tatsache zur Kenntnis nehmen. Wenn man von unseren Beziehungen zu anderen Menschen absieht, sind wir kaum Individuen, wir, alle von uns, stellen so gut wie gar nichts dar.

Durch unsere lebendige Berührung mit anderen Menschen, anderen Leben, anderen Erscheinungen bewegen wir uns und existieren wir. Wenn man uns unserer menschlichen Beziehungen und unserer Beziehung zur lebendigen Erde und zur Sonne beraubt, sind wir fast Luftblasen. Unsere Individualität bedeutet nichts. Eine Lerche allein auf einer Insel wäre ohne Lied und Bedeutung, sie wäre nicht als Lerche kenntlich und würde wie eine Maus im Gras umherlaufen. Aber wenn ein Weibchen bei dem Lerchenmännchen wäre, ließe es ihn singend in die Luft steigen und gäbe ihm seine wahre Individualität zurück.

Und so ist es auch bei Männern und Frauen. In ihrem Verhältnis zueinander haben sie ihre wahre Individualität und ihr unverwechselbares Sein – in der Beziehung und nicht außerhalb. Das ist Sex, wenn man so will. Aber es ist Sex nur in dem Sinn, wie Sonnenschein auf dem Gras Sex ist. Es ist eine lebendige Beziehung, Geben und Nehmen – das große und subtile Verhältnis zwischen Männern und Frauen, zwischen Mann und Frau. Darin und dadurch werden wir wahre Individuen, ohne das, ohne die wahre Beziehung, bleiben wir mehr oder weniger Nichtse.

Aber natürlich muß man die Beziehung lebendig und flexibel erhalten. Die Frau zu heiraten und damit gut – das reicht nicht. Das ist lediglich eins jener törichten Rezepte, um einer Beziehung auszuweichen und sie kaputtzumachen. Es gibt viele gängige Tricks, um jede Möglichkeit einer echten Beziehung zunichte zu machen: Zum Beispiel hebt man eine Frau auf einen Sockel, oder das andere Extrem: man versteckt sie; oder man macht eine „vorbildliche“ Hausfrau aus ihr oder eine „vorbildliche“ Mutter oder eine „vorbildliche“ Gehilfin des Mannes. Das alles ist nur dazu angetan, um jeder echten Beziehung auszuweichen. Eine Frau ist kein „Vorbild“ für irgend etwas. Sie ist nicht einmal eine ausgeprägte und festgelegte Persönlichkeit. Es wird Zeit, daß wir uns von diesen starren Vorstellungen trennen. Eine Frau ist ein lebendiger Springquell, dessen Wasser alle ihr Nahekommenden benetzt. Eine Frau ist eine

merkwürdige sanfte Luftschwingung, die unbewußt von ihr ausgeht und eine Antwortschwingung sucht. Andernfalls geht von ihr eine nichtharmonische, unangenehme, schmerzhafte Schwingung aus, die jeden Erreichbaren verletzt. Und beim Mann ist es dasselbe. Ein Mann, wenn er lebt und sich bewegt und existiert, ist Ursprung einer lebendigen Schwingung, hin zu jemandem oder etwas, der oder das aufnimmt, was er aussendet, und etwas zurücksendet, so daß der Kreislauf geschlossen ist und eine Art von Frieden herrscht. Andernfalls ist er eine Quelle des Ärgers, des Unfriedens und des Schmerzes und verletzt jeden, der ihm nahekommt.
Aber solange wir gesund und optimistisch bleiben, versuchen wir stets, echte menschliche Beziehungen aufzubauen. Aber die Beziehung muß sich ergeben, fast ohne unser Zutun. *Absichtlich* können wir nicht viel mit einer menschlichen Bindung anfangen, außer sie zerstören – und das ist gewöhnlich nicht schwer. Im positiven Sinne können wir sie nur sehr feinfühlig geschehen lassen, ohne zu stören oder etwas erzwingen zu wollen.
Wir mühen uns mit einem falschen Bild von uns ab. Jahrhundertelang ist der Mann der erobernde Held und die Frau nur die Sehne an seinem Bogen gewesen, Teil seiner Ausstaffierung. Dann erlaubte man der Frau, eine Seele zu haben, eine eigene Seele. Da fing die ganze Scheidungsgeschichte an mit all den lautstarken Rufen nach Freiheit und Unabhängigkeit. Nun hat man es mit der Freiheit und Unabhängigkeit zu weit getrieben, sie führen in ein ödes Niemandsland, zur Müllhalde unserer toten Gefühle und verbrauchten Illusionen.
Die Strategie des erobernden Helden ist so antiquiert wie der Marschall Hindenburg und ungefähr gleich erfolgreich. Die Welt beobachtet Versuche, diese Masche wiederzubeleben, aber das ist letzten Endes meist lächerlich. Der Mann ist kein erobernder Held mehr. Er ist auch keine letzte Seele, die im Universum mutterseelenallein angesichts des ewigen Todes dem Unbekannten gegenübersteht. Diese Masche ist auch ausgeleiert, obwohl die pathetischen Typen von heute noch damit hausieren gehen, besonders diejenigen, die sich mit dem

egoistischen Pathos ihrer Leiden während des vergangenen Krieges umgeben.
Aber beide Maschen sind ausgeleiert, sowohl die des erobernden Helden als auch die des pathetischen Helden, der sich in Leiden hüllt und der Ewigkeit in letzter Seeleneinsamkeit ins Auge blickt. Die zweite Masche ist natürlich heutzutage populärer und immer noch gefährlich für die von Selbstmitleid erfüllten, verbrauchten Vertreter der jüngeren Generation. Nichtsdestotrotz ist das ein Flop, abgetan.
Ein Mann muß heute endlich zugeben, daß alle diese starren Vorstellungen nichts taugen. Als starres Objekt, selbst als Einzelwesen oder Persönlichkeit, zählt kein Mensch, ob Mann, ob Frau, viel. Das große ICH BIN bezieht sich nicht auf Menschen, deshalb kann man es auch vergessen. Sobald einer, Mann oder Frau, zum großen ICH BIN wird, wird er zum Nichts. Mann oder Frau, jeder Mensch ist ein Fluß, ein fließendes Leben. Und ohne den anderen können wir nicht fließen, wie ein Fluß ohne Ufer nicht fließen kann. Das eine Ufer meines Flusses ist eine Frau, und die Welt ist das andere. Ohne die beiden Ufer wäre mein Leben ein Sumpf. Die Beziehung zur Frau und zu meinen Mitmenschen ist es, die mich zu einem Fluß des Lebens macht.
Und dadurch erhalte ich auch meine Seele. Ein Mensch, der nie eine tiefe Beziehung zu einem anderen Menschen hatte, besitzt keine wirkliche Seele. Wir spüren nicht, daß Immanuel Kant jemals eine Seele hatte. Eine Seele ist etwas, das sich durch Kontakte bildet und vollendet, durch meine lebendige Bindung an Menschen, die ich geliebt oder gehaßt oder wahrhaft gekannt habe. Ich bin mit dem Schlüssel zu meiner Seele geboren. Ich muß die Ganzheit meiner Seele erlangen. Und mit meiner Seele ist meine Ganzheit gemeint. Wir leiden heute darunter, daß uns das Gefühl für unsere eigene Ganzheit oder Vollendung fehlt, das Frieden bedeutet. Uns, der jungen Generation, fehlt ein Gefühl des in sich Ruhens. Man ist so zänkisch, man hat keinen inneren Frieden. Und mit Frieden meine ich nicht Trägheit, sondern den vollen Lebensfluß, einem Strom gleich.

Uns fehlt der Frieden, weil wir kein Ganzes sind. Und wir sind kein Ganzes, weil wir nicht ein Zehntel der tiefen Beziehungen erlebt haben, die möglich gewesen wären. Wir leben in einem Zeitalter, das viel davon hält, Beziehungen abzustreifen. Man entferne sie, wie bei einer Zwiebel die Häute, bis nichts, rein gar nichts übrigbleibt. Leere. Dahin ist es nun mit den meisten Menschen gekommen: Sie wissen um ihre eigene völlige Leere. Sie wollten so dringend „sie selbst" sein, daß sie zu nichts wurden, oder doch beinahe.
Es macht nicht viel Spaß, beinahe nichts zu sein. Und das Leben sollte doch Spaß machen, den größtmöglichen Spaß. Es sollte nicht nur „kurzweilig sein", um „Urlaub vom eigenen Ich" zu machen. Sondern jeder freue sich daran, er selbst zu sein. Es gibt nun zwei große Beziehungen, die für Menschen möglich sind: die Beziehung des Mannes zur Frau und die Beziehung des Mannes zum Mann. In beiden Beziehungen herrscht bei uns hoffnungslose Verwirrung.
Aber das Verhältnis des Mannes zur Frau ist von zentraler Bedeutung im Leben eines Menschen heute. Danach kommt das Verhältnis des Mannes zum Mann. Und weit dahinter alle übrigen Beziehungen, Vaterschaft, Mutterschaft, das Verhältnis zu Schwester, Bruder, Freund.
Ein junger Mann sagte gestern ziemlich spöttisch zu mir: „Leider vermag ich nicht, an die Erneuerung Englands durch Sex zu glauben." Ich erwiderte: „Das ist mir klar." Er wollte mir mitteilen, daß er über etwas so Triviales wie Sex und etwas so Gewöhnliches wie Frauen erhaben sei. Er war der gewöhnliche, hohle und egoistische junge Mann, weit unter Mittelmaß, gänzlich eingehüllt in Dünkel, wie eine Mumie, die zu Staub zerfällt, wenn man sie auswickelt.
Und was ist Sex schließlich anderes als das Symbol der Beziehung des Mannes zur Frau, der Frau zum Mann? Und die Beziehung des Mannes zur Frau ist ein weites Feld, wie das ganze Leben. Sie besteht darin, daß unendlich viel zwischen den beiden Wesen hin- und herfließt, Unterschiedliches, offenbar sogar Gegensätzliches. Keuschheit gehört ebenso dazu wie körperliche Leidenschaft. Und

darüber hinaus unzählige Spielarten subtiler Kommunikation, von denen wir nichts wissen. Ich würde meinen, daß die Beziehung zwischen zwei anständig verheirateten Leuten sich aller paar Jahre tiefgreifend wandelt, oft ohne daß sie es bemerken; obwohl jeder Wandel schmerzt, auch wenn er bis zu einem gewissen Grade erfreulich ist. Die lange Ehebahn bringt ständigen Wandel, bei dem ein Mann und eine Frau gegenseitig ihre Seelen formen und einander zur Ganzheit verhelfen. Wie zwei Wasserläufe, die sich ständig im Fluß befinden, durch neues, immer unbekanntes Land.

Aber wir sind so einfältig und durch unsere beschränkten Vorstellungen eingeengt. Ein Mann sagt: „Ich liebe meine Frau nicht mehr, ich möchte nicht mehr mit ihr schlafen." Aber warum sollte er immer mit ihr schlafen wollen? Wie kann er wissen, welcher andere zarte und tiefe Austausch in dieser Zeit, wenn er nicht mit ihr schlafen will, zwischen ihnen stattfindet, der sie beide vervollkommnet? Und sie, statt zu sticheln und zu sagen, daß alles vorbei sei und sie einen anderen Mann finden und sich scheiden lassen müsse – warum hält sie nicht inne und lauscht auf einen neuen Rhythmus in ihrer Seele und erwartet die neue Regung beim Mann? Mit jeder Veränderung entsteht ein neues Wesen, stellt sich ein neuer Rhythmus ein; wir erneuern unser Leben, während wir älter werden, und finden wahren Frieden. Warum, o warum wollen wir nur, daß wir stets die gleichen sind, endgültig, wie eine Speisekarte, die nie verändert wird?

Wären wir doch klüger! Aber uns halten ein paar fixe Ideen gefangen – wie Sex, Geld, was man darstellen „sollte" und so weiter, und wir verpassen das ganze Leben. Die Sexualität ist etwas Wandelbares, bald ist sie rege, bald ruht sie, bald ist sie leidenschaftlich, bald ist sie offenbar fast versiegt. Aber der gewöhnliche Mann und die gewöhnliche Frau haben nicht den Mumm, sie in allen ihren Wandlungen anzunehmen. Sie fordern krasses, rohes sexuelles Verlangen, sie fordern das ohne Unterlaß, und wenn es sich nicht einstellt, dann hauen sie – rumsbums! – alles kurz und klein. Scheidung! Scheidung!

Ich habe die Bemerkung so satt, ich wünsche wohl, daß die Menschheit auf die Stufe der Wilden zurückfällt. Als ob, wenn wir auf die Beziehung zwischen Mann und Frau zu sprechen kommen, die heutigen Stadtmenschen nicht so ziemlich die gröbsten, rohesten, allerprimitivsten Affen wären, die es je gab. Ich kann nur sehen, daß sich Männer und Frauen in unserer gepriesenen Zivilisation emotional und psychisch zerstören, und ich bitte bloß darum, daß sie innehalten und nachdenken.

Denn Sexualität bedeutet für mich die Gesamtheit der Beziehungen zwischen Mann und Frau. Nun ist aber diese Beziehung viel umfassender, als wir ahnen. Wir kennen nur ein paar grobe Formen – Geliebte, Frau, Mutter, Schatz. Die Frau ist wie ein Idol oder wie eine Marionette, immer gezwungen, die eine oder andere Rolle zu spielen: Schatz, Geliebte, Frau, Mutter. Wenn wir nur diese Starrheit durchbrechen könnten und das nicht faßbare Wesen der wahren Frau begreifen lernten: daß die Frau ein Fließen ist, ein Lebensfluß, der sich sehr vom männlichen Lebensfluß unterscheidet; und daß jeder Fluß seinen eigenen Lauf nehmen muß, ohne sein Bett zu verlassen; und daß die Beziehung zwischen Mann und Frau dem Nebeneinanderherfließen zweier Flüsse gleicht, die manchmal auch zusammenfließen, sich dann wieder trennen und weiterströmen. Die Beziehung ist ein lebenslänglicher Wandel und lebenslängliche Bewegung. Und das ist Sex. Zeitweise verschwindet das sexuelle Verlangen völlig. Aber das große Dahinfließen der Beziehung geht trotzdem weiter, es stirbt nicht, und das ist das Fließen der lebendigen Sexualität, die Beziehung zwischen Mann und Frau, die lebenslang anhält, und die im sexuellen Verlangen nur einen lebhaften, sehr lebhaften Ausdruck findet.

1930

Das Wahre

Die meisten Revolutionen sind Explosionen – und die meisten Explosionen sprengen mehr in die Luft als beabsichtigt. Wenn man die jüngere Geschichte betrachtet, so ist ziemlich klar, daß die Franzosen in den Neunzigern des 18. Jahrhunderts eigentlich nicht das ganze System der Monarchie und Aristokratie in die Luft sprengen wollten. Aber sie taten es, und – sosehr sie es auch versuchten – sie konnten nichts wieder richtig kitten. Das gleiche trifft auf die Russen zu: Sie wollen eine Öffnung in eine Mauer sprengen, und sie sprengen das ganze Haus in die Luft.
Alle erfolgreichen Freiheitskämpfe schießen über das Ziel hinaus und schaffen selbst wieder die Plage einer Tyrannei. Wie Napoleon oder ein Sowjetsystem. Und wie die Freiheit der Frau. Die vielleicht größte Revolution der Neuzeit ist die Emanzipation der Frau; und der vielleicht seit über zweitausend Jahren bitterste Kampf ist der Kampf für die Unabhängigkeit oder die Freiheit der Frau, man nenne es, wie man will. Es war ein äußerst erbitterter Kampf, und wie mir scheint, ist er siegreich gewesen. Er schießt sogar über das Ziel hinaus und führt zu einer Tyrannei der Frau, der einzelnen Frau im Haus und der feministischen Ideen und Ideale in der Welt. Man sage, was man wolle, die Welt wird heute von feministischen Ideen beherrscht, und daß die produktiven und häuslichen Tätigkeiten des Mannes über seine vorherigen militärischen oder abenteuerlichen oder spektakulären Aktivitäten die Oberhand gewinnen, ist ein Sieg der Frau im Haus. Der Mann dient den Bedürfnissen der Frau, und äußerlich betrachtet unterwirft sich der Mann den Forderungen der Frau.
Aber was ist im Inneren geschehen? Man kann nicht leugnen, daß ein Kampf stattgefunden hat. Die Frau hat ihre Freiheit nicht kampflos erlangt; und sie kämpft immer noch, sie kämpft verbissen, selbst wenn das gar nicht mehr nötig ist. Denn der Mann ist unterlegen. Es wäre schwierig, in der heutigen Welt einen Mann aufzu-

zeigen, der nicht dem großen feministischen Geist dient, der die moderne Menschheit beherrscht. Aber immer noch nicht friedlich. Immer noch herrscht Kampf, herrscht die Kontroverse vor.
Die Frau hat ihren Kampf in der Masse mit politischen Mitteln geführt. Doch die Frau als Individuum hat ihren Kampf mit dem Mann als Individuum ausgetragen, mit Vater, Bruder und besonders mit dem Ehemann. In der Vergangenheit hat die Frau, abgesehen von kurzen Perioden des Aufstandes, dem Mann gegenüber stets eine unterwürfige Haltung eingenommen. Vielleicht verlangt die unabänderliche Natur von Mann wie Frau eine solche Unterordnung. Aber es muß eine instinktive, unbewußte Unterordnung sein, aus unreflektiertem Vertrauen heraus. Zu bestimmten Zeiten scheint dieses blinde Vertrauen der Frau zum Mann schwächer zu werden und dann zu erlöschen. Das geschieht immer am Ende eines großen Zeitabschnitts, ehe ein neuer Abschnitt beginnt. Beim Mann löst das anscheinend immer eine überwältigende Verehrung der Frau aus und eine Glorifizierung von Königinnen. Dadurch wird anscheinend immer eine kurze Zeit des Ruhms und danach eine lange Zeit des Elends herbeigeführt. Der Mann unterwirft sich, indem er die Frau glorifiziert; der Glorienschein verblaßt, der Kampf geht weiter.
Es ist nicht unbedingt ein Kampf der Geschlechter. Die Geschlechter stehen sich nicht von Natur aus feindlich gegenüber. Es geschieht nur zu gewissen Zeiten: wenn der Mann das unbewußte Selbstvertrauen verliert und die Frau ihr Vertrauen zu ihm verliert, unbewußt und dann auch bewußt. Es ist kein Geschlechterkampf im biologischen Sinn. Ganz und gar nicht. Sex ist der große Vereiniger, der große Mittler. Nur zu Zeiten, wenn die instinktive Lebenszuversicht des Mannes versagt, wird Sex zur großen Waffe und zum trennenden Element.
Der Mann verliert sein Selbstvertrauen, und die Frau fängt an, ihn zu bekämpfen. Kleopatra kämpfte tatsächlich gegen Antonius – deshalb nahm er sich das Leben. Aber er hatte zuerst das Selbstvertrauen verloren und sich ganz auf die Liebe verlassen, was ein sicheres An-

zeichen für Schwäche und Versagen ist. Und wenn eine Frau den Kampf gegen ihren Mann aufnimmt, kämpft und kämpft sie, als gälte es ihre Freiheit. Aber es ist nicht einmal Freiheit, was sie will. Freiheit ist ein Männerwort – es bedeutet für eine Frau wirklich nicht sehr viel. Sie kämpft, um von einem Mann loszukommen, der kein rechtes Selbstvertrauen mehr hat; sie kämpft und kämpft, und von diesem Kampf gibt es keine Befreiung. Die Frau ist wirklich heute weniger frei, als sie seit Anbeginn der Zeit gewesen ist, wenn man Freiheit im femininen Sinn versteht. Was bedeutet, daß sie weniger Frieden hat, weniger von diesem liebenswerten femininen Frieden, der wie ein Fluß dahinströmt, weniger von der liebenswerten, blumengleichen Gelassenheit einer glücklichen Frau, weniger von der unbeschreiblichen, ganz unreflektierten Lebensfreude, die einem weiblichen Wesen erst die Luft zum Atmen gibt – weniger von dem allen, als sie jemals gehabt hat, seit sie und der Mann sich zum ersten Mal erblickten.
Heutzutage ist die Frau immer gespannt und erregt, auf der Hut und bereit – nicht zur Liebe, sondern zum Kampf. Mit ihrem Fetzen von einem Kleid und ihrem kleinen Helm von einem Hut, mit ihrem kurzgeschnittenen Haar und ihrer steifen Haltung ist sie eine Art Soldat, und wenn man sie noch so genau betrachtet, man kann nichts anderes entdecken. Es ist nicht ihre Schuld. Es ist ihr Schicksal. Es geschieht, wenn der Mann das ursprüngliche Vertrauen in sich und in sein Leben verliert.
Nun sind im Verlauf von Jahrhunderten tausendfältige Bindungen zwischen Männern und Frauen entstanden. In Zeiten des Mißtrauens werden diese Bindungen als Fesseln empfunden und müssen gesprengt werden. Ein gewaltiges Zerreißen von Sympathien und unbewußten einfühlsamen Beziehungen ist im Gange. Es kommt zu einem Abbruch unbewußter Zärtlichkeit und unbewußten Kräfteaustausches zwischen Mann und Frau. Mann und Frau sind keine separaten und selbstgenügsamen Wesen. Trotz allen Protestgeschreis müssen wir darauf bestehen. Mann und Frau sind nicht einmal zwei sepa-

rate Personen: sie haben nicht einmal ein separates Bewußtsein oder einen separaten Geist. Trotz ungestümer Versicherungen des Gegenteils ist das so. Der Mann ist der Frau auf ewig verbunden, durch sichtbare und unsichtbare Bindungen, durch einen komplizierten Lebensfluß, der niemals ergründet werden kann. Das betrifft nicht nur Eheleute; die Frau, die mir im Zug gegenübersitzt, das Mädchen, bei dem ich Zigaretten kaufe, sie alle schicken mir einen Strom, einen Sprühregen, einen Dunst weiblichen Lebens entgegen, der in mein Blut und in meine Seele eindringt und mich zu dem macht, was ich bin. Und ich schicke wiederum den Strom des männlichen Lebens zurück, der besänftigt und befriedigt und die Frau aufbaut. So ist das sehr oft immer noch beim öffentlichen Umgang miteinander. Der allgemeinere Strom des Lebensflusses zwischen Mann und Frau ist nicht so unterbrochen und zurückgestaut wie der private Fluß. Deshalb neigen wir alle immer mehr dazu, in der Öffentlichkeit zu leben. In der Öffentlichkeit gehen Frau und Mann immer noch sehr oft freundlich miteinander um.

Aber im Privaten geht der Kampf weiter. Bei unseren Urgroßmüttern hatte er angefangen; bei unseren Großmüttern war er heftig; und bei unseren Müttern beherrschte er ihr ganzes Leben. Die Frauen *glaubten*, daß es ein Kampf für die Gerechtigkeit sei. Sie *glaubten*, daß sie mit dem Mann kämpften, um ihn zu „bessern" und um den Kindern ein „besseres" Leben zu schaffen.

Wir wissen jetzt, daß dieser ethische Vorwand nur ein Vorwand war. Wir wissen jetzt, daß unsere Väter von unseren Müttern bekämpft und besiegt wurden, nicht weil unsere Mütter wirklich wußten, was „besser" war, sondern weil unsere Väter ihre instinktive Gewalt über den Lebensfluß und die Realität des Lebens verloren hatten und die Frauen sie deshalb um jeden Preis bekämpfen mußten, blindlings und schicksalhaft. Als kleine Kinder erlebten wir ihn, den Kampf. Wir glaubten an den moralischen Vorwand. Aber wir wuchsen zu Männern heran, die nun ihrerseits bekämpft wurden. Und nun wissen wir, daß kein Vorwand zählt, sei er mo-

ralisch oder unmoralisch. Es ist einfach ein Phänomen. Und unsere Mütter, die solch einen Glauben an die „Tugend“ verfochten, wurden derselben Tugend noch vor ihrem Tod müde.
Nein, der Kampf geschah und geschieht um seiner selbst willen, und er ist erbarmungslos – abgesehen von Lähmungen und Pausen. Eine Frau kämpft mit einem Mann nicht um seine Liebe, wenn sie das auch vielleicht an die tausend Mal sagt. Sie kämpft mit ihm, weil sie instinktiv weiß, daß er nicht lieben *kann*. Er hat sein besonderes Selbstvertrauen verloren, seinen instinktiven Glauben an seinen eigenen Lebensfluß, und deshalb kann er nicht lieben. Er *kann* es nicht. Je mehr er protestiert, je mehr er schwört, je mehr er auf den Knien liegt, je mehr er anbetet, desto weniger liebt er. Eine Frau, die verehrt oder sogar angebetet wird, weiß sehr wohl tief in ihrem Inneren, daß sie nicht geliebt wird, daß sie beschwindelt wird. Sie unterstützt den Schwindel, o ja, ganz erheblich, er schmeichelt ihrer Eitelkeit. Aber zuletzt kommt die Nemesis mit den Furien, die das unglückliche Paar verfolgen. Liebe zwischen Mann und Frau ist weder Verehrung noch Anbetung, sondern etwas viel Tieferes, viel weniger Spektakuläres und Marktschreierisches, sie gehört zum Atmen und ist, wenn es gestattet ist, genauso gewöhnlich wie das Atmen. Und fast so lebensnotwendig. Ja, die Liebe zwischen Mann und Frau ist wirklich nur so etwas wie Atmen.
Keine Frau bekam jemals die Liebe eines Mannes durch Kampf: zumindest nicht durch Kampf gegen ihn. Kein Mann hat jemals eine Frau geliebt, ehe sie aufhörte, ihn zu bekämpfen. Und wann wird sie den Kampf gegen ihn aufgeben? Wenn er sich ihr – scheinbar – unterwirft (denn die Unterwerfung ist immer, zumindest teilweise, falsch und vorgetäuscht)? Nein, dann am wenigsten. Wenn sich ein Mann einer Frau unterwirft, dann bekämpft sie ihn gewöhnlich heftiger denn je, noch unbarmherziger. Warum verläßt sie ihn nicht? Oft tut sie es. Und dann? Sie läßt sich bloß mit einem anderen Mann ein, um den Kampf fortzusetzen. Der Zwang, mit dem Mann zu kämpfen, beherrscht sie unerbittlich.

Warum kann sie nicht allein leben? Sie kann es nicht. Manchmal kann sie sich mit anderen Frauen zusammentun und den Kampf in der Gruppe weiterführen. Manchmal *muß* sie allein leben, denn es taucht kein Mann auf, der mit ihr kämpfen will. Aber früher oder später spürt eine Frau wieder das Bedürfnis, eine Beziehung zu einem Mann zu haben. Es ist unabweisbar. Wenn sie reich ist, bezahlt sie einen Tanzpartner, einen Gigolo, und erniedrigt ihn bis zum äußersten. Der Kampf ist nicht zu Ende. Wenn der große Hektor tot ist, ist das nicht genug. Er muß nackt und geschändet durch den Staub geschleift werden, mit den Fersen an einen Streitwagen der Verachtung gebunden.

Wann ist der Kampf vorbei? Ja, wann! Das moderne Leben scheint keine Antwort darauf zu haben. Vielleicht dann, wenn ein Mann seine Kraft und sein tiefgegründetes Selbstvertrauen wiederfindet. Vielleicht, wenn der Mann gestorben ist und schmerzhaft wiedergeboren wurde – mit einem neuen Lebensodem, einem neuen Mut, mit einer neuartigen Sorgfalt, oder Sorglosigkeit. Aber die meisten Männer können nicht in ihrer alten, ängstlichen Haut sterben, sie wagen es nicht. Sie klammern sich verzweifelt an ihre Frauen und fangen an, sie mit kaltem und gnadenlosem Haß zu hassen, dem Haß eines permanent mißhandelten Kindes. Wenn dann der Haß stirbt, flieht der Mann in das letzte Stadium des Egoismus, wo er keine echten Gefühle mehr hat und nicht mehr leiden kann.

Da ist jetzt die junge Generation angelangt. Der Kampf verebbt allmählich, weil beide Parteien ausgelaugt sind. Es herrscht völliger Zynismus. Die jungen Männer wissen, daß die „Wohltaten“ und die „Mutterliebe“ ihrer sie anbetenden Mütter größtenteils wieder nur Egoismus war und Aufwertung des Ich und Liebe zur absoluten Macht über ein anderes Geschöpf. O diese Frauen, die es heimlich danach gelüstet, absolute Macht über ihre Kinder zu haben – zu deren Besten! Glauben sie denn, daß sich die Kinder täuschen lassen? Keinen Augenblick lang! In den Augen des kleinen Kindes von heute liest man: „Meine Mutter versucht mich mit jedem Atemzug, den sie tut, zu tyrannisieren, doch wenn ich auch erst sechs bin, kann ich ihr doch trotzen." Es ist der Kampf, der Kampf. Er ist zum bloßen Kampf darum, einem anderen Geschöpf seinen Willen aufzuzwingen, verkommen; heute ist es meistens die Frau, die ihren Kindern ihren Willen aufzwingt. Sie scheitert abermals kläglich. Aber sie macht immer weiter.

Denn der große Kampf mit dem Mann ist beinahe zu Ende. Wieso? Etwa weil der Mann neue Kraft gefunden hat, weil sein alter Körper gestorben ist und er mit neuer Kraft und neuer Gewißheit wiedergeboren wurde? Ach, das ist offensichtlich ganz und gar nicht der Fall. Der Mann hat sich geduckt und ist ausgewichen. Gequält und zynisch und ungläubig, hat er alle Gefühle aus sich ausströmen lassen, so daß er nur noch die leere Hülle von einem Mann ist, sehr nett, sehr angenehm, tatsächlich der beste aller modernen Männer. Weil nichts ihn wirklich berührt – mit einer Ausnahme: eine Gefährdung seiner Sicherheit. Er hat Angst davor, sich nicht „sicher" zu fühlen. Deshalb behält er seine Frau zwischen sich und der Welt der gefährlichen Gefühle und Anforderungen.

Aber er fühlt nichts. Es ist die große *vorgetäuschte* Befreiung, dieses vorgetäuschte Nirwana und dieser Frieden, der alle Vernunft übersteigt. Es ist eine Art Nirwana und eine Art Frieden: in völliger Nichtigkeit. Zunächst vermag die Frau das nicht zu erkennen. Sie tobt, sie wird verrückt. Man sieht, wie sich eine Frau nach der anderen gegen das Bild eines Mannes wirft, der den Zustand des falschen Friedens, der falschen Stärke, der falschen Macht erreicht hat: der Egoist. Der Egoist, der keine spontanen Gefühle mehr besitzt und nicht mehr wie ein Mensch zum Leiden gebracht werden kann. Er, der von nun an alles Leben aus zweiter Hand bekommt und angetrieben wird von Eigensinn und einer Art geheimen Ehrgeiz, sich entweder der Welt oder einem anderen Individuum *aufzudrängen*. Wenn man sieht, wie sich ein Mann oder eine Frau aufzudrängen versucht, hat man einen Egoisten bei seiner natürlichen Betätigung. Aber die wahre *Pose* des modernen Egoisten ist die der vollen-

deten Zuvorkommenheit und Freundlichkeit und Bescheidenheit: oh, immer so taktvoll bescheiden!
Wenn ein Mann diesen Triumph des Egoismus erreicht, und heutzutage haben ihn viele Männer erreicht, praktisch alle erfolgreichen, bestimmt alle charmanten und alle „künstlerischen" Männer – dann ist die betroffene Frau imstande, wirklich durchzudrehen. Keiner reagiert auf sie. Der Kampf ist plötzlich zu Ende. Sie wirft sich gegen einen Mann, und er ist nicht da, nur so ein gläsernes Bild von ihm registriert ihre Erschütterungen und fühlt nichts. Sie fängt an zu toben, fällt aus der Rolle. Hier liegt die Erklärung für das unmögliche Betragen einiger Frauen in den Dreißigern. Plötzlich kommt bei dem Kampf nichts mehr von der Gegenseite, und sie werden verrückt, sie schnappen über, als stünden sie am Rand eines schrecklichen Abgrundes. Und dem ist auch so.
Und dann zerbrechen sie entweder, oder mit einer dieser plötzlichen Wendungen, die für Frauen typisch sind, begreifen sie plötzlich alles. Und dann verändert sich, fast im Handumdrehen, ihr Verhalten. Es ist vorüber. Der Kampf ist aus. Der Mann hat gekniffen. Man kann ihn gewissermaßen vergessen, obwohl die zugrunde liegende Feindschaft nur raffinierter und tückischer wurde. Und so hat man dann die smarte junge Frau in ihren Zwanzigern. Sie bekämpft ihren Mann – oder ihre Männer – nicht mehr. Sie mischt sich nicht in seine Angelegenheiten und erfindet so gut wie möglich ihre eigenen. Vielleicht hat sie ein Kind, das sie tyrannisieren kann. Aber gewöhnlich schiebt sie das Kind so weit weg, wie sie kann. Nein, sie ist jetzt ganz allein. Wenn der Mann keine echten Gefühle hat, dann hat sie auch keine. Ganz gleich, was sie von ihrem Mann hält, wenn sie sich nicht gerade in einem Zustand gereizter Wut befindet, nennt sie ihn „Engel des Lichts" und „geflügelter Bote" und „geliebtester Mann" und „mein schöner Liebling". Sie besprengt ihn damit wie mit Eau de Cologne. Und er nimmt es als selbstverständlich hin und schlägt die nächste Kurzweil vor. Und ihr Leben ist „eine einzige Vergnügungstour", um die alte Banalität zu verwenden –

bis zum Nervenzusammenbruch. Alles ist unecht: unecht sind der Teint, der Schmuck, die Eleganz und der Charme, unecht sind die Liebkosungen und die Leidenschaft, unecht sind die Kultur und die Begeisterung für Blake oder für die „Brücke von San Luis Rey“, für Picasso oder für den neuesten Filmstar. Unechte Sorgen und unechte Freuden, unechte Schmerzen und Seufzer, unechte Freudenausbrüche, und hinter dem allen die harte, harte Erkenntnis, daß wir vom Geld und allein vom Geld leben – und eine schreckliche, latente Angst vor dem Nervenzusammenbruch, dem Zusammenbruch.

Das sind natürlich die Extremfälle unter den modernen jungen Leuten. Es gibt auch jene, die Tragödien oder Seriosität, das altmodische Zeug, weit hinter sich gelassen haben. Sie befinden sich – sie wissen nicht, wo sie sich befinden. Und es ist ihnen egal. Aber sie sind am äußersten Punkt des großen Kampfes zwischen Mann und Frau angelangt.

Wenn man sie als Resultat bewertet, scheint sich der Kampf kaum gelohnt zu haben. Aber wir sehen sie immer noch als Kämpfer. Vielleicht gibt es als Resultat noch etwas anderes, Positives.

Diese jungen Menschen, die schon alles hinter sich haben und ein Stadium der Leere und Desillusion erreicht haben, wie es das seit den dekadenten Römern von Ravenna im fünften Jahrhundert nicht wieder gegeben hat, die fangen auf ihre Art in ihrer ganzen Angst und Verlorenheit jetzt an, ihre Fühler nach einer anderen Möglichkeit des Vertrauens auszustrecken. Es dämmert ihnen allmählich, daß sie das ganze Leben verpassen, wenn sie nicht achtgeben. Den Anschluß verpaßt! Sie, die smarten jungen Leute, die so geschickt auf den fahrenden Zug springen, sollen das Leben selbst verpaßt haben, nicht aufgesprungen sein! *Missed the bus!* – wie die Londoner salopp sagen. Sie haben sich die große Chance entgehen lassen, während sie ihre Zeit verplemperten! Den jungen Leuten dämmert allmählich zu ihrem Unbehagen, daß dem so sein könnte. Es dämmert ihnen allmählich zu ihrem Unbehagen, daß dieses „Leben“, das

sie da führen, mit ihrer Umtriebigkeit und Smartheit, vielleicht gar nicht das Leben ist und sie das wahre Leben verpassen.
Was nun? Was ist denn das wahre Leben? Ach, da liegt der Hund begraben. Es gibt Millionen Möglichkeiten zu leben, und alles ist Leben. Aber was ist das Wahre im Leben? Was macht, daß wir uns wohl *fühlen*, daß das Leben ein gutes Gefühl mit sich bringt?
Das ist die große Frage. Und die Antworten sind alte Antworten. Aber jede Generation muß die Antwort auf ihre Weise fassen. Was mir ein gutes Lebensgefühl verschafft, ist das Empfinden, daß ich lebendig bin, selbst wenn ich krank bin, lebendig bis in die Tiefen meiner Seele, und Kontakt habe, daß ich irgendwo mit dem lebendigen Leben des Kosmos Kontakt habe. Irgendwie zieht mein Leben Kraft aus den Tiefen des Universums, aus den tiefen interstellaren Räumen, aus der großen „Welt". Aus der großen Welt beziehe ich meine Stärke und meine Sicherheit. Man könnte auch „Gott" sagen, doch das Wort „Gott" ist diskreditiert. Aber es gibt sehr wohl eine Flamme oder ein Ewiges Leben, das sich immerfort durch den Kosmos schlingt und das uns erneuert, wenn wir einmal in Kontakt zu ihm kommen.
Wenn die Menschen den Kontakt zu dieser ewigen Lebensflamme verlieren und rein privat werden, Wesen an sich, statt in der Lebensflamme brennende Wesen, dann beginnt der Kampf zwischen Mann und Frau. Man kann ihn genausowenig verhindern, wie man den Einbruch der Nacht oder den Regen verhindern kann. Je konventioneller und korrekter eine Frau sein mag, desto zerstörerischer wirkt sie nach außen. Wenn sie erst einmal den Verlust der größeren steuernden und erhaltenden Kraft empfindet, wird sie emotional zerstörerisch; sie kann dagegen ebensowenig an wie gegen ihr Frausein, wenn der große Zusammenhang verlorengegangen ist.
Und dann bleibt dem Mann nichts anderes übrig, als sich wieder dem Leben zuzuwenden. Sich wieder am Leben zu orientieren, das unsichtbar im Kosmos fließt und ewig fließen wird, alle Lebewesen erhaltend und erneuernd. Es kommt nicht auf Sünden oder Moral an, auf

Gutsein oder Schlechtsein. Es kommt auf die Erneuerung an, es kommt darauf an, erneuert und belebt zu werden, neu und quicklebendig und hellwach zu sein statt verbraucht und ausgepumpt, wie die Menschen heutzutage sind. Wie kann man erneuert, neu geboren, belebt werden? Das ist die Frage, die sich die Männer stellen müssen, und die Frauen ebenfalls.
Und die Antwort wird schwerfallen. Kein Trick mit den Drüsen oder Sekreten, mit Naturkost oder Drogen wird helfen. Auch keine Offenbarung oder Botschaft. Es kommt nicht darauf an, etwas zu wissen, sondern darauf, etwas zu tun. Es kommt darauf an, wieder zum *lebendigen* Zentrum des Kosmos Kontakt aufzunehmen. Und wie sollen wir das tun?

1930

Der Zustand der Angst

Was ist nur mit den Engländern los, daß sie sich vor allem fürchten? Sie sind im Zustand einer Mordsangst, und sie verhalten sich wie eine Schar von Mäusen, wenn jemand auf den Fußboden stampft. Sie erschrecken vor dem Geld, dem Finanzwesen, vor Schiffen, vor dem Krieg, vor der Arbeit, vor der Labour-Partei, vor dem Bolschewismus, und was am merkwürdigsten ist: Sie fürchten sich wie toll vor dem gedruckten Wort. Also das ist wirklich ein eigenartiger und erniedrigender Geisteszustand für ein Volk, das immer so unerschrocken war. Und für die Nation ist es ein sehr gefährlicher Geisteszustand. Wenn ein Volk in einen Zustand der Angst verfällt, dann möge Gott ihm helfen. Weil Massenangst irgendwann zur Massenpanik führt, und dann – man kann es nur wiederholen – möge Gott uns helfen.

Es gibt natürlich eine gewisse Entschuldigung für Furcht. Die Zeit der Veränderung ist über uns gekommen. Die Notwendigkeit der Veränderung hat uns erfaßt. Wir verändern uns, wir müssen uns verändern, und wir können nicht mehr dagegen tun als die Blätter gegen das Gelbfärben und Abfallen im Herbst oder als Blumenzwiebeln gegen das Sprießen ihrer kleinen grünen Sprosse im Frühling. Wir verändern uns, wir sind mitten in der Veränderung, und die Veränderung wird groß sein.

Instinktiv fühlen wir es. Intuitiv wissen wir es. Und wir erschrecken. Weil Veränderung schmerzt. Und auch weil in bedeutenden Übergangszeiten alles ungewiß ist und Lebewesen sehr verletzlich sind.

Aber was soll's? Selbst wenn man all die Schmerzen und Gefahren und Ungewißheiten berücksichtigt, so gibt es keine Entschuldigung dafür, in einen Zustand der Angst zu verfallen. Wenn man es sich richtig überlegt, ist jedes Kind, das gezeugt und geboren wird, die Grundlage für eine Veränderung, eine Gefahr für die Mutter, bei der Geburt ein großer Schmerz und nach der Geburt eine neue Verantwortung, eine neue Veränderung. Wenn wir deswegen in einen Zustand der Angst verfallen, sollten wir ganz aufhören, uns Kinder anzuschaffen. *Falls* wir wirklich in einen Zustand der Angst verfallen, ist das beste, man hat keine Kinder. Aber warum sollte man in einen Zustand der Angst verfallen?

Warum sollte man nicht den Dingen ins Gesicht blicken wie ein Mann und wie eine Frau? Eine Frau, die ein Kind erwartet, sagt sich: Ja, ich fühle mich unwohl, manchmal fühle ich mich elend, und vor mir liegt eine Zeit des Schmerzes und der Gefahr. Aber ich habe eine reelle Chance, gut durchzukommen, besonders wenn ich intelligent bin, und ich bringe ein neues Leben zur Welt. Manchmal bin ich voller Hoffnung, sogar glücklich. Deshalb muß ich Schmerz und Freude gleichermaßen akzeptieren. Es gibt keine Geburt ohne Geburtsschmerz.

Es ist natürlich die Sache der Männer, die gleiche Haltung gegenüber der Geburt neuer Bedingungen, neuer Ideen, neuer Gefühle einzunehmen. Und leider muß man sagen, die meisten heutigen Männer tun es nicht. Sie verfallen in einen Zustand der Angst. Wir wissen alle, daß vor uns eine große soziale Veränderung liegt, eine große soziale Neuordnung. Ein paar Menschen blicken dem ins Gesicht und versuchen sich vorzustellen, was am besten sein wird. Keiner von uns *weiß*, was am besten sein wird. Es gibt keine Patentlösung. Patentlösungen sind fast die größte Gefahr überhaupt. Eine Veränderung ist eine langsame Bewegung, die allmählich geschehen muß. Und sie muß *geschehen*. Man kann sie nicht wie eine Dampflokomotive fahren. Aber man kann ständig auf der Hut sein und intelligent und auf den nächsten Schritt achten und auf die Richtung des allgemeinen Trends. Geduld, Vorsicht, Intelligenz und menschliche Bereitwilligkeit und Furchtlosigkeit, das ist es, was man braucht in einer Zeit der Veränderung. Nicht Angst.

England befindet sich heute am Vorabend großer Veränderungen, radikaler Veränderungen. Innerhalb der nächsten fünfzig Jahre wird das gesamte System unseres gesellschaftlichen Lebens verändert werden, wird sich

weitgehend wandeln. Die alte Welt unserer Großväter verschwindet wie tauender Schnee und wird wahrscheinlich eine Flut auslösen. Wie die Welt unserer Enkel in fünfzig Jahren sein wird, das wissen wir nicht. Aber in ihrer Gesellschaftsform wird sie sich sehr von unserer heutigen Welt unterscheiden. Wir müssen uns ändern. Und in unserer Kraft uns zu ändern, in unserer Fähigkeit, uns klug auf die neuen Bedingungen einzustellen, in unserer Bereitschaft, neue Erfordernisse zu akzeptieren und in die Tat umzusetzen, neuen Wünschen und neuen Gefühlen Ausdruck zu verleihen, liegt unsere Hoffnung und unser Wohl. Mut ist das große Wort. Angst führt zu nichts als Untergang.
Es wird eine große Veränderung kommen, unausweichlich. Die ganzen Geldbeziehungen werden sich verändern; wie, das weiß ich nicht. Das ganze industrielle System wird sich verändern. Die Arbeit wird anders sein, und die Bezahlung wird anders sein. Der Besitz an Eigentum wird anders sein. Die Klassen werden anders sein, und die menschlichen Beziehungen werden sich verändern und vielleicht vereinfachen. Wenn wir intelligent, wachsam und furchtlos sind, dann wird das Leben viel besser sein, großzügiger, spontaner, lebendiger, weniger schnöde materialistisch. Wenn wir in einen Zustand der Angst, Impotenz und Verfolgung verfallen, dann wird es viel schlechter, als es jetzt ist. Es liegt an uns. Es liegt an den Menschen, Menschen zu sein. Solange Menschen mutig und bereit zur Veränderung sind, kann nichts wirklich Schlimmes passieren. Aber sobald die Menschen in einen Zustand der Angst verfallen, mit der unausweichlichen Begleiterscheinung von Gängelei und Unterdrückung, dann kann nur Schlimmes geschehen. Standhaft zu sein ist eine Sache. Aber Tyrannei ist eine andere. Und Tyrannei jeder Art kann nur schreckliche Folgen haben. Und wenn die Masse in einen Zustand der Angst verfällt, und es gibt eine Massentyrannei, dann ist die Katastrophe nah.
Die Veränderung des gesamten Gesellschaftssystems ist unumgänglich, nicht nur weil sich die Bedingungen verändern – obwohl teilweise schon aus diesem Grund –,

sondern weil sich die Menschen selbst ändern. Wir verändern uns, du und ich, wir verändern uns und verändern uns im Laufe der Jahre völlig. Neue Gefühle entstehen in uns, alte Werte vergehen, neue Werte entstehen. Dinge, von denen wir dachten, wir begehrten sie ganz leidenschaftlich, sind uns gleichgültig, wie wir jetzt feststellen. Die Dinge, auf denen wir unser Leben aufgebaut haben, zerbröckeln und verschwinden, und der Vorgang ist schmerzhaft. Aber es ist nicht tragisch. Eine Kaulquappe, die so fröhlich im Wasser mit dem Schwanz wedelte, muß sich recht elend fühlen, wenn der Schwanz abzufallen beginnt und ihr langsam kleine Beine wachsen. Der Schwanz war ihr liebster, fröhlichster und aktivster Körperteil. Ihr ganzes kurzes Leben steckte in ihrem Schwanz. Und jetzt muß der Schwanz ab. Für die Kaulquappe ist das sicher unangenehm; aber der kleine grüne Frosch im Gras ist ja schließlich ein neues Prachtexemplar.

Als Romancier empfinde ich, es ist die Veränderung im Individuum, die mich eigentlich beschäftigt. Die große gesellschaftliche Veränderung interessiert mich und macht mir Sorgen, aber sie ist nicht mein Gebiet. Ich weiß, daß eine Veränderung kommt – und ich weiß, wir brauchen ein großzügigeres, humaneres System, das auf den Werten des Lebens und nicht auf denen des Geldes beruht. Das weiß ich. Aber welche Schritte zu unternehmen sind, weiß ich nicht. Andere Menschen wissen das besser.

Mein Gebiet ist es, die Gefühle im Innern eines Menschen zu kennen und neue Gefühle bewußtzumachen. Was zivilisierte Leute wirklich quält, ist, daß sie voller Gefühle sind, von denen sie nichts wissen; sie können sie sich nicht bewußtmachen, sie können ihnen nicht entsprechen, sie können sie nicht *ausleben*. Und deshalb werden sie gequält. Es ist, als ob man Energie hat, die man nicht nutzen kann – sie zerstört einen. Und Gefühle sind eine Form von Lebensenergie.

Ich bin überzeugt, daß die Mehrheit der Menschen heute redliche, hochherzige Gefühle besitzt, deren sie sich niemals bewußt wird, die sie niemals empfindet,

weil sie sich fürchtet, etwas verdrängt. Ich glaube nicht, daß Menschen Feiglinge, Diebe, Mörder und Sexualverbrecher wären, wenn man sie vom Gesetzeszwang befreite. Im Gegenteil, ich glaube, die überwiegende Mehrheit wäre viel großzügiger, gutmütiger und ehrlicher, wenn sie das Empfinden hätte, es zu dürfen. Ich bin überzeugt, daß die Menschen ehrlicher, gutmütiger sein möchten, als unser gesellschaftliches System von Geld und Gier es ihnen erlaubt. Der schreckliche Kampf ums Geld, zu dem wir alle gezwungen sind, schadet unserem ehrlichen Wesen mehr, als wir ertragen können. Ich bin sicher, daß das für eine Vielzahl von Menschen zutrifft.
Und das gleiche gilt für unsere sexuellen Gefühle; nur da ist es noch schlimmer. Dort beginnen wir ganz falsch. Ganz bewußt wird angenommen, daß es so etwas wie Sex beim Menschen nicht gibt. Soweit es möglich ist, sprechen wir nicht davon, erwähnen ihn nicht, und wenn möglich, denken wir niemals an ihn. Es ist verwirrend. Es ist – irgendwie – nicht in Ordnung.
Das Problem beim Sex ist, daß wir nicht natürlich über ihn zu sprechen und an ihn zu denken wagen. Wir sind keine heimlichen Sexualtäter. Wir sind nicht heimlich sexuell entartet. Wir sind einfach Menschen mit lebendigem Sex. Wir fühlen uns wohl; hätten wir nur nicht diese unberechenbare und verheerende *Furcht* vor dem Sex. Ich weiß noch, als ich ein Junge von achtzehn Jahren war, erinnerte ich mich gewöhnlich am Morgen mit Scham und Zorn an die sexuellen Gedanken und Wunschträume der vorangegangenen Nacht. Scham und Zorn und Schreck, daß jemand anders es erfahren könnte. Und ich *haßte* die Person, die ich in der Nacht zuvor gewesen war.
Die meisten Jungen verhalten sich so, und das ist natürlich vollkommen falsch. Der Junge, den sexuelle Gedanken und Gefühle erregt hatten, war das lebendige, warmherzige, leidenschaftliche Ich. Der Junge, der sich am Morgen mit so großer Angst, mit Scham und Wut dieser Gefühle erinnerte, war das Ich des Gesellschaftsbewußtseins, vielleicht ein bißchen überheblich und gewiß in

einem Zustand der Angst. Aber die beiden waren uneins. Ein Junge mit sich uneins; ein Mädchen mit sich uneins; ein Volk mit sich uneins; das ist ein verheerender Zustand.
Und es hat lange gedauert, ehe ich fähig war, mir zu sagen: Ich schäme mich meiner sexuellen Gedanken und Wunschträume *nicht*, sie sind mein Ich, sie sind Teil meines Lebens. Ich werde mich sexuell genauso akzeptieren, wie ich meinen Verstand und meine Seele akzeptiere, und ich weiß, daß ich einmal das eine bin, ein andermal das andere, aber ich bin immer ich selbst. Mein Sex bin ich ebenso wie mein Verstand, und keiner kann verlangen, daß ich mich deswegen schäme.
Es ist lange her, daß ich zu dieser Entscheidung gelangt bin. Aber ich erinnere mich, wie frei ich mich plötzlich fühlte, wie viel mehr Wärme und Sympathie ich für andere Menschen empfand. Ich mußte nicht länger etwas vor ihnen verheimlichen, brauchte keine Angst mehr vor ihnen zu haben, daß sie etwas herausfänden. Mein Sex war ich – wie mein Verstand und meine Seele. Und des anderen Mannes Sex war er – wie sein Verstand er war und seine Seele. Und der Sex der Frau war sie – wie auch ihr Verstand und ihre Seele sie war. Und wenn einmal dieses stillschweigende Zugeständnis gemacht ist, dann ist es erstaunlich, wieviel inniger und echter die menschliche Zuneigung fließt. Und es ist erstaunlich, wie schwierig das Zugeständnis zu erlangen ist, für den Mann oder die Frau; das stillschweigende, natürliche Zugeständnis, das den natürlichen warmen Fluß der Blutssympathie ohne Verdrängung und Zurückhaltung gestattet.
Ich erinnere mich, als ich ein ganz junger Mann war, geriet ich in Wut, wenn ich mit einer Frau zusammen war und mir ihre Sexualität bewußt wurde. Ich wollte nur ihre Persönlichkeit wahrnehmen, ihren Geist und ihre Seele. Das andere mußte leidenschaftlich verborgen werden. Ein Teil der natürlichen Sympathie für eine Frau mußte verborgen, verdrängt werden. Die Beziehung war immerzu unnatürlich.
Heute weiß ich es besser, trotz der feindseligen Gesell-

schaft. Heute weiß ich, daß auch eine Frau ein sexuelles Ich besitzt, und ich kann die normale sexuelle Zuneigung zu ihr empfinden. Und diese stille Zuneigung hat nichts zu tun mit Wunschträumen oder irgend etwas Zügellosem oder Schmutzigem. Wenn ich zu einer Frau echte sexuelle Zuneigung empfinde, so ist das nur eine Form der Herzlichkeit und des Mitleids, die natürlichste Beziehung der Welt. Und es kann eine Frau von fünfundsiebzig oder ein Kind von zwei Jahren sein, das ist dasselbe. Aber unsere Kultur mit ihrer schrecklichen Furcht und Angst und Verdrängung und Tyrannei hat den natürlichen Fluß normaler Sympathie zwischen Männern und Männern und zwischen Männern und Frauen fast zerstört.

Und gerade das möchte ich ins Leben zurückrufen: einfach nur den natürlichen herzlichen Fluß normaler Sympathie zwischen Mann und Mann, Mann und Frau. Natürlich hassen viele Leute das. Viele Männer hassen es, daß man sie stillschweigend für sexuelle Männer mit einem Körper halten sollte statt für bloße soziale und intellektuelle Persönlichkeiten. Viele Frauen hassen es gleichermaßen. Manche, die schlimmsten, befinden sich in einem Zustand von Angst. Die Zeitungen nennen mich „unanständig" und einen „Kerl mit schmutziger Phantasie". Eine Frau, offensichtlich eine Frau mit Bildung und Manieren, schrieb mir aus heiterem Himmel: „Sie, der Sie entwicklungsgeschichtlich zwischen dem Affen und Schimpansen stehen usw.", und teilte mir mit, daß mein Name den Männern stank; obwohl sie hätte sagen können, da sie Mrs. Irgendwer war, daß es den Frauen stank. Und diese Leute denken, sie sind wohlerzogen und haben völlig recht. Sie sind vorsichtig innerhalb der Konvention, die sich darauf versteht, daß wir Wesen ohne Sex sind und nur soziale Wesen, kalt und herrisch und anmaßend, vorsichtige Feiglinge innerhalb einer Konvention.

Nun bin ich einer der Sterblichen, die am wenigsten schmutzig sind, und es macht mir überhaupt nichts aus, mit einem Schimpansen verglichen zu werden. Wenn es eine Sache gibt, die ich nicht mag, dann ist es billiger und undifferenzierter Sex. Wenn es eine Sache gibt, auf der ich bestehe, dann ist es Sex als eine empfindliche, verletzliche, lebensnotwendige Sache, mit der man nicht spielen darf. Wenn es eine Sache gibt, die ich ablehne, dann ist es herzloser Sex. Sex muß ein echter Fluß sein, ein echter Fluß von Sympathie, großzügig und herzlich, und nicht ein flacher Spaß oder Erregung eines Augenblicks oder bloße Tyrannei.

Und wenn ich ein Buch über sexuelle Beziehungen zwischen einem Mann und einer Frau schreibe, dann nicht deswegen, weil ich will, daß alle Männer und Frauen anfangen, wahllos ständig Geliebte und Verhältnisse zu haben. Dieses ganze schreckliche Durcheinander von Liebesverhältnissen und Prostitution ist nur Teil der Angst, Prahlerei und *vorsätzlichen Tuns*. Und Prahlerei und *vorsätzliches Tun* sind ebenso unangenehm und verletzend wie Verdrängung, genauso ein Zeichen heimlicher Furcht.

Man muß einfach den Zustand der Angst überwinden, der Angst vor dem Sex. Und um das zu erreichen, muß man vollkommen ehrlich sein, und man muß den Sex im Bewußtsein ganz und gar akzeptieren. Man muß den Sex bewußt akzeptieren und das normale körperliche Empfinden wieder einkehren lassen zwischen sich und anderen Menschen. Man muß ganz einfach stillschweigend das sexuelle Wesen jedes Mannes und jeder Frau, jedes Kindes und Tieres wahrnehmen; und falls der Mann oder die Frau kein Tyrann ist, nimmt man es mit Zuneigung wahr. Es ist gerade jetzt das allerwichtigste, diese feine körperliche Wahrnehmung. Sie läßt uns zärtlich und lebendig bleiben in einem Augenblick, da die große Gefahr besteht, spröde und hart zu werden und vielleicht sogar leblos.

Akzeptiert euer sexuelles, körperliches Wesen und das jedes anderen Lebewesens. Fürchtet euch nicht davor. Fürchtet euch nicht vor den körperlichen Funktionen. Fürchtet euch nicht vor den sogenannten schmutzigen Wörtern. Es ist nichts Schlechtes an den Wörtern. Es ist eure Furcht, die sie schlecht macht, eure unnötige Furcht. Es ist eure Furcht, die euch körperlich selbst von den engsten Verwandten trennt. Und wenn Männer und Frauen körperlich getrennt sind, werden sie schließlich gefährlich, tyrannisch, grausam. Besiegt die Furcht vor dem Sex und stellt den natürlichen Fluß wieder her. Belebt selbst die sogenannten schmutzigen Wörter wieder, die Teil des natürlichen Flusses sind. Wenn ihr das nicht macht, wenn ihr nicht ein bißchen der alten Wärme wieder ins Leben bringt, dann droht uns ein grausames Unheil.

1930 (1928/29)

IV

ÜBER LITERATUR

Die Nachtigall

Die Toskana ist voller Nachtigallen, und im Frühling und Sommer singen sie ohne Unterlaß, außer um Mitternacht und um die Mittagszeit. In den laubreichen Wäldchen, die sich am Steilhang beim Bach festklammern wie Frauenhaarfarn an einem Felsen, hört man sie im bleichen Morgengrauen, gegen vier Uhr früh, von neuem ihren Gesang anstimmen: „Hallo! Hallo! Hallo!" Eine Nachtigall, die zu singen anfängt, das ist der fröhlichste Schall der Welt. Wenn man ihn hört, staunt man jedesmal und ist sogar verzückt, weil der Gesang so hell, so strahlend ist, es steckt so viel Kraft dahinter.

„Da ist wieder die Nachtigall", sagt man sich. Es hört sich mitten in der Dämmerung an, als schössen die Sterne aus dem kleinen Dickicht empor und sprängen in den riesigen, unergründlichen Himmelsraum, um dort zu verschwinden. Aber der Gesang tönt auch nach Sonnenuntergang weiter fort, und wenn man ihm wieder voller Staunen lauscht, fragt man sich: „Warum behauptet man nur, die Nachtigall sei ein melancholischer Vogel?"

Sie ist der lauteste, sorgloseste, lärmendste und keckste Vogel im ganzen gefiederten Königreich. Wie es John Keats fertigbrachte, seine „Ode an eine Nachtigall" so zu beginnen:

> „My heart aches, and a drowsy numbness pains,
> My senses"*

– das bleibt jedem, der den Gesang in natura kennt, ein Rätsel. Man hört die Nachtigall silberhell rufen: „Was? Was? Was, John?" Das Herz schmerzt und ein dumpfer Traum verstört den Sinn? Tra-la-la! Tri-li-lilililililili!"

Und warum die Griechen behaupteten, daß sie in einem Busch um eines verlorenen Geliebten willen schluchze, weiß ich auch nicht. „Dschag – dschag – dschag!" sagen

* richtig: „... my sense". – Die zitierten Keats-Zeilen in der Übertragung von Uwe Grüning s. S. 330 und 331.

die mittelalterlichen Poeten, um das Rollen der kleinen Feuerbälle in der Kehle der Nachtigall auszudrücken. Ein unbändiger und intensiver Klang, intensiver als die Augen in einem Pfauenschwanz:

> „And the bright brown nightingale amorous,
> Is half assuaged for Itylus.“ *

Sie behaupten, dieses „Dschag! Dschag! Dschag!“ sei Schluchzen. Wie sie das heraushören, ist ein Rätsel. Wie einer, der nicht auf den Ohren sitzt, die Nachtigall jemals schluchzen hörte, begreife ich nicht.
Es ist jedenfalls ein männlicher Laut, ein in höchstem Maße und unverfälscht männlicher Laut. Die pure Selbstdarstellung. Da ist nicht die leiseste Andeutung eines Echos und dumpfen Widerhalls. Rein gar nichts, was einem tiefhallenden Glockenton gliche! Nichts auf der Welt ist weniger verloren.
Vielleicht ist es das, was Keats sogleich das Gefühl der Verlorenheit einflößte.

> „Forlorn! the very word is like a bell
> To toll me back from thee to my sole self!“

Vielleicht ist das der Grund, warum alle ein Schluchzen im Gebüsch hören, wenn die Nachtigall singt, während jeder Lauscher, der Gott die Ehre gibt, die Jubelrufe kleiner Cherubim hört. Vielleicht bewirkt das der Kontrast.
Weil die Nachtigall, nüchtern betrachtet, mit einer laut schallenden, schneidenden Klarheit und einem urwüchsigen Selbstbewußtsein singt, die einen schlichten Menschen innehalten lassen. Ein helles Rufen und ein funkelnder Tonteppich wie am ersten Schöpfungstag, als die Engel sich plötzlich erschaffen sahen und, ehe sie sich besannen, in lauten Gesang ausbrachen. Da muß ein Getön von Engeln im himmlischen Gebüsch gewesen

* A. C. Swinburne, aus: „Atlanta in Calydon“, richtig: „And the brown bright nightingale“.

sein: „Hallo! Hallo! Sieh da! Sieh da! Sieh da! Da bin ich! Da bin ich! Was für ein wun-wun-wunderbares Ereignis! Was!“

Wenn man die einfache Großartigkeit vokaler Selbstdarstellung vernehmen will: „Heda! Da bin ich!“ – dann muß man der Nachtigall lauschen. Vielleicht muß man, wenn man die optische Perfektion derselben Selbstdarstellung erleben will, einen Pfau betrachten, wie er alle seine Augen schüttelt. Unter all den in vollendeter Pracht erschaffenen Kreaturen sind diese beiden vielleicht die vollendetsten; die eine Kreatur ist ganz unsichtbarer, triumphierender Laut, die andere ganz lautloser Anblick. Die Nachtigall, wenn man ihrer ansichtig wird, ist ein ziemlich unscheinbarer graubrauner Vogel, obwohl sie diese zarte, hüpfende Magie eines Wesens mit reichem Innenleben an sich hat. Und genauso ist der Pfau, wenn er sich dann doch hören läßt, zwar schrecklich, aber immer noch eindrucksvoll: Solch ein furchtbarer Schrei aus dem gefahrvollen Dschungel! Man sieht den Pfau förmlich vor sich, wie er in Ceylon von einem hohen Ast herab schreit, dann an den Affen vorbeistreicht und in den undurchdringlichen, dunkel brodelnden Dschungel fliegt.

Und vielleicht ist das der Grund – nämlich die unverfälschte Darstellung des wahren Selbst, ob engelhaft oder dämonisch –, warum die Nachtigall den Menschen traurig stimmt und der Pfau ihn oft ärgert. Es ist eine Traurigkeit, die zur Hälfte Neid ist. Die Vögel sind sich ihres geschaffenen Wesens, das ewig neu und vollkommen aus der Hand des reichen, lichten Gottes kommt, so triumphierend sicher. Die Nachtigall läßt das Lied ihrer eigenen Vollkommenheit dahinströmen. Und der Pfau spreizt voller Selbstsicherheit all seine bronze- und purpurfarbenen Augen.

Das – diese dahinströmende Selbstdarstellung eines vollkommenen Geschöpfes; dieser grüne Glanz vollkommener Schönheit bei einem Vogel – macht die Menschen ärgerlich oder melancholisch, je nachdem, ob das Auge oder das Ohr bestürmt wird.

Das Ohr ist viel weniger klug als das Auge. Du kannst

zu einer Frau sagen: „Ich habe dich schrecklich gern, du bist so schön heute morgen“, und sie wird es voll und ganz glauben, obwohl deine Stimme in Wirklichkeit vor tödlichem Haß bebt. Das Ohr ist so töricht, es nimmt jede Menge verbalen Falschgelds an. Aber laß einen schwachen Schein tödlichen Hasses in deine Augen treten oder über dein Gesicht huschen, und man bemerkt das gleich. Das Auge ist so klug und schnell.

Daher begreifen wir den Pfau in all seiner prunkenden, männlichen Selbstdarstellung sofort; und wir sagen ziemlich höhnisch: „Man erkennt den Pfau an seinen Federn.“ Aber wenn wir die Nachtigall vernehmen, wissen wir nicht, was wir hören, wir wissen nur, daß wir uns traurig und verloren fühlen. Und deshalb sagen wir, die Nachtigall sei traurig.

Wir wollen noch einmal feststellen, daß die Nachtigall das am wenigsten traurige Wesen der Welt ist; sie ist noch fröhlicher, als der Pfau prächtig ist. Es gibt für sie keinen Grund, traurig zu sein. Sie ist völlig einverstanden mit dem Leben. Es ist kein Dünkel. Sie freut sich nur des Lebens, und sie tiriliert das hinaus – sie ruft, schlägt, gluckst, tiriliert, stößt lange Scheinklagelaute aus, liefert Proklamationen und Selbstdarstellungen und Siegesgesänge; aber sie ist nie nachdenklich. Ihr Gesang ist reine Musik, da man niemals Worte dafür finden könnte. Aber für die Gefühle, die der Gesang in uns weckt, gibt es Worte. Doch nein, selbst das stimmt nicht. Es läßt sich nicht in Worte fassen, was man wirklich empfindet, wenn man einer Nachtigall lauscht. Es ist etwas viel Reineres als Worte, die samt und sonders befleckt sind. Wir können aber sagen, daß es eine Art Hochgefühl über die eigene Lebensvollkommenheit ist.

„Tis not through envy of thy happy lot,
But being too happy in thine happiness, –
    That thou, light-winged Dryad of the trees,
        In some melodious plot
Of beechen green, and shadows numberless,
    Singest of summer in full-throated ease.“

Armer Keats, er muß in der Glückseligkeit der Nachtigall „allzu glücklich" sein, weil er für seine Person ganz und gar nicht glücklich ist. Deshalb will er aus der rosigen Hippokrene trinken und mit der Nachtigall in den dämmrigen Wald entschwinden.

„Fade far away, dissolve, and quite forget
What thou among the leaves hast never known,
The weariness, the fever, and the fret ..."

Das ist solch traurige, schöne Poesie des Mannes. Aber der nächste Vers erscheint mir doch leicht komisch.

„Here, where men sit and hear each other groan;
Where palsy shakes a few, sad, last gray hairs ..."

Das ist Keats, keineswegs die Nachtigall. Doch der traurige Mann will immer noch ausbrechen und in die Nachtigallenwelt überwechseln. Wein will ihn nicht hinübertragen. Aber er will dorthin.

„Away! away! for I will fly to thee,
Not charioted by Bacchus and his pards,
But on the viewless wings of Poesy ..."

Es gelingt ihm jedoch nicht. Die verborgenen Schwingen der Poesie tragen ihn nur ins Gebüsch, aber nicht in die Nachtigallenwelt. Er ist immer noch draußen.

Darkling I listen; and, for many a time
I have been half in love with easeful Death ..."

Die Nachtigall bewirkte nie, daß sich ein Mensch in den friedvollen Tod verliebte, es sei denn, der Gegensatz zöge ihn an. Der Gegensatz der hellen Flamme der reinen Lebensbejahung bei diesem Vogel zum unruhigen Flackern der sehnsuchtsvollen Selbstverlorenheit, die Keats prägt – ein ewiges Sehnen nach etwas Äußerem:

„To cease upon the midnight with no pain,
While thou art pouring forth thy soul abroad
In such an ecstasy!
Still wouldst thou sing, and I have ears in vain –
To thy high requiem become a sod."

Wie erstaunt wäre doch die Nachtigall, wenn man ihr begreiflich machen könnte, was für eine Antwort der Dichter auf ihren Gesang fand. Sie würde vor Verwunderung vom Zweig fallen.
Weil eine Nachtigall, wenn man ihr antwortet, nur um so lauter ruft und singt. Stell dir vor, ein paar andere Nachtigallen stimmen ihr Lied in den benachbarten Büschen an – wie sie das stets tun. Dann steigen die blauweißen Funken des Gesanges leuchtend zum Himmel empor. Und stell dir vor, du Sterblicher sitzt zufällig am schattigen Bachufer und zankst dich tüchtig mit deiner Herzallerliebsten, dann plustert sich die Obernachtigall auf und legt los wie Caruso im dritten Akt – das ist einfach ein strahlend-wilder Musikausbruch, der dich übertönt, bis du dein eigenes Streitwort einfach nicht mehr verstehst.
Caruso hatte wirklich etwas, was stark an eine Nachtigall erinnerte – diese vogelgleiche, explosive, wundersame Vitalität des Gesangs und sein Erfülltsein, seine reiche Persönlichkeit.

„Thou wast not born for death, immortal Bird!
No hungry generations tread thee down."

Jedenfalls in der Toskana. Hier gibt es sie im Überfluß. Während der Kuckuck fern und gedämpft klingt, wenn er seinen leisen, halb verschwörerischen Ruf im Vorüberfliegen ertönen läßt. Vielleicht ist das in England wirklich anders.

„The voice I hear this passing night was heard
In ancient days by emperor and clown:
Perhaps the self-same song that found a path
Through the sad heart of Ruth, when, sick for home,
She stood in tears amid the alien corn.“

Und warum flossen Ruths Tränen? Immer Tränen. Brach etwa der Kaiser Diokletian in Tränen aus, als er die Nachtigall hörte, oder der Narr Äsop? Und Ruth, weinte sie wirklich? Ich meinerseits habe jene junge Dame stark im Verdacht, daß sie die Nachtigall zum Singen animierte, wie in Boccaccios Geschichte das nette Fräulein, das mit dem munteren Vogel in der Hand zu Bett ging – „tua figliuola è stata si vaga dell'usignuolo, ch'ella l'ha preso e tienlosi in mano!“.

Und was hält das Nachtigallenweibchen von der ganzen Angelegenheit, während sie brav auf den Eiern sitzt und mitanhört, wie Mylord tönt? Vielleicht gefällt es ihr, denn sie brütet so fröhlich wie eh und je weiter. Vielleicht gefällt ihr sein Geprahle besser als das resignierte Gestöhn des Poeten:

„Now more than ever seems it rich to die,
To cease upon the midnight with no pain ...“

Das würde dem Nachtigallenweibchen nicht viel nützen. Und man fühlt mit Keats' Fanny und versteht, warum sie nichts davon hatte. Was hätte ihr so eine Mitternacht schon eingebracht!

Möglicherweise hat das weibliche Wesen der Spezies letzten Endes mehr vom Leben, wenn das männliche Wesen nicht um Mitternacht enden will, mit oder ohne Schmerz. Von der Mitternacht kann man besseren Gebrauch machen. Und ein Vogel, der singt, weil er voll frohen Lebens ist, und ihr das Bebrüten der Eier überläßt, ist ihr vielleicht lieber als einer, der stöhnt, und sei es aus Liebe zu ihr.

Natürlich denkt der Nachtigallenmann, wenn er singt, überhaupt nicht an die kleine unscheinbare Nachtigallenfrau. Und er ruft sie nie. Aber sie weiß sehr wohl, daß der Gesang zur Hälfte ihr gehört – wie sie auch weiß, daß die Eier zur Hälfte sein sind. Und wie sie nicht wünscht, daß er kommt und auf ihrem kleinen Gelege herumtrampelt, wünscht er nicht, daß sie sich in seinen Gesang mischt, ein Gewese darum macht und ihn verhunzt. Jeder Mann betreibe sein Geschäft und jede Frau das ihre:

„Adieu! adieu! thy plaintive anthem fades …"

Es war nie ein klagendes Lied – es war Caruso in Hochform. Doch mit einem Poeten versuche man nicht zu streiten.

1927

Edgar Allan Poe

Poe hat mit Indianern oder mit der Natur nichts im Sinn. Er macht sich nichts aus den Roten Brüdern und aus Wigwams.

Er ist vollauf beschäftigt mit den Zerfallserscheinungen seiner eigenen Psyche. Wie wir schon festgestellt haben, hat der amerikanische Kunstbetrieb einen doppelten Rhythmus:

1. Das alte Bewußtsein zersetzt sich und wird abgestreift.
2. Darunter bildet sich ein neues Bewußtsein.

Bei Fenimore Cooper gehen die beiden Bewegungen zusammen. Bei Poe gibt es nur die eine, die Bewegung des Zerfalls. Das macht ihn fast mehr zum Wissenschaftler als zum Künstler.

Moralisten haben immer hilflos vor der Frage gestanden, warum Poes „morbide" Geschichten geschrieben werden mußten. Sie mußten geschrieben werden, weil Altes sterben und sich auflösen muß, weil die alte Psyche allmählich demontiert werden muß, bevor etwas Neues entstehen kann.

Der Mensch muß sogar von sich selbst befreit werden. Und das ist ein schmerzhafter und manchmal ein gespenstischer Prozeß.

Poe hatte ein ziemlich bitteres Schicksal. Er war dazu verdammt, seine Seele beständig in einem gewaltigen, krampfhaften Desintegrationsprozeß zu zerstören, und er war dazu verdammt, diesen Prozeß zu protokollieren. Und obendrein war er dazu verdammt, als er eine der bittersten Aufgaben bewältigt hatte, die dem Menschen zugemutet werden können, dafür auch noch geschmäht zu werden. Aufgaben, die bewältigt werden müssen. Denn die Seele des Menschen muß ihren eigenen Zerfall *bewußt* erleiden, wenn sie jemals überleben soll.

Aber Poe ist viel mehr Wissenschaftler als Künstler. Er schmilzt sein Ich wie ein Chemiker ein Salz im Schmelztiegel. Es ist eine fast chemische Analyse der Seele und des Bewußtseins. In wahrer Kunst hingegen gibt es im-

mer den doppelten Rhythmus von Schaffen und Zerstören.
Deshalb nennt Poe seine Sachen „Geschichten". Sie sind eine Verkettung von Ursache und Wirkung.
Seine besten Stücke sind jedoch keine Geschichten. Sie sind mehr. Es sind gespenstische Erzählungen von der menschlichen Seele in ihren Auflösungsschmerzen.
Darüber hinaus sind sie „Liebes"-Geschichten.
„Ligeia" und „Der Fall des Hauses Ascher" sind in Wirklichkeit Liebesgeschichten.
Liebe ist die geheimnisvoll wirkende Kraft, die die Wesen immer dichter zueinander zieht. Aus diesem Grund ist Sex der eigentliche Höhepunkt der Liebe. Denn beim Sex drängen die beiden Blutkreisläufe, der männliche und der weibliche, zueinander und kommen miteinander in Berührung, dazwischen ist bloß eine dünne Haut. Doch wenn diese Haut platzt, ist das tödlich.
So ist das also. Alles hat seine Grenze. Es gibt eine Grenze für die Liebe.
Das zentrale Gesetz organischen Lebens ist, daß jeder Organismus eigentlich isoliert ist und für sich allein besteht.
In dem Moment, wo seine Isolation zerstört wird und ein tatsächliches Vermischen und Verschmelzen beginnt, setzt der Tod ein.
Das gilt für jeden einzelnen Organismus, vom Menschen bis zur Amöbe.
Aber daneben gibt es für das organische Leben auch das Gesetz, daß jeder Organismus nur durch den Kontakt mit fremder Materie lebt, durch Assimilation und Kontakt mit fremdem Leben, und das bedeutet die Assimilation neuer, nichtmaterieller Schwingungen. Jeder individuelle Organismus wird durch den intimen Kontakt zu verwandten Organismen belebt – bis zu einem gewissen Punkt.
Ebenso der Mensch. Er atmet Luft ein, er nimmt Nahrung und Wasser auf. Und noch mehr. Er nimmt das Leben seiner Mitmenschen, mit denen er in Kontakt kommt, auf, und er gibt ihnen Leben zurück. Dieser Kontakt wird immer enger, wenn die Intimität wächst.

Einen ganzheitlichen Kontakt nennen wir Liebe. Die Menschen leben von der Nahrung, aber sie sterben, wenn sie zuviel essen. Die Menschen leben von der Liebe, aber sie sterben oder bringen den Tod, wenn sie zuviel lieben.

Es gibt zweierlei Liebe: heilige und gewöhnliche, geistige und sinnliche.

Bei der sinnlichen Liebe schwingen sich die beiden Blutkreisläufe des Mannes und der Frau zu unbedingtem Kontakt empor und vereinen sich *beinahe*. Fast vermischen sie sich. Doch niemals wirklich. Zwischen den beiden Blutwellen befindet sich eine hauchdünne Trennwand, durch die unbekannte Schwingungen und Kräfte dringen, doch das Blut selbst darf niemals durchbrechen, sonst würde eine Blutung entstehen.

Bei der geistigen Liebe gibt es nur einen nervlichen Kontakt. Die Nerven der Liebhaber werden in gleiche Schwingungen versetzt, wie die Saiten zweier Instrumente. Die Stimmung kann sich immer höher schrauben. Doch wenn man dies zu weit treibt, versagen die Nerven, sie beginnen sozusagen zu bluten, und eine Art von Tod ist das Resultat.

Das Problematische beim Menschen ist, daß er Herr seines Schicksals sein will, und er will das *Einssein*. Wenn er zum Beispiel die Ekstase der geistigen Liebe entdeckt hat, will er sie ohne Unterlaß, nichts als sie, denn das ist das Leben. Er nennt es „intensiveres" Leben. Er wünscht, daß seine Nerven in tiefem und erhebendem Einklang mit den Nerven eines anderen Wesens zu vibrieren beginnen, und dadurch erreicht er einen ekstatisch-visionären Zustand, er befindet sich in warmer Harmonie mit dem gesamten Universum.

Aber in Wirklichkeit ist dieser Einklang nur von kurzer Dauer, weil das erste Gesetz des Lebens lautet, daß jeder Organismus für sich besteht, er muß zu seiner Isolation zurückkehren.

Aber der Mensch hat die Wärme der Harmonie gespürt, die man Liebe nennt, und sie gefällt ihm sehr. Sie verschafft ihm die größte Befriedigung. Es verlangt ihn danach. Es verlangt ihn beständig danach. Er verlangt nach ihr, und er wird sie bekommen. Er möchte nicht wieder in seine Einsamkeit zurück. Wenn er es aber muß, dann nur wie ein umherstreifendes Raubtier, das zu seinem Lager zurückkehrt, um sich auszuruhen und wieder loszuziehen.

Damit wären wir bei Edgar Allan Poe. Der Schlüssel zum Verständnis seines Werkes liegt in dem Motto, das er für „Ligeia" auswählte, einem Zitat des Mystikers Joseph Glanvill:

> „Und darin leit der Wille, der stirbet nimmer.
> Wer kennet die mysteria des Willens sampt seiner Macht?
> Ist doch Gott selbst nur ein großer Wille,
> der durchdringt alle Ding ob seines hohen Eiferns.
> Der Mensch stehet den Engeln nach,
> ja letztlich dem Tode selbst,
> nur kraft der Schwäche seines so matten Willens."

Es ist ein tiefes Wort – und ein todbringendes.

Wenn nämlich Gott ein großer Wille ist, dann ist das Universum nur ein Instrument.

Ich weiß nicht, was Gott ist. Aber er ist nicht einfach ein Wille. Das ist zu simpel. Zu anthropomorphisch. Weil ein Mensch seinen Willen haben will und nichts als seinen Willen, braucht er nicht gleich zu behaupten, daß Gott ebendieser Wille ist, *ad infinitum* vergrößert.

Vielleicht gibt es einen Gott für mich, doch er ist namenlos und nicht zu ergründen.

Für mich gibt es auch viele Götter, die in mich eingehen und mich wieder verlassen. Und ich muß sagen, daß sie jeweils einen sehr verschiedenen Willen haben.

Aber wir waren bei Poe.

Poe hatte die Ekstasen der geistigen Liebe erfahren. Und es verlangte ihn nach diesem ekstatischen Zustand und sonst nach nichts. Es verlangte ihn nach jener großen Befriedigung, dem Gefühl des Sichergießens, dem Gefühl des Gleichklanges, dem Gefühl des intensiveren Lebens. Er hatte jene Befriedigung gekostet. Alles und jedes sagte ihm, daß diese Ekstase der geistigen,

nervlichen Liebe das Größte im Leben, das Leben selbst war. Und er hatte es ausprobiert, er wußte, daß es für ihn wirklich das Leben war. Deshalb verlangte ihn danach. Und er *würde* die Ekstase *erreichen*. Er setzte seinen Willen gegen sämtliche Beschränkungen der Natur.
Ein tapferer Mann ist das, der seinen Glauben und seine Erfahrungen zum Maßstab seines Handelns macht. Aber er ist auch ein arroganter Mann und ein Narr.
Poe wollte die Ekstase und das intensivere Leben haben, um jeden Preis. Überdreht – wie heutigentags die typisch amerikanischen Frauen – war er immer auf das eine aus: auf das intensivere Leben, den Gefühlserguß, die Ekstase. Poe experimentierte mit Alkohol und mit jeder Droge, die er bekommen konnte. Er experimentierte auch mit jedem menschlichen Wesen, das er bekommen konnte.
Seinen großen Versuch führte er mit seiner Frau durch; das war seine Kusine, ein Mädchen mit melodischer Stimme. Mit ihr strebte er nach dem größten Gefühlserguß, dem intensiven Leben, den prismatischen Schattierungen der Ekstase. Die Nerven vibrierten im schönsten Unisono, und die Stimmung wurde immer höher geschraubt, bis die Blutgefäße des Mädchens barsten und das Blut herauszufließen begann. Es war Liebe. Wenn man das Liebe nennen kann.
Liebe kann schrecklich obszön sein.
Liebe ist die Ursache der neurotischen Störungen von heute. Liebe ist der Hauptverursacher von Tuberkulose.
Die Nerven, die bei geistigem Gleichklang am stärksten vibrieren, sind die Sympathikusganglien der Brust, der Kehle und des Hinterhirns. Wenn man dieses Vibrieren allzu intensiv werden läßt, schwächt man das sympathische Gewebe der Brust – der Lunge – oder der Kehle oder des Kleinhirns, und der Boden für die Tuberkeln ist vorbereitet.
Aber Poe steigerte die Vibrationen über das Maß dessen, was ein Mensch ertragen kann.
Weil sie seine Kusine war, ließ sie sich leichter auf ihn einstimmen.
„Ligeia" ist die wichtigste Erzählung. Ligeia! Dieser

Name ist eine Kopfgeburt. Für ihn war die Frau, seine Frau, nicht Lucy. Sie war Ligeia. Zweifellos war ihr das sogar angenehmer so.
„Ligeia" ist die Geschichte von Poes Liebe, und gerade ihre phantastischen Züge machen sie noch wahrhafter zu seiner eigenen Geschichte.
Es ist eine Geschichte von einer Liebe, die Grenzen übertritt. Und Liebe, die in einem Willenskampf der Liebenden zum äußersten getrieben wird.
Liebe ist zum Willenskampf geworden.
Wer von den Liebenden wird den anderen zuerst vernichten? Wer kann sich am längsten dem anderen gegenüber behaupten?
Ligeia ist noch die altmodische Frau. Sie will sich immer noch unterwerfen. Sie unterwirft sich freiwillig dem vampirischen Bewußtsein ihres Mannes. Sogar dem Tod.
„Sie war hoch von Wuchs, etwas sehr schlank, ja in ihren letzten Tagen ausgesprochen mager. Es wäre vergebens, wollte ich versuchen, die Majestät, die gemache Ruhe ihrer Haltung abzuschildern, oder die unbegreifliche Leichtigkeit & Spannkraft ihres Schreitens. Sie kam und sie schwand wie ein Schatten. Nie bin ich ihres Eintretens in mein abgesondertes Studio gewahr geworden, ehe die teure Musik ihrer süßgedämpften Stimme anhub, und sie mir ihre Marmorhand auf die Schulter legte."
Man hat Poe um seines Stiles willen hochgelobt. Doch er erscheint mir gekünstelt. „Ihre Marmorhand" und „die Spannkraft ihres Schreitens" erinnern mehr an Sprungfedern und Kaminsimse als an ein menschliches Wesen. Für ihn war sie nie so recht ein menschliches Wesen. Sie war ein Instrument, mit dessen Hilfe er sich Gefühlsekstasen verschaffte. Seine *machine à plaisir*, wie jemand das nennt.
Darüber hinaus hat Poes Stil insgesamt diesen mechanischen Zug, wie auch seine Gedichte einen mechanischen Rhythmus haben. Er betrachtet nichts im Sinne des Lebens, sondern fast immer im Sinn von Materie, Juwelen, Marmor usw. – oder wissenschaftlich im Sinne von Kräften. Und sein Versrhythmus ist immer konstruiert. Das nennt man „einen Stil haben".

Was er mit Ligeia tun will, ist, sie zu analysieren, bis er alle ihre Bestandteile kennt, bis er sie ganz mit seinem Bewußtsein aufgesogen hat. Sie ist eine eigenartige chemische Substanz, die er in den Reagenzgläsern seines Gehirns analysieren muß, und dann – wenn er die Analyse durchgeführt hat – *E finita la commedia!*
Aber sie läßt sich nicht gänzlich analysieren. Da bleibt noch etwas, etwas, das er nicht erfassen kann. Über ihre Augen sagt er: „Sie waren, wie ich glauben muß, weit größer als die gewöhnlichen Augen, die unserem Geschlecht zuteil geworden sind" – als wenn sich jemand Augen wünschte, die „weit größer" als die anderer Leute sind. „Sie waren voller als selbst die vollsten der Gazellenaugen des Stammes im Tale von Nourjahad" – das ist leeres Stroh. „Die Farbe der Bälle war ein allschimmernd Schwarz, und weit über sie hingen jett-dichte Wimpern von beträchtlicher Länge. Die Brauen, leicht unregelmäßig geschwungen, hatten den gleichen Farbton. Die ‚Fremdartigkeit' jedoch, die ich in diesen Augen fand, war von einer Art, die mit der Form, der Farbe, dem Glanz der Einzelzüge nicht zusammenhängt, und muß letzten Endes ihrem *Ausdruck* zugeschrieben werden." – Das klingt, als sezierte ein Anatom eine Katze –
„Ach, des Worts ohne Bedeutung!, hinter dessen bloßer phonetischer Breitenausdehnung wir unsre Unkenntnis von so viel Spirituellem verschanzen. Der Ausdruck der Augen der Ligeia! Wie oft, stundenlang, hab' ich darüber nachgegrübelt! Wie hab' ich, eine ganze Mittsommernacht hindurch, mich gemüht, ihn zu ergründen! Was war es – dieses ‚tiefer als der Brunnen des Demokritus' – das dort fern im Hintergrund der Pupillen meiner Geliebten lag? Was war es doch? Ich war wie besessen von der Passion des Entdeckens ..."
Man kann leicht begreifen, warum jeder Mensch das tötet, was er liebt. Ein lebendes Wesen zu *kennen*, bedeutet, es zu töten. Um ein Wesen hinreichend kennen zu können, muß man es töten. Aus diesem Grunde ist das begehrliche Bewußtsein, der GEIST, ein Vampir.
Man sollte klug genug und daran interessiert sein, recht

viel *über* jede Person zu erfahren, mit der man in engen Kontakt kommt. *Über* sie. Oder *über* ihn.
Aber jemand ganz zu kennen versuchen, heißt, ihm das Leben auszusaugen. Vor allem gilt das für die Frau, die man liebt. Jeder heilige Instinkt lehrt, daß man sie unerkannt lassen soll. Im Blut hat man eine dunkle Ahnung von seiner Frau. Der Versuch, sie geistig zu *erkennen*, kommt einem Tötungsversuch gleich. O Frau, hüte dich vor dem Mann, der erkennen will, *was du bist*. Und ihr, o Männer, hütet euch noch tausendmal mehr vor der Frau, die euch *erkennen* will oder *wissen* will, was ihr seid.
Das ist die Versuchung durch einen vampirischen Unhold, dieses Erkenntnisstreben.
Der Mensch will so furchtbar gern *geistiger Herr* über das Geheimnis des Lebens und der Persönlichkeit sein. Es ist wie bei der Analyse von Protoplasma: Man kann nur *totes* Protoplasma analysieren und seine Bestandteile ergründen. Es ist ein tödliches Verfahren.
Wissen schickt sich für die Welt der Materie, der Kräfte, der Funktionen. Mit dem lebendigen Sein hat es nichts zu schaffen.
Aber Poe wollte wissen – er wollte wissen, was die Fremdartigkeit in Ligeias Augen zu bedeuten hatte. Sie hätte ihm sagen können, daß sie Entsetzen vor seiner Analyse bedeutete, Entsetzen darüber, daß sein Geist als Vampir an ihr saugte.
Aber sie ersehnte den Biß des Vampirs. Sie wollte durch seinen Geist analysiert werden, *erkannt* werden. Für diese Sucht hat sie dann auch bezahlt.
Heutigentags ist es gewöhnlich der Mann, der einen Vampir an sich saugen läßt, der Mann will *erkannt* werden.
Edgar Allan Poe analysierte und analysierte. Wie oft schien er doch dicht daran. Doch sie überschritt die Grenze des Todes, ehe er die Grenzen des Wissens hinausschieben konnte. Und so kommt es immer.
Er stellte deshalb fest, daß der Schlüssel zu der Fremdartigkeit im Mysterium des Willens lag. „Und darin leit der Wille, der stirbet nimmer ..."
Ligeia hatte eine „gigantische Willenskraft" ... „Die

Hochgespanntheit des Gedankens, der Tat, der Rede, ist bei ihr möglicherweise ein Ergebnis oder zumindest ein Anzeichen, jener gigantischen Willenkraft gewesen, die während unsres langen Umgangs andere & direktere Belege ihres Vorhandenseins zu geben verfehlt hat."
Ich dächte doch, daß sie sich ihm so lange unterwarf, wäre ein wichtiger und ausreichender „anderer Beleg".
„Von allen Frauen, die ich je gekannt habe, fiel sie, die äußerlich ruhige, die immer-milde Ligeia, dem ungestüm andringenden Fittichschlage tiefer Leidenschaft am heftigsten zur Beute. Und von solcher Leidenschaft konnte ich nie anders eine Mutmaßung mir bilden, als eben durch jene miraculöse Expansion ihrer Augen, die mich immer so entzückte & gleichzeitig erschreckte – durch die schier magische Melodie, Modulation, Deutlichkeit & Sanftheit ihrer sehr tiefgedämpften Stimme – und durch die wütende Energie (doppelt eindrucksvoll durch den Kontrast mit ihrer Sprechweise), der wilden Worte, die sie gewohnheitsmäßig äußerte."
Armer Poe, er hatte einen Vogel der gleichen Spezies gefangen. Einen aus der schrecklichen Schar der Gierigen, die nach noch mehr Gefühl gieren. Gier bis zum Wahnsinn oder zum Tod. „Fittichschlag tiefer Leidenschaft!" Geierfittiche – Kondorfittiche.
Aber nachdem er die Schlüsselrolle ihrer großen Willenskraft erkannt hatte, hätte er merken müssen, daß der Prozeß des Liebens, Begehrens und Erkennens ein Willenskampf war. Aber Ligeia, der großen Tradition und Art der Frauenliebe treu, unterwarf sich willentlich, war die Empfangende. Sie ist das passive Wesen, das erforscht und zu Tode analysiert wird. Und doch muß ihr gewaltiger weiblicher Wille manchmal aufbegehrt haben. „Fittichschlag tiefer Leidenschaft!" Mit krampfhafter Gier begehrte sie von ihm immer weiter analysiert und erkundet zu werden. Schrankenlos. Aber dann die „ungestüm andringenden Fittichschläge tiefer Leidenschaft". Sie mußte gegen sich selbst kämpfen.
Aber Ligeia wollte das Begehren, Lieben und Fühlen, das Analysieren und Erkennen immer weiter treiben, bis zum Ende.

Es gibt kein Ende. Es gibt nur das Abreißen des Lebensfadens durch den Tod. Im Tod sind Männer und Frauen zu „haben". Der Mensch wird bei seiner Suche nach der letzten *Erkenntnis* immer verkauft.

„Daß sie mich liebe, würde ich nicht bezweifelt haben; und auch dessen hätte ich ohne weiteres gewiß sein dürfen, daß in einem Busen, wie dem ihren, die Liebe ungleich der gewöhnlich so genannten Leidenschaft regiere. Aber erst im Tode bekam ich den vollen Eindruck von der Stärke ihres Gefühls. Lange Stunden, während deren sie sich meiner Hand bemächtigt hielt, ergoß sie vor mir das Überströmen eines Herzens, dessen mehr als leidenschaftliche Ergebenheit sich dem Götzendienst näherte."

(O die Ungehörigkeit dieses ganzen endlosen intimen Gesprächs!)

„Wie hatte ich mir nur verdient, durch solche Geständnisse beseligt zu werden? – und wie hatt' ich mir verdient, so verflucht zu werden durch Abberufung meiner Geliebten in eben der Stunde, wo sie sie machte? Aber ich kann es nicht ertragen, mich über diesen Gegenstand zu verbreiten. Sei mir vergönnt, mich darauf zu beschränken, daß in Ligeias mehr als weiblicher Hingebung an eine Liebe – wehe!, wie unverdient; wie einem Unwürdigen gespendet – ich endlich das Grundprinzip ihres Sehnens erkannte, ihrer so ungestüm ernstlichen Begierde nach einem Leben, das ihr nunmehr so reißend entschwand. Es ist dies wilde Sehnen – diese eifervolle Heftigkeit der Sucht nach Leben – *nichts als Leben* – das getreulich zu schildern ich nicht die Macht habe – nicht die Fähigkeit es in klare Ausdrücke zu fassen."

Nun, das ist wahrhaftig gespenstisch genug.

„Wer aber nicht hat, von dem wird auch genommen, was er hat."*

„Wer Leben besitzt, dem soll Leben gegeben werden, und dem, der kein Leben besitzt, soll auch das genommen werden, was er besitzt."

Solche schrecklich bewußten Vögel, wie Poe und seine

* Matthäus 13,12.

Ligeia, verleugnen sogar das Leben, das in ihnen ist; sie wollen es gänzlich zerreden und *erkennen*. Und deshalb flieht sie das Leben, das *nicht* erkannt sein will.
Doch arme Ligeia, was konnte sie dafür? Es war ihr Schicksal. Die ganzen Jahrhunderte des *Geistes*, die Jahre der amerikanischen Rebellion gegen den Heiligen Geist hatten ihr das angetan.
Sie stirbt, als sie alles andere als sterben will. Und als sie stirbt, stirbt mit ihr der Schlüssel zur Erkenntnis, um dessentwillen er lebte.
Aus!
Alles aus!
Kein Wunder, daß sie beim letzten Atemzug schreit.
An ihrem letzten Tag diktiert Ligeia ihrem Mann ein Gedicht. Als Gedicht klingt es ziemlich falsch und gekünstelt. Aber wenn man sich an Ligeias Stelle versetzt, ist es nur zu echt und unerträglich grauenvoll.

„Aus – aus gehn die Lichter – all aus. –
Genug ward gebebt; und alsbald
kommt stürmisch (ein Bahrtuch, o Graus!)
der Vorhang herniedergewallt.
Und die Engel stehn auf; bleich, gedrückt,
bestätigen sie den Verhalt:
‚Mensch‘ hieß das gesehene Stück,
und *‚Der Wurm‘* war die Siegergestalt."

Das ist das amerikanische Pendant zu einem Gedicht von William Blake. Denn auch Blake war einer von diesen unheimlichen, indiskreten „Wissenden".
„‚O Gott!‘ – Ligeia schrie es halb, als ich mit diesen Zeilen ein Ende machte, indem sie aufsprang & mit einer krampfigen Gebärde die Arme nach oben reckte – ‚O Gott! O himmlischer Vater! – sollen diese Dinge denn unwandelbar so sein? – Soll dieser Sieger denn nicht 1 Mal besiegt werden? Sind wir denn nicht Deines Wesens ein Teil? Wer – wer kennet die mysteria des Willens sampt seiner Macht? Der Mensch steht den Engeln nach, *ja letztlich dem Tode selbst*, nur kraft der Schwäche seines so matten Willens."

Damit stirbt Ligeia. Und ergibt sich wenigstens teilweise dem Tod. *Anche troppo.*
Und was ihren Schrei zu Gott betrifft – hat nicht Gott gesagt, daß denen, die gegen den Heiligen Geist sündigen, nicht vergeben wird?
Und der Heilige Geist ist in uns. Er ist es, der uns dazu anhält, wahrhaftig zu sein, unseren Begierden nicht gänzlich zu erliegen, nicht auf Tricks und hochtrabendes Geschwätz hereinzufallen, und vor allem, unser Ich nicht zu egoistisch und herrisch werden zu lassen, sondern uns zu ändern, wenn es der Geist in uns befiehlt, und abzulassen von unserem Tun, wenn er das verlangt, und zu lachen, wenn uns das Lachen ankommt, besonders über uns selbst, denn an tödlichem Ernst ist immer etwas Komisches. Der Heilige Geist verlangt von uns, daß wir nie todernst sein sollen, daß wir immer zur rechten Zeit lachen, über uns und alles andere. Besonders über unsere Vortrefflichkeit. Alles hat seine komischen Seiten – alles.
Aber ach, Poe und Ligeia konnten nicht lachen. Sie waren wahnsinnig ernst. Und wie wahnsinnig trieben sie dieses Vibrieren des Geistes und den geistigen Gleichklang immer weiter. Sie sündigten gegen den Heiligen Geist, der uns allen gebietet, zu lachen und zu vergessen, der uns gebietet, unsere Grenzen zu akzeptieren. Und ihnen wurde nicht vergeben.
Ligeia durfte dafür nicht Gott die Schuld geben. Sie hatte das nur ihrem eigenen Willen, ihrer „gigantischen Willenskraft“ zu verdanken, die nach mehr Bewußtheit strebte, nach mehr schrecklichem *Wissen.*
Ligeia stirbt. Ihr Gatte wendet sich nach England, mietet vulgärerweise eine düstere, stattliche alte Abtei, läßt sie notdürftig renovieren und stattet ihre Gemächer mit exotisch-geheimnisvollem, theatralischem Prunk aus. Nie etwas Klares und Echtes. Diese gewollte Theatralik! Schlechter, sensationslüsterner Geschmack.
Dann heiratet er die blonde, blauäugige Lady Rowena Trevanion von Tremaine. Das heißt, sie soll so etwas wie eine sächsisch-kornische Lady sein. Armer Poe!
„In Hallen dieser Art – einem Brautgemach dieser Art –

verbrachte ich mit der Lady von Tremaine die unheiligen Stunden des ersten Monats unsrer Ehe – verbrachte sie unter nur geringer Unruhe. Daß mein Weib die wilde Verdrossenheit meines Wesens fürchtete – daß sie mich mied & nur recht wenig liebte – mußte ich wohl oder übel erkennen; aber es bereitete mir dies eher Vergnügen als das Gegenteil. Denn ich verabscheute sie mit einem Haß, der eher einem Dämon angestanden hätte, als einem Menschen. All mein Gedenken floh zurück, (oh, mit welchem Grad von Reue!) zu Ligeia, der geliebten, der erhabenen, der schönen, der begrabenen. Ich schwelgte in Erinnerungen an ihre Reinheit ..." usw.
Jetzt zeigt sich das vampirische Gelüst offen als solches. Im zweiten Ehemond wird Lady Rowena krank. Der Schatten Ligeias liegt auf ihr. Die gespenstische Ligeia gießt Gift in Rowenas Pokal. Der Geist Ligeias, verbündet mit dem Geist des Mannes, schöpft Lust aus der langsamen Zerstörung von Rowena. Zwei Vampire sind das – die tote Frau und der lebende Mann.
Denn Ligeia hat sich nicht *gänzlich* dem Tode ergeben. Ihr fester, frustrierter Wille kehrt rachedürstend zurück. Im Leben erfüllten sich ihre Wünsche nicht. Deshalb will sie auch lebende Opfer haben. Und der Mann benutzt Rowena die ganze Zeit nur als ein Wesen, an dem er sich dafür rächen kann, daß er mit Ligeia gescheitert ist. Gescheitert ist sein Versuch, sie bis ins Letzte zu *erkennen.*
Und schließlich aufersteht Ligeia aus Rowenas Leichnam. Aus dem Tod kehrt Ligeia durch die Tür eines Körpers wieder, den die beiden gemeinsam getötet haben, und versucht immer noch, ihren Willen zu bekommen, mehr Liebe und Wissen zu bekommen, die endgültige Befriedigung, die nie endgültig ist, mit ihrem Mann zu erleben.
Denn es ist wahr, das William Jones und Conan Doyle und die übrigen behaupten, daß ein Geist den Tod überdauern kann durch seinen eigenen Willen. Doch meist ist es das böse Fortbestehen eines frustrierten Willens, der sich am Leben rächen will. Lemuren, Vampire.
Es ist eine unheimliche Geschichte von der Behauptung

des menschlichen Willens, des Liebeswillens und des Erkenntniswillens, der sich gegen den Tod selbst behauptet. Der menschliche Wissensdünkel.
Es gibt schreckliche Geister und Gespenster in der Luft Amerikas.
„Eleonora“, die nächste Geschichte, ist eine Phantasie über die Sinnesfreuden eines jungverheirateten Mannes mit der jugendlichen, zarten Braut. Sie – er, seine Kusine und deren Mutter – wohnten in dem verborgenen Tal des vielfarbigen Grases, dem Tal der prismatischen Sinneswahrnehmung, wo alles in den Farben des Spektrums leuchtet. Sie schauten ihr *eigenes Bild* im Fluß des Schweigens und zogen den Gott Eros aus den Fluten; das heißt aus ihrem eigenen Bewußtsein. Das ist die Beschreibung eines Lebens der Nabelschau und der Liebe, die das Ich dem Ich einflößt, der selbsterzeugten Liebe. Die Bäume erscheinen wie Schlangen, die die Sonne anbeten. Das bedeutet, sie verkörpern die phallische Leidenschaft in ihren giftigen oder geistigen Äußerungen. Alles läuft auf das Bewußtsein hinaus: Schlangen, die die Sonne anbeten. Die Umarmung der Liebe, die Dunkelheit und Vergessen bringen sollte, mußte bei diesem Liebespaar eine Tagesbeschäftigung sein, die ein gesteigertes Bewußtsein erzeugte, Visionen, prismatische Regenbogenvisionen. Wie schlimm doch alles Lieben bei Tage ist und alles Palaver über Sex.
In „Berenice“ muß der Mann in die Gruft seiner Geliebten hinabsteigen und ihr die zweiunddreißig kleinen weißen Zähne ausbrechen, die er dann in einer Schachtel mit sich herumträgt. Es ist widerlich und hämisch. Die Zähne sind die Werkzeuge des Beißens, des Widerstandes, des Widerspruchs. Sie werden oft zum Symbol der Opposition, kleine Werkzeuge oder Gebilde zum Zermalmen und Zerstören. So erklären sich die Drachenzähne im Mythos. Deshalb muß sich der Mann in „Berenice“ den unverweslichen Teil seiner Geliebten aneignen. *„Toutes ses dents étaient des idées“*, sagt er. Wenn dem so ist, dann sind es fixe Ideen bitteren Hasses, die er sich aneignet.
Die andere große Erzählung, die zu dieser Gruppe ge-

hört, ist „Der Fall des Hauses Ascher" („The Fall of the House of Usher"). Sie handelt von der Liebe zwischen Bruder und Schwester. Wenn das Ich zerrüttet ist und es nicht gelingt, das Geheimnis des *anderen Wesens* zu erkennen, dann wird die Sehnsucht nach Identifikation mit der Geliebten zur Sucht. Und diese Sehnsucht nach Identifikation, nach völliger Verschmelzung liegt dem Inzestproblem zugrunde. In der Psychoanalyse wird fast jedes psychische Problem auf einen Inzestwunsch zurückgeführt. Aber das funktioniert nicht. Der Inzestwunsch ist nur eine der Möglichkeiten, durch die Menschen die stärksten Vibrationen der geistigen Nerven zu erlangen versuchen, ohne Widerstand. Innerhalb einer Familie kommt die natürliche Vibration einer Harmonie am nächsten. Bei einem fremden Menschen ist der Widerstand größer. Inzest bedeutet, Befriedigung zu erlangen und Widerstand zu umgehen.

Die Wurzel allen Übels ist, daß wir alle diese geistige Befriedigung wollen, diesen Überschwang, dieses offensichtlich intensivere Leben, dieses Erkennen, dieses Tal des vielfarbigen Grases – wo sogar Gras und Licht in die Spektralfarben zerlegt sind, was in Ekstase versetzt. Wir alle wollen das *ohne Widerstand.* Wir wollen das auf Dauer. Und das ist die Wurzel allen Übels in uns.

Wir sollten darum bitten, daß uns Widerstand geleistet wird, und zwar bis zum bitteren Ende. Wir sollten uns entschließen, der Gier endlich zu entsagen. Das Motto zum „Fall des Hauses Ascher" sind zwei Zeilen von Béranger:

> „Son cœur est un luth suspendu:
> Sitôt qu'on le touche il résonne."

Wir finden hier den ganzen Aufputz von Poes ziemlich überdrehter, geschmackloser Phantasie.

„Ich lenkte mein Roß an den abschüssigen Rand einer schlimm-schwarzen Teichscheibe, die glänzend & faltenlos am Hause lag, und spähte hinabhinein – aber noch durchdringender als zuvor schüttelte mich Schauder, ob der abgeformten & verkehrten Spiegelgestalten des

grauen Röhrichts, und der spukhaften Baumschäfte, und der blicklosen Fensteraugen."
Das Haus Ascher, sowohl das Bauwerk als auch das Geschlecht, war sehr alt. Winzige Pilze überzogen die Außenmauern und hingen in Girlanden von der Dachtraufe. Gotische Wandelgänge, ein herumschleichender Kammerdiener, düstere Gobelins, ebenholzschwarze Fußböden, ein Übermaß altersschwachen Mobiliars, schwache rötliche Lichtstrahlen, die durch vergitterte Fenster dringen, und über dem allen „ein Hauch von ernsthafter, tiefer, unaustilgbarer Schwermut" – so sieht das Innere des Hauses aus.
Die Bewohner des Hauses, Roderick und Madeline Ascher, sind die Letzten ihres unvergleichlich alten und degenerierten Geschlechtes. Roderick hat die gleichen großen glänzenden Augen, die gleiche leicht gebogene Nase von dezent jüdischem Schnitt, die Ligeia auszeichneten. Er hat das nervöse Leiden seiner Familie geerbt. Er ist es, dessen Nerven so gespannt sind, daß unbekannte Ätherschwingungen sie erzittern lassen. Auch er hat sich selbst, seine lebendige Seele, verloren und ist zum sensiblen Instrument äußerer Einflüsse geworden; seine Nerven sind wahrhaftig eine Äolsharfe, die vibrieren muß. Er lebt in „irgendeinem Ringkampf mit dem grimmen Schattenwesen *Furcht*", denn er ist ein Lebewesen mit der physischen Realität einer Leiche.
Es ist die Frage, wieviel das Bewußtseinsinstrument des Menschen registrieren kann, wenn erst einmal der Kern des Ich zerstört ist. Wenn der Mensch sich selbst verliert und einer Harfe im Wind gleicht, wieviel kann dann sein elementarer Geist ausdrücken? Das Blut auf seiner Umlaufbahn hat gegenüber der materiellen Welt seine eigenen Gefühle und Reaktionen, unabhängig von der visuellen Wahrnehmung. Und wie wir wissen, nehmen die Nerven die ganze Zeit die Schwingungen unsichtbarer Gegenwarten, unsichtbarer Kräfte auf. Roderick Ascher zittert also am Rand der materiellen Existenz.
Dieser mechanische Geist ist es, der bei Rodericks Gitarrenspiel „die flackernde Leichtigkeit der Impromptus" erzeugt. Ebendies verleiht Poe seine außerordentliche

Leichtigkeit beim Verseschmieden. Das Fehlen eines wirklich in sich ruhenden oder impulsiven eigenständigen Wesens macht ihn übermäßig und automatisch empfänglich für Laute und Effekte, zum Beispiel für Laut- und Reimassoziationen, die automatisch und gefällig und auf keine Leidenschaft gegründet sind. Das Ganze ist ein sekundärer, unechter Vorgang. So entsteht dann Roderick Aschers Gedicht „Das Geisterschloß" („The Haunted Palace") mit seinen eleganten, aber mechanischen Reim- und Rhythmusspielereien und seinen geschmacklosen Epitheta. Das Ganze ist eine Art Traumprozeß, in dem die Teile mechanisch und zufällig zusammengefügt sind, jedenfalls soweit es die emotionale Bedeutung betrifft.
Ascher glaubte, daß alles pflanzliche Leben Empfindungsvermögen besäße. Bestimmt hat alle Materie ein *gewisses* Empfindungsvermögen, sogar die anorganische Materie; bestimmt äußert sich jede Existenzform in einer feinen und komplizierten vibrierenden Spannung, die sie äußere Einflüsse aufnehmen und selbst Einfluß auf andere Objekte haben läßt, auch ohne unmittelbaren Kontakt. Dieses Vibrieren oder dieses inorganische Bewußtsein beherrscht Poe meisterhaft: das Schlafbewußtsein. Daher war Roderick Ascher davon überzeugt, daß seine ganze Umgebung, die Steine des Hauses, die Pilze, das Wasser des Pfuhles und sogar das Spiegelbild darin, mit der Familie zu einer physischen Einheit verwoben sei und sich, wenn man so will, zu einer Atmosphäre verdichtete – der speziellen Atmosphäre, in der nur die Aschers leben konnten. Und diese Atmosphäre hatte auch die Geschicke seiner Familie bestimmt.
Aber wenn die Seele noch lebendig ist, dann ist sie die Formende und nicht die Geformte. Die Seelen der Lebenden prägen nämlich auf feine Weise Steine, Häuser, Berge und Kontinente und verleihen ihnen ihre subtilste Form. Menschen unterliegen dem Einfluß von Steinen nur, wenn sie ihre unversehrten Seelen verloren haben. Im menschlichen Bereich hatte Roderick eine Beziehung: seine Schwester Madeline. Auch sie war todkrank, hatte ein kataleptisches Nervenleiden. Bruder und

Schwester liebten einander leidenschaftlich und ausschließlich. Sie waren Zwillinge von außerordentlicher Ähnlichkeit. Zwischen ihnen herrschte die gleiche verzehrende Liebe. Ihre Nerven vibrierten fortlaufend im Gleichklang, was zu ständig steigender Erregung und einem speziellen Bewußtseinszustand und nach und nach zum Zusammenbruch mit tödlichen Folgen führte. Der hochgradig empfindsame Roger vibrierte widerstandslos gemeinsam mit seiner Schwester Madeline, immer heftiger – er verschlang sie allmählich, saugte in der Qual extremer Liebe wie ein Vampir an ihrem Leben. Und sie war damit einverstanden.

Madeline starb und wurde von ihrem Bruder in die unterirdischen Gewölbe des Schlosses getragen. Doch sie war nicht tot. Ihr Bruder wanderte derweil rastlos in beginnendem Wahnsinn umher – einem Wahnsinn, genährt von unsäglicher Angst und Schuldgefühlen. Nach acht Tagen erschreckte plötzlich ein metallisches Gerassel die Hausbewohner, gefolgt von einem deutlichen, dumpf hallenden, doch offenbar gedämpften Echo. Da fing Roderick Ascher hektisch zu reden an und sprach es aus: „*Wir haben sie lebend in die Gruft gesenkt!* Sagte ich nicht, meine Sinne seien scharf? So wisse nun, daß ich ihre ersten schwachen Regungen im hohlen Sarge hörte. Sie hörte – viele, viele Tage sind's – doch ich wagt' nicht – *ich wagt' nicht zu sprechen!*"

Es ist immer dasselbe alte Thema: Jeder Mensch tötet, was er liebt. Er wußte, daß seine Liebe sie getötet hatte. Er wußte, daß sie schließlich wie Ligeia widerstrebend und unversöhnt starb. Deshalb erhob sie sich gegen ihn.

„Aber da draußen vor der Tür *stand* die hohe verhüllte Gestalt der Lady Madeline von Ascher. Blut war auf ihren weißen Gewanden, und Spuren verzweifelter Anstrengung überall entlängs des abgezehrten Leibes. Einen Herzschlag lang verharrte sie zitternd auf der Schwelle und schwankte und taumelte hin und her. Dann, mit einem leise stöhnenden Schrei, schlug sie nach vorn, an den Körper ihres Bruders, und riß ihn, in ihrem heftigen und nunmehr endgültigen Todeskampf mit sich zu Boden – auch er eine Leiche, ein Opfer des Grauens, wie er es ahnend vorweggenommen hatte."

Das ist unheimlich und melodramatisch, aber es ist wahr. Es ist eine gespenstische, aber psychologisch wahre Darstellung dessen, was im letzten Stadium dieser Überliebe geschieht, die von keiner Trennung, keiner Eigenständigkeit wissen will, die nicht will, daß jeder für sich auf den einzigen Heiligen Geist hören soll. Denn durch den Heiligen Geist müssen wir leben. Die kommende Epoche ist die Epoche des Heiligen Geistes. Und der Heilige Geist spricht ganz persönlich in jedem Individuum – immer und ewig ein Geist. Es gibt keine Offenbarung für die Welt im allgemeinen. Jedes eigenständige Individuum hört für sich auf den Heiligen Geist in sich selbst.

Die Aschers, Bruder und Schwester, verrieten den Heiligen Geist in sich. Sie wollten nur lieben und nochmals lieben, ohne Widerstand zu leisten. Sie wollten lieben, sie wollten verschmelzen, sie wollten eins sein. Deshalb rissen sie einander in den Tod. Denn der Heilige Geist sagt, man soll *nicht* mit einem anderen Wesen verschmelzen. Jeder soll sich selbst treu bleiben und darf nur in bestimmten Grenzen mit anderen übereinstimmen.

Die besten Erzählungen tragen alle dieselbe Last. Haß ist genauso unmäßig wie Liebe, auch er frißt den Menschen allmählich auf, er ist genauso heimlich, unterschwellig, subtil. Diese Geschichten von unterirdischen Gewölben symbolisieren bei Poe nur, was *unterhalb* der Bewußtseinsebene vor sich geht. An der Oberfläche ist alles freundlich. Darunter lauert Entsetzliches: die mörderische Perversion des lebendig Begrabens. In „Das Gebinde Amontillado" („The Cask of Amontillado") wird Fortunato aus schierem Haß lebendig begraben, wie die Lady Madeline Ascher aus Liebe lebendig begraben wird. Den Hassenden gelüstet es unmäßig, die Seele des Gehaßten zu verzehren und zu besitzen; genauso gelüstet es den Liebenden, den Geliebten völlig zu besitzen oder völlig von ihm besessen zu werden. Aber in beiden Fällen ist das Ergebnis die Zerstörung beider Seelen, beide verlieren sich selbst, weil sie ihre Grenzen überschreiten.

Montresor gelüstet es, Fortunatos Seele gänzlich zu vernichten. Es hätte keinen Sinn, ihn ohne Umschweife zu töten. Wenn man einen Menschen ohne Umstände tötet, bleibt seine Seele intakt, sie kann in die Brust eines geliebten Wesens schlüpfen und sich dort verkörpern. Als Montresor seinen Feind in dem Gewölbe einmauert, versucht er, die vollständige Kapitulation der Seele des Mannes zu erzwingen, damit er, der Sieger, sich das innerste Wesen des Vernichteten aneignen kann. Vielleicht kann man das wirklich erreichen. Vielleicht durchbricht der Sieger aber bei dem Versuch seine eigenen Grenzen und stürzt ins Nichts oder ins Unendliche. Und wird zum Monster.

Was für unmäßigen Haß gilt, gilt auch für unmäßige Liebe. Das Motto *Nemo me impune lacessit* könnte genausogut lauten: *Nemo me impune amat.**

In „William Wilson" haben wir den leicht zu deutenden Bericht über den Versuch eines Mannes, seine eigene Seele abzutöten. William Wilson, das mechanische, von Gier getriebene Ego, tötet erfolgreich William Wilson, das lebendige Wesen. Das von Gier getriebene Ego überlebt und erniedrigt sich selbst allmählich zum Staub der Unendlichkeit.

In „Die Morde in der Rue Morgue" („The Murders in the Rue Morgue") und im „Goldkäfer" („The Gold Bug") haben wir jene mechanischen Erzählungen, bei denen das Interesse sich darauf konzentriert, der feinen Kette von Ursache und Wirkung nachzuspüren. Das Interesse ist eher wissenschaftlich als künstlerisch, es ist eine Studie psychologischer Reaktionen.

Die Faszination, die der Mord selbst ausübt, ist merkwürdig. Mord bedeutet nicht einfach Töten. Mord ist das Gelüst, an das Lebensmark heranzukommen und es zu zerstören – davon kommt die Heimlichkeit und die häufige pathologische Zerstückelung der Leiche, der Versuch, an das Lebensmark des Ermordeten zu gelangen, das Lebensmark aufzuspüren und sich anzueignen. Wie

* „Niemand schadet mir ungestraft" und „Niemand liebt mich ungestraft".

seltsam, daß zwei von der Kunst des Mordes – wenn auch auf verschiedene Weise – faszinierte Männer, De Quincey und Poe, Männer von so unterschiedlicher Lebensart, doch vielleicht gar nicht so unterschiedlicher Natur sein mußten. Bei beiden läßt sich jenes seltsame Gelüst der extremen Liebe und des extremen Hasses entdecken, nämlich, sich die Seele des anderen durch mystische Gewalt anzueignen oder die eigene Seele einem gewaltsamen Tod auszuliefern. Es fehlt die männliche Tugend, die für sich selbst einsteht und Grenzen anerkennt.

Inquisition und Folter sind dem Mord wesensverwandt: es ist das gleiche Gelüst. Beim Kampf des Inquisitors mit dem Opfer geht es darum, ob der Inquisitor an das Zentrum des Lebens herankommt und es vernichtet. Ob er das Seeleninnerste vernichten kann. Der böse Wille des Menschen versucht das. Die tapfere Seele des Menschen widersteht dem. Es ist seltsam: Genauso wie der pervertierte Wille nach dem Tode weiter Übles wollen kann, vermag der tapfere Geist selbst durch Folter und Tod hindurch das Zentrum des Lebens und die Wahrheit zu bewahren. Die moderne Gesellschaft ist böse. Sie erfindet subtile Foltermethoden, um das Zentrum des Lebens zu zerstören, um an das Lebenszentrum eines Menschen heranzukommen. Alles mögliche versucht sie. Und dennoch kann ein Mensch widerstehen, wenn er lachen und auf den Heiligen Geist hören kann. – Aber die Gesellschaft ist böse, böse, und die Liebe ist böse. Und das Böse zeugt Böses, immer mehr davon.

Daher besteht das Geheimnis weiter. La Bruyère sagt, alles Unglück des Menschen bestehe darin, daß *viennent de ne pouvoir être seuls*. Solange der Mensch existiert, wird er die Sehnsucht nach Liebe spüren oder das Brennen des Hasses, der lediglich Liebe mit umgekehrten Vorzeichen ist.

Aber es ist noch etwas anderes, was den Menschen ausmacht. Wie wir nicht leben, um zu essen, so leben wir auch nicht, um zu lieben.

Wir leben, um für uns selbst einzustehen und auf den Heiligen Geist zu hören. Der Heilige Geist, der in uns

wohnt und viele Götter verkörpert. Viele Götter kommen und gehen, einige sagen das, die anderen dies, und wir müssen dem Gott der innerlichsten Stunde gehorchen. Die Göttervielfalt in uns schafft den Heiligen Geist.
Aber Poe kannte nur Liebe, Liebe, Liebe, heftige Vibrationen und gesteigertes Bewußtsein. Drogen, Frauen, Selbstzerstörung, auf jeden Fall aber die Regenbogen-Ekstase des gesteigerten Bewußtseins und das Gefühl der Liebe, des Überschwangs. Die menschliche Seele in ihm war außer sich. Aber sie war nicht verloren. Er hat uns alles präzise geschildert, damit wir Bescheid wissen sollten.
Er war ein Abenteurer, der in die Gewölbe und Keller und fürchterlichen unterirdischen Gänge der menschlichen Seele eindrang. Er drückte das Entsetzen aus und warnte vor dem Untergang, der sein eigener war.
Zum Untergang war er verurteilt. Er starb, weil er immer mehr Liebe wollte, und Liebe tötete ihn. Eine gespenstische Krankheit das, die Liebe. Poe sprach zu uns von seiner Krankheit; er versuchte sogar, seine Krankheit schön und anziehend zu machen. Und es gelang ihm sogar.
Und darin besteht die unvermeidliche Falschheit und Doppelzüngigkeit der Kunst, insbesondere der amerikanischen Kunst.

1923

Die Zitate folgen der Werkausgabe des Walter-Verlages (Olten und Freiburg i. B.) in der Übersetzung von Arno Schmidt.

Whitman

Wirkungen post mortem?
Und was ist mit Walt Whitman?
Der „gute graue Dichter"?
War er ein Geist in all seiner Körperlichkeit?
Der gute graue Dichter.
Wirkungen post mortem. Geister.
Eine gewisse grabschänderische Unbeständigkeit. Eine gewisse fürchterliche Suppe aus menschlichen Teilen. Eine gewisse Schrillheit und eigentümliche Begabung. Eine gewisse Zwielichtigkeit in seinen Segnungen.
DEMOKRATIE! DIESE STAATEN! PHANTOME! GELIEBTE, ENDLOSE GELIEBTE!
EINE IDENTITÄT!
EINE IDENTITÄT!
ICH BIN, DER SCHMERZEN LEIDET AN SEHNSÜCHTIGER LIEBE.
Glaubt ihr mir, wenn ich Wirkungen post mortem sage?
Als die *Pequod* unterging, blieben noch viele namhafte und schmutzige Dampfschiffe, die das Meer belebten. Die *Pequod* sinkt mit allen Seelen, aber ihre Körper tauchen wieder auf und bemannen zahllose Frachtdampfer und Passagierdampfer. Leichen.
Was wir meinen, ist, daß Menschen weitergehen, weitermachen, geschäftig bleiben können, ohne Seele. Sie haben ihr Ego und ihren Willen; das ist genug, um sie in Gang zu halten.
Man sieht also, der Untergang der *Pequod* war nichts weiter als eine metaphysische Tragödie. Die Welt geht trotzdem weiter. Das Schiff der *Seele* ist gesunken. Aber der maschinengesteuerte Körper arbeitet trotzdem: er verdaut, kaut Kaugummi, bewundert Botticelli und leidet Schmerzen an sehnsüchtiger Liebe.
ICH BIN, DER SCHMERZEN LEIDET AN SEHNSÜCHTIGER LIEBE.
Was soll man davon halten? ICH BIN, DER SCHMERZEN LEIDET. Erste Verallgemeinerung. Erste unbequeme Verallgemeinerung. AN SEHNSÜCHTIGER LIEBE! O Gott! Lieber

Bauchschmerzen. Bauchschmerzen sind wenigstens spezifisch. Aber SCHMERZEN AN SEHNSÜCHTIGER LIEBE!
Wenn man sich vorstellt, das unter der Haut zu haben. Ganz und gar!
ICH BIN, DER SCHMERZEN LEIDET AN SEHNSÜCHTIGER LIEBE.
Walter, laß ab. Du bist nicht DER. Du bist nur ein beschränkter Walter. Und deine Schmerzen schließen durchaus nicht all die sehnsüchtige Liebe ein. Wenn du Schmerzen leidest, dann nur an einem kleinen bißchen sehnsüchtiger Liebe, und es gibt noch so viel mehr außerhalb des Schutzes deiner Schmerzen, daß du etwas nachsichtiger damit sein solltest.
ICH BIN, DER SCHMERZEN LEIDET AN SEHNSÜCHTIGER LIEBE.
TSCH! TSCH! TSCH!
TSCH-SCH-SCH-SCH-TSCH!
Erinnert einen an eine Dampfmaschine. Eine Lokomotive. Das sind die einzigen Dinger, die mir an sehnsüchtiger Liebe zu leiden scheinen. Der ganze Dampf in ihnen. Vierzig Millionen Footpounds Druck. Der Schmerz SEHNSÜCHTIGER LIEBE. Dampfdruck. TSCH!
Ein gewöhnlicher Mann empfindet Liebesschmerz für Belinda oder sein Heimatland oder den Ozean oder die Sterne oder die Überseele; wenn er meint, daß Schmerzen in Mode sind.
Es bedarf einer Dampfmaschine, um an SEHNSÜCHTIGER LIEBE zu leiden. Und zwar der ganzen.
Walt war wirklich zu übermenschlich. Die Gefahr beim Supermann ist, daß er mechanisch ist.
Man spricht von seiner „großartigen Animalität". Ja, er hatte es im Kopf, wenn dort die Animalität sitzt.

> Ich bin, der Schmerzen leidet an sehnsüchtiger Liebe;
> Gravitiert die Erde nicht? zieht nicht alle Materie,
> Schmerzend, alle Materie an?
> So mein Körper alle, die ich treffe oder kenne.

Was kann mechanischer sein? Der Unterschied zwischen Leben und Materie ist, daß das Leben, lebendige Dinge, lebende Wesen den Instinkt haben, sich von *mancher* Materie ganz und gar abzuwenden und frohgemut das Gros der meisten Materie ignorieren und sich nur ein paar bestimmten Teilen speziell ausgewählter Materie zuwenden. Was Lebewesen betrifft, die alle hilflos zu einem einzigen großen Schneeball zusammenwirbeln, so verbringen die meisten ja doch den größten Teil ihrer Zeit damit, sich aus dem Gesichtskreis der anderen Lebewesen zu entfernen; so daß man sie nicht riechen oder hören kann. Selbst die Bienen schwärmen nur um ihre eigene Königin. Und das ist gräßlich genug. Wenn man sich vorstellt, daß die gesamte weiße Menschheit wie ein Haufen Bienen aneinanderhinge.

Nein, Walt, du verrätst dich. Die Materie gravitiert *wirklich*, hilflos. Aber die Menschen sind übermütig und raffiniert und versuchen alle möglichen Wege.

Die Materie gravitiert, weil sie hilflos und mechanisch *ist*.

Und wenn du ebenso gravitierst, wenn dein Körper alle, die du triffst oder kennst, anzieht, dann muß doch irgend etwas bei dir ernsthaft schiefgegangen sein. Du mußt deine Triebfeder zerbrochen haben.

Du mußt auch der Mechanisierung verfallen sein. Dein Moby Dick muß wirklich tot sein. Jenes einsame phallische Monster des individuellen Du. Totpsychologisiert.

Ich weiß nur, daß mein Körper durchaus nicht alle, die ich treffe oder kenne, anzieht. Ich finde, ich kann nur wenigen Menschen die Hand schütteln. Aber die meisten würde ich nicht mit einer langen Stange berühren.

Deine Triebfeder ist zerbrochen. Walt Whitman. Die Triebfeder deiner eigenen Individualität. Und deshalb läufst du ab mit einem großen Surren und verschmilzt mit allem.

Du hast deinen isolierten Moby Dick getötet. Du hast deinen zutiefst sinnlichen Körper psychologisiert, und das ist sein Tod.

Ich bin alles, und alles ist ich, und so sind wir alle Eins in Einer Identität, wie das Ei des Universums, das schon vor einer ganzen Weile unfruchtbar gemacht worden ist.

Wer du auch bist, nach endlosen Ankündigungen –
Und aus diesem, einem und allen, webe ich den Gesang
Von mir selbst.

Wirklich? Nun, das zeigt nur, daß du überhaupt kein Selbst *besitzt*. Es ist ein Brei, kein Gewebe. Ein Mischmasch, kein Netz. Dein Selbst.
O Walter, Walter, was hast du damit gemacht? Was hast du mit dir selbst gemacht? Mit deinem eigenen individuellen Ich? Denn es klingt, als sei es ganz aus dir entwichen, entwichen ins Universum.
Wirkungen post mortem. Die Individualität war aus ihm entwichen.
Nein, nein, das liegt nicht an der Dichtung. Das sind Wirkungen post mortem. Und Walts großartige Gedichte sind wirklich riesige Grabpflanzen, Friedhofsgewächse von hohem Rang.
All dieser falsche Überschwang. All diese Listen von Dingen, gekocht in *einem* Puddingtuch! Nein, nein!
Ich möchte all diese Dinge nicht in mir haben, besten Dank.
„Ich weise nichts zurück", sagt Walt.
Wenn das so ist, dann muß man ein Rohr sein, an beiden Enden offen, dann kann alles durchlaufen.
Wirkungen post mortem.
„Ich umarme ALLE", sagt Whitman. „Ich webe alle Dinge in mich hinein."
Wirklich! Da kann von *dir* nicht mehr viel übrig sein, wenn du es gemacht hast. Wenn du den fürchterlichen Pudding der Einen Identität gekocht hast.
„Und wer auch geht eine Achtelmeile ohne Mitgefühl, der geht zu seinem eigenen Begräbnis in sein Leichenhemd gehüllt."
Dann nimm den Hut ab, mein Einmann-Trauerzug kommt vorbei.
Dieser schreckliche Whitman, dieser Dichter post mortem. Dieser Dichter mit der geheimen Seele, die tröpfchenweise aus ihm entweicht, ins Universum sickert.
Walt wird in seiner Person zur ganzen Welt, zum gan-

zen Universum, der ganzen Unendlichkeit der Zeit, so weit ihn seine ziemlich vagen Geschichtskenntnisse tragen werden, heißt das. Er war nicht in der Lage, sich zum Beispiel mit Charlie Chaplin zu identifizieren, weil Walt Charlie nicht kannte. Wie schade! Er hätte Gedichte schreiben können, Lobgesänge und was nicht sonst noch alles, Psalmodien, Lieder der Cinematernität.

O Charlie, mein Charlie, ein weiterer Film wird gedreht –

Sobald Walt etwas *kannte*, bildete er damit Eine Identität. Wenn er wußte, daß ein Eskimo in einem Kajak sitzt, so saß Walt sofort, klein und gelb und fettig, in einem Kajak.

Kannst du mir genau sagen, was ein Kajak ist?

Wer ist das, der einer kleinlichen Definition bedarf? Laß ihn mich erblicken, wie ich *in einem Kajak sitze.*

Ich erblicke nichts dergleichen. Ich erblicke einen ziemlich dicken alten Mann voll ziemlich seniler, selbstbewußter Sinnenfreude.

DEMOKRATIE. EN MASSE. EINE IDENTITÄT.

Das Universum, kurz gesagt, läuft hinaus auf EINS.

EINS.

1.

Und das ist Walt.

Seine Gedichte *Demokratie, En Masse, Eine Identität* sind lange Additions- und Multiplikationssummen, deren Lösung gleichbleibend das ICH ist.

Er erreicht den Zustand der TOTALITÄT.

Und was dann? Sie ist ganz leer. Nur eine leere Totalität. Ein unfruchtbar gemachtes Ei.

Walt war kein Eskimo. Ein kleiner, gelber, schlauer, gerissener, fettiger kleiner Eskimo. Und als Whitman einfach die Totalität annahm, das Eskimodasein eingeschlossen, für sich in Anspruch nahm, so saugte er nur den Wind aus einem ausgeblasenen Ei, nicht mehr. Eskimos sind nicht unbedeutendere kleine Walts. Sie sind etwas, was ich nicht bin, ich weiß das. Außerhalb des Eis meiner Totalität kichert der fettige kleine Eskimo. Außerhalb des Eis von Whitmans Totalität auch.

Aber Walt wollte es nicht. Er war alles, und alles war in

ihm. Er steuerte ein Automobil mit einem ganz grellen Scheinwerfer auf der Bahn einer fixen Idee, durch die Dunkelheit dieser Welt. Und auf diese Weise sah er alles. Wie ein Autofahrer in der Nacht.

Ich, der ich zufällig unter den Büschen im Dunkel schlafe und hoffe, daß mir keine Schlange unters Hemd kriecht, ich sehe Walt in seiner großen wilden poetischen Maschine vorüberfahren und denke bei mir: Was für eine lustige Welt der Kerl sieht!

EINE RICHTUNG! hupt Walt in seinem Auto und saust in dieselbe.

Währenddessen gibt es Myriaden von Wegen in der Dunkelheit, ganz zu schweigen von der pfadlosen Wildnis, was jeder weiß, der sich die Mühe macht, von der Straße abzubiegen – sogar von der Landstraße.

EINE RICHTUNG! jauchzt Amerika und fährt los in einem Automobil.

TOTALITÄT! kreischt Walt an einer Kreuzung und saust über einen unvorsichtigen Indianer.

EINE IDENTITÄT! singt das demokratische En masse und stürmt hinterher in Autos, ohne die Leichen unter den Rädern zu beachten.

Gott schütze mich, mir kommt es vor, als kröche ich in einen Kaninchenbau, um all diesen Automobilen zu entgehen, die über die EINE-IDENTITÄT-Bahn auf das GANZHEITS-Ziel zurasen.

Er hätte genausogut sagen können: „Die Weiblichkeit wartet auf meine Männlichkeit." O schöne Verallgemeinerung und Abstraktion! O biologische Funktion.

„Athletische Mütter dieser Staaten –" Muskeln und Schöße. Gesichter brauchten sie überhaupt nicht zu haben.

> Ich sehe meine Seele gespiegelt in der Natur,
> Ich sehe durch einen Nebel *Eine* in unaussprechlicher
> Vollkommenheit, Gesundheit und Schönheit,
> Geneigten Haupts, die Arme gefaltet über der Brust, –
> Ich sehe das Weib.

Alles war für ihn weiblich; sogar er selbst. Die Natur nur eine einzige große Funktion.

Dies ist der Keim – alsdann wird das Kind vom Weibe geboren, der Mann vom Weibe geboren,
Dies das Bad der Geburt, das Einsenken von klein und groß, und das Wiederhervorwachsen.

„Ich sehe das Weib –"
Wenn ich eine von seinen Frauen gewesen wäre, dann hätte ich ihm schon sein Weib gegeben, dem hätte ich was erzählt.
Sich immer mit dem Schoß von irgend etwas verschmelzen wollen.
„Ich sehe das Weib –"
Alles, solange er sich verschmelzen konnte.
Einfach schrecklich. Eine Art weißer Fluß.
Wirkungen post mortem.
Er hat wie alle Männer festgestellt, daß man mit einer Frau nicht richtig verschmelzen kann, obwohl es ziemlich weit geht. Das letzte Stück ist nicht zu schaffen. Also muß man aufgeben und es anderswo versuchen, wenn man *unbedingt* verschmelzen will.
In *Calamus* ändert er seine Weise. Er schreit und hämmert und jubelt nicht mehr. Er beginnt zu zögern, vorsichtig, nachdenklich.
Das eigenartige Schilfrohr hat seine rotgefärbte Wurzel neben dem Teich, und es läßt seine Blätter der Kameradschaft nach oben wachsen, Kameraden aus einer Wurzel, ohne das Eingreifen der Frau, des Weibes.
Deshalb singt er vom Mysterium der männlichen Liebe, der Liebe von Kameraden. Immer wieder sagt er dasselbe: die neue Welt wird auf der Liebe von Kameraden gebaut, die neue große Triebkraft des Lebens wird die männliche Liebe sein. Aus dieser männlichen Liebe wird die Inspiration für die Zukunft kommen.
Wirklich? Ist das sicher?
Kameradschaft! Kameraden! Das soll die neue Demokratie der Kameraden sein. Das ist das neue verbindende Prinzip auf der Welt! Kameradschaft.
Wirklich? Bist du sicher?
Es ist das verbindende Prinzip des wahren Soldatentums, wird uns in *Trommelschläge* gesagt. Es ist das ver-

bindende Prinzip im neuen Einklang für schöpferische Tätigkeit. Und es ist außerordentlich und einzig, berührt die Schwelle des Todes. Etwas, das schrecklich zu ertragen ist, schrecklich, dafür verantwortlich zu sein. Sogar Walt Whitman empfand das. Der Seele letzte und brennendste Verantwortung, die Verantwortung der Kameradschaft, der männlichen Liebe.

> Und doch erscheint ihr mir schön, ihr zartfarbigen Wurzeln, ihr erweckt mir Gedanken an den Tod.
> Tod, von euch verkündet, ist schön (was in der Tat ist endgültig schön außer Tod und Liebe?)
> O, ich glaube, nicht für das Leben singe ich hier mein Lied der Liebenden, für den Tod muß es wohl sein,
> Denn wie ruhevoll, feierlich schwillt er empor in das Reich der Liebenden,
> Tod oder Leben erscheint mir dann gleich, meine Seele mag sich nicht entscheiden
> (Obwohl ungewiß, glaube ich doch, daß die hohe Seele der Liebenden am innigsten den Tod willkommen heißt.)
> Wahrlich, O Tod, ich glaube jetzt, diese Halme bedeuten genau dasselbe wie du –

Das ist eigenartig, vom jubelnden Walt.
Tod! Tod ist jetzt seine Weise! Tod!
Verschmelzen! Und Tod! Welcher das endgültige Verschmelzen ist.
Das große Verschmelzen in den Schoß. Frau.
Und danach das Verschmelzen von Kameraden; Mannesliebe.
Und fast unmittelbar daneben der Tod, das endgültige Verschmelzen des Todes.
Da sieht man das Voranschreiten der Verschmelzung. Für die großen Verschmelzer ist die Frau schließlich nicht mehr angemessen. Für diejenigen, die Extreme lieben. Die Frau ist der letzten Verschmelzung nicht mehr angemessen. Deshalb ist die nächste Stufe das Verschmelzen der Mannesliebe. Und das ist am Rande des Todes. Es gleitet in den Tod hinüber.
David und Jonathan. Und der Tod des Jonathan.

Es gleitet immer in den Tod.
Die Liebe von Kameraden.
Verschmelzen.
So daß die neue Demokratie, wenn sie sich auf die Liebe von Kameraden gründen soll, sich auch auf den Tod gründet. Sie wird so schnell in den Tod übergehen.
Das letzte Verschmelzen. Die letzte Demokratie. Die letzte Liebe. Die Liebe von Kameraden.
Schicksalhaftigkeit. Und Schicksalhaftigkeit.
Whitman wäre nicht der große Dichter, der er ist, wenn er nicht die letzten Schritte getan und zum Tod hinübergeschaut hätte. Tod, das letzte Verschmelzen, das war das Ziel seiner Mannhaftigkeit.
Für die Verschmelzer bleibt die kurze Liebe der Kameraden, und dann der Tod.

> Nicht zögernd, nicht eilend,
> Gab mir Antwort die See,
> Wispernd mir durch die Nacht; ganz deutlich vor
>   Tageanbruch,
> Raunend das leise und süße Wort mir: Tod,
> Und wiederum Tod, Tod, Tod, Tod,
> Melodisch rauschend, nicht wie der Vogel, nicht wie
>   mein aufgewühltes Kinderherz,
> Doch nah herandringend, wie eigens für mich,
>   rauschend zu meinen Füßen,
> Und immer höher hinauf bis zu meinem Ohr sich
>   hebend und über und über sanft mich badend:
> Tod, Tod, Tod, Tod, Tod.

Whitman ist ein recht bedeutender Dichter des Lebensendes. Ein recht bedeutender Dichter post mortem der Seelenwanderungen, wenn die Seele ihre Integrität verliert. Der Dichter des letzten Schreis und Kreischens der Seele, an der Schwelle des Todes. *Après moi le déluge.*
Aber wir müssen alle sterben und uns auflösen.
Wir müssen auch im Leben sterben und uns auflösen, während wir leben.
Aber selbst dann ist das Ziel nicht der Tod.
Etwas anderes wird kommen.

> Aus der ewig schaukelnden Wiege.

Zuerst müssen wir natürlich sterben. Und uns auflösen, während wir noch leben.
Wir wissen nur so viel: Der Tod ist nicht das *Ziel*. Und die Liebe und das Verschmelzen sind jetzt nur Teil des Todesprozesses. Kameradschaft – Teil des Todesprozesses. Demokratie – Teil des Todesprozesses. Die neue Demokratie – die Schwelle des Todes. Eine Identität – der Tod selbst.
Wir sind gestorben, und wir lösen uns immer noch auf. Aber ES IST ZU ENDE.
Consummatum est.
Der große Dichter Whitman hat mir so viel bedeutet. Whitman, der einzige Mann, der neue Wege beschritt. Whitman, der einzige Pionier. Und nur Whitman. Keine englischen Pioniere, keine französischen. Keine europäischen Dichter-Pioniere. In Europa sind die Möchtegernpioniere bloße Innovatoren. Dasselbe in Amerika. Und Whitman voraus – nichts. Allen Dichtern voran, als Pionier in die Wildnis des unerschlossenen Lebens, Whitman. Hinter ihm – niemand. Sein ausgedehntes, ganz eigenes Lager am Ende der großen Überlandstraße. Und eine Anzahl neuer kleiner Dichter haben jetzt ihre Zelte auf Whitmans Lagerplatz aufgeschlagen. Aber keiner geht wirklich über ihn hinaus. Weil Whitmans Lager sich am Ende der Straße befindet, und am Rande eines tiefen Abgrunds. Über dem Abgrund blaue Fernen und die blaue Höhle der Zukunft. Aber es gibt keinen Weg hinab. Es ist eine Sackgasse.
Sinai. Sinai-Aussichten. Und Tod. Whitman wie ein seltsamer, moderner, amerikanischer Moses. Fürchterlich mißverstanden. Und doch der große Führer.
Die grundlegende Funktion der Kunst ist moralisch. Nicht ästhetisch, nicht dekorativ, nicht Freizeit und Erholung. Sondern moralisch. Die grundlegende Funktion der Kunst ist moralisch.
Aber eine leidenschaftliche, bedingungslose Moral, nicht didaktisch. Eine Moral, die mehr das Blut verändert als den Geist. Verändert zuerst das Blut. Der Geist folgt später, im Kielwasser.
Whitman war also ein großer Moralist. Er war ein großer

Führer. Er war ein großer Veränderer des Blutes in den Adern der Menschen.

Gewiß trifft es ganz besonders auf die amerikanische Kunst zu, daß sie grundsätzlich moralisch ist. Hawthorne, Poe, Longfellow, Emerson, Melville: es ist die moralische Fragestellung, die sie fesselt. Sie alle sind beunruhigt, was die alte Moral betrifft. Sinnenfroh, leidenschaftlich, greifen sie alle die alte Moral an. Aber intellektuell wissen sie nichts Besseres. Deshalb erweisen sie sich durchaus loyal gegenüber einer Moral, die sie mit all ihrer Leidenschaft zerstören möchten. Daher die Doppelzüngigkeit, die ihr tödlicher Fehler ist: am tödlichsten in dem vollkommensten amerikanischen Kunstwerk, dem *Scharlachroten Buchstaben.* Strenge geistige Loyalität gegenüber einer Moral, die das leidenschaftliche Ich ablehnt.

Whitman war der erste, der die geistige Loyalität durchbrach. Er war der erste, der die alte moralische Vorstellung zerstörte, daß die Seele des Menschen etwas „Höheres“ ist, „über“ dem Körperlichen steht. Selbst Emerson hielt noch an der lästigen „Erhabenheit“ der Seele fest. Selbst Melville konnte sie nicht überwinden. Whitman war der erste heroische Seher, der die Seele am Kragen packte und ihr einen Platz zwischen den Scherben zuwies.

„So“, sagte er zur Seele, „dort bleibst du!“

Bleib dort. Bleib im Körper. Bleib in den Gliedern und Lippen und im Bauch. Bleib im Busen und im Schoß. Bleib dort, o Seele, wo du hingehörst.

Bleib in den dunklen Gliedern der Neger. Bleib im Körper der Prostituierten. Bleib im kranken Fleisch der Syphilitikerin. Bleib im Morast, wo das Schilfrohr wächst. Bleib dort, Seele, wo du hingehörst.

Die Landstraße. Die erhabene Heimstatt für die Seele ist die Landstraße. Nicht der Himmel, nicht das Paradies. Noch „darüber“. Nicht einmal „drinnen“. Die Seele ist weder „darüber“ noch „drinnen“. Sie ist ein Wanderer auf der Landstraße.

Nicht durch Meditieren. Nicht durch Fasten. Nicht durch das Erforschen von Himmel auf Himmel, im In-

nern, in der Art der großen Mystiker. Nicht durch Übertreibung. Nicht durch Ekstase. Auf keinem dieser Wege gelangt die Seele zu sich selbst.
Nur auf der Landstraße.
Nicht durch Wohltätigkeit. Nicht durch Opfer. Nicht einmal durch Liebe. Nicht durch gute Werke. Dadurch vervollkommnet die Seele sich nicht.
Nur durch die Reise auf der Landstraße.
Die Reise selbst, auf der Landstraße. Allen Berührungen ausgesetzt. Auf zwei langsamen Füßen. Trifft, was auf der Landstraße sich bewegt. In Begleitung von denen, die im gleichen Maße den gleichen Weg hinabtreiben. Ohne Ziel. Immer die offene Straße.
Nicht einmal in eine bekannte Richtung. Nur die Seele bleibt sich selbst treu auf ihrem Weg.
Trifft all die anderen Wanderer auf der Straße. Und wie? Wie sie treffen, und wie an ihnen vorübergehen? Mit Mitgefühl, sagt Whitman. Mitgefühl. Er sagt nicht Liebe. Er sagt Mitgefühl. Mitfühlen. Mit ihnen fühlen, wie sie mit sich selbst mitfühlen. Die Schwingungen ihrer Seele und ihres Körpers empfangen, wenn wir vorübergehen. Es ist eine neue großartige Lehre. Eine Lebenslehre. Eine neue großartige Moral. Eine Moral des wirklichen Lebens, nicht des Heils. Amerika ist bis heute tödlich erkrankt an Heilslehren. Aber Whitman, der größte und erste und einzige amerikanische Lehrer, war kein Heiland. Seine Moral war keine Heilsmoral. Seine Moral war eine Moral der lebendigen Seele, nicht der sich erlösenden. Sie erkannten den Vertrag an mit anderen Seelen auf dem offenen Weg, die ihr Leben lebten. Versuchte nie, sie zu erlösen. Als Entlassene sie vielleicht zu verhaften und sie ins Gefängnis zu werfen. Die Seele, die ihr Leben im leibhaftigen Mysterium der Landstraße lebt.
Das war Whitman. Und der wahre Rhythmus des amerikanischen Kontinents sprach aus ihm. Er ist der erste weiße Ureinwohner.
„Im Hause meines Vaters sind viele Wohnungen."
„Nein", sagte Whitman. „Bleib aus den Wohnungen. Eine Wohnung mag der Himmel auf Erden sein, aber

dann könntest du auch tot sein. Halte dich strikt von Wohnungen fern. Die Seele ist sie selbst, wenn sie zu Fuß auf der Landstraße geht."

Es ist die amerikanische heroische Botschaft. Die Seele soll keine Schutzwälle um sich aufrichten. Sie soll sich nicht zurückziehen und ihre Himmel im Innern suchen, in mystischen Ekstasen. Sie soll keinen Gott im Jenseits anrufen zur Erlösung. Sie soll auf der Landstraße gehen, da sich die Straße öffnet ins Unbekannte, in der Gesellschaft jener, deren Seele sie zu ihr zieht und nichts erlangt außer der Reise und den Werken, die mit der Reise verbunden sind, auf dem langen Lebensweg ins Unbekannte, die Seele in ihrem feinen Mitgefühl, das sie auf dem Weg erlangt.

Das ist das Wesen von Whitmans Botschaft. Die heroische Botschaft der amerikanischen Zukunft. Es ist die Anregung für Tausende von Amerikanern heute, die besten Seelen der Gegenwart, Männer und Frauen.

Und es ist eine Botschaft, die nur in Amerika vollkommen verstanden und schließlich angenommen werden kann.

Dann Whitmans Fehler. Der Fehler seiner Interpretation seiner Losung: Mitgefühl. Das Geheimnis des MITGEFÜHLS. Er verwechselte es noch mit der LIEBE von Jesus und mit der WOHLTÄTIGKEIT des Paulus. Whitman war wie wir alle am Ende der großen emotionalen Fernstraße der Liebe. Und weil er sich nicht zu helfen wußte, führte er seine Landstraße weiter als eine Verlängerung der emotionalen Fernstraße der Liebe, jenseits von Golgatha. Die Fernstraße der Liebe endet am Fuße des Kreuzes. Es gibt kein Jenseits. Es war ein hoffnungsloser Versuch, die Fernstraße der Liebe zu verlängern.

Er folgte seinem Mitgefühl nicht. Sosehr er es auch versuchte, er interpretierte es weiterhin automatisch als Liebe, als Wohltätigkeit. Verschmelzen!

Dieses Verschmelzen *en masse*, Eine Identität, Ich-Monomanie war eine Übertragung der alten Liebesvorstellung. Es übertrug die Liebesvorstellung auf ihren logischen körperlichen Schluß. Wie Flaubert und der Leprakranke. Das Dekret der unqualifizierten Wohltätigkeit als das einzige Mittel der Seele zur Erlösung war noch in Kraft.

Whitman wollte also, daß die Seele sich selbst erlöste; *er* wollte sie nicht erlösen. Deshalb brauchte er das großartige christliche Rezept zur Erlösung der Seele nicht. Er mußte die Christliche Wohltätigkeit, die Christliche Liebe in sich überwinden, um seiner Seele die letzte Freiheit zu geben. Die Straße der Liebe ist keine Landstraße. Sie ist ein schmaler, enger Weg, wo die Seele von Zwängen eingeschlossen entlanggeht.
Whitman wollte seine Seele auf die Landstraße führen. Und es mißlang ihm insoweit, als es ihm nicht gelang, die ausgefahrenen Gleise der Erlösung zu verlassen. Er zwang seine Seele an den Rand einer Klippe, und er blickte hinab in den Tod. Und dort schlug er sein Lager auf, machtlos. Er hatte sein Mitgefühl hinausgetragen als eine Ausweitung der Liebe und Wohltätigkeit. Und es hatte ihn fast um den Verstand und zum Seelentod gebracht. Es gab ihm seine gezwungene, ungesunde Natur post mortem.
Seine Botschaft war wirklich das Gegenteil von Henleys Schwulst!

> Ich bin der Meister meines Schicksals,
> Ich bin der Kapitän meiner Seele.

Das Wesen von Whitmans Botschaft war die Landstraße. Die Seele frei sich selbst zu überlassen, sein Schicksal ihr zu überlassen und dem Webstuhl der Landstraße. Was der tapferste Grundsatz ist, dem der Mensch sich je gestellt hat.
Leider hat er es nicht ganz ausgeführt. Er konnte die alten törichten Bande des Liebeszwanges nicht ganz zerreißen; er konnte nicht ganz aus den ausgefahrenen Gleisen der Wohltätigkeitsgewohnheit heraus – denn Liebe und Wohltätigkeit sind degeneriert zur Gewohnheit: eine schlechte Gewohnheit.
Whitman sagte Mitgefühl. Wenn er nur daran festgehalten hätte! Weil Mitgefühl bedeutet: Mitfühlen, nicht Mitleiden. Er hatte weiterhin leidenschaftliches *Mitleid* mit dem Negersklaven oder der Prostituierten oder der Syphilitikerin – das ist Verschmelzen. Das Einsinken von Whitmans Seele in die Seelen dieser anderen.

Er blieb nicht auf der Landstraße. Er zwang seine Seele in die ausgefahrenen Gleise. Er ließ sie nicht frei. Er zwang sie in die Lebenslage anderer Menschen.
Angenommen, er hätte echtes Mitgefühl für den Negersklaven empfunden. Dann hätte er mit dem Negersklaven *gefühlt*. Mitgefühl – Erbarmen –, welches teilhat an der Leidenschaft in der Seele des Negersklaven.
Welches Gefühl war in der Seele des Negers?
„Ach, ich bin ein Sklave! Ach, es ist schlecht, ein Sklave zu sein! Ich muß mich befreien. Meine Seele wird sterben, wenn sie sich nicht befreit. Meine Seele sagt, ich muß mich befreien."
Whitman kam vorbei und sah den Sklaven und sagte sich: „Der Negersklave da ist ein Mensch wie ich. Wir haben die gleiche Identität. Und seine Wunden bluten. Oh, oh, bin nicht ich es, dessen Wunden auch bluten?"
Das war kein *Mitgefühl*. Es war Verschmelzen und Selbstaufopferung. „Einer trage des andern Last"; „Du sollst deinen Nächsten lieben wie dich selbst"; „Was ihr getan habt einem unter diesen, das habt ihr mir getan".
Wenn Whitman echtes *Mitgefühl* empfunden hätte, so hätte er gesagt: „Der Negersklave da leidet unter der Sklaverei. Er will sich befreien. Er hat Wunden, aber sie sind der Preis der Freiheit. Die Seele hat einen langen Weg von der Sklaverei bis zur Freiheit. Wenn ich ihm helfen kann, werde ich es tun; ich werde seine Wunden und sein Sklaventum nicht übernehmen. Aber ich werde ihm helfen, die Macht zu bekämpfen, die ihn versklavt, wenn er frei sein will, falls er meine Hilfe wünscht, denn ich sehe in seinem Gesicht, daß er frei sein muß. Aber selbst wenn er frei ist, muß seine Seele viele Reisen auf der Landstraße machen, ehe es eine freie Seele ist."
Und von der Prostituierten hätte Whitman gesagt: „Seht euch diese Prostituierte an! Ihre Natur ist sündig geworden durch ihre geistige Lust an der Prostitution. Sie hat ihre Seele verloren. Sie weiß es selbst. Sie mag es, wenn Männer ihre Seele verlieren. Wenn sie versuchte, mich meine Seele verlieren zu lassen, würde ich sie töten. Ich hoffe, daß sie bald stirbt."
Aber von einer anderen Prostituierten hätte er gesagt:

„Seht! Sie ist fasziniert vom Mysterium des Phallus. Seht, sie wird bald vom Tode gekennzeichnet sein durch den Gebrauch des Phallus. So ist ihre Seele. Sie will es so."

Von der Syphilitikerin würde er sagen: „Seht! Sie will alle Männer mit Syphilis anstecken. Wir sollten sie töten."

Und von einer weiteren Syphilitikerin: „Seht! Sie fürchtet sich vor ihrer Syphilis. Wenn sie mich anblickt, werde ich ihr helfen, damit sie geheilt wird."

Das ist Mitgefühl. Die Seele urteilt selbst und bewahrt ihre eigene Integrität.

Aber wenn bei Flaubert der Mann den Leprakranken an seinen nackten Körper drückt; wenn Bubu de Montparnasse das Mädchen nimmt, weil er weiß, sie hat Syphilis; wenn Whitman eine verderbte Prostituierte umarmt: das ist nicht Mitgefühl. Die verderbte Prostituierte hat nicht das Verlangen, liebevoll umarmt zu werden; deshalb würde man nicht versuchen, sie liebevoll zu umarmen, wenn man mit ihr fühlt. Der Leprakranke verabscheut seine Lepra, deshalb würde man sie auch verabscheuen, wenn man mit ihm fühlt. Die verderbte Frau, die alle Männer mit ihrer Syphilis infizieren möchte, haßt dich, wenn du keine Syphilis hast. Wenn du mitfühlst, wirst du ihren Haß spüren, und du wirst ebenfalls hassen, du wirst sie hassen. Ihr Gefühl ist Haß, und du wirst es teilen. Nur deine Seele wird die Richtung ihres eigenen Hasses bestimmen.

Die Seele ist ein ganz perfekter Kenner ihrer eigenen Bewegungen, wenn dein Geist ihr nichts vorschreibt. Denn der Geist sagt Wohltätigkeit! Wohltätigkeit! Du mußt deine Seele nicht dazu zwingen, Leprakranke zu küssen oder Syphilitiker zu umarmen. Deine Lippen sind die Lippen deiner Seele, dein Körper ist der Körper deiner Seele; deiner eigenen individuellen Seele. Das ist Whitmans Botschaft. Und deine Seele haßt Syphilis und Lepra. Weil sie eine Seele *ist*, haßt sie diese Dinge, die gegen die Seele sind. Und deshalb ist es eine immense Verletzung deiner Seele, wenn du ihren Körper zum Kontakt mit der Unreinheit zwingst. Die Seele möchte sauber und ganz bleiben. Der geheimste Wille der Seele ist es, ihre eigene Integrität gegenüber dem Verstand und der ganzen Masse zerstörerischer Kräfte zu bewahren.

Die Seele empfindet Mitgefühl mit der Seele. Und was meine Seele vernichten will, das haßt meine Seele. Meine Seele und mein Körper sind eins. Seele und Körper möchten sauber und ganz bleiben. Nur der Verstand ist zu großer Entstellung fähig. Nur der Verstand versucht, meine Seele und meinen Körper zu Unreinheit und Teilung zu nötigen.

Was meine Seele liebt, liebe ich.

Was meine Seele haßt, hasse ich.

Wenn meine Seele von Erbarmen gerührt wird, bin ich erbarmungsvoll.

Wovon meine Seele sich abwendet, davon wende ich mich ab.

Das ist die wahre Interpretation von Whitmans Kredo; die wahre Offenbarung seines Mitgefühls.

Und meine Seele wählt die Landstraße. Sie trifft die Seelen, die vorübergehen, sie geht mit den Seelen, die den gleichen Weg gehen. Und ein für allemal: sie hat Mitgefühl. Das Mitgefühl der Liebe, das Mitgefühl des Hasses, das Mitgefühl einfacher Nachbarschaft; all das feine Mitfühlen der unberechenbaren Seele, vom bittersten Haß bis zur leidenschaftlichen Liebe.

Ich bin es nicht, der meine Seele zum Himmel führt. Ich bin es, der von meiner eigenen Seele auf der Landstraße geleitet wird, wo alle Menschen gehen. Deshalb muß ich ihre tiefen Bewegungen der Liebe oder des Hasses oder des Erbarmens oder der Abneigung oder der Unentschiedenheit akzeptieren. Und ich muß dahin gehen, wohin sie mich führt, denn meine Füße und meine Lippen und mein Körper sind meine Seele. Ich bin es, der sich ihr unterwerfen muß.

Das ist Whitmans Botschaft von der amerikanischen Demokratie.

Die Demokratie, wo die Seele der Seele begegnet, auf der Landstraße. Demokratie. Die amerikanische Demokratie, wo alle auf der Landstraße wandern, und wo eine

Seele sofort erkannt wird auf ihrem Weg. Nicht durch ihre Kleidung oder ihre Erscheinung. Whitman hat das abgeschafft. Nicht an ihrem Familiennamen. Nicht einmal an ihrem guten Ruf. Whitman und Melville haben das beide unberücksichtigt gelassen. Nicht an einer Weiterentwicklung der Frömmigkeit oder an wohltätigen Werken. An Werken überhaupt nicht. An nichts, nur an sich selbst. Die Seele geht unerhöht vorüber, sie geht zu Fuß vorüber und ist weiter nichts als sie selbst. Und anerkannt; und man begegnet ihr oder grüßt sie entsprechend dem, was die Seele vorschreibt. Wenn es eine erhabene Seele ist, wird sie verehrt werden auf der Landstraße.

Die Liebe von Mann und Frau: eine Anerkennung von Seelen und eine Gemeinschaft der Verehrung. Die Liebe von Kameraden: eine Anerkennung von Seelen und eine Gemeinschaft der Verehrung. Demokratie: eine Anerkennung von Seelen, alle auf der Landstraße, und eine erhabene Seele wird in ihrer Größe gesehen, wie sie zu Fuß zwischen allen anderen wandert, auf dem gemeinsamen Weg der Lebenden. Eine heitere Anerkennung von Seelen und eine gesteigerte heitere Verehrung erhabener und erhabenerer Seelen, weil sie die einzigen Reichtümer sind.

Liebe und Verschmelzen brachten Whitman an den Rand des Todes! Tod! Tod!

Aber der Jubel seiner Botschaft bleibt. Geläutert vom VERSCHMELZEN, geläutert vom ICH ist die Jubelbotschaft der Amerikanischen Demokratie, der Seele auf der Landstraße, voll heiterer Anerkennung, voll glühender Bereitschaft, voll von der Freude der Verehrung, wenn eine Seele eine erhabenere Seele sieht.

Die einzigen Reichtümer, die erhabenen Seelen.

1923 (1922/23)

Zitate nach: Walt Whitmans Werke. Ausgewählt, übertragen und eingeleitet von Hans Reisiger. Rowohlt. Hamburg 1956

John Galsworthy

Literaturkritik kann nicht mehr sein als eine ausgewogene Darstellung des Gefühls, das das zu besprechende Buch beim Kritiker hinterlassen hat. Kritik kann niemals eine Wissenschaft sein; sie ist erstens viel zu persönlich, und zweitens beschäftigt sie sich mit Werten, die die Wissenschaft ignoriert. Der Prüfstein ist das Gefühl, nicht der Verstand. Wir beurteilen ein Kunstwerk nach seiner Wirkung auf unser echtes und entscheidendes Gefühl und nichts sonst. All das müßige Geschwätz der Kritiker über Stil und Form, all das pseudowissenschaftliche Klassifizieren und Analysieren von Büchern in quasi-botanischer Manier ist reine Unverschämtheit und meist dummes Gewäsch.

Ein Kritiker muß in der Lage sein, die Wirkung eines Kunstwerkes in all seiner Komplexität und seiner Stärke zu *empfinden*. Und dazu muß er selbst ein Mann von Stärke und Komplexität sein, was nur wenige Kritiker sind. Ein Mann von unbedeutendem, unverschämtem Wesen wird nur unbedeutende, unverschämte Kritiken schreiben. Und ein Mann, der *Herzens*bildung besitzt, ist so selten wie ein Phoenix. Je scholastischer ein Mann im allgemeinen gebildet ist, desto mehr ist er gefühlsmäßig ein Grobian.

Und darüber hinaus muß sogar ein Mann mit künstlerischer und Herzensbildung ein Mann von Treu und Glauben sein. Er muß den Mut haben zuzugeben, was er empfindet, wie auch die Beweglichkeit zu *wissen*, was er empfindet. Deshalb ist Sainte-Beuve für mich noch immer ein großer Kritiker. Und ein Mann wie Macaulay, der unbestritten brillant ist, bleibt unbefriedigend, weil er nicht ehrlich ist. Er besitzt ein lebhaftes Gefühl – aber er frisiert seine Gefühle. Er bevorzugt eine angenehme Wirkung gegenüber der aufrichtigen Darstellung der ästhetischen und gefühlsmäßigen Reaktion. Intellektuell ist er durchaus fähig, uns einen wahren Bericht davon zu geben, was er empfindet. Aber nicht moralisch. Ein Kritiker muß mit jeder Faser gefühlsmäßig lebendig

sein, intellektuell tüchtig und geübt in fundamentaler Logik, und außerdem moralisch ganz aufrichtig.
Dann sollte ein guter Kritiker meiner Meinung nach seinem Leser ein paar Maßstäbe vorgeben, an die sich dieser halten kann. Er kann die Maßstäbe bei jedem neuen Versuch einer Kritik verändern, solange er sich treu bleibt. Aber man kann genausogut sagen: Dies ist der Maßstab, nach dem wir urteilen.
Sainte-Beuve schuf im großen und ganzen den Maßstab des „guten Menschen". Er glaubte ehrlich, daß der bedeutende Mensch im Prinzip der gute Mensch im weitesten Sinne menschlicher Zuneigung war. Das blieb sein universeller Maßstab. Paters Maßstab war der einsame Philosoph des reinen Gedankens und der reinen ästhetischen Wahrheit. Macaulays Maßstab war infiziert von einer politischen oder demokratischen Tendenz, er mußte auf der Seite der Schwachen sein. Gibbon versuchte einen rein moralischen Maßstab anzulegen, die individuelle Moral.
Wenn man Galsworthy wieder liest – das meiste von ihm, denn alles ist zuviel –, merkt man, daß man einen Maßstab brauchte, eine Vorstellung von einem richtigen Mann und einer richtigen Frau, an dem man all diese Forsytes und ihre Zeitgenossen messen kann. Man kann sie nicht beurteilen nach dem Maßstab des guten Menschen noch des reinen Gedanken, noch des verehrten Demütigen oder des moralischen Individuums. Man möchte sie gern nach dem Maßstab des menschlichen Wesens beurteilen, aber was ist das am Ende? Das ist das Problem bei den Forsytes. Sie sind durchaus menschlich, denn in der menschlichen Natur ist alles menschlich, so wie in der Natur alles natürlich ist. Und doch scheint nicht einer von ihnen ein wirklich lebendiger Mensch zu sein. Es sind gesellschaftliche Wesen. Und was bedeutet das?
Es muß noch definiert werden, nur zum Zwecke dieser Kritik, was wir unter einem gesellschaftlichen Wesen im Unterschied zu einem menschlichen Wesen verstehen. Die Notwendigkeit ergibt sich aus dem Gefühl der Unzufriedenheit, die uns diese Forsytes vermitteln. Warum

können wir sie nicht als menschliche Wesen gelten lassen? Warum können wir sie nicht in die gleiche Kategorie einordnen wie Sairey Gamp zum Beispiel, die satirisch dargestellt ist, oder wie die Menschen bei Jane Austen, die durchaus gesellschaftlich sind? Wir können Mrs. Gamp oder Jane Austens Gestalten oder selbst George Merediths „Egoisten" als menschliche Wesen in die gleiche Kategorie einordnen wie uns selbst. Woher kommt diese Abneigung gegen die Forsytes, diese Ablehnung, diese emotionale Ablehnung, sie mit unserer normalen menschlichen Natur gleichzusetzen? Warum empfinden wir so instinktiv, daß sie minderwertig sind?

Das kommt daher, daß sie offenbar als menschliche Wesen ihre gesellschaftliche Stellung verloren haben, und zwar auf die Stufe gesellschaftlicher Wesen herabgesunken sind, dieser besonderen Geschöpfe, die in unserer Zivilisation den Platz einnehmen, den die Sklaven in den alten Gesellschaftsepochen eingenommen haben. Das menschliche Individuum ist ein sonderbares Tier, das sich ständig verändert. Aber die tödliche Veränderung ist heute der Zusammenbruch der Psychologie des freien menschlichen Individuums und die Hinwendung zur Psychologie des gesellschaftlichen Wesens, so wie die tödliche Veränderung in der Vergangenheit ein Zusammenbruch der Psyche des freien Mannes zugunsten der Psyche des Sklaven war. Die freie Moral und die Sklavenmoral, die menschliche Moral und die gesellschaftliche Moral – das sind die bleibenden Antithesen.

Solange der Mensch Mensch bleibt, ein wahres menschliches Individuum, gibt es in seinem Inneren eine gewisse unschuldige *naïveté*, die jeder Analyse trotzt, und mit der du nicht feilschen kannst, mit der du dich nur auseinandersetzen kannst in gutem Glauben an deine eigene Unschuld oder *naïveté*. Das bedeutet nicht, daß der Mensch nur naiv oder unschuldig ist. Er ist auch bis zu einem ihm eigenen Grade Mr. Weltenkenner. Aber in seinem wahren Inneren ist er naiv, und Geld berührt ihn nicht. Das Geld begleitet natürlich jeden Sterblichen.

Bei dem lebendigen menschlichen Wesen mag es bis fast in sein tiefstes Gefühl vordringen. Aber in sein letztes innerstes Ich gelangt es nicht.
Beim gesellschaftlichen Wesen geht es direkt durch das Zentrum und ist das steuernde Prinzip, ganz gleich, was derjenige vorgibt oder wie dreist er auftritt. Er kann alles, was er besitzt, den Armen geben und sich doch als ein gesellschaftliches Wesen entpuppen, das letztendlich hilflos von der Macht des Geldes beherrscht wird und der gesellschaftlichen Moral ausgeliefert ist, die unmenschlich ist.
Ich glaube, wenn das menschliche Wesen zu sehr gespalten wird in ein subjektives und ein objektives Bewußtsein, teilt sich schließlich etwas in ihm und wird zum gesellschaftlichen Wesen. Wenn ihm die objektive Realität zu sehr bewußt wird und seine eigene Isolation im Angesicht des Universums der objektiven Realität, dann bricht das Innerste seiner Identität auseinander, sein Zentrum bricht zusammen, seine Unschuld oder seine *naïveté* stirbt ab, und er wird nur eine subjektiv-objektive Realität, ein gespaltenes Etwas, das abhängig ist, aber nicht im eigentlichen Sinne individuell.
Solange der Mensch ein Mensch bleibt, bevor er fällt und ein gesellschaftliches Individuum wird, fühlt er sich ganz naiv eins mit dem großen Kontinuum des Universums. Er ist weder gespalten noch abgeschnitten. Die Menschen mögen gegen ihn sein, die Flut der Umstände mag ansteigen, um ihn hinwegzuspülen. Aber er ist eins mit dem lebendigen Kontinuum des Universums. Von dem kann er nicht weggespült werden. Hamlet und Lear empfinden das ebenso wie Ophelia und Phaedra. Es ist das letzte und tiefste Gefühl, das ein Mensch besitzt, solange er Mensch bleibt. Es ist genauso da bei einem Deisten wie Voltaire oder einem Wissenschaftler wie Darwin; es ist da, unauslöschlich, bei jedem großen Mann; auch bei Napoleon, bis das Materielle ihn überwältigte, und er das Gefühl verlor, und sein Schicksal besiegelt war. Es ist die prinzipielle Unschuld und *naïveté* des menschlichen Wesens, das Empfinden, eins zu sein mit dem großen universellen Kontinuum von Raum, Zeit

und Leben, das in einem bedeutenden Mann lebt, und der Funke aus dem reinen Innern bei jedem Menschen, der noch frei ist.
Aber wenn der Mensch seine geheimnisvolle naive Sicherheit verliert, seine Unschuld, wenn er der äußeren objektiven Realität *zu* viel Bedeutung beimißt und dadurch seinen natürlichen unschuldigen Stolz verliert, dann wird er besessen von der Idee des Objektiven oder der materiellen Sicherheit; er will sich *versichern* und vielleicht alle anderen; eine universelle Versicherung. Der Impuls beruht auf Furcht. Wenn das Individuum sein naives Einssein mit dem lebendigen Universum verliert, so verfällt er in einen Zustand der Furcht und versucht sich durch Reichtum abzusichern. Wenn er Altruist ist, will er alle absichern, und er empfindet es als absolute Tragödie, wenn das nicht möglich ist. Aber die Notwendigkeit, sich so materiell durch Reichtum, durch Geld abzusichern, ergibt sich aus dem Zustand der Furcht, in den der Mensch verfällt, der nicht mehr eins ist mit dem lebendigen Universum, der seine ihm eigene innere Unschuld verloren hat und sich zersplittert. Geld, materielle Erlösung ist die einzige Erlösung. Erlösung bedeutet Gott. Also ist das Geld Gott. Das gesellschaftliche Wesen mag selbst gegen diesen Gott rebellieren, wie es viele von Galsworthys Gestalten tun. Aber das gibt ihnen ihre Unschuld nicht zurück. Sie sind nur Antimaterialisten, statt wirkliche Materialisten zu sein. Und der Antimaterialist ist ebenso ein gesellschaftliches Wesen wie der Materialist, nicht mehr und nicht weniger. Er wird trotzdem kastriert, wird zum Neutrum, indem er seine Unschuld verloren hat, den leuchtenden kleinen individuellen Funken seines Einsseins.
Wenn man Mr. Galsworthys Bücher liest, so scheint es, als gäbe es auf der Erde nicht ein einziges menschliches Individuum. Es sind nur diese gesellschaftlichen Wesen, positive und negative. Es gibt nicht eine freie Seele unter ihnen, nicht einmal Pendyce oder June Forsyte. Wenn das Geld ihr Wesen nicht aktiv bestimmt, dann negativ. Geld oder Besitz, was dasselbe ist. Mrs. Pendyce, so liebenswert sie auch ist, wird gänzlich durch Besitz

charakterisiert. Am Ende ist sie überhaupt nicht liebenswert, sie ist Teil des Betruges, sie hat sich durch Besitz kaufen lassen. Und auch sonst gibt es niemanden. Der alte Jolyon ist bloß ein sentimentaler Materialist. Nur einen Augenblick lang sehen wir einen Menschen, und das ist der Straßenkehrer in *Fraternity* („Weltbrüder"), wie er aus dem Gefängnis kommt und sein Gesicht bedeckt. Aber selbst *sein* Menschsein muß uns ausgeredet werden durch eine Wunde am Kopf: eine Anomanie.

Es sieht also aus, als ob Mr. Galsworthy am Ende zeigen wollte, daß die Forsytes keine vollwertigen menschlichen Individuen waren, sondern gesellschaftliche Wesen, die auf eine niedrigere Stufe des Lebens gefallen sind. Sie haben das Stück freier Männlichkeit und freier Weiblichkeit verloren, das Männer und Frauen ausmacht. *The Man of Property* („Der reiche Mann") besitzt die Elemente eines recht bedeutenden Romans, einer recht bedeutenden Satire. Er hat das Ziel, das gesellschaftliche Wesen in all seiner Stärke und Minderwertigkeit zu zeigen. Aber der Autor hat nicht den Mut, das auszuführen. Die Bedeutung des Buches liegt in seiner neuen und ehrlichen und überraschend tiefgründigen Satire. Es ist die absolute Satire auf die heutige Menschheit und geschrieben von innen, mit wirklich vollendetem Können und ehrlicher schöpferischer Leidenschaft, etwas ganz Neues. Es scheint ein echtes Bemühen zu sein, das gesellschaftliche Wesen in all seiner Zwielichtigkeit zu zeigen. Und dann verläuft es im Sand.

Dann wird die Sache mit der Liebesgeschichte von Irene und Bosinney und der Sentimentalisierung des alten Jolyon Forsyte unvermeidlich verdorben. Galsworthy besaß nicht genug vom prächtigen Mut seiner Satire. Der Mut verließ ihn, und er gab den Forsytes nach. Es ist jammerschade. Er hätte der Chirurg werden können, den die moderne Seele so nötig braucht, um das stolze Fleisch unserer Forsytes vom lebendigen Körper der Menschen zu schneiden, die wirklich leben. Statt dessen ließ er das Messer aus der Hand fallen und legte einen weichen sentimentalen Wickel auf und half, die Verderbtheit zu verschlimmern.

Satire existiert direkt zum Zwecke der Zerstörung des gesellschaftlichen Wesens, ihm zu zeigen, wie minderwertig es ist mit all seinem Zurschaustellen gesellschaftlicher Ehrlichkeit, wie raffiniert und verdorben. Unehrlich gegenüber dem Leben, unehrlich gegenüber dem lebendigen Universum, an dem es schmarotzt wie eine Laus. Indem der Satiriker das gesellschaftliche Wesen der Lächerlichkeit preisgibt, hilft er dem wahren Individuum, dem wahren menschlichen Wesen, wieder aufrecht zu gehen und den Kampf weiterzuführen. Denn es ist immer ein Kampf und wird immer einer bleiben.

Nicht daß die Mehrheit notwendigerweise gesellschaftliche Wesen sind. Aber die Mehrheit ist nur *bewußt* gesellschaftlich; menschlich ist die Menschheit hilflos und unbewußt, selbst dessen nicht gewärtig, was das Wertvollste für jedes menschliche Wesen ist, jener Kern von Männlichkeit und Weiblichkeit, naiv, unschuldig, eins mit dem lebendigen Universum, dem Kontinuum, das allein einen Menschen zum Individuum macht, und als Individuum *im wesentlichen* glücklich, sogar wenn es in den Wahnsinn getrieben wird wie Lear. Lear war im wesentlichen glücklich, selbst im größten Elend. Ein Glücklichsein, von dem Goneril und Regan ausgeschlossen waren, so wie Läuse und Wanzen vom Glücklichsein ausgeschlossen sind, da sie gesellschaftliche Wesen sind und als solche Parasiten, die abgefallen sind von wahrer Freiheit und Unabhängigkeit.

Aber heute ist die Tragödie, daß die Menschen nur materiell und gesellschaftlich bewußt sind. Sie sind sich ihrer eigenen Menschlichkeit nicht bewußt, und so lassen sie sie zerstören. Wir machen jede Woche aus freien Menschen zu Tausenden gesellschaftliche Wesen.

Die Forsytes sind alle Parasiten, und Mr. Galsworthy hatte das Ziel, in einem wirklich außerordentlichen Versuch, uns das sehen zu lassen. Sie sind Parasiten am Geist, an den Gefühlen, dem gesamten Leben wirklich lebendiger Individuen, die ihnen vorangegangen sind und neben ihnen leben. Alles, was sie tun können – da sie selbst kein individuelles Leben besitzen –, ist aus Furcht Besitz zusammenzuraffen und von dem Leben zu profitieren, das der Menschheit von lebendigen Menschen gegeben wurde. Sie besitzen kein Leben, und deshalb leben sie ewig in ständiger Furcht vor dem Tod und vermehren den Besitz, um den Tod abzuwehren. Sie halten die Konvention hoch, aber sie können keine Tradition fortsetzen. Es gibt einen gewaltigen Unterschied zwischen den beiden Dingen. Um eine Tradition fortzuführen, muß man die Tradition bereichern. Aber um die Konvention zu erhalten, bedarf es nur der gleichförmigen Beständigkeit eines Parasiten, der endlosen Geduld des Feiglings, bedarf es derer, die das Leben fürchten, weil sie nicht lebendig sind, und die nicht sterben können, weil sie nicht leben können – der gesellschaftlichen Wesen.

Soweit ich sehen kann, gibt es in Galsworthys Büchern nichts als Forsytes; Forsyte positiv oder Forsyte negativ, Forsyte erfolgreich oder Forsyte *manqué*. Das heißt, jede einzelne Gestalt wird vom Geld bestimmt: entweder man bekommt es, oder man hat es, oder man will es haben, oder es fehlt gänzlich. Bekommen tun es die Forsytes als solche; haben tun es die Pendyces und die Patrizier und die Hilarys und Biancas und die ganze Sippe; haben wollen es die Irenes und Bosinneys und die jungen Jolyons; und gänzlich fehlen tut es all den Putzfrauen und gequälten Armen, die den Hintergrund bilden – die Schatten der, die es haben, wie der alte Mr. Stone sagt. Das ist die ganze Skala von Galsworthy, alle absolut bestimmt durch das Geld, und nicht eine individuelle Seele unter ihnen. Alle gesellschaftlichen Wesen sind gefallen, eine kastrierte Gesellschaft.

Vielleicht hatte Mr. Galsworthy die überwältigende Vielzahl der Forsytes so erschreckt, daß er sie nicht gänzlich verdammte. Oder vielleicht war es etwas anderes, etwas Ernsteres bei ihm. Vielleicht war er absolut nicht in der Lage zu sehen, was man war, wenn man *kein* Forsyte war. Was gab es *außer* den Forsytes noch in der weiten menschlichen Welt? Mr. Galsworthy sah sich um und fand nichts. Wirklich und wahrhaftig hatte er nach seiner schüchternen Suche nichts gefunden. Aber er kam zurück mit Irene und Bosinney und bot uns das. Hier!

scheint er zu sagen. Hier ist der Anti-Forsyte! Hier! Hier haben Sie ihn! Liebe! Leidenschaft! LEIDENSCHAFT!

Wenn wir uns diese Liebe betrachten, diese LEIDENSCHAFT, so sehen wir nichts als eine hündische Verliebtheit und eine Art Anti-Forsytismus. Sie sind die *anti*-Hälfte der Show. Eine Promenadenmischung dieser Forsytes, die in den Garten hinter dem Haus laufen und heimlich und schändlich kopulieren – das ist die Wirkung, die Mr. Galsworthys große Liebesgeschichten auf mich ausüben, „Dark Flowers" oder Bosinneys oder „Apple Trees" oder George Pendyce – was sie auch sein mögen. Fast jeder von ihnen etwas heimlich und hündisch, wie Hunde, die auf der Straße kopulieren und sich umblicken, ob die Forsytes zuschauen.

Ach! Das ist der Forsyte, der heftig versucht, empfindsam zu sein. Er kann es nicht; er hat es vergessen. Er kann sich nur wie ein Hund benehmen. Bosinney ist nicht nur ein Forsyte, sondern ein Anti-Forsyte mit einer großen Abneigung gegen Besitz. Und das, wogegen ein Mensch eine große Abneigung hat, das bestimmt ihn. Bosinney ist ein Hund, der Besitz aufspürt, aber er ist aus dem Zwinger weggelaufen oder außerhalb des Zwingers geboren worden, also ist er ein Rebell. Deshalb schnüffelt er um die besitzenden Hündinnen herum, um es so den erfolgreichen Besitzhunden heimzuzahlen. So kommt man nicht umhin, Soames Forsyte zu bevorzugen, wenn man zwischen mehreren Übeln die Wahl hat.

Ebenso wie man June oder eine der alten Tanten Irene vorzieht. Irene wirkt auf mich wie eine schleichende, kriechende, boshafte Hündin, eine Anti-Forsyte, die absolut außerhalb der Forsytes lebt – ja, bis zum Ende; sie lebt absolut ohne deren Geld und versucht, sie gemein zu behandeln. Sie ist wie Bosinney, ein Besitzbastard, der den Besitzzwinger beschmutzt. Aber sie ist eine richtige Besitz-Prostituierte, wie das kleine Modell in „Weltbrüder". Nur, sie ist *anti*! Sie ist ein Typ, der bei Galsworthy immer wieder auftaucht; der Parasit an den Parasiten. „Große Flöhe haben kleine Flöhe, usw." Und Bosinney und Irene gehören wie der Vagabund in „Auf

Englands Pharisäerinsel" (The Island Pharisees) zu den kleinen Flöhen. Und wie der Landstreicher sein Ungeziefer liebt, so lieben die Forsytes und die Hilarys die beiden, ihre eigenen speziellen Körperschmarotzer, ihre *antis*.

Wenn Mr. Galsworthy zum Sex kommt, versagt er schließlich. Er wird schrecklich sentimental. Er will Sex bedeutsam machen, und er macht ihn nur abstoßend. Sentimentalität ist das Abarbeiten von Gefühlen an sich selbst, die man gar nicht hat. Wir *wollen* alle gewisse Gefühle haben: das Gefühl der Liebe, des leidenschaftlichen Sex, der Freundlichkeit und so weiter. Sehr wenige Menschen empfinden wirklich Liebe oder sexuelle Leidenschaft oder Freundlichkeit oder etwas anderes, das überhaupt tief geht. Deshalb täuscht sich die Masse diese Gefühle im Innern vor. Falsche Gefühle! Die Welt ist von ihnen überzogen. Sie sind besser als richtige Gefühle, weil man sie beim Zähneputzen ausspucken kann; und morgen kann man sie dann wieder neu erfinden.

Shelton, in den „Auf Englands Pharisäerinsel" ist Mr. Galsworthys erster Liebhaber – und er könnte auch der letzte sein. Er ist beinahe komisch. Wir wissen von seiner Leidenschaft für Antonia nur, daß er am Anfang „hungrig" nach ihr ist, so als sei sie ein Beefsteak. Und gegen Ende küßt er sie einmal und erwartet zweifellos, daß sie ihm sofort überwältigt zu Füßen fällt. Er empfindet auch nicht einen Augenblick echte Zuneigung zu ihr. Sie ist klassengebunden, war aber offenbar nicht unmenschlich. Der Unmenschliche war der Liebhaber. Er kann sich aus der Ferne an ihr weiden, als sei sie eine Portion Eisbein, *pieds truffés*; sie kann ihm als Engel *erscheinen*, wenn er ein Stück weg ist, aber wenn das arme Ding nur ein ganz normales Mädchen aus der Mittelklasse sein soll, ganz in seiner Nähe, begegnet er ihr mit einem komischen, bitteren Haß. Es ist sehr merkwürdig. Er ist hilflos *anti*. Er haßt sie sogar dafür, daß sie als Frau ihrer eigenen Klasse existiert, daß sie überhaupt existiert. Offenbar sollte sie nur schwebendes weibliches Geschlechtsorgan sein, das herumflattert, um seinen kleinen „Hunger" zu stillen, und dann *basta*. Die wirkliche Bedeutung des

Sex, die den gesamten Menschen einbezieht, kommt ihm nie in den Sinn. Es ist eine Funktion, und die Frau ist eine Art sexuelles Hilfsmittel, mehr nicht.

Und das gibt es immer wieder, auf dieser niederen Bastard-Ebene, wo jede menschliche Übereinstimmung fehlt. Die sexuelle Ebene ist außerordentlich niedrig, wie bei Hunden. Die Helden von Galsworthy sind alle merkwürdig in sich selbst verliebt, wenn wir sie besser kennen – befallen von chronischem Narzißmus. Sie kennen nur drei Typen von Frauen: Mutter Pendyce, käuflich für Besitz; Irene, die prinzipielle *anti*-Käufliche, das schwebende, prunkende weibliche Organ; und die gesellschaftliche Frau, die reine Lady. Alle drei werden abwechselnd von den regelmäßig auftretenden Helden geliebt und gehaßt. Aber es findet alles auf der verwerflichen Ebene des Besitzes statt, positiv oder *anti*. Es ist alles eine hündische Art der Prostitution. Mach schnell und fertig.

Eine der lustigsten Geschichten ist „Der Apfelbaum". Der junge Mann findet auf einer einsamen Farm in Devonshire ein kleines walisisches Bauernmädchen, das Keltin ist und keine Angelsächsin und sich sofort in den Galsworthy-Helden verliebt. Dieser junge Herr – im narzißtischen Liebesschmerz wegen seines wunderbaren Ichs – ist vernarrt in das Mädchen, weil sie so gänzlich hoffnungslos in ihn vernarrt ist. Sie nennt ihn nicht „mein König", da sie kein Geschöpf von Wells ist; sie sagt nur: „Ich kann ohne dich nicht leben. Tu mit mir, was du willst. Nur laß mich mit dir kommen!" Die passende unzüchtige Ankündigung!

Da verliebt sich ein narzißtischer junger Herr, der gerade in Oxford sein Examen abgelegt hat, natürlich sofort. Es folgt eine große Leidenschaft. Er geht, ihr ein ordentliches Kleid zu kaufen, in dem er sie verführen kann, trifft einen Freund vom College mit einer jungen Schwester, die eine Lady ist, ißt Jam zum Tee und bleibt über Nacht, und die große Leidenschaft ist eines natürlichen Todes gestorben, als er am Morgen Marmelade aufs Brot streicht. Er ist zu seiner Klasse zurückgekehrt, und nichts anderes existiert für ihn. Er heiratet die junge

Lady, bleibt seiner Klasse treu. Aber um seine Eitelkeit zu befriedigen, ertränkt sich das junge Mädchen. Es ist komisch, daß junge Mädchen das offenbar nur für diese narzißtischen jungen Herrn tun, die im Wasser ihr eigenes Bild suchen und die zusätzliche Befriedigung brauchen, dort auch das Gesicht der ertrunkenen Ophelia zu sehen; was ihnen die Notwendigkeit erspart, den narzißtischen Sprung ins Wasser selbst zu tun. Wir haben die Sage noch übertroffen. Narzißmus ertränkt sich bei Mr. Galsworthy nicht selbst. Er bittet Ophelia oder Megan, es freundlicherweise an seiner Statt zu tun. Und in diesem Roman macht sie es tatsächlich. Und er fühlt sich so *wundervoll* dabei.

Wie Mr. Galsworthy Leidenschaft behandelt, das ist wirklich schändlich. Die ganze Sache ist bis zu einem gewissen Grade hundsgemein. Der Mann ist gerade mal „hungrig"; er ist „heiß", wie man bei Hunden sagt. Die Hitze vergeht. Es ist vorbei. Schleich dich weg, wenn es dich nicht betrifft. Schleich dich weg und blicke verschämt über die Schulter. Die Leute haben zugesehen! Verdammt! Aber mach dir nichts draus, es vergeht. Gott sei Dank, die Hündin schleicht in die andere Richtung davon. Ihr wird bald eine Meute anderer Hunde folgen. Das wird meine Spur verwischen. Fein gemacht! Das nächste Mal werde ich richtig heiraten und meine Grobheiten zu Hause austragen.

Mit dem Fall des Individuums fällt der Sex auf Hundeniveau. Oh, wenn doch Mr. Galsworthy nur die Kraft gehabt hätte, das auch als Satire zu schreiben, statt eine Soße sentimentalen Wohlgeschmacks darüberzugießen. Natürlich wäre er dann kein populärer Schriftsteller geworden, aber ein bedeutender.

Er hat jedoch vorgezogen, die hündischste Art von Sex zu sentimentalisieren und zu glorifizieren. Während er das Ziel hat, die Forsytes zur Zielscheibe der Satire zu machen, glorifiziert er das *anti*, was noch schlimmer ist. Solange das Individuum echt bleibt und nicht fällt, behält der Sex seine Lebenskraft und Bedeutung. Aber wenn der Fall ins gesellschaftliche Wesen stattfindet, wird der Sex widerlich, wie läufige Hunde. Hunde sind gesellschaftliche Wesen ohne echte Individualität. Wölfe und Füchse kopulieren nicht auf dem Fußweg. Ihr Sex ist wild und ganz privat. Geheul mag man hören, aber man wird nie etwas sehen. Aber der Hund ist zahm – und er hinterläßt Exkremente und kopuliert auf dem Fußweg, als ob er dich ärgern wollte. Er ist das Forsyte *anti*.

Bei Menschen ist es dasselbe. Wenn sie einmal zahm sind, werden sie bis zu einem gewissen Maße Exhibitionisten, allem zum Hohn. Sie haben keine echten eigenen Gefühle. Wenn sie nicht jemand „dabei erwischt", empfinden sie kaum, daß sie überhaupt etwas gefühlt haben. Und so ist der Mob heute. Er ist das Forsyte *anti*. Er ist das gesellschaftliche Wesen, das die Gesellschaft verhöhnt.

Oh, wenn doch Mr. Galsworthy *diese* Seite des Forsytismus satirisch dargestellt hätte, den Anti-Forsyte, der sich als „Rebell" hinstellt, den Narzißten und Exhibitionisten, die Hunde, die auf dem Fußweg kopulieren! Statt dessen glorifizierte er das zur ewigen Schande der englischen Literatur.

Die Satire, die in „Der reiche Mann" wirklich einen gewissen edlen Zug hatte, versiegt bald, und wir bekommen jene Reihe von Galsworthy-„Rebellen", die – wie alle anderen Rebellen der Mittelklasse – überhaupt nicht rebellisch sind. Sie sind nur gesellschaftliche Wesen, die sich gegen die Gesellschaft verhalten. Sie verehren ihre eigene Klasse, aber sie geben vor, sich zu übertrumpfen, und verspotten sie. Sie sind Forsyte *antis*, die dem Snobismus mit Snobismus begegnen. Trotzdem wollen sie Aufmerksamkeit erregen und Geld verdienen. Deshalb sind sie *anti*. Es ist der Teufelskreis des Forsytismus. Geld bedeutet ihnen mehr als einem Soames Forsyte, also geben sie vor, ihn zu übertrumpfen, und verachten es, aber sie werden alles tun, es zu bekommen – Dinge, die Soames Forsyte nicht gemacht hätte.

Wenn es etwas gibt, das abstoßender ist als das positive gesellschaftliche Wesen, dann ist es das negative gesellschaftliche Wesen, das reine *anti*. In dem großen Debakel der Anständigkeit ist dieser Herr der unanständigste.

In einer unterschwelligen Weise sind Bosinney und Irene unehrlicher und unanständiger als Soames und Winifred, aber sie sind *anti,* deshalb werden sie glorifiziert. Das ist schon widerlich.
Die Einleitung zu „Auf Englands Pharisäerinsel" erklärt das ganze Theater:
„Jeder Mensch, der auf die Welt kommt, wird geboren, um eine Reise zu machen, und meistens wird er direkt auf der Straße geboren ... Sobald er die ersten Schritte machen kann, bewegt er sich vermittels des sonderbaren Instinktes, den wir Lebenslust nennen, auf dieser Straße vorwärts ... Seine Väter gingen diesen Weg vor ihm, sie machten ihm diese Straße gangbar, und als sie ihn zeugten, vererbten sie ihm die Liebe, alles so zu machen, wie sie es selbst getan hatten. So geht er immer weiter ... Plötzlich bemerkt er eines Tages ganz unbeabsichtigt ein Stück Land oder eine Öffnung in der Hecke, die nach rechts oder nach links führt, und er bleibt stehen und betrachtet das Unentdeckte. Danach bleibt er an allen Öffnungen in der Hecke stehen; und eines Tages geht er mit klopfendem Herzen durch eine hindurch. Und da beginnt der Spaß." – Neun von zehn Menschen kommen zur breiten Straße zurück und biegen nicht mehr ab. Sie machen es sich in der nächsten Wirtschaft bequem und denken darüber nach, wo sie gewesen sein mögen.
„Aber der arme dumme Zehnte zieht weiter. In neun von zehn Fällen geht er in einem Sumpf unter; das Unentdeckte hat ihn verschlungen." Aber beim zehnten Mal gelangt er hinüber, und der Menschheit wird eine neue Straße eröffnet.
Es ist ein klassengebundenes Bewußtsein, das das Leben als eine Straße zwischen zwei Hecken begreift. Und der einzige Ausweg ist eine Lücke in der Hecke und Ausflüge in die Ungehörigkeit! Diese kleinen *anti*-Ausflüge, von denen der Reisende in neun von zehn Fällen zu sicherem Komfort zurückkehrt; nur der eine gerät in einen Sumpf; und selten findet ein einzelner einen Weg hinüber und eröffnet eine neue Straße.
In Mr. Galsworthys Romanen sehen wir die neun, neunundneunzig, die neunhundertneunundneunzig zu siche-

rem Komfort zurückkehren; wir sehen einen verschrobenen Bosinney unter einen Bus geraten, weil er nicht den Mut hatte, etwas anderes zu tun, der arme *anti*! Aber jene seltene Figur, die sich seitwärts ins Unbekannte bewegt, die sehen wir *nicht*. Weil eigentlich die ganze Figur in diesem Punkt nicht stimmt. Wenn das Leben eine große Straße ist, dann muß sie sich gewaltsam Bahn brechen ins Unbekannte. Auf Nebenstraßen kommt man nirgendwohin. Das ist reines *anti*. Der Anfang der Straße ist immer unfertig, in der Wildnis. Was einen Abgrund und einen Cañon betrifft, so muß man erkunden. Aber wir sehen, daß Mr. Galsworthy nach *The Country House* recht sicher ist auf der alten Straße, recht sorglos und komfortabel lebt, reich ist und berühmt. Er zumindest ist nicht in einen Sumpf geraten, noch hat er sich verirrt beim Beschreiten neuer Wege. Die Hecken sind heute zerrissen von vielen Lücken, wer möchte, kann sich auf kleine „unkonventionelle" Ausflüge begeben. Aber die Straße der Forsytes ist überhaupt nicht weitergegangen. Sie ist nur unordentlich und schmutzig durch Ausflüge mit *anti*-Tricks, und sie sind „unkonventionell" und lassen Blechbüchsen zurück.

In den drei frühen Romanen, „Auf Englands Pharisäerinsel", „Der reiche Mann" und „Weltbrüder", sah es aus, als ob Mr. Galsworthy die Sackgasse in der großen Straße mit dem Dynamit der Satire durchbrechen und uns hinaushelfen wollte zu einer neuen Etappe. Aber der Sex-Bestandteil seines Dynamits war feucht und durcheinander, die Explosion verpuffte in Sentimentalität, und wir stecken in einer schlimmeren Situation als vorher.

Die späteren Romane sind rein kommerzieller Natur und – wenn man die frühen Romane nicht kennt – von keinerlei Bedeutung. Sie sind populär, sie verkaufen sich gut, und das ist alles. Sie enthalten den Sprengstoff der ersten Bücher in verschwindend geringen Mengen, die als törichte Schwärmer verpuffen. Wenn man bei „Zu vermieten" (To Let) angekommen ist und am Ende, wenigstens am *versprochenen* Ende der Forsytes, was hat man dann? Nur Geld! Geld und immer wieder Geld und eine gewisse snobistische Einfältigkeit, und noch viel mehr *anti*-Tricks und Posen. Weiter nichts. Die Geschichte ist schwach, die Gestalten haben kein Fleisch und Blut, die Gefühle sind vorgetäuscht, falsch, falsch. Es ist eine große Heuchelei. Nicht notwendigerweise von Mr. Galsworthy. Die Gestalten täuschen ihre eigenen Gefühle. Aber das hilft uns nicht. Und wenn man die Gestalten genau betrachtet, so sind die Niederträchtigkeit und flache Vulgarität recht geschmacklos. Man findet all die Niederträchtigkeit der Forsytes, ohne ihre Energie. Jolyon und Irene sind bösartiger und verräterischer ihrem Sohn gegenüber, als es die älteren Forsytes ihren gegenüber waren. Die jungen Leute besitzen einen begrenzten, mechanischen und vulgären Egoismus, der den von Swithin oder James, ihren Vorfahren, weit übertrifft. Darin liegt die vulgäre Vorstellung vom Reichtum, und deshalb machen wir, was wir wollen; eine ausgesprochene Unfähigkeit zu irgend etwas wie *echtem* Gefühl, besonders bei den Frauen Fleur, Irene, Anette und June; eine oberflächliche Grobheit, eine jugendliche Spontaneität, die nichts ist als Unverschämtheit und Mangel an Gefühl; und immer eine schleichende, fordernde Art von Geldgier und Eigensinn, Geld und Eigensinn, so daß wir uns manchmal fragen, ob Mr. Galsworthy seine Leserschaft nicht eigentlich betrügt und unter seiner schillernden Sentimentalität nicht zynisch und boshaft ist.

Fleur zerstört er mit einem Wort: Sie hat Geld. Das ist wirklich wahr. Wir können den jungen Jon nicht schelten, daß er sich davonmacht. Irene zerstört er mit einem Satz, den Fleur an June richtet: „Hat sie nicht auch dein Leben ruiniert?" – und genau das hat sie getan. Hinterlistig und böse hat Irene verhindert, daß June ihren Geliebten bekam. Hinterlistig und böse tut sie das gleiche bei Fleur. Sie ist ein weiblicher Neidhammel. Sie ist das hinterlistige *anti*. Irene, die schönste Frau auf der Welt! Und Mr. Galsworthy, mit dem Zynismus eines erfolgreichen alten Sentimentalisten, schiebt das beiseite, indem er June sagen läßt: „Niemand kann ein Leben ruinieren, meine Liebe. Das ist Unsinn. Was auch passiert, wir lassen uns nicht unterkriegen."

Das ist schließlich die Philosophie, die dahintersteckt.

„Was auch passiert, wir lassen uns nicht unterkriegen." Also gut, dann schreib das Buch in diesem Ton, dem Leitgedanken eines freimütigen alten Zynikers, statt als hinterlistiger alter Zyniker zu sentimentalisieren, wofür es keinen Grund gibt. Warum sollte man eine Menge Gefühle ausschütten, die echt sein wollen, wenn man dann alles beiseite schiebt mit: „Was auch passiert, wir lassen uns nicht unterkriegen."

Es ist schon wahr, es passieren Dinge, und wir lassen uns nicht unterkriegen. Wenn wir primitive Sentimentalisten sind, dann lassen wir uns trotzdem nicht unterkriegen, also ist nichts passiert und nichts kann passieren. Alles ist primitiv. Aber es zahlt sich aus. Es ist geldträchtig.

Primitivität zahlt sich aus, und billiger Zynismus sentimental verpackt zahlt sich mehr aus als alles andere. Weil dem heruntergekommenen gesellschaftlichen Wesen nichts passieren *kann*. Also tun wir so als ob, und dann lassen wir uns nicht unterkriegen!

Es ist Zeit, daß sich jemand laut äußert, wenigstens über den Wust an Sentimentalität, der die Philosophie des „nicht Unterkriegens" erstickt. Es ist an der Zeit, daß wir diese Schar von Ratten ins Licht rücken, diese jüngeren Forsyte-Gefühlsmenschen, deren Name Legion ist. Es ist die Sentimentalität, die uns erstickt. Die gesellschaftlichen Wesen sollen sich nicht unterkriegen lassen, solange sie können. Aber es ist an der Zeit, daß man sich bemüht, die Sentimentalität, die sie überall ausschwitzen, mit einem Gartenschlauch wegzuspritzen. Die Welt ist stickig bis ins letzte, und die kleinen Forsytes mögen sich da wohl immer noch munter bewegen, aber ein ehrliches Gefühl kann dort nicht atmen.

Aber wenn es immer noch stickiger wird, werden sogar die kleinen Forsytes nicht mehr in der Lage sein, sich nicht unterkriegen zu lassen. Sie werden in ihrem eigenen Schleim ersticken mit allem anderen. Was ein Trost ist.

1928 (1927)

Zitate nach: John Galsworthy, Gesammelte Werke. Band 20. P. Zsolnay Verlag Wien 1925.

Deutsche Bücher: Thomas Mann

Thomas Mann ist vielleicht der bekannteste deutsche Romancier der Gegenwart. Er und sein älterer Bruder Heinrich Mann werden zusammen mit Jakob Wassermann als *die* drei Prosakünstler des heutigen Deutschland gepriesen.

Aber die deutsche Prosa unterliegt jetzt jenem – für die Welt von Gustave Flaubert verkörperten – Streben nach Form, jenem leidenschaftlichen Verlangen nach der Beherrschung des narrativen Mediums, jenem Willen des Schreibenden, größer als sein Stoff und unangefochtener Herr über ihn zu sein.

Thomas Mann hat die Mitte des Lebens überschritten und drei oder vier Bücher geschrieben: „Die Buddenbrooks“, einen Roman über das Patrizierleben in Lübeck; „Tristan“, eine Sammlung von sechs Novellen; „Königliche Hoheit“, eine phantastische Hofgeschichte; verschiedene Erzählungen und schließlich den „Tod in Venedig“. Der Dichter ist selbst Sohn eines Lübecker Patriziers.

In Deutschland wird Thomas Mann in erster Linie als Künstler und nicht als Erzähler verehrt. Und doch scheint mir, daß dieses Streben nach Form nicht einer künstlerischen Auffassung entspringt, sondern einer bestimmten Haltung zum Leben. Denn die Form ist keine persönliche Sache wie der Stil. Sie ist unpersönlich wie die Logik. Und wie die Schule von Alexander Pope streng logisch in ihrer Ausdrucksweise war, so scheint die Schule von Flaubert gewissermaßen logisch in der ästhetischen Form zu sein. „Nichts außerhalb der vorgegebenen Linie des Buches“ ist eine Maxime. Aber gelingt es dem menschlichen Geist besser, die Linie eines Buches unverrückbar festzulegen als eine bestimmte Richtlinie des Handelns für ein lebendes Wesen?

Thomas Mann hat aber eine ganz persönliche Beziehung zu seinem Gegenstand, und das geht bis an die Schmerzgrenze. In „Tonio Kröger“, der langen Novelle am Ende des „Tristan“-Bandes, malt er ein detailliertes Bild von sich selbst als Jüngling und jungem Mann; es ist eine exakte Analyse. Und er schildert mit einiger Ausführlichkeit die Qual eines Künstlerdaseins. „Die Literatur ist überhaupt kein Beruf, sondern ein Fluch." Dann äußert er zu der jungen russischen Malerin: „Es gibt nirgendwo einen Künstler, meine Liebe, der die Sehnsucht nach den Wonnen der Gewöhnlichkeit nicht kennt." Aber das könnte jeder junge Künstler sagen. Das kommt daher, weil der innere Druck, den das Leben in einem jungen Mann, aber besonders in einem Künstler erzeugt, sehr groß ist und noch kein Ventil gefunden hat, so daß er in Sturm und Drang in ihm tobt. Der Zustand des dreiundfünfzigjährigen Thomas Mann entspricht dem, er ist nur tragischer. Er hat für sich nie ein Ventil gefunden, außer seiner Kunst. Er hat sich nie etwas anderem hingegeben als seiner Kunst. Das ist schön und gut, wenn die Kunst einen voll in Anspruch nimmt und befriedigt, wie das bei einigen großen Männern vorgekommen ist, zum Beispiel Corot. Aber dann gibt es noch die anderen Künstler, die menschlicheren, wie Shakespeare und Goethe, die sich dem Leben wie der Kunst widmen müssen. Und wenn diese das Leben verachteten oder sich davor scheuten, dann würde ihre überschüssige Energie gären und verderben. Und das ist Thomas Manns Problem. Kein Zweifel, er leidet physisch. Aber sein Leiden sitzt tiefer: in der Seele.

Und aus seinem seelischen Leiden, aus dieser Skepsis, schafft er seine besondere Kunst, die er in „Tonio Kröger" beschreibt als „wählerisch, erlesen, kostbar, fein, reizbar gegen das Banale, und aufs höchste empfindlich in Fragen des Taktes und Geschmacks". In der Methode ist er ein Schüler des Flaubert, der schrieb: „Ich habe gestern sechzehn Stunden gearbeitet und heute den ganzen Tag und habe schließlich eine Seite fertiggestellt." Vom *Leitmotiv* und seinem Einfluß schreibend, sagt er: „Diese Methode allein genügt aber, um meine Langsamkeit zu erklären. Sie resultiert weder aus Ängstlichkeit noch aus Bedürftigkeit, sondern aus einem überwältigenden Verantwortungsgefühl für die Wahl jedes Wortes, die Formulierung jeder Wendung ... einer Verantwortung, die nach gänzlicher Frische verlangt und die es nach zweistündiger Arbeit vorzieht, keinen wichtigen Satz zu wagen. Denn welcher Satz ist wichtig und welcher unwichtig? Kann man im vorhinein wissen, ob ein Satz oder Teilsatz wiederaufgegriffen werden und als *Motiv*, Aufhänger, Symbol, Zitat oder Querverbindung erneut erscheinen wird? Und ein Satz, den man zweimal hören muß, bedarf besonderer Prägung. Er muß – ich sage nichts von Schönheit – ein gewisses Niveau besitzen und eine symbolische Suggestivkraft, die ihn würdig macht, in einer epischen Zukunft noch einmal zu erklingen. So wird jeder Punkt zu einem Standpunkt, jedes Adjektiv zu einer Entscheidung, und es ist klar, daß ein solches Werk nicht nebenbei entstehen kann."

Das ist also die Methode. Der Mann hatte immer eine zarte Konstitution. „Ärztliche Fürsorge hatte den Knaben vom Schulbesuch ausgeschlossen und auf häuslichen Unterricht gedrungen." Ich zitiere Aschenbach aus „Der Tod in Venedig". „Als er um sein fünfunddreißigstes Jahr in Wien erkrankte, äußerte ein feiner Beobachter über ihn in Gesellschaft: ‚Sehen Sie, Aschenbach hat von jeher nur *so* gelebt' – und der Sprecher schloß die Finger seiner Linken fest zur Faust ‚niemals *so*' – und er ließ die geöffnete Hand bequem von der Lehne des Sessels hängen."

Er zwang sich zum Schreiben und trieb sich zur Arbeit an. Über eines seiner Werke sprechend, sagt er: „Es war verzeihlich, ja, es bedeutete recht eigentlich den Sieg seiner Moralität, wenn Unkundige die Maja-Welt oder die epischen Massen, in denen sich Friedrichs Heldenleben entrollte, für das Erzeugnis gedrungener Kraft und eines langen Atems hielten, während sie vielmehr in kleinen Tagewerken aus aberhundert Einzelinspirationen zur Größe emporgeschichtet … waren."

Und er faßt die Quintessenz seiner Erfahrung in die Meinung, „daß beinahe alles Große, was dastehe, als ein Trotzdem dastehe, trotz Kummer und Qual, Armut, Verlassenheit, Körperschwäche, Laster, Leidenschaft und tausend Hemmnissen zustande gekommen sei". Und dann kommt die letzte Offenbarung. Er spricht vom Leben, wie es sich in seinen Büchern darstellt: „Denn Haltung im Schicksal, Anmut in der Qual bedeutet nicht nur ein Dulden; sie ist eine aktive Leistung, ein positiver Triumph, und die Sebastian-Gestalt ist das schönste Sinnbild, wenn nicht der Kunst überhaupt, so doch gewiß der in Rede stehenden Kunst. Blickte man hinein in diese erzählte Welt, sah man: die elegante Selbstbeherrschung, die bis zum letzten Augenblick eine innere Unterhöhlung, den biologischen Verfall vor den Augen der Welt verbirgt; die gelbe, sinnlich benachteiligte Häßlichkeit, die es vermag, ihre schwelende Brunst zur reinen Flamme zu entfachen, ja, sich zur Herrschaft im Reiche der Schönheit aufzuschwingen; die bleiche Ohnmacht, welche aus den glühenden Tiefen des Geistes die Kraft holt, ein ganzes übermütiges Volk zu Füßen des Kreuzes, zu *ihren* Füßen niederzuwerfen; die liebenswürdige Haltung im leeren und strengen Dienste der Form; das falsche, gefährliche Leben, die rasch entnervende Sehnsucht und Kunst des geborenen Betrügers: betrachtete man all dies Schicksal und wieviel Gleichartiges noch, so konnte man zweifeln, ob es überhaupt einen anderen Heroismus gäbe als denjenigen der Schwäche. Welches Heldentum aber jedenfalls wäre zeitgemäßer als dieses?"

Vielleicht ist es besser, den Inhalt der Erzählung „Der Tod in Venedig" zu umreißen, aus der das obige Zitat stammt und auf deren Helden es zutrifft.

Gustav von Aschenbach, ein erlesener, berühmter Schriftsteller, der die Fünfzig überschritten hat, erblickt, als er sich gegen Ende eines langen Nachmittagsspazierganges einem Friedhof in der Nähe von München nähert, zwischen den chimärenhaften Gestalten der Pforte einen Mann. Dieser Mann an der Friedhofspforte ist fast das *Motiv* der Erzählung. Er infiziert Aschenbach mit einem Reisefieber. Er übt genaue Selbstbetrachtung in einer Weise, die in ihrer Offenheit fast schmerzt, und man erkennt die ganze Seele dieses dreiundfünfzigjährigen Schriftstellers. Und es scheint, als hätte der Künstler den Mann absorbiert, und doch ist der Mann noch da, wie ein erschöpfter Organismus, aus dem ein Parasit Lebenskraft gesogen hat. Dann beginnt eine Art Holbeinscher Totentanz. Die Erzählung erscheint ganz natürlich, und doch durchzieht sie ein grauenhaftes Gefühl symbolischer Bedeutung. Der Mann an der Friedhofspforte hat Reisen suggeriert – aber wohin? Aschenbach macht sich auf nach einem Badeort an der Adriaküste und sucht dort ein Abenteuer, ein leidenschaftliches Abenteuer, dem seine kranke Seele und sein ungesunder Körper entgegenfiebern. Aber als er sich an der Adria wiederfindet, weiß er, daß sein Verlangen ihn nicht hierher zieht, und er nimmt ein Schiff nach Venedig. Alles ist wirklich und besitzt doch eine merkwürdige unheimliche Unwirklichkeit, wie Verfall, „biologischer Verfall". Auf dem Schiff gibt es einen Mann, der an die Gestalt bei der Friedhofspforte erinnert, obwohl da keine Verbindung besteht. Und dann ist inmitten einer Gruppe junger Polen, die mit hinüberfahren, ein gespenstischer Kerl, in dem Aschenbach einen alten Mann erkennt, der sich jugendlich hergerichtet hat und ohne Verdacht zu erregen unter den jungen Leuten herumhüpft, der ausgelassen mit ihnen trinkt und schließlich entsetzlich betrunken aufs Deck niedersinkt, wobei er sich am Schriftsteller festzuhalten sucht und etwas von „dem allerliebsten, dem schönsten Liebchen" sabbert. Plötzlich klappt ihm der obere Teil seiner Prothese herunter.

Aschenbach nimmt eine Gondel zum Lido, und wieder erinnert der Gondoliere an den Mann bei der Friedhofspforte. Er ist außerdem nicht zu Zugeständnissen bereit und fährt Aschenbach, entgegen seinem Verlangen, er möge ihn zum St.-Markus-Platz zurückfahren, in seinem schwarzen Kahn zum Lido, während er die ganze Zeit über vor sich hin murmelt. Dann verschwindet er ohne Entlohnung.

Der Schriftsteller quartiert sich in einem vornehmen Hotel auf dem Lido ein. Nun naht das Abenteuer, dort bei der fahlen See. Als Aschenbach in die Hotelhalle hinuntergeht, erblickt er einen schönen polnischen Jungen von ungefähr vierzehn Jahren, um dessen blasses Gesicht sich honiggelbe Locken ringeln, mit seinen Schwestern und deren Gouvernante.

Aschenbach liebt den Jungen – doch beinahe als Symbol. In ihm liebt er Leben und Jugend und Schönheit, wie bei Hyazinth im griechischen Mythos. Vermutlich facht das die schwelende Glut zur hellen Flamme an und hebt sie in das Reich des Schönen. Er folgt dem Jungen, beobachtet ihn den ganzen Tag lang am Strand und ist fasziniert von der Gestalt gewordenen Schönheit vor seinen Augen. Es handelt sich immer noch um den Künstler und seine Gedankenwelt; doch unterschwellig ist da auch die „gelbe, sinnlich benachteiligte Häßlichkeit" des ältlichen Mannes. Aber das Bild vom Schriftsteller, der Menschen am Strand beobachtet, schimmert und lebt in einem merkwürdigen, golden phosphoreszierenden Licht, ein Abglanz des griechischen Mythos fällt darauf, und zugleich ist es ein moderner Meeresstrand mit Menschen im Sand und einem halb drohenden, kränklichen Himmel.
Aschenbach mustert den Jungen im Hotellift und bemerkt, daß er zart wirkt, fast krank, und bei dem Gedanken, daß er möglicherweise nicht sehr lange leben wird, beschleicht den ältlichen Schriftsteller ein Gefühl des Friedens. Der Gedanke, daß der Junge sterben könnte, erleichtert ihn.
Dann leidet der Schriftsteller an den Auswirkungen des *sirocco* und will sofort abreisen. Aber auf dem Bahnhof stellt er mit Freude fest, daß sein Gepäck fehlgeleitet wurde, und er kehrt schnurstracks ins Hotel zurück. Als er dort Tadzio wiedersieht, weiß er, warum er Venedig nicht verlassen konnte.
Es folgt ein Monat mit heißem Wetter, währenddessen Aschenbach Tadzio auf Schritt und Tritt folgt und die ersten liebenden Blicke über die Schulter von dem Burschen erhält. Es ist wundersam – die Hitze, die ungesunde Atmosphäre, die Leidenschaft in Venedig. Eines Abends kommt ein nach Karbol stinkender Straßensänger und singt unter der Veranda des Hotels. Und als schauerliches Symbol ist es diesmal klar erkennbar der Mann vom Friedhof.
Das Gerücht behauptet, daß in Venedig die Cholera umgeht. Und über der Stadt der Kanäle und Paläste breitet

sich die Atmosphäre einer geheimen Seuche. Aschenbach bekommt die Behauptung auf dem englischen Fremdenamt bestätigt, aber er kann sich nicht dazu entschließen, Tadzio zu verlassen oder die polnische Familie zu warnen. Die von der geheimen Seuche geprägten Tage verstreichen. Aschenbach folgt dem Jungen durch die stinkenden Straßen der Stadt und verliert ihn aus den Augen. Und am Tag der Abreise der polnischen Familie stirbt der berühmte Schriftsteller an der Seuche.

Es ist ganz und gar – beinahe vorsätzlich – ungesund. Der Mann ist krank an Körper und Seele. Er porträtiert sich selbst, wie er ist; mit wunderbarer Gewandtheit und Kunstfertigkeit porträtiert er seine Krankheit. Und da jedes echte Porträt wertvoll ist, hat das Buch seine Berechtigung. Es porträtiert einen Mann, eine Atmosphäre, eine kranke Vorstellungskraft. Mehr will es nicht. Und wir müssen das hinnehmen. Doch wir wissen, daß es ungesund ist – trotzdem erscheint es mir nicht krankhaft, es ist zu gut beschrieben – und wir billigen ihm seinen eigenständigen Platz zu.

Thomas Mann scheint mir der letzte an der Flaubertschen Krankheit Leidende. Flaubert hielt sich abseits vom Leben, als sei es leprös. Und Thomas Mann hat wie Flaubert das vage Gefühl, daß in ihm etwas Besseres steckt, als es das physische Leben jemals zu bieten hatte. Das physische Leben bedeutet Unordnung und Korruption, wogegen er nur mit einer Waffe kämpfen kann – mit seinem feinen ästhetischen Sinn, seinem Gefühl für das Schöne, Vollkommene, für eine gewisse Tüchtigkeit, die ihm angenehm ist und innerlich Freude bereitet, wie korrupt die Dinge des Lebens auch sein mögen. Da steht er nun, nach all den Jahren genauso voller Ekel und Selbstverachtung, wie es Flaubert war, und Deutschland spricht mit seiner Stimme, oder doch teilweise. Mit wahrhaft selbstmörderischer Absicht – darin Flaubert ähnlich – sitzt also ein letzter schwerkranker Schüler und reduziert sich selbst Stück für Stück auf die Darstellung seines Ekels, geduldig, selbstzerstörerisch, damit wenigstens seine Darstellung vollkommen sei in einer Welt des Niedergangs. Aber er kommt so spät.

Schon finde ich Thomas Mann, der, wie er sagt, so energisch gegen das Banale in seinem Werk kämpft, etwas banal. Sein Ausdruck mag erlesen sein. Aber inzwischen ist das, was er ausdrückt, von gestern. Ich glaube, wir haben unsere Lektion gelernt, um uns der Widerwärtigkeit des Lebens ausreichend bewußt zu sein. Er besitzt zwar einen Rhythmus im Stil, aber sein Werk hat nichts vom Rhythmus eines Lebewesens – vom Wachsen einer Mohnpflanze, gefolgt vom Aufrichten der Knospe, dem Abwerfen der Kelchblätter und dem Ausbreiten der Blütenblätter, dem Fall der Blüte und der stolzen Haltung der Samenkapsel. Das hat etwas Spontanes, was ihre sorgfältig geplanten und arrangierten Entwicklungen nicht aufweisen. Selbst „Madame Bovary" scheint mir als Ganzes keinen lebendigen Rhythmus zu besitzen. Während er lebensecht in „Macbeth" pulsiert.
Aber Thomas Mann ist alt – und wir sind jung. Deutschland wirkt auf mich nicht besonders jung.

1913

V

ZUR PERSON
UND ZUM EIGENEN WERK

Autobiographische Skizze

Man fragt mich: „War es für Sie sehr schwer, etwas zu werden und Erfolg zu haben?“ Und ich muß zugeben, falls man von mir sagen kann, daß ich etwas geworden bin und Erfolg habe, so ist es mir *nicht* schwergefallen.
Ich hungerte nie in einem Dachstübchen, noch wartete ich mit Bangen darauf, daß mir die Post eine Antwort vom Herausgeber oder Verlag brachte, und ich schwitzte ebensowenig Blut und Wasser, um gewaltige Werke hervorzubringen, wie ich über Nacht berühmt wurde.
Ich war ein armer Junge. Eigentlich hätte ich mit der grausamen Macht der Verhältnisse kämpfen und die Schläge des Schicksals erleiden sollen, ehe ich ein Schriftsteller mit sehr bescheidenem Einkommen und einem äußerst zweifelhaften Ruf wurde. Doch dem war nicht so. Es geschah alles von selbst, und ohne irgendwelches Gestöhn meinerseits.
Das scheint bedauerlich. Weil ich ohne Zweifel ein armer Junge aus der Arbeiterklasse, ohne erkennbare Zukunft vor mir, war. Aber was bin ich denn im Grunde jetzt?
Ich wurde als Arbeiterkind geboren und wuchs in der Arbeiterklasse auf. Mein Vater war Bergmann, sonst nichts, an ihm war nichts Lobenswertes. Er war nicht mal ehrbar, wenn man bedenkt, daß er sich recht häufig betrank, nie den Fuß in eine Kirche setzte und zu seinen unmittelbaren Vorgesetzten in der Grube gewöhnlich ziemlich grob war.
Er hatte praktisch nie einen guten Arbeitsplatz, immer war er Vorarbeiter, weil er ständig unangenehme und törichte Dinge über die Leute sagte, denen er in der Grube direkt unterstellt war. Er beleidigte sie alle, fast absichtlich, wie konnte er also erwarten, daß sie ihn förderten? Und doch murrte er, wenn sie es nicht taten.
Meine Mutter war vermutlich etwas Besseres. Sie stammte aus der Stadt und gehörte eigentlich zum Kleinbürgertum. Sie sprach korrektes Englisch, ohne Akzent, und konnte, solange sie lebte, nicht einmal einen Satz

des Dialekts, den mein Vater sprach und den wir Kinder auf der Straße sprachen, imitieren.
Sie hatte eine schöne Handschrift und vermochte kluge und amüsante Briefe zu schreiben, wenn ihr danach zumute war. Und als sie älter wurde, las sie wieder Romane und wurde furchtbar ungeduldig bei „Diana of the Crossways" und fand „East Lynne" schrecklich spannend.
Aber sie war die Frau eines Arbeiters und nichts anderes, mit ihrem schäbigen schwarzen Häubchen und ihrem klugen, offenen, „interessanten" Gesicht. Und sie wurde im Gegensatz zu meinem Vater sehr geachtet. Sie hatte ein flinkes und sensibles Wesen, und vielleicht war sie wirklich etwas Besseres. Aber sie war unten, ganz unten in der Arbeiterklasse, mitten unter den vielen ziemlich armen Bergarbeiterfrauen.
Ich war ein zarter, blasser Bengel mit stets verschnupfter Nase, den die meisten Leute recht freundlich wie einen ganz gewöhnlichen zarten Jungen behandelten. Mit zwölf Jahren bekam ich ein Stipendium des Grafschaftsrates, zwölf Pfund im Jahr, und besuchte das Gymnasium in Nottingham.
Nach dem Abgang von der Schule arbeitete ich drei Monate lang als kaufmännischer Angestellter, dann bekam ich mit siebzehn eine sehr schwere Lungenkrankheit, die meine Gesundheit für den Rest meines Lebens untergrub.
Ein Jahr später wurde ich Lehrer, und nachdem ich drei Jahre lang primitiven Unterricht bei Bergarbeiterjungen gegeben hatte, ging ich an die Universität von Nottingham, um das „normale" Pädagogikstudium zu absolvieren.
Ich war froh, die Schule verlassen zu können, und ich war gleichermaßen froh, die Universität verlassen zu können. Statt mir lebendige menschliche Beziehungen zu bescheren, hatte sie mich nur enttäuscht. Von der Universität ging ich nach Croydon bei London, um für hundert Pfund jährlich in einer neuen Volksschule zu unterrichten.
Während ich in Croydon lebte, ich war damals dreiund-

zwanzig, schrieb die beste Freundin meiner Jugendjahre, selbst Lehrerin in einem Bergarbeiterdorf in der Heimat, einige meiner Gedichte ab und schickte sie, ohne es mir zu sagen, an den „English Review", der unter Ford Madox Hueffer gerade glorreich wiederauferstanden war.

Hueffer war ausgenommen freundlich. Er druckte die Gedichte ab und forderte mich auf, ihn zu besuchen. Das Mädchen hatte mich so einfach auf meine literarische Laufbahn geschickt, wie eine Prinzessin mit dem Durchschneiden einer Leine ein Schiff vom Stapel laufen läßt.

Vier Jahre lang hatte ich gerungen, um „Der weiße Pfau" (The White Peacock) in chaotischen Stücken aus meinem Unterbewußten heraufzuholen. Das meiste davon muß ich fünf- oder sechsmal umgeschrieben haben, aber nur in Abständen, niemals sah ich es als Aufgabe oder höhere Arbeit oder war ich in Geburtswehen.

Ich machte mich eilfertig daran, schrieb etwas, zeigte es dem Mädchen; sie bewunderte es stets; hinterher stellte ich dann fest, daß es meinen Vorstellungen nicht entsprach, und machte mich erneut daran. Aber in Croydon hatte ich an den Abenden nach der Schule ziemlich regelmäßig daran gearbeitet.

Jedenfalls war das Buch nach vier oder fünf Jahren stoßweiser Bemühungen fertig. Hueffer wollte das Manuskript gleich sehen. Er las es sofort mit der größten herzerfrischenden Freundlichkeit und Offenheit. Und mit seiner eigenartigen Stimme schrie er mir in einem Londoner Bus ins Ohr: „Es hat jeden Fehler, den der englische Roman haben kann."

Damals schrieb man dem englischen Roman gerade im Vergleich zum französischen so viele Fehler zu, daß ihm kaum eine Existenzberechtigung zugestanden wurde. „Aber", schrie Hueffer im Bus, „Sie haben Genie!"

Das reizte mich zum Lachen, es klang so komisch. Zu Anfang sagten sie mir immer, daß ich Genie hätte, als wollten sie mich trösten, daß ich ihre eigenen unvergleichlichen Vorzüge nicht besäße.

Aber Hueffer meinte es nicht so. Ich war immer der Meinung, daß er selbst ein wenig Genie hatte. Jedenfalls schickte er das Manuskript vom „Weißen Pfau" an William Heinemann, der es sofort annahm und mich nur vier kleine Zeilen ändern ließ, deren Tilgung heute jeder belächeln würde. Ich sollte bei Erscheinen des Buches fünfzig Pfund erhalten.

Inzwischen druckte Hueffer weitere Gedichte und einige Erzählungen von mir im „English Review", und die Leute lasen sie und erzählten mir das zu meiner Irritation und meinem Ärger. Mir gefiel es gar nicht, daß ich von den Leuten als Schriftsteller angesehen wurde. Besonders da ich Lehrer war.

Als ich fünfundzwanzig war, starb meine Mutter, und zwei Monate später kam „Der weiße Pfau" heraus, doch es bedeutete mir nichts. Ich arbeitete noch ein Jahr als Lehrer weiter, und dann kam wieder eine schlimme Lungenkrankheit dazwischen. Als es mir besser ging, kehrte ich nicht in die Schule zurück. Seither habe ich von meinen kärglichen Einkünften als Schriftsteller gelebt.

Es ist siebzehn Jahre her, daß ich den Lehrerberuf aufgab und ein unabhängiges Leben als Schreibender begann. Ich habe nie Hunger gelitten, und ich kam mir nicht einmal arm vor, obwohl mein Einkommen in den ersten zehn Jahren nicht höher, und oft niedriger, war als das Einkommen, das ich bezogen hätte, wäre ich Volksschullehrer geblieben.

Aber wenn einer arm gewesen ist, kann sehr wenig Geld ausreichen. Mein Vater jedenfalls würde mich für reich halten, wenn auch sonst keiner. Und meine Mutter würde meinen, daß ich es zu etwas gebracht habe, selbst wenn ich das nicht so sehe.

Aber irgend etwas stimmt nicht, entweder mit mir oder mit der Welt, oder mit uns beiden. Ich bin weit gereist und habe viele ganz unterschiedliche Leute aus allen Schichten der Gesellschaft kennengelernt, und viele von ihnen habe ich wirklich gemocht und geschätzt.

Im *persönlichen* Umgang sind die Menschen fast immer freundlich gewesen. Von Kritikern wollen wir nicht reden, diese Fauna unterscheidet sich von den Menschen.

Ich *wollte* zumindest für einige meiner Mitmenschen wirklich freundschaftliche Gefühle empfinden.
Aber es ist mir nie ganz gelungen. Ob ich in der Welt vorwärtskomme, ist die Frage; aber ganz bestimmt fällt es mir schwer, mit der Welt gut auszukommen. Und ob ich Erfolg im weltlichen Sinne habe, weiß ich wirklich nicht. Aber auf gewisse Art spüre ich, daß ich als Mensch keinen großen Erfolg habe.
Womit ich sagen will, daß nach meinem Gefühl keine sehr herzliche oder tiefgehende Beziehungen zwischen mir und der Gesellschaft oder mir und anderen Menschen existieren. Da ist eine Kluft. Und die Beziehungen, die ich habe, sind nicht zu Menschen und basieren nicht auf Sprache.
Früher glaubte ich, das hätte etwas damit zu tun, daß Europa so alt und verbraucht ist. Nachdem ich andere Weltgegenden ausprobiert habe, weiß ich, daß das nicht stimmt. Europa ist vielleicht der am wenigsten verbrauchte Kontinent, weil in ihm am meisten gelebt wird. Ein Ort, an dem man lebt, ist lebendig.
Seit meiner Rückkehr aus Amerika frage ich mich ernstlich: Warum gibt es so wenig echte Beziehungen zwischen mir und den Menschen, die ich kenne? Warum haben die Beziehungen keine tiefere Bedeutung?
Und wenn ich die Frage niederschreibe und eine Antwort zu formulieren versuche, so deshalb, weil diese Frage vermutlich viele Menschen bewegt.
Die Antwort hat, soweit ich das überblicken kann, etwas mit der Klasse zu tun. Die Klasse schafft einen Graben, den die beste menschliche Wechselbeziehung nicht überbrücken kann. Genaugenommen ist es nicht der Triumph des Mittelstandes, der für diese Starre verantwortlich ist, sondern der Triumph der mittelständischen *Sache*.
Als Mann aus der Arbeiterklasse fühle ich, daß der Mittelstand mich in meinen vitalen Regungen beschneidet, wenn ich mich in dieser Gesellschaftsschicht bewege. Ich gebe zu, daß es in ihr oft genug reizende und gebildete und gute Menschen gibt. *Aber sie machen, daß ein Teil von mir nicht mehr funktioniert.* Ein Teil von mir muß draußen bleiben.

Warum lebe ich dann nicht mit meinen Arbeitern? Weil ihre Lebensregungen auf einem anderen Gebiet beschränkt sind. Sie sind beschränkt, aber trotzdem ziemlich tief und leidenschaftlich, während der Mittelstand liberal und flach und leidenschaftslos ist. Völlig leidenschaftslos. Im besten Falle ersetzen sie das durch Zuneigung, was die große positive Emotion des Mittelstandes ist.
Aber die Arbeiterklasse ist beschränkt in ihren Auffassungen und in ihren Vorurteilen und von beschränktem Verstand. Das schafft wieder ein Gefängnis. Man kann überhaupt keiner Klasse angehören.
Doch ich fühle, daß ich zum Beispiel hier in Italien in einer gewissen stummen Verbindung mit den Bauern lebe, die den Boden dieses Gutes bestellen. Ich habe mich nicht mit ihnen angefreundet, ich spreche kaum mit ihnen, außer um ihnen einen guten Tag zu wünschen. Und sie arbeiten nicht für mich; ich bin nicht ihr *padrone*.
Aber in Wirklichkeit sind sie es, die mein *ambiente* bilden, und zu ihnen stehe ich in menschlicher Wechselbeziehung. Ich möchte nicht in ihren Hütten mit ihnen leben; das wäre eine Art Gefängnis. Aber ich möchte, daß sie da sind, an diesem Ort, daß ihr Leben parallel zu meinem verläuft und in Beziehung zu meinem. Ich idealisiere sie nicht. Schluß mit dieser Torheit! Das ist noch schlimmer, als wenn man Schulkindern beibringt, sich in überheblichem Geschwätz zu artikulieren. Ich erwarte von ihnen nicht, daß sie hier auf Erden ein neues Zeitalter schaffen, weder jetzt noch zukünftig. Aber ich will in ihrer Nähe leben, weil ihr Leben noch fließt.
Und jetzt bin ich mir auch so gut wie im klaren, warum ich nicht einmal in die Fußstapfen von Barrie oder Wells treten kann, die beide aus dem einfachen Volk stammen und so erfolgreich sind. Jetzt weiß ich, warum ich in der Welt nicht vorwärtskommen und ein Quentchen populärer und reicher werden kann.
Ich kann von meiner Klasse nicht in den Mittelstand überwechseln. Ich vermag um nichts in der Welt mein leidenschaftliches Bewußtsein und meine alte Blutsver-

wandtschaft mit den Mitmenschen, mit den Tieren und mit dem Land für jene andere dünnblütige, falsche geistige Überheblichkeit aufzugeben, die alles ist, was vom Geist übrigbleibt, wenn er sich zum Maß aller Dinge macht.

Vorwort zu einer Bibliographie der Werke von D. H. Lawrence in der Herausgabe von Edward D. McDonald

Ich sitze hier am Fuß der Rocky Mountains unter einer kleinen Zeder und betrachte die bleiche, nach Westen entschwindende Wüste mit Schattenhügeln, die sich an diesem Morgen in der Stille des Frühherbstes erheben, die nahen Kiefern sind vollkommen reglos, die Sonnenblumen und die purpurroten Heidekraut-Astern werden zum ersten Mal an diesem Morgen von einem kaum wahrnehmbaren Lüftchen bewegt – und es scheint für mich kaum eine Entschuldigung dafür zu geben, daß ich ein Vorwort zu einer Bibliographie schreibe.

Bücher sind für mich immaterielle Dinge, Stimmen in der Luft, die den Herbstnebel nicht stören, und Visionen, die jene Sonnenblumen nicht verdecken. Was kümmern mich Erstausgaben oder Ausgaben letzter Hand? Ich habe nie eins meiner erschienenen Bücher gelesen. Für mich trägt kein Buch ein Datum, ist kein Buch fest eingebunden.

Was kümmert es mich, wenn das „e" an irgendeiner Stelle auf dem Kopf steht oder das „g" aus dem falschen Schriftsatz stammt? Es juckt mich nicht.

Und wenn ich die Vergangenheit heraufbeschwöre, was bedeutet mir das? Das allererste Exemplar von „The White Peacock" (Der weiße Pfau) legte ich in die Hände meiner sterbenden Mutter. Sie blickte mit nachlassendem Augenlicht auf den Einband und dann auf das Titelblatt und dann auf mich. Und obwohl sie mich so sehr liebte, bezweifelte sie vermutlich, daß das Buch viel taugte, weil es von keinem Bedeutenderen als mir geschrieben worden war. Irgendwo in den geheimsten Winkeln ihrer Persönlichkeit bewahrte sie einen wehmütigen Respekt für mich. Aber angesichts der Welt zeigte sie nicht viel davon. Dieser David würde nie einen Stein auf Goliath schleudern. Und wozu es versuchen? Laß Goliath in Frieden! Sie war sowieso nicht

mehr in der Lage, mein erstes unsterbliches Werk zu lesen. Es wurde beiseite gelegt, und ich wollte es nie wieder ansehen. Sie sah es nie wieder an.
Nach der Beerdigung kämpfte sich mein Vater durch eine halbe Seite, und es hätte ebensogut in der Sprache der Hottentotten geschrieben sein können.
„Und was hamse dir dafür gegeben, Junge?"
„Fünfzig Pfund, Vater."
„Fünfzig Pfund!" Es verschlug ihm die Sprache, und er sah mich verschmitzt an, als wäre ich ein Hochstapler.
„Fünfzig Pfund! Und dabei haste in deim ganzen Leben nich ein Tag geschuftet."
Ich glaube bis heute, daß er in mir so etwas wie einen gewieften Hochstapler sieht, der Geld für nichts einstreicht: eine Art Ernest Hooley. Und meine Schwester äußert zu meiner großen Verblüffung: „Du hast immer Glück gehabt!"
Irgendwie ist es bei jedem meiner Werke der wirkliche Gegenstand, das wirkliche Buch aus Papier, das diese persönlichen Gefühle und Erinnerungen hervorruft. Es ist der elende Band selbst, der mich auf Gedeih oder Verderb der Welt ausliefert. Die innere Stimme ist auf ewig mein. Aber dieses ordinär verkäufliche Exemplar des erschienenen Buches ist ein Knochen, um den sich jeder Hund mit mir streiten kann.
William Heinemann verlegte den „Weißen Pfau". Ich bin einmal mit ihm zusammengetroffen, und da begriff ich, was für einen außerordentlichen Gefallen er mir damit tat. Er behandelte mich tatsächlich recht gut.
Ich erinnere mich, daß man mir in letzter Minute, als das Buch schon gedruckt und fertig zum Binden war – ja einige Exemplare waren schon gebunden – in großer Eile eine bestimmte Seite mit einem gekennzeichneten Abschnitt schickte. Wäre ich vielleicht bereit, diesen Abschnitt herauszunehmen, da er „Anstoß erregen" könnte, und ihn durch genau die gleiche Anzahl harmloser Wörter zu ersetzen? Eilig tat ich das. Und später fiel mir auf, daß die beiden Seiten mit dem geänderten Abschnitt ziemlich lose und nicht richtig ins Buch einge-

bunden waren. Nur das Exemplar meiner Mutter enthielt den ungeänderten Abschnitt.
Ich habe mich oft gefragt, ob der Verlag Heinemann den „anstößigen“ Absatz nur bei der ersten kleinen Buchsendung geändert hat und den Rest unverändert ließ. Oder ob man alle Bücher, ausgenommen mein Vorabexemplar, änderte.
Es war meine erste Erfahrung mit dem Anstößigen. Später sagte William Heinemann, er hielte „Söhne und Liebhaber“ (Sons and Lovers) für eins der schmutzigsten Bücher, das er je gelesen habe. Er weigerte sich, es zu verlegen. Ich hätte nicht geglaubt, daß sich der verehrte Dahingeschiedene bei der Auswahl seiner Lektüre so zaghaft beschränkte.
Ich vergesse immer, wann „The Trespasser“ (Todgeweihtes Herz) und „Sons and Lovers“ (Söhne und Liebhaber) herausgekommen sind. Ich versuche stets, den Fakt der Publikation soweit als möglich zu ignorieren. Man schreibt, und selbst in diesem Moment ist das so, für eine geheimnisvolle Luftgestalt. Wenn diese Gestalt nicht wäre und man auch nur an einen einzigen wirklichen Leser dächte, bliebe das Papier für immer weiß.
Aber ich werde nie vergessen, wie ich in Italien in einem Haus am Meer fast das gesamte Stück „The Widowing of Mrs. Holroyd“ umschrieb, gleich in die Druckfahnen hinein, die Mitchell Kennerly mir geschickt hatte. Und er behandelte mich mit vornehmer Nachsicht.
Aber dann versetzte er mir einen schweren Schlag. Er brachte „Söhne und Liebhaber“ in Amerika heraus, und eines Tages traf, freudig begrüßt, ein Scheck über zwanzig Pfund ein. Zwanzig Pfund waren in jenen Tagen ein kleines Vermögen; und da es unerwartet kam, wurde es Madame übergeben; es war ihr erstes Taschengeld. Doch weh und ach, das Datum des Schecks war korrigiert, und die Bank wollte ihn nicht einlösen. Er wurde an Mitchell Kennerly zurückgeschickt, aber damit hatte es sich dann. Er ersetzte den Scheck nicht, und bis zum heutigen Tag bezahlte er nichts weiter für „Söhne und Liebhaber“. Bis zu diesem Jahr des Heils 1924 hat Amerika dieses mein

populärstes Buch für umsonst bekommen – soweit es mich betrifft.
Dann kam die Erstausgabe von „The Rainbow“ (Der Regenbogen). Leider muß ich sagen, daß ich meinen Regenbogen zu früh an den Himmel gesetzt habe, nämlich vor statt nach der Sintflut. Methuen brachte das Buch heraus, und er weinte fast vor dem Richter, als er wegen der Herausgabe eines obszönen literarischen Werkes vor Gericht erscheinen mußte. Er sagte, er hätte das von ihm verlegte schmutzige Buch nicht gekannt, er hätte es nicht gelesen, sein Lektor habe ihn falsch beraten – und „Peccavi! Peccavi!“ flehte der inzwischen geadelte Herr.
Dann stand ich so im Mittelpunkt eines übertriebenen Interesses, als gäbe es über mich eine besonders skandalöse Geschichte weiterzutuscheln. Meine Kollegen enthielten sich geflissentlich jeder gedruckten Äußerung, damit nicht ein bißchen Dreck an ihnen klebenbliebe. Später protestierten Arnold Bennett und May Sinclair freundlicherweise. Doch John Galsworthy gab mir zu verstehen, sehr gefaßt und *ex cathedra*, daß er das Buch als Kunstwerk für mißlungen halte. Man geruht, eine Meinung zu haben. Aber warum wartet man nicht, bis man gefragt wird, ehe man mit seinem Urteil herausrückt? Besonders, da aus dem Stegreif geäußerte Meinungen von älteren Schriftstellern geeignet sind, demjenigen, der sie verlauten läßt, genauso zu schaden wie dem, der sie empfängt.
Im Buch „Regenbogen“ ist nichts, was anstößiger oder ungebührlicher wäre als dieser Herbstmorgen – ich, der ich das sage, sollte es wissen. Und wenn ich den Mund aufmache, muß das Kläffen verstummen.
Soviel zur Erstausgabe des „Regenbogen“. Das einzige Exemplar von irgendeinem meiner Bücher, das ich aufhebe, ist mein Exemplar vom „Regenbogen“ aus dem Methuen-Verlag. Die amerikanischen Ausgaben sind nämlich alle verstümmelt. Und dieser Roman ist mir fast der liebste – der und „Women in Love“ (Liebende Frauen). Und es würde mir wirklich am besten gefallen, wenn er überhaupt nicht neuaufgelegt würde, sondern nur jene blauen, geächteten Bände überlebten.

Seit dem „Regenbogen“ unterwirft man sich dem Publikationsvorgang wie einem notwendigen Übel: Wie sich die Seelen, so sagt man, dem notwendigen Übel unterziehen, in Fleisch und Blut geboren zu werden. Der Wind bläst, wo er will. Und man muß sich den Gepflogenheiten seiner Zeit unterwerfen. Ich für meine Person glaube nicht an die breite Öffentlichkeit. Ich glaube, daß nur wenige Auserwählte meine Bücher schätzen können. Aber Verleger müssen wie die Disteln unzählige Samen fliegen lassen, da sie wissen, daß die meisten nicht keimen werden.
Für die breite Öffentlichkeit ist der Herbstmorgen nur eine Art Theaterdekoration, vor der man seine eigene geistlose Wichtigkeit zur Schau stellen kann. Aber noch erheben sich für einige Menschen die Bäume und schauen ins Tageslicht, weil sie die beiden Pole der Finsternis zu sichtbarem Sein und Leben verwoben haben. Und bald werden sie die beiden Pole der Finsternis wieder fahrenlassen und verschwinden. Eine Blume lacht nur einmal, und danach verstreut sie ihren Samen und ist verschwunden. Woher kommt sie? Wohin geht sie? Wer weiß es, wen kümmert es? Dieses kleine Lachen wahren Seins ist alles.
So ist es auch mit Büchern. Für jeden Menschen, der geheimnisvoll mit seiner Seele ringt, blüht ein Buch, das wirklich ein Buch ist, nur einmal und streut seinen Samen aus und ist vergessen. Erste Auflagen oder 41. Auflagen sind nur leere Hülsen.
Aber wenn es jemandem Spaß macht, die Hülsen aufzuheben, kann man das auch verstehen. Das ist wie mit Kostümen früherer Zeiten, die nun ziemlich verblichen in Museen zu besichtigen sind. Lebhaft vergegenwärtigen sie uns den Alltag der Verflossenen, und sie erscheinen uns als Trophäen vom ewigen Kampf des Menschen gegen die Trägheit.

1925

Vorwort zur amerikanischen Ausgabe der „New Poems“

Wenn wir eine Feldlerche singen hören, scheint es, als fliehe der Ton in die Zukunft, fliehe so schnell und gänzlich ohne Rücksicht, direkt in das Zukünftige hinein. Und wenn wir eine Nachtigall hören, dann hören wir die Pause und den kräftigen, durchdringenden Rhythmus der Erinnerung, die vollkommene Vergangenheit. Die Lerche mag traurig klingen, aber mit der lieblich dahingleitenden Traurigkeit, die fast einer ohnmächtigen Hoffnung gleicht. Der Triumph der Nachtigall ist ein Lobgesang, aber ein Lobgesang auf den Tod.

So ist es auch mit der Poesie. Poesie ist in der Regel entweder die Stimme der fernen Zukunft, auserlesen und ätherisch, oder sie ist die Stimme der Vergangenheit, kräftig, prächtig. Als die Griechen die „Ilias“ und die „Odyssee“ hörten, da vernahmen sie aus ihrem Innern die eigene Vergangenheit, so wie die Männer im Landesinnern manchmal das Meer hören und schwach werden in mächtigem, seltsamem Bedauern, in Schwermut; und gleichermaßen ließ die eigene Zukunft ihre Taktschläge durch ihr Blut pulsieren, während sie dem schmerzlichen, faszinierenden Vormarsch der Ithaker folgten. Das war Homer für die Griechen: ihre Vergangenheit mit glanzvollen Siegen im Kampf und glanzvollem Tode, und ihre Zukunft – die magische Irrfahrt des Ulysses durch das Unbekannte.

Bei uns ist es dasselbe. Unsere Vögel singen am Horizont. Sie singen aus heiterem Himmel, jenseits von uns oder aus der verlöschenden Nacht. Sie singen im Morgengrauen und bei Sonnenuntergang. Nur die armen, schrillen, zahmen Kanarienvögel pfeifen, während wir uns unterhalten. Die wilden Vögel beginnen, bevor wir erwachen oder wenn wir nach dem Aufwachen dahindämmern. Unsere Dichter sitzen an den Torwegen, manche im Osten, manche im Westen. Wenn wir ankommen und wenn wir weggehen, wallen unsere Herzen auf und reagieren. Aber wenn wir mitten im Leben stehen, hören wir sie nicht.

Die Poesie des Anfangs und die Poesie des Endes müssen jene erlesene Endgültigkeit besitzen, jene Vollkommenheit, die allem Entlegenen zu eigen ist. Sie befindet sich im Reich dessen, was vollkommen ist. Sie ist von der Art, die Vollständigkeit und Vollendung verheißt. Diese Vollständigkeit, diese Vollendung, die Endgültigkeit und die Vollkommenheit werden in auserlesener Form vermittelt: die vollkommene Symmetrie, der Rhythmus, der zu sich selbst zurückkehrt wie ein Tanz, bei dem die Hände einander fassen und sich lösen und sich wiederfinden für den höchsten Augenblick, das Ende. Vollkommene vergangene Augenblicke, vollkommene Augenblicke in der schimmernden Zukunft, das ist die hochgeschätzte glänzende Lyrik von Shelley und Keats.

Aber es gibt noch eine andere Art von Poesie: die Poesie des Naheliegenden; die unmittelbare Gegenwart. In der unmittelbaren Gegenwart gibt es keine Vollkommenheit, keine Vollendung, nichts Abgeschlossenes. Die Ufer fliegen nur so, beben, vermischen sich zum Netzwerk, das Meer schüttelt den Mond. Es gibt keinen runden, vollendeten Mond auf der Oberfläche fließenden Wassers noch auf der Oberfläche der brandenden Flut. Es gibt keine Perlen des lebenden Plasmas. Das lebende Plasma pulsiert unsäglich, es atmet die Zukunft ein, es atmet die Vergangenheit aus, es ist das Wesen von beiden, und doch ist es keines der beiden. Es gibt keine Endgültigkeit für das Plasma, nichts Kristallines, Beständiges. Wenn wir versuchen, lebendes Gewebe zu fixieren, wie die Biologen es als Struktur fixieren, so haben wir nur ein verhärtetes Stück der Vergangenheit, vergangenes Leben, was wir beobachten.

Das Leben, das allgegenwärtige, kennt keine Endgültigkeit, keine abgeschlossene Kristallisation. Die vollkommene Rose ist nur eine fliehende Flamme, auftauchend und wegfließend, und niemals und in keiner Weise in Ruhe, statisch, abgeschlossen. Hierin liegt ihre transzendentale Lebendigkeit. Die gesamte Flut allen Lebens und aller Zeit steigt plötzlich an und taucht vor uns auf als Erscheinung, als Offenbarung. Wir blicken ins innerste Wesen des Schöpfungsvorganges. Eine Wasserlilie hebt sich aus der Flut, blickt sich um, glänzt und ist verschwunden. Wir haben die Verkörperung gesehen, das Wesen der ewig wirbelnden Flut. Wir haben das Unsichtbare gesehen. Wir haben das innerste Wesen schöpferischer Veränderung, schöpferischer Umwandlung gesehen, wir haben es berührt, wir haben daran teilgehabt. Wenn du mir von der Lotosblume sprichst, so sprich nicht von etwas Unveränderbarem oder Ewigem. Sprich vom Mysterium des unerschöpflichen, ewig sich entfaltenden schöpferischen Funkens. Sprich von der personifizierten Offenbarung des Flusses, Umwandlung der Blüte, Gelächter und Verfall in vollendeter Offenheit bei ihrem Übergang, nackt in ihrer Bewegung vor uns.

Laß mich den Schlamm und den Himmel in meiner Lotosblume fühlen. Laß mich den schweren, saugenden Schlamm fühlen, den Wirbel himmlischer Winde. Laß mich beide in innigster Berührung fühlen, die Offenheit des saugenden Gewichts, den unmittelbar vergehenden Strahlenglanz. Gib mir nichts Feststehendes, Gesetztes, Statisches. Gib mir nicht das Unendliche oder das Ewige; nichts von Unendlichkeit, nichts von Ewigkeit. Gib mir das leise weiße Schäumen, die Erregung und die Kälte des leibhaftigen Augenblicks; den Augenblick, das Wesen aller Veränderung und Hast und Gegensätzlichkeit; den Augenblick, die unmittelbare Gegenwart, das Jetzt. Der unmittelbare Augenblick ist kein Wassertropfen, der flußabwärts strömt. Er ist Quelle und Austrittsort, das Aufwallen des Stromes. Hier, in genau diesem unmittelbaren Augenblick, wallt der Strom der Zeit auf, aus den Quellen des Zukünftigen, fließt in die Meere der Vergangenheit. Die Quelle, der Austrittsort, das schöpferische Wesen.

Es gibt Poesie dieser unmittelbaren Gegenwart, Augenblicksdichtung, genauso wie es Poesie der menschlichen Vergangenheit und der menschlichen Zukunft gibt. Die brodelnde Dichtung des leibhaftigen Jetzt ist das Höchste, übertrifft noch die zeitlosen Glanzstücke des Vorher und Nachher. In ihrer bebenden Augenblicklichkeit übertrifft sie die kristallinen, perlenharten Edelsteine, die Gedichte der Ewigkeiten. Frage nicht nach den Qualitäten der nicht verblassenden zeitlosen Edelsteine. Frage nach der Reinheit, die den Schaum des Schmutzes bildet, frag nach jener beginnenden Fäulnis, die der niederstürzende Himmel ist, frag nach dem nie verweilenden, nie versiegenden Leben selbst. Es muß eine Umwandlung geben, die schneller ist als das Schillern, die Hast, keine Ruhe, das Kommen und Gehen, keine Beständigkeit, Ergebnislosigkeit, Unmittelbarkeit, die Lebensqualität als solche, ohne Entscheidung oder Ende. Es muß die schnelle Augenblicks-Assoziation von Dingen geben, die aufeinandertreffen und vorüberziehen auf der ewig unberechenbaren Reise der Schöpfung: alles bleibt in seiner eigenen schnellen, fließenden Beziehung zu allen anderen Dingen.

Das ist die ruhelose, ungreifbare Poesie der reinen Gegenwart, Poesie, deren Beständigkeit gerade in ihrem an den Wind gemahnenden Durchzug besteht. Die beste Poesie dieser Art ist die Whitmans. Ohne Anfang und ohne Ende, bar jeder Basis oder jedes Schnörkels weht sie vorüber wie ein Wind, der immerzu vorbeizieht und nicht in Fesseln zu legen ist. Whitman schaute wirklich nach dem Vorher und Nachher. Aber er seufzte nicht wegen dem, was nicht ist. Der Schlüssel zu all seinen Äußerungen liegt in der ungeteilten Wertschätzung des unmittelbaren Augenblicks, wobei das Leben sich direkt an seiner Quelle entäußert. Die Ewigkeit ist nur eine Abstraktion von der wirklichen Gegenwart. Unendlichkeit ist nur ein großes Sammelbecken der Erinnerung oder ein Sammelbecken des Verlangens, vom Menschen gemacht. Die zitternde, flinke Stunde der Gegenwart, das ist das Wesen der Zeit. Das ist die Immanenz. Das Wesen des Universums ist das *pulsierende fleischliche Ich*, geheimnisvoll und greifbar. So ist es immer.

Weil Whitman das in seine Poesie umgesetzt hat, deswegen fürchten und respektieren wir ihn so von Grund auf. Wir würden ihn nicht fürchten, wenn er nur von „alten unglücklichen abwegigen Dingen“ sänge oder von den

„Schwingen des Morgens". Weil sein Herz mit dem dringlichen, rebellischen Jetzt schlägt, was uns alle gleichermaßen betrifft, deshalb fürchten wir ihn. Er ist dem Wesen so nahe.

Aus dem Vorangehenden wird offensichtlich, daß die Poesie der unmittelbaren Gegenwart nicht den gleichen Körper oder die gleiche Bewegung haben kann wie die Poesie des Vorher und Nachher. Sie kann sich niemals den gleichen Bedingungen unterwerfen. Sie ist niemals abgeschlossen. Es gibt keinen Rhythmus, der sich in sich wiederholt, keine Schlange der Ewigkeit, die sich in den Schwanz beißt. Es gibt keine statische Vollkommenheit, nichts von jener Endgültigkeit, die wir als so befriedigend empfinden, weil wir so erschrocken sind.

Über den freien Vers ist viel geschrieben worden. Aber man kann schließlich und endlich weiter nichts sagen, als daß der freie Vers direkte Äußerung des eigentlichen, ganzen Menschen ist oder sein sollte. Er ist die Seele und der Geist und Körper, die gleichzeitig aufwallen, und nichts wird ausgelassen. Sie sprechen alle gleichzeitig. Es gibt Verwirrung, Mißklänge. Aber die Verwirrung und die Mißklänge gehören nur so zur Wirklichkeit wie das Rauschen zu einem Wasserfall. Es hat keinen Sinn, Phantasie-Gesetze für den freien Vers zu erfinden oder eine melodische Startlinie zu ziehen, an der sich alle Versfüße aufstellen müssen. Der freie Vers stellt sich an keiner melodischen Startlinie auf, ganz gleich, welcher Unteroffizier befiehlt. Whitman beschnitt seine Clichés – vielleicht seine Clichés vom Rhythmus ebenso wie die des Ausdrucks. Und das ist so etwa alles, was man zielgerichtet mit dem freien Vers machen kann. Wir können uns von den stereotypen Bewegungen und den alten abgenutzten Klang- oder Sinn-Assoziationen trennen. Wir können jene künstlichen Wege und Kanäle aufgeben, durch die wir so gern unsere Äußerungen zwingen. Wir können der Gewohnheit das starre Genick brechen. Wir selbst können spontan und beweglich wie die Leidenschaft sein, wir können dafür sorgen, daß die Äußerung ohne künstliche Form oder künstliche Glätte hervorbricht. Aber wir können

nicht ausdrücklich jede Bewegung, jeden Rhythmus vorschreiben. Alle Gesetze, die wir erfinden oder entdekken – es läuft eigentlich auf dasselbe hinaus –, werden nicht auf den freien Vers zutreffen. Sie werden nur auf eine Form von beschränktem, begrenztem unfreien Vers zutreffen.
Wir können nur eines sagen: Der freie Vers ist *nicht* von gleicher Natur wie der beschränkte Vers. Er besitzt nicht die Natur der Erinnerung. Es ist nicht die Vergangenheit, die wir in ihrer Vollkommenheit als Schatz in den Händen halten. Noch ist es der Kristall der vollkommenen Zukunft, in den wir gebannt blicken. Seine Flut ist weder der volle, verlangende Fluß der Sehnsucht noch die süße, eindringliche Ebbe der Erinnerung und des Bedauerns. Die Vergangenheit und die Zukunft sind die beiden großen Ziele des menschlichen Gefühls, die beiden großen Heimstätten der menschlichen Tage, die beiden Ewigkeiten. Sie sind beide endgültig, abschließend. Ihre Schönheit ist die Schönheit des Ziels, beendet, vollkommen. Vollendete Schönheit und gemessene Symmetrie gehören zu den stabilen, unveränderlichen Ewigkeiten.
Beim freien Vers suchen wir jedoch nach dem aufrührerischen innersten Pulsieren des unmittelbaren Augenblicks. Die liebliche Form des metrischen Verses aufzubrechen und die Fragmente als neue Substanz aufzutischen, die man *vers libre* nennt, das erreichen die meisten der Frei-Versler. Sie wissen nicht, daß der freie Vers seine eigene Natur besitzt, daß er weder Stern noch Perle ist, sondern augenblicksgebunden wie Plasma. Er sucht sein Ziel in keiner der Ewigkeiten. Er hat kein Ende. Er hat keine befriedigende Stabilität, befriedigend für jene, die das Unveränderliche lieben. Nichts dergleichen. Er ist der Moment; das Wesen; die unmittelbar hervorsprudelnde Quelle all dessen, das sein wird und gewesen ist. Die Äußerung ist wie ein Anfall, der unmittelbare Kontakt mit allen Einflüssen auf einmal. Er will nicht irgendwohin. Er ist einfach da.
Für solch eine Äußerung wäre jedes von außen aufgedrängte Gesetz bloße Fessel und der Tod. Das Gesetz

muß jedesmal neu von innen kommen. Der Vogel ist im Flug unterm Wind, beweglich bei jedem Atemzug, ein lebendiger Funke im Sturm, sein Flattern selbst hängt ab von seiner hervorragenden Veränderbarkeit und seiner Kraft zum Wandel. Es ist nicht die Frage, woher so ein Vogel kam, wohin er fliegt; von welcher festen Erde er aufstieg und auf welcher festen Erde er seine Flügel schließt und landen wird. Das ist eine Frage des Vorher und Nachher. Jetzt, *jetzt* ist der Vogel im Flug unterm Wind.

Solcherart ist die seltene neue Poesie. Ein Reich haben wir noch nie erobert: die reine Gegenwart. Ein großes Geheimnis der Zeit ist für uns *terra incognita:* der Augenblick. Das prächtigste Geheimnis haben wir kaum wahrgenommen: das unmittelbare allgegenwärtige Ich. Das Wesen aller Zeiten ist der Augenblick. Das Wesen des gesamten Universums, aller Schöpfung, ist das leibhaftige fleischliche Ich. Die Poesie gab uns den Schlüssel; der freie Vers; Whitman. Jetzt wissen wir es.

Das Ideal – was ist das Ideal? Ein Produkt der Einbildung. Eine Abstraktion. Eine statische Abstraktion, abstrahiert vom Leben. Es ist ein Fragment des Vorher oder Nachher. Es ist ein kristallisiertes Verlangen oder eine kristallisierte Erinnerung; kristallisiert, fest, abgeschlossen. Es ist ein abgelegtes Ding im großen Lagerhaus der Ewigkeit, dem Lagerhaus der abgeschlossenen Dinge.

Wir sprechen nicht von Dingen, die kristallisiert und abgelegt sind. Wir sprechen vom Augenblick, dem unmittelbaren Ich, dem ureigensten Plasma des Ich. Wir sprechen auch vom freien Vers.

All das sollte eigentlich das Vorwort zu „Look! We have Come Through!" (Sieh an! Wir sind durchgekommen!) sein. Aber ist es nicht besser, ein Vorwort lange nach dem Buch zu publizieren, zu dem es gehört? Denn dann wird der Leser seine berechtigte Chance gehabt haben, allein mit dem Buch.

1920

Warum der Roman Gewicht hat

Wir haben merkwürdige Vorstellungen von uns. Wir glauben, daß wir ein Körper mit einem Geist darin sind, oder ein Körper mit einer Seele, oder ein Körper mit einem Verstand. *Mens sana in corpore sano.* Die Jahre trinken den Wein aus und werfen schließlich die Flasche fort, wobei der Körper natürlich die Flasche ist.
Das ist ein kurioser Aberglauben. Warum sollte ich meine Hand betrachten, wie sie so geschickt diese Worte schreibt, und zu der Schlußfolgerung kommen, daß sie rein gar nichts ist im Vergleich zum Verstand, der sie leitet? Gibt es wirklich einen riesigen Unterschied zwischen meiner Hand und meinem Gehirn? Oder meinem Verstand? Meine Hand lebt, ein eigenes Leben zuckt in ihr. Sie ertastet das seltsame Universum und erfährt und weiß unendlich viel. Während meine Hand diese Worte schreibt, gleitet sie munter dahin, springt wie ein Grashüpfer, um das *i* mit einem Punkt zu versehen, spürt, daß der Tisch ziemlich kalt ist, langweilt sich ein bißchen, wenn ich zu lange schreibe, hat ihre eigenen Gedankenbruchstücke und ist im selben Maße *ich* wie mein Gehirn, mein Verstand oder meine Seele. Warum sollte ich mir vorstellen, daß es ein *Ich* gibt, das mehr *ich* ist als meine Hand? Da doch meine Hand völlig lebendig ist, lebendiges Ich.
Während natürlich meine Feder nicht lebendig ist. Meine Feder *gehört nicht zu meinem lebendigen Ich.* Das endet an meinen Fingerspitzen.
Was zu meinem lebendigen Ich gehört, das bin ich. Jedes Stückchen meiner Hände ist lebendig, jeder kleine Leberfleck und jedes Härchen und jede Runzel. Und was zu meinem lebendigen Ich gehört, das bin ich. Nur meine Fingernägel, diese zehn kleinen Waffen zwischen mir und dem unbelebten Universum, sie überqueren den geheimnisvollen Rubikon zwischen meinem lebendigen Ich und Gegenständen wie meiner Feder, die in diesem, meinem Sinne nicht lebendig sind.
Wenn ich also erkenne, daß meine Hand ganz lebendig

ist und zu meinem lebendigen Ich gehört, in welcher Beziehung ist sie dann mit einer Flasche oder einem Krug oder einer Büchse oder einem Tongefäß oder sonst einem Blödsinn zu vergleichen? Es ist doch so, wenn ich mich in die Hand schneide, läuft das Blut wie Kirschsaft. Aber freilich, die verletzte Haut und die blutenden Adern und die Knochen, die man nie sehen sollte, das alles ist genauso lebendig wie das Blut, das fließt. Also ist die Sache mit der Büchse oder dem Tongefäß Humbug.

Und das erfährt man, wenn man Romancier ist. Und das weiß man sehr wahrscheinlich *nicht*, wenn man Pfarrer ist, oder Philosoph oder Wissenschaftler oder ein dummer Mensch. Als Pfarrer redet man von Seelen im Himmel. Als Romancier weiß man, daß man das Paradies in der Hand hat und daß es vor der Nase liegt, weil Hand und Nase lebendig sind; und lebendig und lebendiger Mensch sein ist mehr, als man mit Sicherheit vom Paradies sagen kann. Das Paradies kommt nach dem Leben, und ich für meine Person lege keinen Wert auf etwas, das *nach* dem Leben kommt. Als Philosoph spricht man von der Unendlichkeit und vom reinen Geist, der alles weiß. Aber wenn man einen Roman zur Hand nimmt, bekommt man sofort mit, daß die Ewigkeit nur ein Henkel am Krug meines Körpers ist; wenn man nun vom Wissen spricht, so weiß ich, daß Feuer brennt, wenn sich mein Finger im Feuer befindet, und dieses Wissen ist so nachdrücklich und unabweisbar, daß das Nirwana zur bloßen Theorie wird. O ja, mein Körper, mein lebendiges Ich, weiß Bescheid, und das gründlich. Und was die Summe des Wissens betrifft, so kann sie nicht mehr sein als die Anhäufung aller Dinge, die mein Körper weiß und die dein Körper, lieber Leser, weiß.

Diese verdammten Philosophen, sie reden, als ob sie sich plötzlich in Dunst auflösten und dann plötzlich viel bedeutender wären, als wenn sie auf dem Boden blieben. Das ist Unsinn. Jeder Mensch, auch der Philosoph, endet an seinen Fingerspitzen. Das ist für ihn das Ende des lebendigen Menschen. Doch die Worte und Gedanken und Seufzer und Bestrebungen, die von ihm ausgehen, sind ebenso viele Schwingungen im Äther, und überhaupt nicht lebendig. Aber wenn die Schwingungen einen anderen lebendigen Menschen erreichen, kann dieser sie in sein Leben integrieren, und sein Leben kann eine neue Farbe bekommen – wie ein Chamäleon, das von einem braunen Stein auf ein grünes Blatt kriecht. Das ist alles schön und gut. Das ändert immer noch nichts an der Tatsache, daß der sogenannte Geist, die Botschaft oder die Lehre des Philosophen oder des Heiligen überhaupt nicht lebendig, sondern nur eine Schwingung im Äther ist wie die Funkwellen. Die ganze Geistesangelegenheit beruht nur auf Schwingungen im Äther. Wenn du, als lebendiger Mensch, durch die Ätherschwingung zu neuem Leben gelangst, geschieht das, weil du ein lebendiger Mensch bist und auf vielfältige Weise Erhaltendes und Stimulierendes in dich aufnimmst. Aber wenn man sagt, daß die Botschaft oder der Geist, die dir übermittelt werden, wichtiger sind als dein lebendiger Körper, ist das Unfug. Man könnte ebensogut behaupten, daß die zu Mittag verspeiste Kartoffel wichtiger sei.

Nichts ist wichtig außer dem Leben. Und ich für meine Person kann Leben nirgends anders entdecken als im Lebendigen. Nur der lebendige Mensch ist *das* Leben schlechthin. Selbst ein Kohlkopf im Regen ist ein lebendiger Kohlkopf. Alle lebendigen Dinge sind erstaunlich. Und alle toten Dinge sind den lebenden untergeordnet. Lieber ein lebender Hund als ein toter Löwe. Aber besser ein lebender Löwe als ein lebender Hund. *C'est la vie!*

Es scheint unmöglich zu sein, einen Heiligen oder einen Philosophen oder einen Wissenschaftler zu bewegen, sich an diese einfache Wahrheit zu halten. In gewissem Sinne sind sie alle Abtrünnige. Der Heilige wünscht, sich als geistige Nahrung für die Menge aufzuopfern. Selbst Franz von Assissi verwandelt sich in einen Engelskuchen*, von dem sich jeder ein Stück nehmen kann. Aber ein Engelskuchen ist sehr viel weniger als

* Leichter Kuchen aus Mehl, Zucker und Eiweiß.

ein lebendiger Mensch. Und der arme heilige Franz hätte allen Grund, sich auf dem Sterbebett bei seinem Körper zu entschuldigen: „Verzeih mir, mein Körper, das Unrecht, das ich dir all die Jahre hindurch angetan habe!“. Er war keine Oblate, die andere verspeisen durften.

Der Philosoph andererseits kommt, weil er denken kann, zu dem Schluß, daß nur Gedanken wichtig sind. Das ist, als entschiede ein Kaninchen, weil es kleine schwarze Pillen produziert, daß nur kleine schwarze Pillen wichtig sind. Und was den Wissenschaftler angeht, so kann er mit mir gar nichts anfangen, solange ich noch lebendig bin. Für den Wissenschaftler bin ich tot. Er legt ein totes Stück von mir unter das Mikroskop und behauptet, das sei ich. Er zerstückelt mich und behauptet zuerst, ich sei dieses Stück, und dann jenes. Ich bin wissenschaftlich gesehen schon einmal mein Herz, meine Leber, mein Magen gewesen, so behauptet der Wissenschaftler; und heute bin ich entweder ein Gehirn oder Nerven oder Drüsen oder etwas Zeitgemäßeres auf dem Gebiet der Gewebe.

Nun lehne ich es aber rundweg ab, eine Seele, ein Körper, ein Gehirn oder ein Verstand, ein Geist, ein Nervensystem oder eine Anzahl Drüsen oder sonst irgendwelche noch verbleibenden Teile von mir zu sein. Das Ganze ist mehr als das Teil. Und deshalb bin ich, ein lebendiger Mensch, mehr als meine Seele, mein Geist, mein Körper oder mein Bewußtsein, mehr als alles, was nur ein Teil von mir ist. Ich bin ein Mensch, und ich lebe. Ich bin ein lebendiger Mensch und will, solange wie möglich, ein lebendiger Mensch bleiben.

Aus diesem Grunde bin ich Romancier. Und als ein solcher fühle ich mich dem Heiligen, dem Philosophen und dem Poeten, die alle große Meister bezüglich verschiedener Teile des lebendigen Menschen sind, aber niemals den ganzen Kerl zu fassen kriegen, überlegen.

Der Roman ist *das* kluge Buch des Lebens. Bücher sind nicht das Leben. Sie sind nur Schwingungen im Äther. Aber der Roman als Schwingung kann den ganzen lebendigen Menschen mitschwingen lassen. Und das ist

mehr, als Poesie, Philosophie, Wissenschaft oder irgendeine andere Buch-Schwingung tun können.
Der Roman ist das Buch des Lebens. In diesem Sinne ist die Bibel ein großer verworrener Roman. Man kann sagen, daß er von Gott handelt. Aber in Wirklichkeit handelt er vom lebendigen Menschen. Adam, Eva, Sara, Abraham, Isaak, Jakob, Samuel, David, Bathseba, Ruth, Esther, Salomo, Hiob, Jesaja, Jesus, Markus, Judas, Paulus, Petrus – wovon handelt die Bibel, außer von Anfang bis Ende vom lebendigen Menschen? Vom lebendigen Menschen, nicht von bloßen Teilen. Selbst der Herr ist so ein lebendiger Mensch, in einem brennenden Busch, einer, der Moses die steinernen Gesetzestafeln an den Kopf wirft.
Ich hoffe sehr, man beginnt zu begreifen, warum ich meine, daß der Roman als Schwingung im Äther außerordentlich wichtig ist. Plato versetzt das vollkommene, ideale Wesen in mir in Schwingung. Aber das ist nur ein Teil von mir. Nur ein Teil des so seltsam zusammengesetzten lebendigen Menschen ist vollkommen. Die Bergpredigt versetzt den selbstlosen Geist in mir in Schwingung. Aber auch das ist nur ein Teil von mir. Die Zehn Gebote machen den alten Adam in mir erzittern und warnen mich, daß ich ein Dieb und Mörder bin, wenn ich mich nicht zügele. Aber selbst der alte Adam ist nur ein Teil von mir.
Mir gefällt es ungemein, wenn alle diese Teile von mir vor Leben und Lebensweisheit erbeben. Aber ich möchte unbedingt, daß irgendwann einmal mein Ich als Ganzes in Schwingung versetzt wird.
Und das muß natürlich meinem lebendigen Ich geschehen.
Aber soweit das überhaupt durch Kommunikation geschehen kann, dann nur, wenn ein ganzer Roman sich mir mitteilt. Die Bibel – aber die *ganze* Bibel – und Homer und Shakespeare: das sind die herausragenden alten Romane. Sie bedeuten allen Menschen viel. Das soll heißen, daß sie durch ihre Ganzheit den ganzen lebendigen Menschen berühren, und das ist der Mensch an sich, weit mehr als jedes Teil von ihm. Sie lassen den ganzen

Baum durch einen neuen Zugang zum Leben erbeben, sie fördern kein einseitiges Wachstum.
Ich will mich nicht mehr in irgendeine Richtung entwikkeln. Und wenn ich es vermeiden kann, will ich auch keinen anderen in eine bestimmte Richtung drängen. Eine bestimmte Richtung führt in eine Sackgasse. Wir stecken gerade in einer Sackgasse.
Ich glaube nicht an eine überwältigende Offenbarung oder an ein höchstes Wort. „Das Gras verdorrt, die Blume verwelkt, aber das Wort unsres Gottes bleibt ewiglich."* An dergleichen haben wir uns berauscht. Es ist eine Tatsache, daß das Gras verdorrt, aber es sprießt deshalb nach dem Regen nur desto grüner. Die Blume verwelkt, und darum öffnet sich die Knospe. Aber das Wort Gottes, da es von Menschenzunge gesprochen wird und eine bloße Schwingung im Äther ist, wird immer abgegriffener und langweiliger, bis unsere Ohren schließlich taub dafür sind und es zu bestehen aufhört, viel endgültiger als jedes verdorrte Gras. Das Gras ist es, das seine Jugend wie ein Adler erneuert, nicht irgendein Wort.
Wir sollten nicht nach absoluten Maximen oder nach dem Absoluten fragen. Wir wollen uns ein für allemal von dem häßlichen Zwang irgendeines Absoluten befreien. Es gibt kein absolut Gutes, nichts ist absolut richtig. Alle Dinge bewegen und verändern sich, und selbst der Wandel ist nicht absolut. Das Ganze ist ein merkwürdiges Ensemble offenbar inkongruenter Teile, die nicht ineinandergreifen.
Ich, der lebendige Mensch, bin ein sehr merkwürdiges Ensemble inkongruenter Teile. Mein „Ja!" von heute unterscheidet sich auf sonderbare Weise von meinem „Ja!" von gestern. Meine Tränen von morgen werden nichts mit meinen Tränen vom vergangenen Jahr zu tun haben. Wenn die eine, die ich liebe, sich nicht verändert hat und sich nicht verändern will, wird meine Liebe für sie aufhören. Nur weil sie sich ändert und mich aufrüttelt, daß ich mich ändere, weil sie meine Trägheit bekämpft und selbst durch meine Veränderungen aus ihrer Träg-

* Jesaja 40,8.

heit aufgerüttelt wird, kann ich sie immer noch lieben. Wenn sie unbeweglich wäre, könnte ich ebensogut das Salzfaß lieben.
Bei all diesem Wandel bewahre ich eine gewisse Integrität. Aber wehe mir, wenn ich den Finger darauf zu legen versuche! Wenn ich von mir selbst sage, so bin ich oder so! Dann werde ich, wenn ich mich daran halte, zu einem dummen unbeweglichen Ding, wie ein Laternenpfahl. Ich werde nie wissen, worin meine Integrität, meine Individualität, mein Ich besteht. Ich *kann* es nicht wissen. Es hat keinen Sinn, über mein Ego zu sprechen. Das bedeutet nur, daß ich mir ein *Bild* von mir gemacht habe und daß ich dem jetzt nahezukommen versuche. Und das ist nicht gut. Man kann Tuch so zuschneiden, daß ein Mantel daraus wird, aber man kann nicht Stücke seines lebendigen Körpers abschneiden, damit er auf das Bild, das einem so vorschwebt, zurückgestutzt wird. Es stimmt, man kann sich in ein Korsett von Idealen zwängen. Aber selbst die Mode ändert sich.
Laßt uns vom Roman lernen. Im Roman können die Charaktere nichts anderes tun als *leben.* Wenn sie nach einem Schema als gute Menschen, Bösewichter oder auch Wankelmütige gezeigt werden, hören sie zu leben auf, und der Roman ist eine Totgeburt. Eine Romangestalt muß leben, oder sie ist nichts.
Auch im Leben müssen wir leben, oder wir sind nichts.
Was wir mit „leben" meinen, ist natürlich genausowenig beschreibbar, als was wir mit *sein* meinen. Die Menschen machen sich ein Bild davon, was sie mit Leben meinen, und sie gehen daran, das Leben nach einem Muster zurechtzustutzen. Manchmal gehen sie in die Wüste, um Gott zu suchen, manchmal gehen sie in die Wüste, um Geld zu suchen, manchmal suchen sie Wein, Weib und Gesang und dann wieder Wasser, politische Reformen und Wählerstimmen. Man weiß nie, was es demnächst sein wird! Vom Töten des Nachbarn mit tückischen Bomben und Gas, das die Lungen zerreißt, bis zur Unterstützung eines Waisenheimes, vom Predigen unendlicher Liebe bis zum Ehebruch.

In all dem wilden Durcheinander brauchen wir einen Leitfaden. Es hat keinen Sinn, „Du sollst nicht"-Gesetze zu erfinden!
Also was dann? Wende dich wahrhaftig und ehrlich dem Roman zu und erkenne, in welcher Beziehung du ein lebendiger Mensch bist und in welcher Beziehung du schon im Leben tot bist. Du kannst als lebendiger Mann eine Frau lieben und du kannst als völlig toter Mann mit einer Frau kopulieren. Vielleicht nimmst du deine Mahlzeit als lebendiger Mensch ein, vielleicht aber bloß als verdauender Leichnam. Als lebendiger Mensch schießt du vielleicht auf deinen Feind. Doch als gespenstisches Phantom wirfst du vielleicht Bomben auf Menschen, die für dich weder Feinde noch Freunde sind, sondern nur Objekte, die dich kalt lassen. Was verbrecherisch ist, wenn die Objekte zufällig lebendig sind.
Lebendig zu sein, ein lebendiger Mensch zu sein, ein ganzer lebendiger Mensch – darauf kommt es an. Und im besten Falle kann dir der Roman, und ganz besonders der Roman, helfen. Er kann dir helfen, nicht als toter Mensch zu leben. So viel von einem Mann läuft heute tot und als Kadaver durch Straße und Haus; so viel von einer Frau ist bloß tot. Wie ein Klavier, auf dem die Hälfte der Tastatur stumm ist.
Aber im Roman kann man deutlich erkennen, wann der Mann stirbt, wann die Frau träge wird. Wenn man so will, kann man anstelle einer Theorie über Recht und Unrecht, Gut und Böse einen Instinkt fürs Leben entwickeln.
Im Leben gibt es stets Gut und Böse, Recht und Unrecht. Aber was in einem Fall Recht ist, ist in einem anderen Unrecht. Und im Roman erlebt man, daß ein Mann wegen seiner sogenannten Güte zur Leiche wird und daß ein anderer wegen seiner sogenannten Schlechtigkeit abstirbt. Recht und Unrecht ist ein Instinkt – aber ein Instinkt, der vom ganzen bewußten Sein eines Menschen getragen wird: von Körper, Geist und Seele zugleich. Und nur im Roman kommen *alle* Aspekte zum Tragen, oder sie können wenigstens zum Tragen kommen, wenn wir erkennen, daß das Leben selbst, und

nicht träge Sicherheit, die Motivation zum Leben liefert. Denn aus dem Spiel aller Kräfte entsteht das einzige, was zählt: der ganze Mann, die ganze Frau, der lebendige Mann und die lebendige Frau.

1936

Bilder machen

Man muß alles, was man gesagt hat, zurücknehmen. Ich erinnere mich, daß ich immer behauptet habe, vielleicht habe ich es sogar geschrieben: Alles, was man malen kann, ist gemalt worden, jeder Pinselstrich, den man irgendwie auf die Leinwand bringen kann, ist ausgeführt worden. Die bildende Kunst ist in einer Sackgasse. Dann beginne ich plötzlich mit vierzig selbst zu malen und bin fasziniert.

Und doch überkommt einen die gleiche Müdigkeit, wenn man im Jahr des Heils durch die Pariser Kunsthandlungen geht und die Dufys, Chiricos usw. sieht und den Japaner Foujita mit seinen verwaschenen Akten mit den Perlmuttknopfaugen. Sie sind alle so gewollt, sie machen solche Anstrengungen. Sie zumindest haben nichts zu malen. Zwischen ihnen wirkt ein anmutiges Blumenstück von Friesz oder ein Laurencin auf Packpapier wie ein Meisterwerk. Hier gibt es wenigstens ein bißchen *natürlichen* Ausdruck in Farbe. Bescheiden genug, wenn man sie mit den großen Malern vergleicht, und doch, was sie betrifft, echt.

Und was ist mit mir! Was mache ich, stürze mich auf die Farbe? Ich bin ein Schriftsteller und sollte bei der Tinte bleiben. Ich habe das Medium gefunden, in dem ich mich ausdrücken kann; warum sollte ich mit vierzig Jahren plötzlich ein anderes ausprobieren wollen?

Aber so etwas passiert, und wir haben keine Wahl. Wenn Maria Huxley nicht mit vier ziemlich großen Leinwänden – eine davon hatte sie kaputtgemacht – vor unserem Haus bei Florenz angerollt wäre und mir diese schenkte, weil sie in ihrem Haus zurückgelassen worden waren, dann hätte ich vielleicht in meinem Leben nie mit einem richtigen Bild angefangen. Aber diese schönen gespannten Leinwände waren zu verführerisch. Wir hatten die Türen und Fensterrahmen in unserem Haus gestrichen, deshalb hatten wir einen kleinen Vorrat an Öl, Terpentin und Pulverfarben, wie man sie in einer italienischen *drogheria* kaufen kann. Es gab mehrere Pinsel für den Haus-Anstrich. Es gab eine Leinwand, auf der der unbekannte Besitzer angefangen hatte – erdgrau, mit dem Entwurf eines rothaarigen Mannes. Es war ein schmutziger und häßlicher Anfang, und der junge Mann, der ihn gemacht hatte, war wohlweislich nicht weiter gegangen. Er hatte gewiß keinen inneren Antrieb; nichts war in ihm, was die Farbe betrifft, oder wenn etwas in ihm war, so war es dort geblieben, und nur etwas von der erdgrauen „Gruppe“ war sichtbar geworden.

Also setzte ich mich auf den Fußboden und lehnte die Leinwand gegen einen Stuhl, um nur zum Spaß eine Fläche auszumalen und das Erdgrau auszulöschen. Und das mit den Anstrichpinseln und den Farben in kleinen Näpfen. Ich verschwand in dieser Leinwand. Es ist für mich der aufregendste Augenblick – wenn man eine leere Leinwand hat und einen großen Pinsel voll nasser Farbe, und man taucht hinein. Es ist wie ein Kopfsprung in einen Teich – und dann fängt man an, hektisch zu schwimmen. Was mich betrifft, so ist es wie das Schwimmen gegen die Strömung, man ist ziemlich erschrocken und sehr aufgeregt, ringt nach Luft und schlägt um sich, sosehr man nur kann. Das wissende Auge beobachtet messerscharf; aber das Bild entsteht ganz aus dem Instinkt, der Intuition und reiner körperlicher Tätigkeit. Wenn der Instinkt und die Intuition erst einmal in die Pinselspitze gelangen, erscheint das Bild, wenn es überhaupt ein Bild wird.

So erschien zumindest mein erstes Bild – das, welches ich „Eine Heilige Familie“ nannte. In wenigen Stunden war alles da – Mann, Frau, Kind, blaues Hemd, roter Schal, blasses Zimmer –, alles im Rohzustand, aber, aus meiner Sicht, ein Bild.

Das Kämpfen kommt später. Aber das Bild selbst kommt im ersten Anlauf oder gar nicht. Erst wenn das Bild entstanden ist, kann man kämpfen und es zur Vollendung *wachsen* lassen.

Unser Zeitalter ist übertrieben bewußt. Wir *wissen* so viel, wir empfinden so wenig. Ich habe genügend unter Künstlern und neben Ateliers gelebt, um mit allen Theorien – und wie gegensätzlich sind sie – vollgestopft zu werden. Ein Mensch muß den Muskelmagen eines Straußes haben, um all die Messingreißzwecken und Drahtstifte moderner Kunsttheorien zu verdauen. Vielleicht helfen all die Theorien, die ausgesprochen unverdaulichen Theorien, wie Nägel in einem Straußenmagen, die ganze emotionale und ästhetische Nahrung, die in der Seele eines Künstlers liegt, richtig zu zermahlen und verdaulich zu machen. Aber sie können keinem anderen Zweck dienen. Nicht einmal lindern. Die modernen Kunsttheorien machen echte Bilder unmöglich. Man bekommt nur diese Ausstellungen, kritische Versuche in Farbe und phantastische Negationen. Und das Stückchen Phantasie, das in der Negation liegen mag – wie bei Dufy und Chirico –, ist gerade das Stückchen, das der Theorie entgangen ist und vielleicht das Bild rettet. Theoretisiert, theoretisiert, soviel ihr wollt – aber wenn ihr zu malen anfangt, schließt eure theoretischen Augen und bemüht euch mit Instinkt und Intuition.

Ich selbst habe Bilder, die Malerei, immer geliebt. Ich habe nie eine Kunsthochschule besucht, ich hatte in meinem ganzen Leben nur eine richtige Unterrichtsstunde im Malen. Aber natürlich wurde ich gründlich gedrillt in „Zeichnen“, in der Raumgeometrie, dem Gipsabguß und der Gliederpuppe. Ich glaube, die Raumgeometrie mit all den Elementargesetzen der Perspektive war wertvoll. Aber die Gliederpuppe und der Licht-und-Schatten-Gipsabguß waren schädlich. Gipsabgüsse und Gliederpuppen wirkten immer so abstoßend auf mich, daß ich schon ganz früh beschloß, „nicht zeichnen zu können“. Ich konnte nicht zeichnen, also konnte ich nie etwas selbständig machen. Wenn ich Blumenvasen oder Brot und Kartoffeln nach der Natur malte oder Häuser in einer Gasse, war das Ergebnis nicht gerade überwältigend. Die Natur war für mich mehr oder weniger ein Gipsabguß – die Gipsköpfe der Minerva oder Figuren von Sterbenden Gladiatoren, die mich als Jugendlichen so nervten. Das „Objekt“, ganz gleich, was es war, wirkte immer etwas abstoßend auf mich, sobald ich davor saß, um es zu malen. Deshalb beschloß ich natürlich, ich könne nicht richtig zeichnen. Vielleicht kann ich es auch nicht. Aber ich glaube fest, daß ich Bilder machen kann, was für mich das einzige ist, das in dieser Hinsicht zählt. Die Kunst des Malens besteht darin, Bilder zu machen – und deshalb vollenden viele Künstler Leinwände und befinden sich meilenweit davon entfernt, ein Bild zu malen.

Ich habe malen gelernt, indem ich andere Bilder kopierte – gewöhnliche Reproduktionen, manchmal sogar Fotografien. Als ich ein Junge war, wie habe ich mich dabei konzentriert! Beim Kopieren von absolut wertlosen Landschafts-Reproduktionen in Zeitschriften. Ich habe mit fast trockener Wasserfarbe gemalt, Strich um Strich, und jedesmal habe ich einen halben Quadratzentimeter bemalt, jeder Quadratzentimeter perfekt und vollendet, und ich ging vor in einer Art Mosaikverfahren, ohne je auf die Idee zu kommen, eine Farbfläche aufzulegen. Stunden um Stunden intensiver Konzentration, Zoll um Zoll Fortschritt in einer gänzlich falschen Methode – und doch hatten jene Kopien von mir, wenn sie fertig waren, ein gewisses Etwas, das mich entzückte: einen gewissen Lebensglanz, der mir als Schönheit erschien. Ein Bild lebt von dem Leben, das man hineinbringt. Wenn man kein *Leben* hineinbringt – keine Spannung, keine Konzentration an Freude oder Begeisterung an sichtbarer Entdeckung –, dann ist das Bild tot, wie so viele Leinwände, ganz gleich wieviel gründliche und wissenschaftliche Arbeit hineingesteckt wurde. Selbst wenn man nur eine absolut banale Reproduktion einer alten Brücke kopiert, kann eine Art scharfsichtiger, freudiger Wahrnehmung der alten Brücke oder ihrer Atmosphäre oder des Bildes, das sie in einem entzündet hat, auf das Papier übergehen und einem banalen Entwurf eine gewisse Spur von Leben geben.

Es braucht eine gewisse Reinheit des Geistes, um ein wie auch immer gearteter Künstler zu sein. Das Motto, das über jeder Kunsthochschule stehen sollte, ist: „Selig sind, die da geistlich arm sind, denn das Himmelreich ist ihr.“ Aber mit „geistlich Armen“ meinen wir geistig Reine. Ein Künstler mag ein Leichtfuß sein und vom gesellschaftlichen Standpunkt ein Schurke. Aber wenn er eine nackte Frau malen kann oder ein paar Äpfel, so daß sie ein lebendiges Bild sind, dann war er rein im Geiste und – bis auf weiteres – war das Himmelreich sein. Das ist der Anfang aller Kunst, der bildenden oder literarischen oder musikalischen: rein sein im Geiste. Es ist nicht dasselbe wie Güte. Es ist viel schwieriger und dem Göttlichen näher. Das Göttliche ist nicht nur gut, es ist alles.

Man kann das Göttliche in Gegenständen der Natur sehen; ich habe es heute gesehen in den zarten, lieblichen kleinen Kamelienblüten auf langen Stielen, hier an den übervollen großartigen Blumenständen der Ramblas in Barcelona. Sie waren anders als die gewöhnlichen dicken Kamelien, mehr wie Gardenien, geschmackvoll aufgereiht, und ich nahm sie wahr wie eine Vision. Deshalb konnte ich sie jetzt malen. Aber wenn ich eine Handvoll gekauft und versucht hätte, sie „nach der Natur" zu malen, dann hätte ich sie verlieren müssen. Durch das intensive Anschauen hätte ich sie verlieren müssen. Ich habe durch Erfahrung gelernt. Es ist nur persönliche Erfahrung. Manche können nur zu einer Vision kommen, wenn sie sich blind starren: wie Cézanne; aber das Anstarren vernichtet meine Vision. Deshalb konnte ich in der Schule nie zeichnen. Man sollte das zeichnen, was man anstarrte.

Das einzige, in das man hineinblicken, hineinstarren kann, und man sieht nur die Vision, ist die Vision selbst: das visionäre Bild. Deshalb bin ich froh, daß ich nie eine andere Ausbildung hatte als die mir selbstauferlegte Ausbildung des Kopierens von Bildern anderer. Als ich ehrgeiziger wurde, kopierte ich Landschaften von Leader und karikaturähnliche Bilder Frank Brangwyns, dann Aquarelle von Peter de Wint und Girtin. Ich kann nicht dankbar genug sein für die Reihe englischer Aquarell-Maler, die von der Zeitschrift *Studio* in acht Folgen veröffentlicht wurde, als ich jung war. Ich besaß nur sechs der acht Folgen, aber sie waren für mich unbezahlbar. Ich kopierte sie mit der größten Freude und fand einige außerordentlich schwierig. Ganz gewiß habe ich auf das

Kopieren der Aquarell-Reproduktionen soviel Arbeit verwandt wie die meisten Kunststudenten auf ihr ganzes Studium. Und ich habe enorm davon profitiert. Ich erwarb nicht nur eine beträchtliche technische Fertigkeit im Umgang mit Wasserfarben – wer versuchen will, die englischen Aquarellisten von Paul Sandby über Peter de Wint und Girtin bis zu Frank Brangwyn und die Impressionisten wie Brabazon zu kopieren, der wird merken, welche Fertigkeiten er braucht –, sondern ich entwickelte auch mein visionäres Bewußtsein. Und ich glaube, man kann sein visionäres Bewußtsein nur durch einen engen Kontakt mit der Vision selbst entwickeln. Das heißt, indem man Bilder kennt, echt visionäre Bilder, und über sie nachdenkt und wirklich in ihnen lebt. Es ist eine große Freude, in einem Bild zu leben. Aber es braucht eine Reinheit des Geistes, ein Abstreifen vulgärer Empfindungen und vulgärer Interessen, und vor allem, vulgärer Beziehungen, und nur wenige Menschen wissen, wie man das macht. Oh, wenn Kunsthochschulen das nur lehrten! Statt zu sagen: Diese Zeichnung ist schlecht, unkorrekt, schlecht gezeichnet usw., würden sie sagen: Zeigt das nicht einen schlechten Geschmack? Ist es nicht gefühlsarm? Ist das nicht eine spannungsarme Linie, ohne jegliches feines Gespür? – Aber Kunst wird ganz falsch behandelt. Sie wird behandelt, als sei sie eine Wissenschaft, was sie nicht ist. Kunst ist eine Form der Religion ohne die Sache mit den Zehn Geboten, die soziologisch ist. Kunst ist eine Form des äußerst verfeinerten Bewußtseins und der Einstimmung – bedeutet Ganzheit, der Zustand des Einsseins mit dem Objekt. Aber geschieht die große Einstimmung mit Freude? – Denn ich kann Kunst nur als eine Art Freude betrachten.

Mein Leben lang bin ich von Zeit zu Zeit zum Malen zurückgekehrt, weil es mir eine Art Freude gab, die Worte nie geben können. Vielleicht geht das Vergnügen an Worten tiefer und ist deshalb unbewußter. Die *bewußte* Freude ist in der Farbe gewiß stärker. Ich bin zum Malen zurückgekehrt aus wahrem Vergnügen – und mit Malen meine ich Kopieren, Kopieren mit Ölfarben oder

Wasserfarben. Ich glaube, das größte Vergnügen hatte ich beim Kopieren von Fra Angelicos „Flucht nach Ägypten" und Lorenzettis großem Bild der Theber, wobei ich jeweils nach Fotografien arbeitete und meine eigenen Farben einsetzte; oder vielleicht noch mehr bei einem Carpaccio-Bild in Venedig. Da habe ich *wirklich* gelernt, welches Leben, welch machtvolles Leben in jede Linie, in jede Bewegung eines großen Bildes eingebracht worden ist. Reinheit des Geistes, gefühlvolles Bewußtsein, intensives Bemühen, eine innere Vision zu zeichnen, wie das alles kommt. Die englischen Aquarelle sind im Vergleich dazu zart – und die französischen und flämischen sind flach. Den großen Rembrandt habe ich niemals zu kopieren versucht, obwohl ich ihn sehr liebte, mehr als heute; und Rubens habe ich niemals versucht, obwohl ich ihn immer sehr mochte, nur schien er mir auszuufern. Aber ich habe Peter de Hooch und van Dyck kopiert, und andere, die ich vergessen habe. Aber keiner versetzte mich in eine so starke Spannung wie die Italiener, wie Carpaccio oder der wunderbare „Tod des Procris" in der National Gallery oder jene „Hochzeit" mit den scharlachroten Beinen in den Uffizien oder ein Giotto aus Padua. Ich muß in meinem Leben viel kopiert haben, und ich habe nicht enden wollende Freude dabei empfunden.
Und dann habe ich plötzlich durch eine leere Leinwand entdeckt, daß ich selbst ein Bild machen kann. Das ist es – ein Bild auf eine leere Leinwand bringen. Und ich war vierzig, ehe ich wirklich den Mut hatte, es zu versuchen. Und dann wurde es eine Leidenschaft, Bilder zu machen.
Ich habe jetzt gelernt, nicht nach Objekten zu arbeiten, keine Modelle zu haben, keine Technik. Bei einem Aquarell habe ich manchmal direkt nach dem Modell gearbeitet. Aber das verdirbt immer das *Bild.* Ich kann ein Modell nur benutzen, wenn das Bild schon gemalt ist; dann kann ich das Modell anschauen, um ein Detail zu finden, das die Vision mir nicht lieferte, oder etwas zu verändern, von dem ich *empfinde,* daß es unbefriedigend ist, und ich weiß nicht warum. Dann kann ein Modell

einen Hinweis ergeben. Aber am Anfang verdirbt ein Modell nur das Bild. Das Bild muß ganz aus dem Innern des Künstlers kommen, aus dem Bewußtsein von Formen und Figuren. Wir können es Gedächtnis nennen, aber es ist mehr als Gedächtnis. Es ist das Bild, wie es im Bewußtsein lebt, lebendig wie eine Vision, aber unbekannt. Ich glaube, viele Menschen haben in ihrem Bewußtsein lebendige Bilder, deren sie sich mit größter Freude entäußern würden. Aber sie wissen nicht, wie sie das anfangen sollen. Und Unterricht behindert sie nur.

Für mich trägt ein Bild Freude in sich, oder es ist kein Bild. Die traurigsten Bilder von Piero della Francesca oder Sodoma oder Goya besitzen doch jene unbeschreibliche Freude, die zu einem richtigen Bild gehört. Heutige Kritiker reden eine Menge von dem Häßlichen, aber ich habe nie ein richtiges Bild gesehen, das auf mich häßlich wirkte. Der Gegenstand mag häßlich sein, es mag eine erschreckende, deprimierende, fast abschreckende Qualität geben, wie bei El Greco. Und doch wird es alles in einer ganz eigenen Weise von der Freude eines Bildes geschluckt. Kein Künstler, selbst der düsterste, malte je ein Bild ohne die geheimnisvolle Freude am Bildermachen.

(1929)

Nachbemerkung

Die seit Jahrtausenden von Menschenhand kultivierte Landschaft der Toskana, die so wunderbar natürlich ist, „weil der Mensch, der sich einfühlsam an die Fruchtbarkeit der Erde herantastet, die Erde nach seinen Bedürfnissen umgestaltet hat, ohne ihr Gewalt anzutun", liebte ich schon, ehe ich sie gesehen hatte, aus den Texten von D. H. Lawrence. Der Essay „Blütenreiche Toskana" ist voll poetischer Schönheit und seine Beschreibung der Flora so sensibel und genau, daß ich bei einem Spaziergang durch ein Wäldchen bei Florenz mir bisher unbekannte Pflanzen und Blumen benennen konnte. Lawrences Ortsbeschreibungen und Naturbilder sind für mich die schönste poetische Hinterlassenschaft des Dichters, weil sie unseren Blick für das Kreatürliche schärfen.
Aldous Huxley berichtete von seinen Gesprächen mit Lawrence: „Aus eigener Erfahrung schien er zu wissen, wie man sich als Baum oder als Gänseblümchen, als Wellenkamm oder gar als der geheimnisvolle Mond fühlte. Er konnte in die Haut eines Tieres schlüpfen und einem mit den überzeugendsten Einzelheiten schildern, wie dem Wesen zumute war und wie es dunkel, auf nicht menschliche Weise, dachte." Ein Beispiel für eine solche „Tiercharakteristik von innen" ist der Text über das wilde Kaninchen Adolf, das der kleine David Herbert und seine Geschwister eine Zeitlang zum Hausgenossen hatten, der den Kindern zwar ungetrübtes Vergnügen bereitete, sich in seiner Wildheit jedoch der Liebe des Menschen entzog. Lawrence ist in seinen Tierporträts nicht auf Vermenschlichung und Verniedlichung aus.
In der Tradition von John Donne, Blake und Wordsworth erfahren viele Naturbilder eine symbolische Überhöhung. Am Ende des ersten Weltkrieges schreibt Lawrence den Essay „Das Singen der Vögel" über das Frühlingserwachen nach einem strengen Winter, in dem unzählige Vögel starben, an die nur ihre zerfetzten Reste unter den Hecken erinnerten. Mit dem ersten lauen Wind fangen die noch lebenden Vögel im Schwarzdorn-

gestrüpp am Bach zu singen an, so daß der plötzliche Übergang von der Totenstille zum Gesang fast schmerzt. Der Dichter macht den Menschen nach dem Gemetzel des Weltkrieges Mut, sich wie die Kreatur vom Instinkt leiten zu lassen, sich aus der Umklammerung des Todes zu lösen und zur Freiheit des neu beginnenden Lebens emporzuschwingen, wie die Vögel mit dem „neuen Himmelswind leicht und schön dahinzuschweben und instinktiv vom Tod zum Leben zu ziehen". Mit Metaphern wie „die grausame und entsetzliche Marschkolonne des bitteren Winters", „das dumpfe Donnern des Frostes", „Myriaden verstümmelter Toten", „der Krokus im sieghaften Vormarsch", „der Wirbel der sanften, glücklichen Tauben-Trommeln" übermittelt Lawrence seine Botschaft, auch wenn explizit von den Kriegstoten nicht die Rede ist.

Lawrence harmonisiert die Natur nicht zu einer sanften Lebensoase für den Menschen. Zur Natur gehören bei ihm elementare, urzeitliche Kräfte, die unvermittelt losbrechen – meist wenn der Mensch am wenigsten darauf gefaßt ist. Das Gewitter auf dem Berggipfel des „Merkur" ist so beschrieben, daß sich Bilder wie die des davonlaufenden Menschen mit den Flämmchen an den Fersen, den man dann vom Blitz erschlagen zu Füßen des alten heidnischen Merkur-Altars findet, schier einbrennen.

Lawrences Weltanschauung wurzelt in einem Naturverständnis, das unserem gegenwärtigen gestiegenen Verantwortungsbewußtsein für die Umwelt sehr nahesteht. Er appellierte schon Ende der zwanziger Jahre an seine Zeitgenossen, ihre Eroberungsmentalität gegenüber der Umwelt aufzugeben. In seinem Essay „Pan in Amerika" führt Lawrence den Zeitgenossen vor Augen: In seinem Bestreben, die Natur zu beherrschen, zerriß der Mensch die alte Verbundenheit und Ganzheit der Welt – „der große Pan ist tot". Heute sitzt der Eroberer frustriert und krank an Seele und Körper auf seiner Eroberung und sehnt sich nach einer lebendigen Beziehung.

„Was kann ein Mensch mit seinem Leben anderes tun, als es leben? Und worin besteht das Leben, außer in

einer intensiven Beziehung zwischen dem Menschen und dem lebendigen Universum, das ihn umgibt?"
Jeder Mensch ist in der Lage zu wählen zwischen dem lebendigen Universum Pans und dem mechanischen, eroberten Universum der modernen Menschheit. Lawrence wird nicht müde, das in Beispielen und Bildern zu erklären. Wer einmal in einem Haus gewohnt hat, das von einem großen Baum beschattet wird, und sich nicht abgeschottet hat gegen das jahreszeitliche Baumleben, der wird verstehen, was beispielsweise in „Pan in Amerika" über die Beeinflussung des Menschen durch einen Baum gesagt wird. Lawrence geht oft von konkreten Erlebnissen und Sinneswahrnehmungen aus – zum Beispiel vom Auftauchen eines Stachelschweines – und spinnt dann seine Gedankenfäden fort und fort. Während einige seiner essayistischen Texte eine Dichte haben, eine Intensität der Bilder und der Rhythmen, daß sie den Eindruck von Poesie schaffen, ist er in anderen weitschweifig, ja er verliert sein Thema zuweilen gänzlich aus den Augen. An manchen Essays fällt die starke Redundanz, das ständige Wiederholen von Wörtern und Wortverbindungen, auf. Es ist, als wolle der ehemalige Lehrer uns wie begriffsstutzigen Schülern seine Botschaften ins Gehirn hämmern. So schreibt ein Mensch, der selten Einwände hört oder gelten läßt, der nicht in erster Linie auf Überzeugen durch Argumentation aus ist. Unsere Auswahl zeigt auch diese Seite des Autors.
Lawrence schrieb während seines ganzen Schriftstellerlebens Essays; die frühesten Texte dieser Auswahl stammen aus den Jahren 1912: „Das Kruzifix auf der anderen Seite des Gebirges", und 1913: „Thomas Mann"; die spätesten aus seinem Todesjahr 1930. Veröffentlicht wurden sie in Zeitungen und Zeitschriften, manche auch thematisch zusammengefaßt in Buchform. 1936 publizierte Heinemann den Sammelband „Phoenix", in dem wichtige Essays zu finden sind, die aus heute schwer zugänglichen Quellen stammen oder aber bis zu seinem Tode unveröffentlicht blieben. Weniges aus Lawrences essayistischem Schaffen lag bisher in deutscher Übersetzung vor – hauptsächlich Texte über Sex und Liebe.

Eindringlichkeit und Originalität seiner Essayistik entspringen dem tiefen, beinahe religiösen Gefühl, daß man als Mensch seine Ganzheit und Lebendigkeit erkennen und bewahren muß. Mit Leidenschaft kämpft er gegen die Zerstückelung des Menschen, gegen die Entfremdung von der natürlichen Basis des Lebens, und verkündet die Botschaft von der Selbstverwirklichung des Menschen in Harmonie mit der Natur und den eigenen natürlichen Trieben. Diese Essays wirken verbohrt und hellsichtig, polemisch und sensibel, sie bewegen und empören, fordern Widerspruch und Zustimmung heraus. Sie vermitteln oft das Gefühl, als könnte der Leser Lawrence beim Schreiben über die Schulter sehen. Auf ausgefeilte literarische Technik, auf rhetorische Finessen wird keine Mühe verschwendet. Der Autor schreibt den Text unter dem Eindruck eines starken Gefühls, oder er folgt den Impulsen und Eingebungen des Augenblickes, schweift ab, wiederholt sich, widerspricht sich auch.
Lawrences ausgedehnte Reisen und lange Aufenthalte im Ausland waren die Anregung für einige der sensibelsten und schönsten Landschaftsbeschreibungen und Reisebilder unseres Jahrhunderts. Er versucht, durch das „Einwickelpapier unserer Trivialzivilisation" in tiefere kulturelle Schichten zu dringen. Genaue Beobachtungen einerseits und eine subjektive Sicht andererseits prägen seine Schilderungen von Städten und Landschaften. London mit seinen leeren konventionellen Pflichten beengt seine Brust, schwächt seine Lebenskraft, die grandiose Weite der Landschaft im Vorgebirge der Rocky Mountains („Neumexiko") aber läßt seine Seele aufatmen.

Charakteristisch für Lawrence ist das Feingefühl, mit dem er den „Geist" eines Ortes aufspürt. Über die Landschaft und die dort lebenden Menschen erfaßt Lawrence eine tiefere Ebene der Wirklichkeit, das Zusammenwirken von Natur, Mensch und Gesellschaft. Die Kruzifixe in den deutschen, österreichischen und italienischen Alpen zum Beispiel sind ihm zum Bildwerk geronnener

Ausdruck des Verhältnisses der dort lebenden Menschen zur Natur und zum Tod.

Auf der alten Kaiserstraße von Bayern nach Italien reflektiert Lawrence über das Heilige Römische Reich Deutscher Nation: „Möglicherweise gehört ein gewisser Größenwahn zum deutschen Wesen einfach dazu. Wenn die Nationen doch zur Kenntnis nähmen, daß sie gewisse natürliche Eigenschaften haben, wenn sie nur ihre jeweilige Wesensart verstehen und anerkennen würden, um wie vieles einfacher wäre dann doch alles."

Das fast prophetische Vorausahnen kommender bedrohlicher Entwicklungen in dem (spätestens) 1924 verfaßten „Brief aus Deutschland" erklärt sich aus dem intuitiven Registrieren von Zusammenhängen – Demütigung des Nationalstolzes durch Kriegsreparationen, Existenzängste der Wirtschaftskrise, Hordenmentalität der Jugend –; Lawrence sieht schon damals, wie sich Deutschland vom zivilisierten Europa entfernt und einer Barbarei zutreibt, die man der Vergangenheit zugehörig glaubte.

Die einsame Ranch bei Taos in Neumexiko, wo er zwischen 1922 und 1925 auf Einladung einer Gönnerin weilte, war für D.H. Lawrence eine entscheidende Stätte, weil er hier eigene Anschauungen in einer alten Indianerreligion wiederentdeckte, die das Leben des Menschen in Verbindung zum elementaren Leben des Kosmos brachte und daraus Energie, Kraft und eine dunkle Freude schöpfte. Eine Rettung für den einzelnen wie für die Menschheit vor Entfremdung und Sinnentleerung sah Lawrence in der Besinnung auf ein natürliches Leben, bei dem die Vernunft nicht das Maß aller Dinge ist. Er hielt wenig vom abstrakten Wissen und viel vom Solarplexus, in dem er das Zentrum des Menschen, seine „Nabelschnur" zum Kosmos, sah. Auch das Verhältnis der Geschlechter – ein weiteres wichtiges Thema vor allem in den späten Essays – sollte sich am Leben orientieren, „das unsichtbar im Kosmos fließt und ewig fließen wird, alle Lebewesen erhaltend und erneuernd". Das menschliche Individuum ist auf Beziehungen zu anderen Individuen angewiesen, sonst kann es sich nicht entfalten. Der Beziehung zwischen Mann und Frau versucht Lawrence sich immer wieder in Bildern zu nähern. Mann und Frau sind darin wie zwei Pole; nur durch einen geschlossenen Kreislauf zwischen ihnen entsteht „Licht“. Mann und Frau als Paar sind wie zwei Wasserläufe, „die sich ständig im Fluß befinden, durch neues, immer unbekanntes Land“, die „manchmal auch zusammenfließen, sich dann wieder trennen und weiterströmen“. Das Fließen der lebendigen Sexualität schließt notwendigerweise Wandel ein. Lawrences Gedanken zum Kampf der Geschlechter und zur Abhängigkeit des Mannes und der Frau voneinander sind für uns heute noch anregend. Texte wie „Das Wahre“ und „Wir brauchen einander“ widersprechen einem landläufig falschen Bild von Lawrence als Sex-Apostel und schaffen ein Gegengewicht zu der oft als sexistisch kritisierten Auffassung von der naturgewollten freiwilligen Unterwerfung der Frau unter den Mann, die in anderen Spätwerken (vor allem dem Roman „Die gefiederte Schlange“, 1926) anklingt. In der Identifikation mit Lawrence fanden viele Menschen seiner Generation, die sich mit seinem Werk auseinandersetzten, einen Weg, sich von den Vorurteilen der Konvention zu befreien. Die Zahl seiner Leser war zwangsläufig gering, denn schon den 1915 erschienenen Roman „Der Regenbogen“ traf der Bannstrahl des Zensors, und das Verbot von „Lady Chatterley“ wurde in England erst 1960 aufgehoben. Der berühmte Lady-Chatterley-Essay von 1930 (Lawrence schrieb mehrere zum Thema) entlarvt nicht nur die heuchlerische, pervertierte Haltung der „Saubermänner“, die seine Werke zensierten und verboten, sondern versucht auch, die Menschen zu den vorchristlichen und voridealistischen Wurzeln ihrer Sexualität zurückzuführen. Die puritanische Verteufelung und Verdrängung des Sexus begann weit vor Lord Campbells berüchtigtem „Obscene Publication Act“ (1857). Viele Kritiker halten diesen Essay für unterhaltsamer und auch humorvoller als den Roman, den er verteidigen sollte. Jedes angst- oder schamvolle Verdrängen der nüchternen Sexualität wirkt sich zerstö-

rerisch auf das menschliche Individuum und die Gesellschaft aus.
Seine Essays über Sex und Liebe reizen auch heute noch zum lebhaften Widerspruch. Schon 1930 glaubte Lawrence den Kampf der Frau um Gleichberechtigung als siegreich entschieden. „Es wäre schwierig", so schreibt er in „Das Wahre", „in der heutigen Welt einen Mann aufzuzeigen, der nicht dem großen feministischen Geist dient, der die moderne Menschheit beherrscht!"
In Lawrences literaturkritischen Texten, die einen beträchtlichen Teil seiner Essayistik ausmachen, erfolgt die Wertung anderer Autoren auch im Blick darauf, wie sie die Beziehungen zwischen den Geschlechtern darstellen. So handeln nach Lawrence die Erzählungen Poes von der „Überliebe", die zum Tode führt, weil man das totale Einssein mit der Geliebten anstrebt; Whitman vertritt danach die „übermenschliche Liebe", die sich an alles und jedes verströmt; Galsworthy wäre als Satiriker der „hündischen Liebe", die auf dem Bürgersteig kopuliert, um den konventionellen Bürger zu schockieren, großartig gewesen, doch leider gieße er eine sentimentale Soße darüber; Thomas Mann erscheint in „Tod in Venedig" als ältlicher und kränkelnder Chronist der „kranken Liebe" ...
Lawrence nähert sich dem Gegenstand seiner Besprechung nicht als Interpret des Schriftstellers, sondern als gleichgestellter Künstler, dem es wesentlich auch um die Darstellung seiner eigenen Auffassungen am Beispiel des besprochenen Werkes geht. Mit Polemik geizte Lawrence nie. Trotzdem entdeckt er in seiner intuitiven Sicht häufig innere Zusammenhänge. So wußte er beispielsweise treffend in wenigen Worten Edgar Allan Poe zu charakterisieren: „Er war ein Abenteurer, der in die Gewölbe und Keller und fürchterlichen unterirdischen Gänge der menschlichen Seele eindrang. Er drückte das Entsetzen aus und warnte vor dem Untergang, der sein eigener war."
Lawrence liefert uns in einigen autobiographischen Texten unsentimentale Betrachtungen eines aus einer Bergmannsfamilie stammenden Schriftstellers, der zu Welt-

geltung gelangte, über seinen Werdegang. In der „Autobiographischen Skizze" charakterisiert er als erwachsener Mann seine Eltern. Lawrence fühlte sich zeitlebens den einfachen, sinnlichen und erdverbundenen Menschen (Bergleuten, Bauern, Indianern) nahe, obwohl er ihnen in seiner geistigen Existenz so fern ist, daß er nur neben ihnen, nicht aber mit ihnen leben kann. Seinen sozialen Schwebezustand erkennt er mit schmerzhafter Deutlichkeit. Seine „urwüchsigen sozialen Instinkte" und die Sehnsucht nach tiefen und echten menschlichen Bindungen gaben ihm 1915 den Plan zu einer Kommune ein, die er nach einem jiddischen Lied „Rananim" nannte. Es sollte eine Gemeinschaft von Freunden sein, mit denen er – in den Rocky Mountains – ein neues Leben erprobte – „ein Leben, in dem der einzige Reichtum Lauterkeit des Charakters ist, so daß jeder der eigenen Natur und seinen tiefsten Wünschen bis zum Grund nachgehen kann, aber trotzdem die letzte Befriedigung und Freude in der Verschmelzung von uns allen zu einem einzigen Wesen liegt". Diese Verschmelzung ließ sich in der konkreten Form einer Kommune nicht verwirklichen. Um so wichtiger wurde ihm die Überwindung der Vereinzelung durch das kosmische Lebensgefühl, das ihm auch die tapfere Haltung seiner Krankheit gegenüber möglich machte. Am 2. März 1930 starb D. H. Lawrence, vierundvierzigjährig, an einer in seiner Jugend erworbenen und nie ganz ausgeheilten Tuberkulose. Nicht nur einmal stand er am Rande des Todes. Die geistige Auseinandersetzung mit dem Tod schlägt sich in eindrucksvollen Bildern auch in seinen Essays nieder. Das „ewige, negative Gleißen" von Schnee und Eis auf den Alpgipfeln saugt das blühende Leben der Täler auf: „Der Sommer und das fruchtbare blauweiße Blühen der Erde geht vorbei und mit ihm die Arbeit und die Hochstimmung des Menschen, das alles entschwindet und geht ein in den Glast dort oben, in die gleißende Kälte, die darauf wartet, alles zurückzugewinnen, was für den Augenblick ins Sein geboren ist."

Stets aufs neue schreibt der Dichter gegen eine Geisteshaltung an, die das Sterben als Tragödie begreift. Der schnelle Wechsel des toskanischen Frühlings, im Aufblühen und Verwelken der Blumen erlebbar, hat für ihn nichts Tragisches. Die Sonne ruft Werden und Vergehen hervor, und sie scheint ewig.

In seinen letzten Texten beschwört Lawrence immer wieder das kosmische Lebensgefühl und ist bemüht, Archaisches aus dem Dunkel der Geschichte heraufzuholen und zur Erneuerung und Stärkung des modernen, zivilisationsgeschädigten Menschen anzubieten. „Pan in Amerika“ und „Apokalypse“ sind Zeugnisse dafür. Der als eigenständige Publikation 1929 erschienene Essay „Apokalypse“ ist wohl der letzte Text aus Lawrences Feder – eine Art Vermächtnis. Lawrence versucht darin, von dem überlieferten biblischen Text die Schichten der Bearbeitung abzutragen, um zum innewohnenden Mythos – älter als das Christentum – vorzudringen. Er findet ihn in dem Bild der Frau, bekleidet mit der Sonne, die in die Wüste getrieben wird. Für den Dichter ist es eine kosmische Urmutter, der Quell des Lebens, zu dem wir wieder in unmittelbaren Kontakt kommen müssen. Mit großer Innigkeit legt der todkranke Dichter sein Bekenntnis zum Leben ab: „Wir sollten Freudentänze vollführen, daß wir leben und im Fleische sein dürfen, und ein Teil des lebendigen, fleischgewordenen Kosmos.“

Leipzig, Oktober 1991 *Reinhild Böhnke*

Übersetzung fremdsprachlicher Verszeilen

S. 209 Mein Herz dröhnt, und ein dumpfer Traum verstört
Den Sinn

S. 210 Und die braune, heitere Nachtigall, liebebedürftig,
Ist um Itylos' willen halb besänftigt.

Verloren! Ach, von deines Lieds Magie
Schon dieses Wortes Glockenhall mich reißt.

S. 212 Doch nicht aus Neid, Glückliche, auf dein Los,
Zu glücklich macht mich selbst dein Glücklichsein,
Daß, leichtbeschwingt, Dryade, du der Bäume,
Wo zwischen Schatten groß
Wächst an melodischem Ort der Buchenhain
Vom Sommer singst vollkehlig in die Räume.

S. 213 Mich zu verlieren, zu vergessen hier,
Was nie erfuhrst du in der Zweige Zelt:
Den Überdruß, das Fieber und die Gier ...

Einer im Gram vergreisten Menschenwelt,
Wo Lähmung krampft schütternes weißes Haar ...

Fort, fort, hinweg! damit ich zu dir flieh,
Nicht von des Bacchus Pantherpaar gelenkt:
Deine verborgenen Schwingen, Poesie ...

Ich lausche dir im Dunkel; ach wie oft
Rief ich den Tod mit ernstem Liebeswort ...

S. 214 Um Mitternacht zu enden ohne Schmerz.
Ach, während hell du sängest Nachtigall,
Verzückung ist in dir,
Sänk ich, um Staub zu werden erdenwärts
Als deines hohen Requiems Widerhall.

Von hungrigen Geschlechtern nicht zerstört,
Unsterbliche, und vor dem Tod gefeit.

S. 215 Die Stimme, die ich höre, ward gehört
Von Narr und Kaiser schon in alter Zeit:
Das Lied, das unaufhörlich jenem gleicht,
Das Ruth vernahm von Boas Kornfeld her,
Als es ihr Herz von seinem Leid entband.

Und mehr denn je scheint süß zu sterben mir,
Um Mitternacht zu enden ohne Schmerz.

S. 216 Leb wohl, leb wohl! Dein klagend Lied verklingt …

Quellen- und Rechtsnachweis

Adolf; Pan in Amerika; Wir brauchen einander; Das Wahre; Die Nachtigall; Deutsche Bücher: Thomas Mann; Vorwort zu einer Bibliographie der Werke von D. H. Lawrence in der Herausgabe von Edward D. McDonald, Warum der Roman Gewicht hat wurden übersetzt nach:

Phoenix. The Posthumous Papers of D. H. Lawrence, 1936. Edited and with an Introduction by Edward D. McDonald, Penguin Books Ltd., Harmondsworth, Middlesex 1978

Edgar Allan Poe wurde übersetzt nach:

D. H. Lawrence, Studies in Classic American Literature, Penguin Books Ltd. 1981 (Reprint of 1923)

Apropos Lady Chatterleys Liebhaber wurde übersetzt nach:

D. H. Lawrence, Sex, Literature and Censorship. Essays. Edited by Harry T. Moore
Twayne Publishers, New York 1953

Autobiographische Skizze wurde übersetzt nach:

D. H. Lawrence, Selected Literary Criticism. Edited by Anthony Beal
Heinemann, Melbourne, London, Toronto 1955

Alle übrigen Texte wurden übersetzt nach:

D. H. Lawrence, Selected Essays, Penguin Books Ltd., Harmondsworth, Middlesex 1950.

Inhalt

Reclam Bibliothek BELLETRISTIK

WALT WHITMAN

Tagebuch

Aus dem Englischen übersetzt von Götz Burghardt.
Herausgegeben von Eva Manske.
326 Seiten. RBL 1088. 4,– DM
ISBN 3-379-00581-9

Der dokumentarische Wert der jetzt im Deutschen erstmals vollständig veröffentlichten Whitmanschen Tagebücher ist beträchtlich. Tiefe Blicke in Amerikas Geschichte erlaubt vor allem ihr in blutbefleckten Notizheftchen überlieferter erster Teil. Der amerikanische Bürgerkrieg, der 1861 ausbrach, hatte auch das Leben des Nationaldichters aus seiner ohnehin krummlinigen Bahn gestürzt ... Der zweite Teil seiner Aufzeichnungen enthält neben Reisebeschreibungen, politischen Reflexionen, Porträts bekannter Männer hauptsächlich Notizen über Einzelzüge, die er der pantheistisch verehrten Allmutter, am Flußufer sitzend, abmerkte. Es wird schön für ihn gewesen sein, das Weben und Wirken der Natur zu genießen und genußerhöhend aufzuschreiben ...

Michael Maar in: Frankfurter Allgemeine Zeitung

Reclam Bibliothek KUNSTWISSENSCHAFTEN

E. A. POE
Brief an B.

Essays

Aus dem Englischen von Reinhild und Gunter Böhnke.
Nachdichtung von Heinz Czechowski.
Herausgegeben von Irene Skotnicki.
246 Seiten. RBL 1184. 11,– DM
ISBN 3-379-00086-8

Den Begründer der Detektivgeschichte und short story beim sachkundigen Erwägen von Teppichen und Tapeten antreffen? Das ist verblüffend und amüsant. Schon eher vermutet man Poe in Texten über Geheimschriften und einen vermeintlichen Schachautomaten, wo er begeistert Brillanz und Erfindungsgabe des menschlichen Geistes und logisches Denken feiert, Geheimcodes löst, als seien es kindische Kreuzworträtsel. Dann wieder überrascht, wie gekonnt Poe mit Trochäen und Jamben jongliert, Silben skandiert, Versfüße vermißt. Er nennt Poesie „die rhythmische Schaffung von Schönheit", „Musik im Verein mit einem schönen Gedanken". Nicht zimperlich ist Poe, wenn er Kollegen kritisiert. Sein Porträt eines New Yorker Literaten führte sogar zu einem Prozeß wegen Beleidigung (den Poe im übrigen gewann) …

Claudia Müritz in: Sächsische Zeitung, Dresden